rororo

Zu diesem Buch

Zu den schillerndsten Vertretern der neuen Machteliten in den postsowjetischen Staaten zählen die Oligarchen: milliardenschwere Unternehmer, Ölbarone, Gaskönige und Medienmogule. Nie zuvor hat einer von ihnen Interna verraten. Doch Vadim Rabinovich ist bereit auszupacken. Er gehört zu den reichsten und mächtigsten Männern der Ukraine und steht im Verdacht, mit der Mafiya zusammenzuarbeiten. Schonungslos und offen erzählt er dem skeptischen Journalisten Jürgen Roth seinen Aufstieg vom KGB-Informanten und kleinen Schieber zum Chef eines Milliardenkonzerns. Und er nennt die Namen von Mafiya-Angehörigen, Finanzjongleuren, skrupellosen Geschäftsleuten und käuflichen Politikern, die «das System» ausmachen, in dem die «organisierte Kriminalität» blüht.

Jürgen Roth, geboren 1945, ist einer der bekanntesten Vertreter des investigativen Journalismus in Deutschland. Zu seinen brisanten und erfolgreichen Büchern gehören: «Die Russen-Mafia» (1997); «Die roten Bosse» (1998), «Schmutzige Hände. Wie westliche Staaten mit der Drogenmafia kooperieren» (2000), «Netzwerke des Terrors» (2001).

Jürgen Roth

DER OLIGARCH

Der ukrainische Finanzmagnat Vadim Rabinovich bricht das Schweigen

Rowohlt Taschenbuch Verlag

Veröffentlicht im Rowohlt Taschenbuch Verlag GmbH,
Reinbek bei Hamburg, Dezember 2002

Umschlaggestaltung: any.way, Barbara Hanke/Cordula Schmidt
Satz: Excelsior (PostScript)
bei Pinkuin Satz und Datentechnik, Berlin
Druck und Bindung: Clausen & Bosse, Leck
ISBN 3 499 61471 5

Die Schreibweise entspricht den Regeln
der neuen Rechtschreibung.

Inhalt

Vorbemerkung des Autors

Gerhard G. war einer der besten Mafiya-Experten im Wiener Innenministerium. Bis Ende Oktober 2000 gehörte er einer Spezialeinheit, der EDOK, an, zuständig für die Bekämpfung des Organisierten Verbrechens in osteuropäischen Ländern. Am 9. Oktober 2000 rief Gerhard G. bei mir an. «Von Ihnen kommt doch demnächst ein Produkt auf den Markt? Es besteht Interesse, dieses Produkt im Ganzen zu kaufen, bevor es publiziert wird.» – «Das Produkt» ist mein Buch über den Oligarchen Vadim Rabinovich.

«Wie soll ich das verstehen?», wollte ich von ihm wissen. «Es wird gekauft werden, wenn der Preis einigermaßen im akzeptablen Bereich ist.» Die Nichtveröffentlichung eines Buchs als ganz normales Handelsgeschäft, vermittelt durch einen Polizeibeamten, das war orientalische Basarmentalität – und in Wien nichts Ungewöhnliches. Nach diesem Gespräch informierte ich sofort einige Polizeibeamte und die Frankfurter Staatsanwaltschaft. Nicht nur deshalb, weil das ein ziemlich unverfrorener Bestechungsversuch war. Ich wollte, musste auch wissen, wer bereit ist, Geld zu zahlen, um ein Buchmanuskript zu vernichten. Am nächsten Tag spreche ich erneut mit Gerhard G. Zuerst möchte ich wissen, wer ein solch brennendes Interesse hat, das Erscheinen des Buchs zu verhindern. «Schauen Sie. Das sind Sachen, die sind eigentlich nicht von Bedeutung. Abgewickelt wird es über einen Rechtsanwalt. Es ist eigentlich eine komplett saubere Sache. Es gibt gewisse Dinge, die sagt man einfach nicht, und da gehört das dazu.» Dann nannte ich einen Preis: 600 000 Mark. «Ja, das gebe ich weiter.» Am nächsten Tag rief er mich zurück. «Ich habe mit dem Auftraggeber gesprochen. Das

Angebot geht in Ordnung. Sie haben ja relativ wenig verlangt.» Der ominöse Auftraggeber würde in den nächsten Tagen nach Wien kommen, damit alles abgewickelt werden könne.

Inzwischen hatte die Frankfurter Polizei zwei vertrauenswürdige Beamte in Wien eingeschaltet. Sie leiteten sofort ein Ermittlungsverfahren gegen ihren Kollegen ein, observierten ihn und hörten seine Telefongespräche ab. Eine Woche später sollte in Wien das entscheidende Treffen stattfinden. Der geheimnisvolle Auftraggeber wollte ebenfalls kommen. Im Vertrauen auf die Professionalität der Beamten des Sicherheitsbüros der Bundespolizeidirektion, dessen Chef Max Edelbacher ich seit langem kenne, wurden ein Mikrofon und ein Sender in meiner Jacke versteckt.

Gerhard G. kam doch alleine zu mir ins Hotel. Eine seiner ersten Fragen war, warum ich ihn in der letzten Zeit mit seinem Familiennamen am Telefon angesprochen habe. «Das ist doch nicht nötig. Machen Sie das absichtlich?» Ich wiegelte ab: «Wer hört schon unsere Telefonate ab?» Auf meine Frage, wo denn der Auftraggeber sei, antwortete er: «Der Mann musste aus geschäftlichen Gründen kurzfristig absagen. Doch er wird am Wochenende nach Wien fliegen.» Dann gab er auf seinem Handy eine Nummer ein und sprach auf Russisch mit dem, der ihm den Auftrag erteilt hatte, mich zu kaufen. Ich bohre nach, nenne einige Namen, die für mich in Betracht kommen. Vergeblich.

Eine Stunde lang unterhielten wir uns geradezu freundschaftlich. Gerhard G. schien desillusioniert und müde. Die Russenmafiya sei nicht mehr zu bekämpfen. Außerdem wisse man eigentlich überhaupt nichts über sie, so sein Fazit. Während wir plauderten, gingen mir folgende Fragen durch den Kopf: Bin ich hinterhältig, weil ich weiß, dass im Nebenzimmer Beamte unser Gespräch verfolgen? Kann ich es moralisch verantworten, wenn er wegen seines Vermittlungsangebots aus dem Polizeidienst entlassen wird? Wie kommt er dazu, mir ein solches Angebot zu unterbreiten, warum versucht er, mich so plump zu manipulieren? Am liebsten hätte ich alles hingeworfen, mich in Luft aufgelöst. Als sei nichts geschehen. Gegen 17 Uhr verabschiedet er sich mit einem kräftigen Händedruck. Von der Observation hat er nichts mitbekommen. Eigentlich war geplant, dass sein Hintermann am Wochenende nach Österreich kommen und dann der Vertrag abgeschlossen werden sollte. Doch auf der Fahrt zurück nach Deutschland erfuhr ich, dass ein hoher Wiener Beamter aus dem Innenministerium sich dringend mit Gerhard G. treffen wolle. Das deutete darauf hin, dass die Polizeiaktion nicht länger zu verheimlichen sein würde. Am nächsten Morgen wurde Gerhard G. vom Dienst suspendiert, seine Wohnung und sein Büro durchsucht, viele Unterlagen beschlagnahmt. Das Wiener Innenministerium verkündete, nachdem der Skandal aufgeflogen war, dass die ukrainische Mafiya hinter diesem Bestechungsversuch stünde. Das hörte sich spannend an, dürfte aber eine Spekulation gewesen sein. Ebenso abenteuerlich war die Begründung des Innenministeriums für die überhastete Aktion. Denn eigentlich sollte abgewartet werden, bis der Auftraggeber nach Wien gekommen war.

Im Wiener Innenministerium verstieg man sich zu der Behauptung, ich hätte bereits angekündigt, den Bestechungsversuch öffentlich zu machen, und man wolle mir den Triumph nicht gönnen. Dabei hatte ich während meiner Vernehmung gegenüber den Beamten zu Protokoll gegeben, dass ich erst nach der erfolgreichen Beendigung der Polizeiaktion an die Öffentlichkeit gehen werde. Das sei mein einziger Schutz.

Der Beamte selbst weigerte sich beharrlich, seinen Hintermann zu benennen. «Dann könnte ich mir gleich die Kugel geben», wurde er in österreichischen Zeitungen zitiert. Immerhin wurde er an einem geheim gehaltenen Ort unter Polizeischutz gestellt, um ihn vor möglichen Racheakten seines Auftraggebers zu schützen. Eine ziemlich lächerliche Inzenierung, fand ich. Die Einzigen, die vor Racheakten Angst haben müssten, wären wohl Vadim Rabinovich oder ich gewesen.

Einige Tage, nachdem Günter G. suspendiert worden und die Polizei noch dabei war, die abgehörten Telefongespräche auszuwerten, erreichte die Frankfurter Polizei die Stellungnahme eines von ihr als zuverlässig eingestuften Informanten aus der Ukraine: «Man wolle von mir wissen, warum sich Jürgen Roth Ende September in Kiew aufgehalten habe. Es waren Personen aus dem Umfeld des Alexander Wolkow. Man fragte mich, ob ich Möglichkeiten hätte, über Herrn Roth die Herausgabe des Buchs über Vadim Rabinovich zu unterbinden. Hierfür wäre man bereit, an den Autor eine x-beliebige Summe zu zahlen. Ich habe es abgelehnt, solche Vorschläge weiterzuleiten. Außerdem wollte man wissen, welcher Verlag das Buch von Jürgen Roth herausgibt und ob mir seine Privatanschrift bekannt sei. Ich hatte das Gefühl, dass man sich, nachdem ich das Angebot abgelehnt hatte, anderweitig um das Problem kümmern wollte. Ich möchte aber in diesem Zusammenhang noch erwähnen, dass in Kiew seit über einem Monat ein bekannter Journalist spurlos verschwunden ist. Er hatte sich ebenfalls mit den Machenschaften des Abgeordneten und Präsidentenberaters Alexander Wolkow beschäftigt.» So weit die Information aus der Ukraine, deren Wahrheitsgehalt schwer nachzuprüfen ist. Tatsächlich wird auch Alexander Wolkow in diesem Buch eine Rolle spielen. Ist er der Hintermann?

Der EDOK-Beamte schweigt jedenfalls weiter beharrlich. Die Ermittlungen der als unbestechlich angesehenen Sicherheitsdirektion mussten jedoch an das Innenministerium abgegeben werden. Dort wurde eine zweite Sonderkommission gebildet. Sie soll die Hintergründe des Bestechungsversuchs aufklären. Übersetzt bedeutet das, dass nun alles zugedeckt werden wird. Wie in Kiew. Zwei Monate nach seinem Verschwinden am 16. September 2000 wurde der Journalist Georgij Gongadze gefunden, ohne Kopf und mit verätzten Fingerkuppen, um eine Identifizierung zu erschweren. Dann, Ende November 2000, platzte in Kiew die Bombe: Alexander Moros, Vorsitzender der Sozialistischen Partei und Erzfeind des Präsidenten Leonid Kutschma, erklärte, dass hinter der Entführung des Journalisten sowohl Kutschma als auch Innenminister Jurij Krawtschenko steckten (www.thepostkiev.ua). Als Beweis für seine These legte Moros Tonbandaufnahmen abgehörter Telefongespräche vor, die ihm ein Beamter der Staatssicherheit, SBU, zugespielt hatte. Die Beschuldigten reagierten wütend, bezeichneten die Tonbänder als Fälschung und klagten gegen Moros. Der sieht einem Gerichtsverfahren gelassen entgegen. Niemand in der Ukraine bezweifelt ernsthaft, dass die Tonbandaufnahmen echt sind. Denn Korruption, Kriminalität und Machtbesessenheit – sie kennzeichnen die politische Kultur der Ukraine und Russlands.

Dezember 2000

Prolog

> «Systeme schätzen nur die, welchen sich die ganze Wahrheit nicht in die Hand gibt, die sie vom Schwanz her verstehen wollen; das System ist genau wie der Schwanz der Wahrheit – aber die Wahrheit ist wie eine Eidechse; der Schwanz bleibt einem in der Hand – sie selber aber läuft davon: sie weiß, dass ihr in kurzer Zeit ein neuer wachsen wird.»
> *Brief von Iwan Turgenjew an Lew Tolstoj.*
> *3. Januar 1857*

Heute will er endlich kommen. Heute, am 20. September 1999, 12 Uhr. Die Sonne heizt Genf, diesen Wallfahrtsort internationaler Friedenskonferenzen und zugleich heimliche Hauptstadt des russischen Geldadels, noch einmal kräftig auf. Gemächlich und vom Straßenlärm unbeeindruckt schlendert ein Mann am Quai de Montblanc entlang, der parallel zum Genfer See verläuft. Ebenso unbeeindruckt vom Jet d'eau, der 140 Meter hohen Wasserfontäne, dem Wahrzeichen Genfs, nähert er sich dem altehrwürdigen Beau Rivage, einem der schönsten und ältesten Hotels dieser Stadt. In die Schlagzeilen, und zwar international, geriet die Nobelabsteige durch einen deutschen Ministerpräsidenten. Der lag am 11. Oktober 1987 tot in der Badewanne des Hotelzimmers 317. Ob es heimtückischer Mord oder verzweifelter Suizid war – darüber darf bis heute spekuliert werden.Von Suiten, für die man gut 1000 Schweizer Franken pro Nacht berappen darf, genießen betuchte Gäste einen phantastischen Blick auf den glitzernden Genfer See und bei klarem Himmel auf das entfernte Fels- und Eismassiv des Montblanc.

Der Mann durchschreitet die hölzerne Drehtür des Hotels, geht sechs Stufen hinauf. Kühle und Ruhe empfangen ihn. Mitten unter dem angegrauten quadratischen Glasdach der Empfangshalle sprudelt ein kleiner Springbrunnen. Auf einer Bronzetafel am Brunnenrand ist zu lesen: «Wer eine Münze hineinwirft, unterstützt ein Projekt gegen die Kinderprostitution.» Den Boden bedeckt kaum ein Geldstück. Unterdessen postiert sich draußen und in der Luxusherberge eine Spezialeinheit der Genfer Kantonspolizei. Ihr Auftrag: Sie sollen verfolgen, was der Mann treibt, mit wem er sich trifft. Das Objekt ihrer Observation ist ein Oligarch aus der ehemaligen UdSSR. Sein Name: Vadim Zinovievich Rabinovich. In Genf ist er mit seinem privaten Jet eingeflogen. Auf den gepanzerten schwarzen Mercedes 600 samt Fahrzeugeskorte und Leibwächtern muss er diesmal, auf fremdem Territorium, verzichten.

Einen bulligen, rasierten Quadratkopf, dem die latente Gewalttätigkeit ins Gesicht eingemeißelt ist, mit dicker Goldkette und diamantenbesetzter Rolex hatte ich eigentlich erwartet. Seine Gegner, und von denen gibt es einige, verbreiten das Gerücht, dass er sogar Mordaufträge vergeben habe, dass er eine Art russischer Capo di tutti capi sei. Entsprechend enttäuscht bin ich, als er mich begrüßt. Er sieht aus wie ein ganz normaler Sterblicher.

Der Mann trägt einen schwarzen Anzug, darunter ein weißes T-Shirt. Auffallend ist vielleicht seine große goldumrandete Brille, deren Gläser leicht getönt sind. Seine Art, auf mich zuzukommen, mich anzusprechen, signalisiert: Ich weiß genau, was ich will – sei vorsichtig. Einige Zeit später sollte sich herausstellen, dass dieser erste Eindruck nicht verkehrt war. Der Mann wird sich zudem als ein begnadeter Schachspieler herausstellen; seine Strategie ist durchdacht. Dem Zufall will er nichts überlassen. Misstrauen und Vorsicht sind überlebensnotwendig für ihn.

Noch weiß ich nichts von der Hölle in stinkenden Zellen und Straflagern, die er als junger Mann durchlebt hat. Sein Sündenfall: Anfang der achtziger Jahre, als man in der UdSSR noch von der Überlegenheit des kommunistischen Systems überzeugt und das private Engagement in der Wirtschaft verboten war, verstand er es blendend, einträgliche Privatgeschäfte zu machen, war ein kapitalistischer Störenfried in der UdSSR. Geahndet wurde das mit einer fünfzehnjährigen Gefängnisstrafe. Den Knast verließ er 1991 als «König der Strafanstalt Charkow».

Und heute? «Heute schätzen ihn ukrainische Medien auf 1 Milliarde Dollar», schrieb die Nachrichtenagentur AP am 24. April 1999. Ihm gehört zum Beispiel die RICO Group, die in Genf registriert ist. Die Zentrale der Holding befindet sich in der Mechnikowastraße in Kiew, der Hauptstadt der Ukraine. Was bedeutet eigentlich RICO?

RICO ist die Abkürzung für das US-amerikanische Gesetz «Racketeer Influenced and Corrupt Organizations Act», eines der wichtigsten Instrumente gegen die Cosa Nostra. Es ist das erste Gesetz der USA, das die Anklage gegen mafiose Vereinigungen ermöglicht. Zahlreiche führende Mitglieder der Cosa Nostra wurden mit Hilfe dieses Gesetzes hinter Gitter gebracht. Hat die russische Mafiya nur noch Hohn und Spott für die amerikanische Polizei übrig, wie es CIA-Mitarbeiter gegenüber Vadim Rabinovich behaupten?

«Ich habe mit meinem Rechtsanwalt zusammengesessen und über einen Namen für meine Firma nachgedacht», wird mir Vadim Rabinovich später erzählen und dabei lauthals lachen. «‹Vadim›», sagte mir damals mein Rechtsanwalt, ‹nimm doch einfach den Namen RICO. Das ist eine gute Abkürzung für Rabinovich Company.› Einen Monat später traf ich einen amerikanischen Geschäftsfreund. Er war empört. ‹Vadim, das ist ziemlich dumm. Du kannst dein Unternehmen doch nicht RICO nennen. In den USA versteht man darunter das Gesetz zur Bekämpfung des organisierten Verbrechens.› Auch der Nachrichtendienst CIA schaltete sich ein. Sie haben mir gegenüber behauptet, dass die russische Mafiya mit Absicht diesen Firmennamen ausgewählt hätte, um die Polizeibehörden zu verhöhnen. Den Namen der

Holding habe ich daraufhin umgewandelt.» Das änderte jedoch nichts mehr daran, dass die US-Behörden ihn seitdem ins Visier genommen haben. So steht Vadim Rabinovich, was durchaus ungewöhnlich ist, im Internet auf der Homepage der US-Botschaft in Kiew (www.usemb.kiev.ua/rso/CrimeDigest9901.html), und zwar im Bericht über Organisierte Kriminalität, Ausgabe Januar 1999. Dort ist ihm eine ganze Seite gewidmet.

Nach den Vorhaltungen taufte er seinen Konzern in R. C. Group um. Zu dieser Holding gehören unter anderem Versicherungsgesellschaften, Banken, Modefirmen, eine Werbegesellschaft, ein Wirtschaftsberatungsunternehmen, eine Kosmetikfirma. Die Holding ist außerdem an einer Fernsehstation, einer Nachrichtenagentur und an diversen Zeitungen beteiligt. Rabinovich ist darüber hinaus Präsident des «Ukrainischen Jüdischen Kongresses», repräsentiert damit die größte jüdische Gemeinde in der ehemaligen UdSSR. Moshe-Reuven Asman, der junge Chefrabbiner der neu gebauten Brodsky-Synagoge von Kiew, ist voll des Lobes über Vadim Rabinovich. Schließlich war er der größte Finanzier für den Wiederaufbau des Gotteshauses, das zuvor als populäres Puppentheater zweckentfremdet worden war.

Der Vater von drei Kindern, das jüngste, Katharina, ist fünf Jahre alt, gilt als der «Beresowskij der Ukraine». Beide Männer, Vadim Rabinovich und Boris Beresowskij, sind gute Freunde geworden. Gemeinsam ist ihnen der Ehrgeiz, möglichst viel Besitz zu erwerben und die Politik mitzugestalten. Selbstverständlich verkehrt Vadim Rabinovich mit den Herrschenden, nicht nur in der Ukraine oder in Russland. Beispielsweise mit dem US-Präsidenten Bill Clinton und dessen Vize Al Gore. Ein Foto zeigt sie am 19. September 1995 im Sheraton Bal Harbor Hotel in Miami während eines Fundraising-Dinners der Demokratischen Partei. Auf anderen Fotos ist er mit dem deutschen Bundespräsidenten a. D. Roman Herzog, dem später ermordeten israelischen Staatspräsidenten Izak Rabin, mit Generälen, dem ukrainischen Staatspräsidenten Leonid Kutschma und weiteren politischen und kirchlichen Würdenträgern der westlichen Welt zu sehen. Stolz ist er auf einen Orden der Ukrainischen Orthodoxen Kirche, den Orden des «Mykola Chudotvortsya». Er habe «Geist und Seele in die Welt gebracht», so der oberste Repräsentant der Orthodoxen Kirche als Begründung für die hohe Auszeichnung Rabinovichs.

Gleichzeitig pflegt er Kontakte mit führenden Autoritäten krimineller Syndikate. So will man in seinem Bürohaus in Kiew einen der gefährlichsten ukrainischen Mafiyabosse gesehen haben, Boris Savlochow, bekannt dafür, dass seine Bande Geschäftsleute erpresst. Nichts Außergewöhnliches also. Gefasst wurde der Gangster im Oktober 1999, als er zwei kaukasische Bauern zusammenschlug, weil sie partout kein Schutzgeld zahlen wollten. Dumm gelaufen – die Miliz hielt alles auf Video fest.

Wurde auch Vadim Rabinovich, einer der fünf mächtigsten Oligarchen der Ukraine, von Savlochow erpresst? Oder ist dieser Balanceakt zwischen Honoratioren und Hochkriminellen überhaupt Voraussetzung in den postkommunistischen Ländern, um erfolgreich Geschäfte machen zu können?

Wie und von wo Vadim Rabinovich nach Genf gekommen ist, ob aus Kiew, aus Antwerpen oder Tel Aviv – er erzählt es mir nicht. Wir tasten uns zögerlich ab, reden über alles Mögliche, teils auf Englisch, teils mit Hilfe von Rabinovichs Dolmetscherin: über das schöne Herbstwetter und mehr oder weniger korrupte Politiker in Moskau, Kiew und in Westeuropa. Nach etwa zwei Stunden misstrauischen Abtastens hebt er die Stimme und vertraut mir eines seiner aktuellen Probleme an. Einiges davon ahnte ich bereits. Doch nun tauche ich ein in ein Gestrüpp von mörderischen Unternehmern und Politikern, die mit der Mafiya gemeinsame Sache machen.

Auftragsmorde und Ausweisungen

Im Sommer 1999, am 24. Juni 1999, veröffentlichte der ukrainische Sicherheitsdienst SBU eine Erklärung, worin der in der Ukraine geborene und lebende, inzwischen israelischer Staatsbürger gewordene Vadim Rabinovich sowie ein anderer Geschäftsmann für fünf Jahre zu unerwünschten Personen abgestempelt wurden. Sie dürfen den Boden der Ukraine also nicht mehr betreten. Vadim Rabinovich wird vorgeworfen, der ukrainischen Wirtschaft erheblichen Schaden zugefügt zu haben. Wenig später forderten Abgeordnete der Fraktion «Linkes Zentrum», dass aufgrund dieser Beschuldigungen gegen Rabinovich eine juristische Untersuchung eingeleitet werden müsse, «da er auch für den Anschlag gegen die Verfassung der Ukraine und die Provozierung von Völkerhass verantwortlich sei». Weil lediglich ein Aufenthaltsverbot gegen Rabinovich ausgesprochen wurde, nahmen die Abgeordneten gleich noch den Staatspräsidenten Leonid Kutschma ins Visier: «Die Sicherheitsorgane versuchen, die Zugehörigkeit des heute handelnden Präsidenten der Ukraine und seiner Umgebung zu den ausländischen Schattengeschäften sowie die Wahrheit über die Maßstäbe der Räuberei in der Ukraine und die korrupte Struktur der heutigen Staatsgewalt zu verheimlichen.» Das geschah vor den Präsidentenwahlen in der Ukraine, war mit großer Wahrscheinlichkeit ein politischer Schlagabtausch. Rabinovich bezeichnete das gegen ihn gerichtete Dekret als «Provokation».

Der andere Verbannte, der Unternehmer Leonid Borisovich Wolf, soll Angehöriger einer kriminellen Organisation und für verschiedene Auftragsmorde in Odessa, Kiew und der Dnjepropetrowsk-Region verantwortlich gewesen sein. Besteht tatsächlich ein Zusammenhang zwischen beiden, so wie es der ukrainische Sicherheitsdienst in seiner Pressemitteilung suggerierte? Der Verdacht drängte sich deshalb auf, weil Leonid Wolf bereits ein halbes Jahr zuvor, am 17. Dezember 1998, zur «unerwünschten Person» erklärt wurde – dies jedoch erst im Zusammenhang mit Vadim Rabinovich öffentlich gemacht wurde.

Seltsam nur, dass trotz der schweren Vorwürfe gegen Wolf und Rabinovich bislang in der Ukraine kein Haftbefehl gegen sie vorgelegen hatte. Warum erhielten sie bloß ein Aufenthaltsverbot, zumal ein temporäres? Das riecht nach politischem Ränkespiel.

«Was Leonid Wolf angeht», sagt mir Vadim Rabinovich, «haben die ukrainischen Behörden ja sogar Recht, obwohl ich persönlich mit ihm nichts zu tun habe. Wolf baute sein geschäftliches Imperium auf Blut auf, ließ einige seiner Konkurrenten kurzerhand erschießen, und das machte ihn reich und mächtig. Wollen Sie ihn kennen lernen? Kein Problem. Er lebt derzeit in Tel Aviv.»

Man sieht bereits hier – nichts ist eindeutig, merkwürdige Widersprüche tauchen auf. Sicher scheint nur zu sein, dass der ukrainische Außenminister Krawschenko zwar einen Bericht der israelischen Polizei über Leonid Wolf in den Händen hat, aber in der Ukraine keinerlei Ermittlungen gegen Wolf durchgeführt werden. Vermutlich, weil der Sicherheitsdienst SBU Untersuchungen gegen Leonid Wolf zu verhindern sucht. Zutreffend ist außerdem, was Vadim Rabinovich über diesen Wolf erzählte. In der Ukraine war Wolf berüchtigt für eine «extrem aggressive Übernahme» von Betrieben, besonders in dem Kriworog-Gebiet. Hier gelang es ihm sogar, den staatlichen Stahlgiganten Kriworozhshtal an sich zu reißen. «Extrem aggressive Übernahme» heißt in Wirklichkeit: Wer nicht mit Wolf kooperierte, den traf eine tödliche Kugel. Die seriöse ukrainische Zeitung *Kiew Post* schrieb am 1. Juli 1999 über Leonid Wolf.

«In den frühen 90er Jahren, so sagen Quellen, spielte Wolf eine Schlüsselrolle, um die Ukraine zu einem internationalen

Schmuggelparadies auszubauen. Seine geschäftlichen Aktivitäten seien die Schifffahrt, der Handel mit Öl, Drogen, Waffen, Chemikalien und Metallen. Seine Verbündeten seien zum einen Gangster aus der ehemaligen Sowjetunion, zum anderen lokale Behörden gewesen.»

Im Übrigen, so hört man aus Polizeikreisen, bestehe der Verdacht, dass Leonid Wolf enge Beziehungen zu Alexander Wolkow unterhalten habe.

Und das führt uns zum Verdikt des ukrainischen Sicherheitsdienstes SBU gegen Vadim Rabinovich zurück. Rabinovich dürfte sich mit anderen mächtigen Drahtziehern im Umfeld des Präsidenten Leonid Kutschma, auch Papa genannt, angelegt haben. Leonid Kutschma, ein Exponent der ukrainischen Industrie-Lobby und ehemaliger Generaldirektor der Raketenfabrik Juschmasch, wurde 1994 zum Staatspräsidenten gewählt. Obwohl Rabinovich viel investierte, um Kutschma bei den Präsidentenwahlen 1999 zu unterstützen, schien es ihm diesmal nichts zu nützen. «Unter Kutschma zeigte sich», schreibt der Kiewer Politikwissenschaftler Pavlo Kutujev, «dass lose Netzwerke von vage definierten wirtschaftlichen oder regionalen Interessengruppen abgelöst wurden, von starken informellen Zusammenschlüssen mit ausgeprägtem Gruppengefühl, mit klar artikulierten Interessen, einer Führung, der man loyal ergeben ist wie ein Abhängiger seinem Patron. Solch eine Organisationsform und ihr Modus Operandi passen aber besser zur sizilianischen Mafia als zu einer modernen Demokratie mit transparenten Regeln und Normen.» Der bereits erwähnte Alexander Wolkow, ebenfalls ein Oligarch, ist ein enger Berater, Finanzier und die graue Eminenz des Präsidenten Kutschma. Derzeit ermitteln die belgische und Schweizer Polizei gegen ihn. Er soll Millionenbeträge auf europäischen Konten deponiert haben. Sein Stern leuchtet noch, weil er für den Präsidenten der Ukraine momentan nützlich zu sein scheint. Da störten vielleicht, im Sommer 1999, Personen, ja, Freunde wie Vadim Rabinovich, der, wenn man es einmal positiv sehen will, keine Lust mehr hatte, im hemmungslosen Poker um die Macht mit viel Kapital mitzumischen.

Auf Alexander Wolkow reagiert Vadim Rabinovich heute überaus verhalten. Als ich ihn während unseres ersten Gesprächs in Genf fragte, ob dieser Wolkow, wie behauptet wird, enge Beziehungen zu kriminellen Autoritäten habe, wich er erst mal aus.

Ein anderes Motiv für das gegen ihn verhängte Aufenthaltsverbot, so spekulierte eine ukrainische Zeitung: Rabinovich habe einem ausländischen Nachrichtendienst geheime Informationen zukommen lassen, denen zufolge die ukrainische Regierung schwere Waffen nach Jugoslawien transportiert, trotz Lieferboykott.

Der Wahrheit auf der Spur

Vadim Rabinovich hätte sich eigentlich nicht mit mir treffen dürfen, betonte er zu Beginn unseres Gesprächs bei Tee, Kaffee und Sodawasser. Seine Geschäftsfreunde und seine Anwälte hätten ihn vor mir gewarnt, ihm eindringlich abgeraten. Wir wären zwei so unterschiedliche Menschen, hätten gegensätzliche Interessen, würden zwangsläufig aufeinander prallen. Es müsse ihm, Vadim Rabinovich, doch klar sein, dass man mir, als in bestimmten Kreisen, Mafiyakreisen, verrufenem Journalisten und Autor, nicht über den Weg trauen könne. Ich wiederum konnte getrost davon ausgehen, dass Rabinovich meine Einstellung zu jenen Personen aus der ehemaligen UdSSR kannte, die zu plötzlichem unermesslichem Reichtum gekommen sind: Blutsauger der alten kommunistischen Nomenklatura, eine politisch-mafiose Kaste, die sich in den letzten Jahren, nach dem Zusammenbruch des kommunistischen Systems, lediglich neue westliche Kleider übergezogen hat, in die man inzwischen hineingewachsen ist. Eine Maskerade der politischen Ideologien.

Doch Vadim Rabinovich kümmerte weder, was ich bislang über die so genannte Russenmafiya geschrieben hatte («viel Unsinn über einige Leute», wie er meinte), noch was ihm seine Berater ins Ohr geflüstert hatten.

Dabei konnte ich deren Vorbehalte durchaus nachvollziehen. Schließlich kam auch ich nicht als Naivling nach Genf, hatte mich zuvor über Vadim Rabinovich kundig gemacht. Hätte ich allerdings den Berichten geglaubt, die über Vadim Rabinovich bei westlichen und ukrainischen Nachrichtendiensten sowie diversen Polizeidienststellen als streng geheime Verschlusssache in den Panzerschränken verwahrt sind, wäre nicht nur eine kugelsichere Weste notwendig gewesen, sondern ich hätte zusätzlich den Schutz zahlreicher Bodyguards benötigt. Bei all diesen Diensten gilt er als eine äußerst suspekte Person, um es diplomatisch zu umschreiben. Er zählt demnach zu den wichtigsten Verbindungspersonen zwischen kriminellen Großsyndikaten aus der Ex-UdSSR und den legalen Geschäftsstrukturen, ein Repräsentant der neuen Oligarchie, ein gefährlicher Mann, glaubt man der Polizei. Verbindungen zur Mafiya, in der Ex-UdSSR durchaus nichts Ehrenrühriges, ist im Westen eine schwer wiegende Anklage, die, einmal erhoben, wie ein Brandmal nicht mehr auszulöschen zu sein scheint. Mafiya? Ein Vorwurf, den Vadim Rabinovich wie eine lästige Fliege verscheucht. Wobei ich zu diesem Zeitpunkt nicht sicher bin, ob er mir Märchen erzählt oder selbst davon überzeugt ist, dass er mit kriminellen Syndikaten nichts zu tun hat.

Kontaktversuche und Annäherungen

Wir sind die einzigen Gäste in der Hotelbar. Im Hintergrund tönt Frank Sinatras «I'm in the mood for love». Obwohl ich niemanden bemerkt habe, der uns hätte observieren können, liegt unser mehrstündiges Gespräch in der Hotelbar bereits am nächsten Tag bei verschiedenen Nachrichtendiensten, dem ukrainischen SBU und dem deutschen BND, wortgetreu zur Auswertung vor. Mir ist es gleichgültig. Aber wie wird Vadim Rabinovich darauf reagieren, wenn er es erfährt? Und er wird davon erfahren. Denkt er dann, ich hätte heimlich ein Tonband mitlaufen lassen, das ich sofort nach Ende unseres Gesprächs einem Nachrichtendienst zur Verfügung gestellt habe? Die Vorbehalte seiner Consegliere wären bestätigt und unsere Beziehung beendet. Soll ich Vadim Rabinovich darauf ansprechen?, fragte ich mich deshalb vor unserem nächsten Gespräch. Warum eigentlich nicht. Diesmal, einige Wochen später, treffen wir uns im Hotel im Palais Schwarzenberg im Herzen der Donaumetropole Wien. Für eine Suite in dieser Luxusherberge legt man schlappe 1000 Mark pro Nacht hin. Nur wenige Schritte vom Hotel entfernt steht auf einem schwarzen Marmorsockel eine zwölf Meter hohe Statue – ein Rotgardist mit einer Fahne in der Hand. Das Denkmal, am 19. August 1945 enthüllt, soll an die Befreiung Wiens durch die Rote Armee erinnern.

Wir sitzen im Terrassenrestaurant mit Blick auf den prachtvollen Privatpark. Rabinovich kichert verächtlich, als ich ihn darauf anspreche, dass unsere Gespräche wahrscheinlich abgehört und wir in Genf observiert worden seien: «Das ist elektronischer Firlefanz. Ich weiß das alles. Mir ist es egal. Sollen sie doch mithören.»

Er ist sich hundertprozentig sicher, erzählt er mir, dass nicht nur seine Telefongespräche, sondern auch seine elektronische Post und seine Faxe akribisch aufgezeichnet werden. Zum Beispiel vom ukrainischen Nachrichtendienst SBU. Mit großer Wahrscheinlichkeit auch vom großen Bruder CIA, dem israelischen Mossad und anderen staatlichen Schnüfflern, die sich ihren Reim auf Vadim Rabinovich machen wollen.

Mir geht bereits seit geraumer Zeit immer wieder der Gedanke durch den Kopf, dass diese geheimdienstlich arbeitenden Behörden ja von irgendjemandem ihre belastenden Aussagen erhalten. Denken und handeln die Informanten, die wahrscheinlich aus der Ukraine oder/und Russland kommen, strategisch? Will man unliebsame wirtschaftliche Konkurrenten, Störenfriede des Systems diskreditieren? Desinformation als galantes politisches Manöver, weil bekannt ist, dass der Vorwurf, mit kriminellen Elementen, mit Banditen zusammenzuarbeiten, ein probates Totschlaginstrument ist? Sind westliche Dienste und Regierungen wissentlich oder unwissentlich Komplizen solcher Machenschaften? Das wird alles geklärt werden müssen – doch langsam.

Zuerst stellt sich eher die Frage, wie ich überhaupt mit Vadim Rabinovich zusammengekommen bin. Ein Oligarch lebt normalerweise in einer anderen Welt als ein Schriftsteller.

Seit langem beschäftigte ich mich mit Semion Mogilevich, dem Paten von Budapest, der bis Mitte 1999 in Ungarn residierte, dann über Nacht das Land verließ. Heute lebt er, es sei am Rande erwähnt, unbehelligt in einer noblen Villa in Moskau und reibt sich die Hände, weil die westlichen Polizeidienststellen ihm bislang nicht auf die Schliche gekommen sind. Während der Recherche über Mogilevich fielen mir eines Tages Polizeiunterlagen in die Hände, in denen ein Vadim Rabinovich aus Kiew erwähnt wurde. Ich hatte damals nur verschwommene Vorstellungen über ihn, wusste, dass er als einflussreicher Oligarch galt, der enge Beziehungen zum ukrainischen Präsidenten Leonid Kutschma unterhält. Um keinen falschen Informationen nachzugehen, schickte ich an Vadim Rabinovich in Kiew eine E-Mail. Höflich fragte ich, ob er diesen Semion Mogilevich, der ja sowohl in der Ukraine wie in Russland Kontakte zu den politischen Machtzentren pflegt, tatsächlich kennt, wie es die Polizei behauptete, und ob es eine Zusammenarbeit mit Mogilevich gäbe.

Wider Erwarten (normalerweise erhalte ich auf derartige Anfragen natürlich keine Antworten) reagierte er bereits nach wenigen Tagen. «Ja», antwortete Rabinovich per E-Mail, «ich kenne Semion Mogilevich, habe ihn ‹zwei-, dreimal› getroffen.

Aber nur für zehn bis fünfzehn Minuten, eine Zufallsbekanntschaft.»

Na ja, dachte ich mir. Per Zufall gibt es bei Semion Mogilevich keine Bekanntschaft. Sei's drum.

Aber, und das hat mich sehr überrascht, Vadim Rabinovich wollte sich unbedingt mit mir treffen. Wenige Wochen nach dem ersten Kontakt via E-Mail sollte bereits ein Treffen zwischen uns zustande kommen. Er überließ mir die Auswahl des Ortes, und ich schlug das Frankfurter Nobelhotel Arabella vor. Es liegt im Zentrum der Finanzmetropole am Main, die von den höchsten Wolkenkratzern Deutschlands, den Banken und Versicherungen, überragt wird. Noch am selben Tag antwortete er mir: «Wie vereinbart bin ich bereit, mich mit Ihnen zu treffen. Da ich noch andere Termine in Frankfurt habe, bitte ich um genaue Zeitangabe.»

Ungeduldig fieberte ich der ersten Begegnung entgegen. Doch einen Tag davor sagte Vadim Rabinovich ab. «Sehr geehrter Herr Roth», schrieb er mir per E-Mail, «aufgrund dringender Geschäfte muss ich unser Treffen leider verschieben.» Hat er einen Rückzieher gemacht?

Damals, beim ersten Kontakt, konnte er nicht ahnen, welche Reaktionen seine geplante und kurzfristig abgesagte Stippvisite in Frankfurt auslösen sollte. Denn am Tage der verabredeten Zusammenkunft fragte das Bundeskriminalamt (BKA) bei der Frankfurter Polizei nach, ob die etwas über ein geheimes Treffen im Arabella-Hotel wüsste. Das BKA wiederum hatte von der israelischen Polizei ein Telex erhalten, wonach sich Vadim Rabinovich mit dem Berater des liberianischen Präsidenten, der in Waffengeschäfte verwickelt sein soll, und mir im Arabella-Hotel treffen wolle.

Woher wussten die Israelis von dem Treffen in Frankfurt? Die Kommunikation zwischen mir und Vadim Rabinovich verlief ausschließlich per Telefon und E-Mail. Einige Wochen später haben wir uns dann zum ersten Mal gesehen. Nicht in Frankfurt, sondern in Genf.

Die Kaste der Oligarchen

> «Wenn du Angst hast und nicht mit ihr umgeben kannst, wirst du niedergemacht, geschlagen und aufgefressen. Du sollst um nichts bitten, denn dir wird sowieso nichts gegeben. Sollte dir doch etwas gegeben werden, wirst du später dafür teuer zahlen müssen.»
> *Vadim Rabinovich*

Je intensiver ich mich mit der Person Rabinovich auseinander setzte, umso mehr wuchs die Erkenntnis, dass die Realität ein Chamäleon ist. Sie ist nicht schwarz oder weiß, sondern schillert in bunten Farben. Über Vadim Rabinovich wird allerlei kolportiert, und manches davon ist durchaus bedrohlich. Fakt ist, dass sich die Herrschaft der Oligarchen nicht aus einem demokratischen Willensprozess, sondern aus gestohlenem Reichtum und/oder der Zugehörigkeit zu einer Seilschaft von Präsidenten der ehemaligen UdSSR ableitet. Solange sie ihrem jeweiligen politischen Herren dienen bzw. diese einigen Oligarchen, müssen sie wenig fürchten.

Und der Westen schaut zu, profitiert er doch von der Macht der Oligarchen, die den Zugriff auf die wichtigsten Rohstoffe haben, wie Erdgas, Erdöl, Edelmetalle.

Warum ist so wenig über diese Oligarchen bekannt? Sind es wirklich «Superreiche, Superskrupellose, Raffkes, Mafiosi, Gierhälse und Schnäppchenmacher der Moskauer Transformation», wie Tomas Avenarius in der *Süddeutschen Zeitung* einmal fragte?

Und wenn schon. Vielleicht beherrschen sie inzwischen die Gesetze des Kapitalismus genauso perfide wie ihre westlichen Vorbilder. Schnöder Mammon interessiert, auf Kosten von wem auch immer. Was wäre dann eigentlich der verdammenswerte Unterschied zwischen ihnen und westlichen Konzernchefs, die soziales Gewissen als fallende Aktienkurse definieren? Liegt der Unterschied zu unseren milliardenschweren Wirtschaftsbossen alleine darin, dass die ungestümen Neuankömmlinge aus der Ex-UdSSR mit mafiosen Syndikaten verbandelt und korrupt bis auf die Knochen sind? Was ist daran sensationell? Im rechtsstaatlichen, meinungsfreien Europa wird nicht weniger geschmiert als in den postkommunistischen Staaten. Und Mafiya … das ist schnell dahingesagt. Löhne, die nicht einmal das Existenzminimum sichern, sofern sie überhaupt bezahlt werden, exorbitante Steuern, keine Sozialleistungen … all dies zwingt die Menschen geradezu, Gesetze zu übertreten, zu betrügen, eben mafios zu leben. Und davon profitieren wiederum die besonders Korrupten, die besonders Kriminellen und die besonders Gewieften, eben die Oligarchen, am meisten.

Ich würde schon gerne wissen, worin ihr Geheimnis liegt – aber will es mir der Oligarch Vadim Rabinovich verraten? Er wäre kein guter Geschäftsmann, würde er sich von dem Kontakt zu mir nichts erwarten, würde sich die Verbindung zu mir nicht auf die eine oder andere Weise für ihn rechnen. Abwegig war von Anfang an der eitle Gedanke, dass er sich aus reiner Neugier auf mich einlässt.

Werde ich jemals herausfinden, wer Vadim Rabinovich in Wirklichkeit ist? Ein großzügiger Mäzen für die in der Ukraine lebenden Juden? Ein gnadenloser Abzocker? Ein mächtiger Pate? Ein zutiefst von sich überzeugter und erfolgreicher Kapitalist? Von allem etwas? Wie ist er dahin gekommen, wo er heute steht, ein millionenschwerer Unternehmer, dekoriert mit höchsten Orden? Vielleicht ist er eine Art Mikrokosmos, eine Personifizierung der für den Westen immer noch undurchschaubaren politischen und gesellschaftlichen Transformation der ehemaligen UdSSR. Dann allerdings geht es um mehr als um die Lebensgeschichte eines außergewöhnlichen Mannes, der sowohl im ehemals kommunistischen System seinen Willen zu behaupten versuchte, ob während des Studiums, beim Militär oder im Gefängnis, als auch aktuell im Konflikt mit politischen Machthabern.

«Ich bin Teil dieses Systems. Das System hat mir vieles ermöglicht.» Gleichzeitig steht Rabinovich diesem System sehr kritisch gegenüber, sieht die heutige Not und den Hunger seiner Landsleute, blendet die Kehrseiten von Perestroika nicht aus wie andere Oligarchen.

Der Mann, der ein Löwe ist

Sternzeichen des bekennenden Juden ist der Löwe. Dem werden in der Astrologie Kampfesmut und erbarmungslose Zielstrebigkeit nachgesagt. «Du sollst vor niemandem Angst haben», sagte er einmal während eines Treffens im piekfeinen Bad Homburger Schlosshotel. «Du sollst niemanden um etwas bitten. Du sollst niemandem vertrauen. Das sind meine drei wichtigsten Überlebensregeln.» Abgesehen von seinem Sternzeichen liefert die als Jugendlicher bevorzugte Lektüre Hinweise auf seine Lebenseinstellung. Zu den Lieblingsbüchern zählt nicht nur die «Sowjetische Enzyklopädie», die war für die meisten Sowjetbürger Pflichtlektüre, sondern der Roman «Die Abenteuer des braven Soldaten Schwejk» des tschechischen Schriftstellers Jaroslav Hašek. Das Buch hat er, wie er berichtet, verschlungen, «wahrscheinlich zweitausendmal gelesen». Warum faszinierten ihn gerade «Die Abenteuer des braven Soldaten Schwejk»? Ist es die Schlitzohrigkeit als Überlebensstrategie, die Rabinovich als junger Mann so faszinierte?

Schwejk ist bekanntlich ein großer Meister in der Kunst gewesen, sich dumm zu stellen. Sein Vorgesetzter, Oberleutnant Lukasch, hielt ihn für einen Idioten. Damit spielte Schwejk; das System konnte ihm nichts anhaben. Unbehelligt sprach er aus, was er wirklich dachte, und machte sich über die Borniertheit der Vorgesetzten und den patriotischen Schwindel in der Welt lustig. Schwejk wurde nicht ohne Grund gerade in der ehemaligen UdSSR geliebt. Er war eine Art Volksheld, sein Name ein Begriff dafür, wie man ein totalitäres System seelisch überleben kann. Der Mann, der diesen Schwejk geradezu verinnerlicht hat, Vadim Rabinovich, erfuhr Verrat, Verleumdung, einen rasanten

Aufstieg und gnadenlose Abstrafung am eigenen Leibe. Seine massiven Probleme, die er in den Zeiten der Sowjetunion bekam und die bis zum heutigen Tag bestehen, haben mit gesellschaftlichen Verwerfungen zu tun, denen sich Vadim Rabinovich nie unterwerfen wollte und auch heute nicht beugen will. Wobei er in den Gesprächen mit mir genau abwägt, über wen zu reden, mit wem sich anzulegen gefährlich werden könnte. Sobald die Sprache auf diese Personen kommt, wirkt er verhärtet, abweisend. Über sich selbst sagt er, dass es ihm manchmal so ginge, wie es das russische Volkslied von Anatoly Vysockij beschreibt: «‹Es leben in mir zwei Ich. Zwei Pole eines Planeten. Zwei verschiedene Menschen. Zwei Feinde. Der eine strebt nach dem Ballett, der andere möchte wie ein Pferd davonrennen.› Meine Situation entspricht diesem Lied.»

In dieser Geschichte eines Oligarchen geht es um mehr als um irgendwelche sozialen und gesellschaftlichen Erklärungsmuster für bestimmte Verhaltensweisen. Es geht um intime Einblicke in einen Kosmos, den nur die wenigsten begreifen, deshalb, weil er bislang erfolgreich vor einer breiten Öffentlichkeit verborgen gehalten worden ist. Was bisher über Oligarchen bekannt wurde, sind entweder oberflächliche Berichte oder propagandistische Auftragsarbeiten. Wenn er tatsächlich sein intimes Wissen offenbart, wenn er das Gesetz der Omertá bricht, dann dürfte er nach Veröffentlichung dieses Buchs gefährlich leben, noch weitaus gefährlicher als zuvor. Daher gebührt Vadim Rabinovich Hochachtung. Er ist in vielerlei Hinsicht ein großes Risiko eingegangen. Denn die wahren Strukturen der herrschenden Machtapparate in der zusammengebrochenen Sowjetunion sichtbar zu machen ist lebensriskant. Zumal nun ein überzeugter KGB-Absolvent, Wladimir Putin, Präsident Russlands geworden ist. Über Wladimir Putin meint Vadim Rabinovich, und das nicht einmal sarkastisch: «Der Westen darf sich freuen. Jetzt ist das gefürchtete Dach der Mafiya, die Kryscha, der KGB selbst bzw. dessen Nachfolgeorganisation geworden. Jeder weiß endlich, wer das Sagen hat.»

Eines ist jedenfalls sicher, und das trifft nicht allein auf Vadim Rabinovich zu: Die Macht endet, wenn die Nützlichkeit erlischt.

Kindheit und Jugend

Vadim Rabinovichs Geschichte beginnt Mitte des 20. Jahrhunderts. Das Licht der Welt erblickte er am frühen Morgen des 4. August 1953 in der Industriestadt Charkow, die erst kürzlich Schlagzeilen machte, als am 17. Juni 2000 die Regierungschefs von Polen und der Ukraine gemeinsam einen Friedhof zum Gedenken an Tausende Opfer des Stalinismus in der Nähe von Charkow einweihten. Auf dem Friedhof Pjatichatki wurden 4300 polnische Offiziere sowie 2500 polnische, ukrainische, russische und jüdische Zivilisten begraben, die 1940 vom sowjetischen Geheimdienst NKWD ermordet wurden. Charkow entstand um 1655 als Militär-Grenzstützpunkt. Zwischen 1919 und 1934 wurde Charkow Hauptstadt der Sowjetukraine. Im Zweiten Weltkrieg wurde die Stadt fast gänzlich von deutschen Soldaten zerstört. Als Vadim Rabinovich geboren wurde, zählte die ehemalige sowjetische Gebietshauptstadt im Nordosten der heutigen Ukraine wieder über eine Million Einwohner und war inzwischen eines der bedeutendsten wirtschaftlichen und kulturellen Zentren der UdSSR geworden, nach Leningrad und Moskau sogar der drittgrößte Verkehrsknotenpunkt der UdSSR.

Als Vadim Rabinovich zur Welt kam, stand das kommunistische System gerade vor einer neuen Entwicklung. Josef Wissarionowitsch Stalin war am 5. März 1953 gestorben. Ein Tyrann, dessen Herrschaft Millionen Menschenleben gefordert hat, in dessen Gulags Andersdenkende ausgebeutet und ermordet wurden. Drei Monate vor Vadim Rabinovichs Geburt begannen in den Lagern heftige Streiks, es kam zu Aufständen, die das gesamte Gulag-System und somit auch die Wirtschaft der Sowjetunion und des Kreml zutiefst erschütterten. Allein in der Ukraine gab es damals 126 Lager, 42 Gefängnisse, 17 psychiatrische Anstalten, die über das ganze Territorium verteilt waren. Die Häftlinge, die Dissidenten waren, Intellektuelle, Nationalisten, Juden, Christen etc., arbeiteten in Uranbergwerken, Steinbrüchen, der Leicht- und Kriegsindustrie. Im Verlauf von 25 Jahren wurden unter Stalin rund 20 Millionen Menschen getötet. Sein Nachfolger wurde der bisherige ZK-Sekretär Nikita Sergejewitsch Chruschtschow, der zum engeren Führungskreis von Stalin gehört hatte. Er leitete zumindest eine Lockerung des stalinistischen Terrors ein.

An diese Zeit erinnert sich Vadim nur vage. Seine Eltern hatten sich anscheinend mit den politischen Gegebenheiten arrangiert. Sein Vater Zimowif, ein großer hagerer Mann, diente in der Sowjetarmee. Er kämpfte 1939 im Finnischen Krieg in einem Skibataillon. 1945 war für ihn das größte Massenschlachten der jüngeren Geschichte zu Ende. Bis 1961 blieb er beim Militär, stieg langsam, aber stetig zum Oberst auf, was für einen Juden mit dem Familiennamen Rabinovich damals durchaus nicht selbstverständlich war. Schließlich wurde er sogar stellvertretender Kommandeur einer Panzerdivision, ausgezeichnet mit zahlreichen militärischen Lenin- und Stalin-Orden, die er voller Stolz seinen Kindern zeigte.

1961 reduzierte Nikita Chruschtschow die Streitkräfte, sodass Zimowif Rabinovich aus dem Militärdienst entlassen wurde. Ein neuer Lebensabschnitt begann, nicht nur für die Familie Rabinovich. Denn das Jahr 1961 ist auch das Jahr des 22. Parteitags der KPdSU, auf dem das Programm der Erneuerung des Kommunismus angenommen wurde. Es folgte eine wirtschaftliche Katastrophe. Selbst in den erntereichsten Schwarzerde-Regionen wurde das Brot knapp, und es wurden deshalb Brotmarken eingeführt – pro Kopf gab es täglich 400 Gramm. Wegen Futtermangels wurden die Rinder geschlachtet, eine Zeit lang gab es Fleisch genug, dann jahrzehntelang nichts mehr. Die Betriebe arbeiteten mehr schlecht als recht, es fehlte an Rohstoffen und der entsprechenden Technik. Eine gute Hose oder ein gutes Kleid konnte man einmal im Jahr auf Bezugsschein kaufen. Wer sich einen Teppich leisten konnte, galt als Krösus.

Vadims Vater begann unterdessen als Ingenieur für Sicherheitstechnik in einem Rüstungsbetrieb in Charkow zu arbeiten. Im Laufe der Jahre stieg er dort bis zum stellvertretenden Direktor auf. Viel mehr Lohn hatte das nicht gebracht und damit an der prekären Finanzlage der sechsköpfigen Familie wenig geändert. Jahre später, Vadim Rabinovich war inzwischen im Handelsgeschäft aktiv, traf er sich in Moskau mit dem mächtigen Direktor des «Zentralsowjets», zu dem auch der Betrieb seines Vaters gehörte. Als Vadims Vater von diesem Besuch erfuhr, war er schockiert. Immerhin war der Direktor des «Zentralsowjets» sein höchster Vorgesetzter, und für Zimowif war es undenkbar, dass sein Sohn sich mit diesem Mann zusammengesetzt hatte.

«Also das war so. Ich kam damals zu meinem Vater und bat ihn, mir einen LKW zur Verfügung zu stellen, damit ich einige Sachen von einer Wohnung in eine andere fahren konnte. Er wollte nicht so recht. Einen Monat später besuchte ich ihn in seinem Betrieb und sah auf dem Tisch einen Scheck über sechs Rubel liegen. Er gab mir den LKW und bezahlte dafür aus seiner eigenen Tasche in die Betriebskasse. Er gehörte zu jener Kategorie von Menschen in der Sowjetunion, die es heutzutage nicht mehr gibt.» Sein Vater blieb bis kurz vor seinem Tod ein überzeugter Kommunist, glaubte an die verkündeten Prinzipien von Sozialismus und Gerechtigkeit in der UdSSR, zweifelte nicht an den Dogmen und am Sieg des Marxismus-Leninismus über den kapitalistischen Imperialismus.

«Wir lebten weder arm noch reich», erinnert sich Vadim Rabinovich. Seiner Familie ging es in jener Zeit durchaus nicht schlecht im Verhältnis zu den allgemeinen Lebensbedingungen in der damaligen UdSSR. «Nicht schlecht» bedeutete damals einen Monatsverdienst zwischen 80 und 160 Rubel. «Meistens waren es 120 Rubel. Mehr Rubel, also so um die 200, verdiente die sowjetische Elite», erinnert sich Vadim Rabinovich. Ella, seine Mutter, eine in Charkow angesehene Bereichsärztin im staatlichen Gesundheitsamt, war selten zu Hause. Ihre Arbeit bestand aus dem Krankenempfang und Krankenbesuch. Das hatte einige Vorteile bei der Beschaffung von Lebensmitteln, die sie ansonsten nie bekommen hätten. «Aus Dankbarkeit erhielt unsere Mutter von den Patienten Schachteln mit Pralinen, die mit armenischem Kognak gefüllt waren. Darum gab es bei uns, besonders zu den Feiertagen, viele Süßigkeiten.» Und an noch etwas anderes kann sich Vadim Rabinovich erinnern: «Zu Hause gab es immer viele Apfelsinen, denn meine Tante arbeitete in einem Gemüseladen.»

Die Mutter bereitete das Essen für die ganze Woche zu, wie es in allen sowjetischen Familien üblich war. Die anderen Familienmitglieder, sofern sie schon arbeiteten, wärmten sich dieses Essen an den Abenden auf. «Ich selbst beschränkte mich auf Brötchen mit Schmalz. Meine viel ältere Schwester Marina kümmerte sich um mich. Man erzählte mir, dass sie mich im Kinderwagen herumfuhr, um so eine Gelegenheit zu haben, ihren Geliebten, den sie später heiratete, zu treffen.»

Kaufen und verkaufen, also Geschäfte machen, war für die Familie Rabinovich ein Fremdwort. Man beschaffte sich etwas. «Wir hatten zum Beispiel eine Bekannte im Milchladen. Daher wurden wir immer mit frischer saurer Sahne versorgt. Ein Bekannter von uns, der Direktor einer Schuhfabrik, lieferte uns Schuhe.»

Mit der Nomenklatura hatten sie nichts zu tun. Alle Mitglieder seiner Familie waren entweder Ärzte, Ingenieure, Arbeiter oder Beamte. «Geschäftsleute», die so genannte Handelselite, gab es in Vadim Rabinovichs Familie nicht. Daran hat sich bis zum heutigen Tag nichts geändert. So gesehen ist Vadim das einzige «räudige Schaf». «Von frühester Kindheit an überlegte ich, wie ich Geld, viel Geld verdienen kann. Naiv, wie ich damals war, dachte ich, einmal eine Million Rubel zu besitzen, die dann in Dollars umgewandelt werden. Das wäre ein Vermögen, mit dem man die ganze Welt verändern könnte. Heute habe ich mehr als eine Million Dollar. Aber die Welt ist die alte geblieben, ob mit oder ohne mein Geld. Die Menschen, die mich aus diesen Zeiten kennen, wissen, dass mir Habgier fremd ist. Im Gegenteil. Eigentlich bin ich ein pathologischer Geldverschwender. Geld, ja, was bedeutet das für mich? Es ist ein Existenzmittel, es bietet die Möglichkeit, sich selbst und anderen Menschen zu helfen, das Leben zu genießen, mein Leben selbst zu gestalten. Ich teile es gerne mit anderen Menschen. Wer nun aber glaubt, dass ich auf die Straße gehe und dort das Geld wahllos verteile, der irrt gewaltig. Für mich ist das persönliche Verhältnis zu den Menschen wichtig. Ist mir eine Person sympathisch, werde ich ihr helfen. Wenn nicht, dann bin ich ein sturer Hund. Nichts werde ich ihm geben.»

Einen besonderen Wunsch hatte Vadim Rabinovich als Kind – einen Hund. «Aber man erlaubte mir das nie, weil wir immer mit vielen Menschen in einer kleinen Wohnung lebten. Katzen hatten wir zwar, aber das waren nicht meine eigenen, sondern die, die im Hof herumstreunten. Tiere, die ich liebte – die blieben mir während meiner ganzen Jugend versagt.»

Aufgrund des chronischen Warenmangels konnte man kaum noch etwas regulär kaufen, sondern nur noch «beschaffen», wobei der «Beschaffer» ein kleines Entgelt erhielt. Die Schaufenster waren leer, die Waren wurden quasi unter dem Ladentisch gehandelt: «Man beschaffte Schuhe und Anzüge, Obst und Fahrkarten, ein Stück gutes Fleisch (auf dem Tresen lagen bloß Knochen) und guten Wein, Möbel, Kühlschränke, Waschmaschinen, Zucker, Pralinen, Watte, Buchweizen, Penizillin, harte Wurst, Theaterkarten, gesüßte Kondensmilch, Käse, Bücher ... aber auch Kindergarten-, Schul- und Ferienplätze. Es gab immer Leute, die das alles besorgen, ‹organisieren› konnten. Da es vorwiegend um Lebensmittel und Konsumgüter ging, waren Beziehungen zu einem Verkäufer äußerst wichtig.» So entwickelte sich der Schattenmarkt für Waren und Dienstleistungen.

«Die Beziehungen reichten vom kleinen Verkäufer bis zum Direktor der Handelsvereinigungen in der Stadt und dem Gebiet. Das war der erste, kaum bewusste Schritt bei der Akkumulation von Schattenkapital. Als Ergebnis entfalteten sich unterschwellig marktwirtschaftliche Beziehungen, die die Schattenwirtschaft stärkten. Später begnügten sich die Leute, die auf die Verteilung der materiellen Werte Einfluss hatten, nicht mehr mit Geschenken, sondern verlangten Bares. Schmiergeld ist seitdem ein fester Bestandteil der sowjetischen Gesellschaft geworden», erklärt Vadim Rabinovich. Und weiter: «Das Beschaffungssystem raubte viel Zeit. Unentwegt musste man sich darum kümmern, etwas zu beschaffen. Das hat mich stark geprägt, wurde zum Pfeiler meines Handelns. Dass ich erfolgreich in diesem System arbeiten konnte, kann auch damit erklärt werden, dass ich es von innen heraus kennen gelernt hatte.» Auf diesen Punkt wird Vadim Rabinovich häufiger zu sprechen kommen.

Zum Beispiel in den siebziger Jahren, Vadim war am Ende seiner Schulzeit, glaubte er immer noch an den Sieg des Kommunismus. Es ist jene Zeit, als sich die Schattenwirtschaft zur wahren Größe entfalten konnte. Ein Wort hatte deshalb Symbolcharakter, das Wort «pripiski». «Für das Wort ‹pripiski›, wichtig, um die Entstehung der Schattenwirtschaft zu verstehen, gibt es im Deutschen kein Äquivalent», weiß der Schriftsteller und Journalist Viktor Timtschenko. Das Wörterbuch erklärt «pripiski» als überhöhte (verfälschte) Berichterstattung über die Planerfüllung. Auf diesen «verzerrten Berichterstattungen» beruhte letztlich die ganze Schattenwirtschaft. Sie wurden benötigt für die Auszahlung der nichtverdienten Löhne, für die Prämien bei der Planerfüllung. Durch «pripiski» konnten große Geldsummen direkt abgezweigt werden. Die Abschreibung der angeblich aufgewendeten Rohstoffe, Materialien und Ausrüstungen diente der Schattenwirtschaft und brachte klingende

Münze. Von Posten in Regierungsinstitutionen bis zum Titel «Held der sozialistischen Arbeit» wurde praktisch alles ver- und gekauft.

Erst in der Glasnost-Periode wurde bekannt, dass es laut Sonderbefehlen dem KGB und dem Innenministerium verboten war, gegen die Nomenklatura rechtliche Schritte zu unternehmen. Informationen über die verbrecherischen Taten der Nomenklatura wurden nirgendwo registriert bzw. mussten umgehend vernichtet werden. Bei Wirtschaftsverbrechen wurden die Beweismaterialien aus Panzerschränken gestohlen, durch Brände vernichtet, oder sie gingen einfach unter ungeklärten Umständen verloren. Die Diebe konnten die Untersuchungsakten einsehen, Zeugen und Richter bestechen oder gar umbringen, Untersuchungsrichter aus den Rechtsschutzorganen verjagen. Die Nomenklatura herrschte im Grunde über alles. Michail Wolenskij, ein Dissident, der in den Westen ausreisen konnte, veröffentlichte bereits 1984 ein Buch, in dem er die Nomenklatura auf ungefähr 750 000 Personen schätzte. Später bezifferte der westliche Experte Gordon B. Smith die Positionen, die vom Zentralkomitee aus besetzt wurden, in Moskau auf 300 000, in den anderen Republiken auf 260 000 und die auf regionaler Ebene auf weitere 76 000. «Die Nomenklatura war der kollektive Besitzer des Staatseigentums. Ihr einziger Zweck bestand darin, unter ihren Mitgliedern Eigentum zu verteilen, das sie nicht produziert hatten: die Beute sozusagen. Öffentlicher Besitz bedeutete in der Praxis private Nutzung durch die Funktionäre.» (David Pryce-Jones, *Der Untergang des sowjetischen Reichs,* Hamburg 1990, S. 79)

Nun beginnt Rabinovich, über seine Kindheit und Jugend zu erzählen: «Irgendwann, im Jahr 1961, ich war gerade acht Jahre alt geworden, begann ein unruhiges Leben. Wir mussten immer dorthin umziehen, wo mein Vater gerade stationiert war. Seine Panzerdivision wurde nach Kamancz-Podolski, nach Tschernowizy und in andere Gebiete verlagert – wir folgten ihm. Für mich war das eine schwierige Phase, denn ich wechselte von einer Schule zur anderen, bis wir endlich wieder nach Charkow zu den Großeltern zurückkehrten. Zuerst wohnten wir bei den Eltern meines Vaters. Dann bei denen meiner Mutter. Was blieb mir in Erinnerung? Das kleine Haus in Moskaljovka, ein mit viel Mühe zusammengezimmertes Häuschen, drei kleine Zimmer, in denen wir, vier Familien mit insgesamt zwölf Personen, zusammengequetscht lebten. Abends versammelten wir uns um den Steinofen, der mit Holz geheizt wurde. Es war zwar alles ziemlich primitiv – aber wir waren als große Familie zusammen.

Besser wurde es erst, als mein Vater eine neue Dreizimmerwohnung in Pavlov-Feld zugewiesen erhielt. Die Wohnung war neu, und endlich waren wir einmal nicht wie die Sardinen zusammengedrängt, konnten ein wenig eigenes Leben führen. Ich war begeistert, freute mich, wohl auch deshalb, weil wir einen großen Fernseher, einen Charkow, hatten. Er bestand aus einem Fernsehempfänger, einem Plattenspieler und einem Radio. Jeden Abend versammelte sich die Familie nun vor dem Fernseher, und manchmal kamen Nachbarn dazu. Es war für mich wie eine neue Welt. Kein Ofen mehr, in den die Kinder immer die Holzscheite hineinschieben mussten, sondern ein elektronisches Wunderwerk. Wir lebten in einer besseren Wohngegend als je zuvor. Besonders dankbar bin ich meinem Bruder. Er hat mir das Trinken beigebracht. Das zu beherrschen war damals sehr wichtig, wichtiger vielleicht, als zur Schule zu gehen.

Mein Bruder war damals bereits 25, zehn Jahre älter als ich. Also das ging so: Wir kauften je eine Flasche Portwein mit dem Namen Drei 7. Die steckten wir, als wir spazieren gingen, in die Manteltasche. Durch einen Schlauch an der Flasche, der bis zum Knopfloch reichte, konnten wir nun unbeobachtet zu trinken beginnen. Dabei leerten wir eine ganze Portweinflasche. So lernte ich das Trinken. Ich kann das zwar heute noch, aber langsam lässt es nach. Mir fehlt einfach das Training, und Wodka trinke ich schon überhaupt nicht. Doch das Ritual war wichtig, um in den Kreis anderer Jugendlicher aufgenommen zu werden. Meine Aufnahme in ihren Kreis erfolgte nicht durch eine Mutprobe, sondern dadurch, dass man prüfte, ob ich den Mund halten kann, selbst wenn ich viel getrunken hatte. Denn der Volksmund sagt bei uns: Was der Nüchterne im Kopf, das trägt der Heitere auf der Zunge. Da haben sie sich aber kräftig getäuscht. Ich war derjenige, der sie unter den Tisch getrunken hat. Wie gesagt, heute fehlt mir die Übung. Aber wenn man mich, wie der bekannte russische Satiriker Arkadi Raikin einmal sagte, an einer warmen Stelle an einen warmen Ofen anlehnt, dann kann ich immer noch mithalten.

Wenn ich in den Hof hinunterging oder auf die Straße, kamen die Jugendlichen der Gegend zusammen. Sie waren schön gekleidet, gepflegt, während ich noch geflickte Hemden trug. Etwas anderes kannte ich überhaupt nicht. Sie fragten mich: ‹Gehen wir heute Abend ins Café?› Jeder sollte dazu einen Rubel mitbringen. Erst wenn man das Geld hatte, konnte man dorthin gehen. Aber ich hatte keine Ahnung, woher ich einen Rubel nehmen sollte. Ein Rubel war damals für mich ein Vermögen. Es musste doch einen Weg geben! Meine neuen Freunde verdienten sich die Rubel, indem sie Kugelschreiber, Abzeichen und ähnliche Dinge bei Freunden kauften, um sie dann wieder zu verkaufen. Doch bei diesem Handel hatte ich meistens Pech. Ich bemühte mich mitzuhalten, anfangs jedoch ohne Erfolg. Zum Beispiel kaufte ich zehn Jeans in Moskau. Vier davon verschenkte ich. Zwei wurden mir gestohlen. Das ist bis auf den heutigen Tag so geblieben. Vielleicht war das sogar der Einstieg in mein späteres Leben. Wer weiß das denn? Fünf Jahre später jedenfalls führte ich meine bedeutendste Handelsoperation durch. Ich war stolz.

Gestatten Sie mir einen kurzen Zeitsprung ins Jahr 1991, kurz nachdem ich aus dem Gefängnis entlassen wurde. Damals wollte ich in Kiew ein Möbelhaus eröffnen. Ich verhandelte erfolgreich mit italienischen Verkäufern, lieferte die Möbel, ließ im Geschäft leise Musik laufen. Meines Wissens gibt es selbst heute in der ganzen Ukraine kein solches Möbelhaus. Natürlich scheiterte ich. Ich bekam Besuch von Freunden, die kein Geld hatten, und war bereit, ihnen einen Kredit einzuräumen. Das war gut für die Freundschaft, aber schlecht für das Geschäft, und ich zog eine Lehre daraus. Damit muss Schluss sein. Und diese Entscheidung war wohl richtig.

Doch kehren wir wieder zu meinen Freunden zurück, die Rubel brauchten, um ins Café gehen zu können. Als ich in ihren Kreis aufgenommen wurde – das waren tolle Jungen und Mädchen –, musste ich ja von irgendwas leben. Also kam ich auf den Gedanken, etwas dazuzuverdienen. Bloß wie? Ich sah keine großen Möglichkeiten. Dann hatte ich eine Idee. Zu Hause hatten wir viele Bücher. Ich nahm einige, ging zum Antiquariat und verkaufte sie. Damit kam ich in den Besitz der gewünschten Rubel, ja, manchmal sogar viel mehr. Das ging einen Monat gut, bis jemand zu Hause bemerkte, dass Bücher fehlten. Der Ärger war riesengroß. Meine Mutter und mein Vater verstanden nicht, warum ich so etwas getan hatte. Aber wie sonst hätte ich in die Clique aufgenommen werden können?

In Charkow besuchte ich die Schule Nummer 45, und zwar bis zum Abschluss der achten Klasse. Das Lernen fiel mir leicht, nicht, weil ich ein Streber war, wie viele meiner Mitschüler. Die büffelten, während ich nicht einmal meine Hausaufgaben machte. Häufig ging ich überhaupt nicht zum Unterricht. Ich bevorzugte andere Dinge. In der Kindheit schon schwärmte ich für Fußball. Ich kannte alle Fußballmannschaften und hatte ein kleines Heft, in das ich alle Ergebnisse der Spiele eintrug. Allein der Gedanke daran, einmal irgendwohin eine Reise zu unternehmen, um eine ausländische Mannschaft spielen sehen zu können, war vollkommen abwegig. Und so schrieb ich die Namen der für mich fremden Welt in mein Schulheft: Ajax-Holland, Benfica-Portugal, Santos-Brasilien. Sie klangen wie von einem anderen Stern, weit und unerreichbar. Ich wollte mehr über diese Länder wissen. Wo ist Holland, wo Portugal? Was für ein Land ist Brasilien? Durch mein Interesse an Fußball lernte ich diese Länder und Städte der Welt kennen, zumindest auf dem Papier.

In meiner Jugend habe ich bereits viel gelesen. Ich erinnere mich noch gut daran, wie ich lesen lernen wollte. Ich bat Vater und Mutter, mir vorzulesen. Aber sie hatten keine Zeit. Deshalb drohte ich ihnen: Wartet nur. Ich werde selbst lesen lernen. Ich ging an unser Bücherregal, nahm irgendein Buch, öffnete es an einer beliebigen Seite und versank darin, obwohl ich nicht alles begriff. Dabei war es mir vollkommen gleichgültig, welches Buch es war. Hauptsache, ich konnte etwas lesen.

Meine Eltern redeten untereinander manchmal Jiddisch. Insbesondere wenn sie etwas besprechen wollten, das nicht für meine Ohren bestimmt war, benutzten sie jiddische Wörter. Aber das war schon alles, normalerweise wurde Hebräisch oder Jiddisch nicht bei uns gesprochen.

Sicher ist jedenfalls, dass mich die russische Literatur stark beeinflusst hat. Dabei denke ich an meinen Bruder. Er sorgte dafür, dass ich Gedichte auswendig lernte. Ich wollte anfangs nicht, und wir stritten miteinander. ‹Wenn du das Gedicht auswendig lernst›, sagte er mir, ‹besorge ich dir eine Tafel Schokolade.› Von da an begann ich, Gedichte auswendig zu lernen, bis es nicht mehr notwendig war, mich zu locken. Besonders gern las ich die Werke von Alexander Puschkin und Juri Lermontow. Damals, in der vierten Klasse war das, kannte ich bereits einige weltberühmte Gedichte von Puschkin auswendig, wie ‹Belins Erzählungen›, ‹Antschar› oder ein Teil von ‹Jewgeni Onegin›: ‹Wie viele Tage flohn schon fort.› Aber auch die Romane von Puschkin begeisterten mich, die das Trauma der russischen Autokratie, den Aufstand der unterdrückten Bauern, Bergarbeiter, Kalmücken, Baschkiren und Tataren beschreiben.

Ja, ich versuchte sogar selbst einmal zu dichten. Anfangs war ich von meinem Können fasziniert. Aber als ich die Gedichte zwei Jahre später wieder las, war das ein Albtraum für mich. Und ich war froh, damit aufgehört zu haben.

In der Schule beteiligte ich mich, wie bereits gesagt, nicht so sehr am Unterricht, dafür mehr an dem, was wir gesellschaftliche Arbeit nannten. Ich stellte Wandzeitungen her, war aktiv dabei, für eine sozialistische Jugend zu kämpfen. Stolz trug ich auf meinem weißen Hemd das rote Halstuch der jungen Pioniere. Trotzdem bin ich mein ganzes Leben lang von der Obrigkeit verfolgt worden, genauer gesagt, von der politischen Obrigkeit. Als ich später an der Hochschule studierte, schätzte mich zwar der Rektor sehr, aber der Parteisekretär hasste mich. Während meiner Zeit beim Militär hatte ich ein freundschaftliches Verhältnis zum Divisionskommandeur. Dafür konnte mich der Chef der politischen Abteilung nicht ertragen. Als ich im Arbeitslager eingesperrt war, pflegte der Direktor des Lagers, ein brutaler Mensch, jeden Morgen zu sagen: ‹Wir haben zwei Feinde: den amerikanischen Imperialismus und den Rabinovich.› Ich weiß bis heute nicht, wie das zu erklären ist. So war es.

Zurück zur Schulzeit. Ich muss etwa 15 Jahre alt gewesen sein. Es war am frühen Abend, und ich ging die Straße entlang. Da merkte ich, dass sich mir eine Gruppe von Jugendlichen näherte. Sie standen vor mir, wackelten mit den Zehenspitzen und versperrten mir den Weg.

‹Deine Mutter ist doch Ärztin?›, fragte mich ihr Anführer.

‹Ja›, sagte ich.

‹Dann wirst du mir morgen eine Blankobescheinigung mitbringen, ich habe nämlich den Unterricht geschwänzt. Ich gebe dir einen Tag, damit du mir den Schein bringst.›

Ich fragte ihn: ‹Und was weiter?›

Er antwortete: ‹Du wirst mir in Zukunft immer diese Scheine bringen, wenn ich es dir sage.›»

Vadim Rabinovich hat sich dieses Erlebnis in sein Gedächtnis eingebrannt.

«Das hat mich geprägt. Ich weinte nicht. Ich rannte nicht zu meinen Eltern oder zur Schule, um ihn anzuschwärzen. Ich prügelte mich nicht mit ihm. Ich brachte ihm aber auch nicht die gewünschte Bescheinigung. Vielmehr schlug ich ihm vor, uns am nächsten Tag zu treffen. Am nächsten Morgen war ich eine Stunde früher da als sonst, setzte mich neben ihn und erklärte ihm: ‹Hör zu. Den Schein bringe ich dir nicht, denn deine Fälschung wird auffallen. Und das fällt auf mich zurück. Aber wozu brauchen wir das überhaupt? Es wird weder dir noch mir Nutzen bringen. Lass uns lieber überlegen, was man tun kann, um eine Strafe für dich zu vermeiden. Ich biete dir einige Lösungen an.›

Er machte große Augen, und zwar nicht wegen meines ungewöhnlichen Vorschlags, sondern wegen meiner Arroganz. Dann fragte er mich, ob ich rauche. ‹Ja natürlich.›

Ich war ein starker Raucher. Das war so üblich in unserer Gruppe. Wir zogen durch die Gegend und randalierten. Ich war ein richtiger Rowdy.»

Wenn die Schule zu Ende war, warteten Vadim und seine Freunde auf die nach Hause gehenden Schüler. Als diese den Schulhof verlassen wollten, stellten sie sich vor ihnen auf und forderten von ihnen einen Obolus, 15 Kopeken.

«Wir schüttelten sie, und wenn es in ihren Taschen klingelte, wussten wir, dass sie Geld bei sich hatten. Wenige Kopeken waren für uns schon ein Reichtum. Wenn sie kein Geld dabeihatten, bekamen sie Prügel.»

«In dieser Zeit», sagt Vadim Rabinovich, «hatte die Jugend praktisch keine Zukunft. Man trieb sie wie eine Herde ins Komsomol. An den Schlägereien unter den Jugendlichen, das muss ich ehrlicherweise gestehen, war ich nur indirekt beteiligt. Ich schlug nicht selbst zu, sondern entwickelte die Pläne für Auseinandersetzungen. Ich dachte mir ziemlich perfide Pläne aus, entwickelte technische Methoden, um unserer Gruppe zum Sieg zu verhelfen. Klar, dass ich auch manchmal in Schlägereien verwickelt war. Aber das blieb die Ausnahme. Ich hatte das große Glück, dass man mir folgte, weil ich geschickt im Verhandeln war, im Taktieren, bei der Organisation, und nicht aufgrund physischer Stärke. Das zog sich später in der Hochschule, beim Militärdienst und im Gefängnis wie ein roter Faden durch mein Leben.»

Die Jugendlichen, zu denen Vadim gehörte, waren gesellschaftlich nicht anerkannt. Sie wurden vom KGB beobachtet und galten bei der Miliz und der Partei als aufsässige, staatsgefährdende Randalierer. «Aber ich trennte mich rechtzeitig von ihnen», räumt Vadim Rabinovich ein.

Einige aus seiner Jugendgruppe wurden wegen «Räuberei» inhaftiert. Einer kam sogar bei einem Schusswechsel zwischen der Miliz und der Bande ums Leben. Das war 1968. Vadim war damals 15 Jahre alt, besuchte die achte Klasse, war ein Halbstarker. «Wenn jemand den Unterricht versäumte, steckte ich dahinter. Wenn wir den Lehrern einen Streich spielten, zum Beispiel einen Reißnagel auf den Stuhl des Lehrers legten, oder wenn im Chemielabor plötzlich etwas brannte, ich war immer der Schuldige.»

Aber Vadim lernte in dieser Zeit noch etwas anderes, und das dürfte viel bedeutsamer für seine weitere Karriere gewesen sein.

«Eines Tages wurde in unserer Schule ein Ausflug organisiert. Wir sollten eine Flugzeugfabrik besuchen. Man wollte den Schülern die Errungenschaften der sowjetischen Flugtechnik demonstrieren. Aufmerksam schaute ich mir alles an und fragte dann einen der Betriebsdirektoren:

‹Sagen Sie bitte, wo werden die Abfälle hingetan?›

Es handelte sich um Aluminiumreste. Der Direktor antwortete mir:

‹Wieso wohin? Sie werden weggeworfen. Wir können damit nichts anfangen.›

Ich wollte eines dieser Abfallprodukte mitnehmen. Der Direktor schaute mich erstaunt an und wollte schließlich wissen, wozu ich das brauche. ‹Daraus kann man doch schöne Dinge machen und damit Geld verdienen», entgegnete ich ihm. Mir wurde natürlich nicht erlaubt, irgendetwas mitzunehmen.»

Vielleicht war dieses subversive Verhalten mit ein Grund dafür, dass Jakow Petrowitsch Bresrodny, ein alter strenger Schuldirektor, ehemaliger Oberst, den Schüler Vadim nicht besonders leiden konnte. Bresrodny kam aber mit keinem der aufbegehrenden Jugendlichen zurecht. «Sein leninistisches Weltbild war ein Trümmerhaufen, und er griff zur Flasche, wurde zum Säufer. ‹Rabinovich›, sagte er, ‹Rabinovich, du wirst nach meinem Tode Komsomolze. Da wirst du Erziehung lernen.› Ein frommer Wunsch. Von solchen wie mir, sagte er immer wieder, ginge eine Gefahr für die Ordnung der Sowjetunion aus.» Am 8. Mai 1968 erhängte sich Bresrodny. Einen Tag später wurde Vadim Rabinovich in den Komsomol, die Kaderschmiede für die jungen Parteimitglieder, aufgenommen. Die Karriereleiter in der Politik bedeutete Komsomolarbeit, Arbeit im Parteiapparat, hauptamtliche Parteiarbeit – leitende Funktionen in den Machtetagen –, das war praktisch der einzige Weg, um die Spitze der Leistungspyramide zu erklimmen. Nur die Begabtesten und Tatkräftigsten sollten die Leitung der Gesellschaft auf allen Ebenen übernehmen. Die heutigen Oligarchen und Nutznießer des neuen Systems stammen fast alle aus dieser Komsomolbewegung.

Obligatorisch war damals der Besuch der Schule bis zur achten Klasse. «Als ich mich danach um die 9. Klasse bewerben wollte, rief die stellvertretende Direktorin meine Mutter in die Schule. ‹Ich gebe Ihrem Sohn ein gutes Zeugnis. Aber es wäre für uns besser, wenn er eine andere Schule besuchen würde.› Zum Abschluss erhielt ich trotzdem ein schlechtes Zeugnis.»

Der Höhepunkt war die Abschlussfeier. Hunderte Schüler saßen brav auf ihren Stühlen und hörten sich die Ermahnungen und Ratschläge der Lehrer an, die sie den Schulabgängern mit auf den weiteren Lebensweg gaben. Vadim Rabinovich schlief während der Feierstunde fast ein. Am Ende des Festaktes hatte er mit einigen Freunden mehrere Flaschen Rymnikwein leer getrunken.

«Das war seinerzeit einer der besten Weine aus Rumänien, süß wie Honig und schnell zu Kopf steigend. Entsprechend ausgelassen war die Stimmung bei uns.» Allerdings blieb es nicht dabei.

«Ich wurde zum ersten Mal mit Verrat konfrontiert.» Nach der Zechorgie wurden Vadim und drei seiner Freunde ins Zimmer des Direktors gerufen. Dort wartete bereits die stellvertretende Schuldirektorin auf die Jungen. «Sie schrie, wollte wissen, wer den Wein besorgt und unter die Schüler gebracht hatte. Alle schwiegen. Plötzlich fiel einer der vier Sünder auf die Knie und winselte: ‹Wie können Sie so etwas von mir denken? Ich habe nichts getan. Es waren die drei hier.› Er deutete auf uns. ‹Nur die haben das getan. Ich habe damit nichts zu tun.› Die stellvertretende Direktorin schaute auf ihn, er war übrigens der Organisator des Weins, und sagte: ‹Juri, ich vertraue dir. Du kannst gehen.›

Ich war wie vor den Kopf gestoßen, ich war entsetzt, ich heulte fast vor Wut. Bis zum heutigen Tag ist es mir unbegreiflich, wie man unter den Augen seiner Freunde, mit denen man gemeinsame Sache machte und nun auf dem Schafott steht, zum Verräter werden kann. Es ist ein Verhalten, das ich nie beherrschen werde und will. Für diese Haltung musste ich bereits häufig büßen. Aber trotzdem bleibe ich dabei – ein Verräter werde ich nie.»

Natürlich gab es in diesem Alter auch die ersten Flirts und Annäherungsversuche:

«Der Umgang mit den Mädchen aus unserem Wohnviertel war für mich ziemlich kompliziert. Ich war sehr schüchtern. Das hatte zur Folge, dass ich in meiner Pubertät und auch später gegenüber Mädchen und Frauen sehr zurückhaltend war, und das, obwohl in unserer Gegend zahlreiche bildhübsche, begehrenswerte Mädchen lebten. An eine Situation kann ich mich noch gut erinnern. Im Zimmer eines Freundes spielten wir das ‹Flaschenspiel›. Die Flasche wurde auf den Boden gelegt, herumgewirbelt. Und jenes Mädchen, auf das der Flaschenhals zeigte, durfte dann geküsst werden. Als ich an der Reihe war und die Flasche herumdrehte, zeigte sie schließlich auf Olga, die ich seit langem anhimmelte. Ich schämte mich aber, sie öffentlich zu küssen. Deshalb gingen wir in ein Nebenzimmer. Wir streichelten uns zärtlich, doch ich wagte nicht, sie zu küssen. Als ich gerade aufstehen wollte, sagte sie mir: ‹Hör zu, wenn du dich damit nur theoretisch befassen willst, wirst du in der Zukunft mit Frauen Probleme haben.› Daraufhin küssten wir uns, und es war wunderbar.»

Wenn Vadim Rabinovich sich an seine Kindheit und Jugend erinnert, dann muss er auch an den Antisemitismus denken, den offenen und verdeckten Hass gegen die Juden, den er selbst zu spüren bekam. «Ich wurde mit ihm auf der Straße, in der Straßenbahn, und das seit meiner Kindheit, konfrontiert. Häufig sagte man zu mir ‹jüdische Schnauze› (in der ehemaligen UdSSR gern benutztes Schimpfwort gegenüber Juden). Aber eigentlich habe ich solche Bemerkungen kaum ernst genommen. Mein einstiger Schuldirektor, seine Seele möge friedlich ruhen, sagte einmal zu mir: ‹Mit einem solchen Namen muss man mit dem Messer vorsichtiger umgehen.› Er wollte mir zu verstehen geben, dass ich mich besser ruhig verhalten sollte, weil ich einen jüdischen Namen trage. Ich konnte damals überhaupt nicht verstehen, was das Wort Jude bedeutet, wusste nicht einmal, was eine Synagoge ist. Und das, obwohl mein Großvater, der starb, als ich zwei Jahre alt war, der Älteste in der Synagoge von Charkow war. In meinen Ohren klang ‹Ältester› wie Stammeshäuptling. Erst in der 7. Klasse begann ich langsam zu verstehen, was es heißt, Jude zu sein. Von da an nahm ich auch die ständige Diskriminierung wahr. Die schlug mir besonders entgegen, als es darum ging, einen Beruf zu wählen. Als Jugendlicher wollte ich eigentlich, wie mein Vater, zur Armee gehen. Doch dieser Wunsch ist sehr schnell verflogen. Die Romantik einer heldenhaften Armee, von der mir mein Vater erzählte, faszinierte mich nicht länger. Und der Weg vom einfachen Soldaten zum Leutnant, Major und so weiter – das war mir alles zu strapaziös und umständlich. Daher wollte ich Medizin studieren wie meine Mutter. Aber das war Juden zu dieser Zeit verboten.»

Gedanken über das Innenleben

> «Wir haben die alte Staatsmaschinerie nicht nur nicht zertrümmert und ihr nicht nur nicht die schlimmsten Seiten des Bösen abgehackt (Engels) – auf der Stelle, gleich am nächsten Tag nach der Übernahme der Macht durch das Proletariat, sondern wir haben stattdessen einen bürokratischen Leviathan geschaffen, wie die Welt einen solchen noch nicht gesehen hat, und dazu nicht den Fleischwolf, in welchem die früheren Staaten ihre Völker durchdrehten, sondern den Seelenwolf, in dem sich alle Seelen in einheitliches und gleichförmiges Haschee verwandelten ... eine endlose, amoralische, feige Schar geschäftiger Schmarotzer und verknöcherter Bürokraten und Menschen, die nicht aus Gewissenhaftigkeit, sondern aus Angst arbeiten – das ist das Resultat.»
> *Valerij Tarsis,* Die blaue Fliege

«Reden und Tun der Menschen klaffen weit auseinander. Einerseits war ich ein jugendlicher Hitzkopf, war von den Idealen eines kommunistischen Staats begeistert. Viele von uns glaubten ganz aufrichtig an die Ideale des Marxismus-Leninismus. Andererseits begriff ich, dass wir in einem seltsamen Land lebten. Das, was innerhalb der Familie gesprochen wurde, durfte man nicht auf der Straße sagen. Nicht nur unsere Eltern lehrten uns, was wir sagen durften und was nicht, sondern auch die Erzieher. Zwar gab es keinen Totalitarismus mehr wie in den Jahren von 1937 bis zum Tod von Stalin. Aber es herrschte ein denunziatorisches System. Ich schätze, ein Drittel der Bevölkerung war Denunziant. Den einen machte das Spaß. Andere wurden dazu gezwungen, und viele taten es aus reiner Gewohnheit oder um ihre Ruhe zu haben.

Bei uns gab es grundsätzlich mehrere Wahrheiten: Die eine galt zu Hause. Die andere war für Freunde bestimmt, die dritte für die Öffentlichkeit und die vierte für die politischen Organisationen. Wobei die Indoktrination perfekt funktionierte. Als Erstes kam der Kinderhort. Schon hier wurde der Geist des Kollektivs, die Überlegenheit des Gesellschaftlichen über das Private, der Ordnung über den Menschen gelehrt. Dann wurde dem Kind der fünfeckige Stern der Oktoberrevolution angeheftet, und von da an war es ein ‹Oktoberkind›. Daran schloss sich die Pionierorganisation an. Hier lernten die Jungen und Mädchen bereits, in der Reihe zu marschieren. Und sie lernten Verrat kennen und die Angst anzuecken.

In böser Erinnerung ist mir Pawlik Morosow. In Westen kennt ihn wahrscheinlich niemand. Er war der Held der sowjetischen Propaganda. Und was hat ihn zum Helden gemacht? Er hatte zu Hause mitbekommen, wie seine Eltern über Politiker der UdSSR schimpften. Das verriet er dem KGB, und der verhaftete die Eltern. Für Generationen Sowjetbürger wurde Pawlik Morosow zum großen Vorbild. Ich glaube, dass in keinem anderen Land ein Kind, das seine Eltern denunzierte, zum Helden für ein ganzes Volk erklärt wurde. Ein solches Denunziantentum herrschte in der ganzen Gesellschaft. Zum Beispiel im Komsomol, dem Vortrupp der Partei. Aus dem Komsomol wurden die Kader für die Partei rekrutiert, und der von jeder Arbeit befreite Komsomolsekretär war bereits ein kleiner König. Meine Freunde und ich hatten die Lehren begriffen. Was wir sagten, widersprach dem, was wir sahen, und was wir dachten, dem, was uns von den Parteisekretären als Heilsbotschaft verkündet wurde.

Wir erkannten in der Polizei, der Miliz, die Feinde des Volkes. Natürlich wurde die Miliz an den Feiertagen der Revolution geehrt. Aber sie war immer unbeliebt. Der Sicherheitsdienst, der KGB, stand hingegen auf einer noch höheren Stufe. Tatsächlich war der KGB die Elitetruppe der Partei. Bei ihr gab es höhere Gehälter, mehr Vergünstigungen. Wir waren anfangs wirklich der Überzeugung, dass der KGB nicht korrupt, sondern ehrlich sei. In bestimmten Bereichen war das sogar der Fall. Das sowjetische System schärfte jedem Menschen ein, dass einer wie der andere sein solle, alle irgendwie gleich seien. Gleicher als andere waren nur diejenigen, die bewiesen, dass sie der Partei gehorchten. Dafür erhielten sie ein zusätzliches Stück Brot. Alle erhalten ein halbes Kilo Wurst – du, weil du in der Partei bist, anderthalb Kilo. Ohne Mitarbeit beim KGB durfte man zum Beispiel nicht ins Ausland fahren. Ich weiß, dass alle Personen, die an der Spitze verschiedener Organisationen standen, wie zum Beispiel des Schriftstellerverbands, des Bundes für Filmschaffende etc., Mitarbeiter des KGB waren. Ich kann und will diese Menschen nicht anklagen. Im Gegenteil – ich rate davon ab, auch heute noch.

Im Nachhinein ist es natürlich leicht, jemanden wegen seiner früheren Mitläufertätigkeit zu verurteilen. Aber das war damals eine Lebensweise. Und wir kannten keine andere. Heute treffe ich natürlich oft Menschen, die wegen ihrer politischen Auffassungen in den Gulags waren. Doch so einfach ist das alles nicht. Das System hatte viele erzieherische Aspekte. Und wir können nicht, so denke ich zumindest, von jenem Milieu abgetrennt werden, in dem wir aufgewachsen sind.

Wichtig ist, dass meine Abkehr vom kommunistischen System erst begann, als ich den Widerspruch zwischen dem, was ich sah, und dem, was ich erlebte, begriffen hatte. Je mehr ich zu analysieren begann, umso mehr erkannte ich den riesigen Betrug. Das Wesen des sowjetischen Strafsystems, mit dem ich später konfrontiert wurde, konnte ich noch nicht verstehen. Nein, ich spielte ja noch mit in dem System, obwohl es mich bereits beobachtete. Das erfuhr ich jedoch erst, als ich während meiner Gerichtsverhandlung, Jahre später, in den Akten lesen konnte, dass man bereits von der 7. Klasse an Berichte über mich verfasst hatte. Unter ständige Beobachtung geriet ich dann in der Hochschule, im ersten Studienjahr.»

Die Hochschule und die ersten Verdienstmöglichkeiten

«Da ich also als Jude kein Studium der Medizin aufnehmen durfte, wollte ich an einer Hochschule in Charkow Verkehrswesen studieren und freute mich darauf. Immerhin war man nicht mehr gezwungen, regelmäßig die Schulbank zu drücken, sondern konnte die Vorlesungen auswählen. Und ich fand es toll, ungestraft fernbleiben zu können. Was mich damals beruflich faszinierte, war sowohl der Bau von Autobahnen wie der von Bahnstationen in Alaska. Außerdem widmete ich einen großen Teil meiner Zeit den allgemein bildenden Fächern. Die übrige Zeit verbrachte ich mit meinen Freunden. Wir waren jung, gesund und stark. Und wir glaubten, wir wären klug. So gesehen, war das erste Studienjahr eigentlich die schönste Zeit meines Lebens. Ich war glücklich, wenn ich mich in der Gesellschaft von schönen Mädchen tummeln konnte. Es war herrlich. Das Einzige, was mir auf die Nerven ging, war der obligatorische Militärkurs, den alle Studenten besuchen mussten.

Hier, in der Universität, lernte ich zwei wichtige Menschen kennen: zum einen Boris Wladimirowitsch Reschetnikov, den Direktor, und zum anderen Wladimir Gruschko, den Parteisekretär und späteren Rektor der Universität, sozusagen der schwarze Fleck in meinem Leben.

Häufig mussten wir in die Kolchose fahren, um bei der Ernte zu helfen, eine harte körperliche Arbeit. Im zweiten Studienjahr sind wir nach der Erledigung des Geodäsiekurses zum Praktikum gefahren, um unsere praktischen Kenntnisse zu erweitern. Das Studentenleben bedeutete auch, Abenteuer zu erleben: Bei Ausflügen in die Umgebung von Charkow bauten wir unsere Zelte auf, machten Lagerfeuer und feierten. Wir tranken Portwein, sangen irgendwelche romantischen Lieder. Wir waren frei. Dabei gab es unter den Freunden natürlich auch einige Romanzen. Ich kann nicht behaupten, dass wir damals besonders puritanisch waren. Andererseits haben wir auch nicht wahllos miteinander geschlafen.

Eines Tages, als wir nach dem Praktikum für Straßenvermessungstechnik in den Zelten schliefen, kam plötzlich ein Inspektor zu uns. Es war unser allseits verachteter Parteisekretär Wladimir Gruschko. Gerade in dieser Nacht waren wir erst am frühen Morgen schlafen gegangen, und als er eintraf, schliefen alle. Am Abend zuvor hatten wir einen wunderbaren Portwein getrunken. Draußen hörte ich die kräftige und autoritäre Stimme des Parteisekretärs. Er ging durch die Reihen der schlafenden Studenten und empörte sich lauthals. ‹Was soll das? Alle schlafen miteinander. Und in diesem Zelt hier liegen lauter leere Flaschen. Das ist Unzucht. Ich bin empört.›

Plötzlich betrat der Genosse Parteisekretär das Zelt, in dem ich mit einem Mädchen lag. Er schrie wie ein Kommunist im Jahre 1917, der einen Weißgardisten entdeckt hatte. Einschüchtern konnte er mich trotzdem nicht. Ich sagte ihm, er solle hinausgehen, damit wir uns erst einmal anziehen könnten. Das tat er auch. Mit einem Messer schnitt ich auf der Rückseite die Zeltplane auf, damit das Mädchen unerkannt das Weite suchen konnte, und erschien danach vor dem wütenden Gruschko. Er schrie herum. ‹Gibt es irgendein Problem?›, fragte ich ihn. ‹Wo ist das Mädchen? Es soll sofort herkommen.› ‹Ich verstehe nicht, was Sie meinen›, gab ich zurück.

Daraufhin stürzte Gruschko ins Zelt. Doch das Zelt war leer. Es dauerte nicht einmal eine Stunde, da wurde ich ins Parteigebäude zitiert. Dort traf ich unseren Parteisekretär wieder, zusammen mit anderen Parteimitgliedern.

‹Genosse Rabinovich. Ein Sowjetbürger darf gegenüber der Parteileitung nicht lügen. Nenne uns sofort den Namen des Mädchens.› Ich schwieg und ahnte nicht, welche Folgen mein Schweigen haben sollte. Einen Tag später wurde ich in Abwesenheit des Rektors von der Hochschule relegiert. Zwei Tage später erschien Boris Wladimirowitsch Reschetnikov, der Direktor der Hochschule, um den Beschluss zu bestätigen. Aufmerksam las er die Papiere, schaute mich prüfend an. Dem Parteisekretär erklärte er: ‹Es ist doch die Politik der Partei, dass ein guter Sowjet durch die Arbeit erzogen werden muss. Wie sonst wollen wir den Sturz der Kapitalistenklasse erreichen?› Der Parteisekretär war jetzt gezwungen, auf das Angebot einzugehen. Sodann wurde ich zu einem so genannten Studentenbautrupp strafversetzt. Für mich bedeutete das einen Wendepunkt.

Aufgenommen wurde ich von der Leiterin der Baubrigade, Nelja Burlak, einem hübschen und kräftigen Mädchen. Als sie erfuhr, weshalb ich zu ihnen gebracht wurde, konnte sie sich vor Lachen nicht halten. Für mich war es eine überaus lehrreiche Zeit, die ich bis heute nicht missen möchte. Erstens verdienten wir im Bautrupp Geld, obwohl das nicht das Wichtigste für uns war, und zweitens war es tatsächlich eine interessante Art der Zusammenarbeit, der Erziehung. Ich erinnere mich an einen Brief, den der Dichter Nikolai Gogol über ein Jahrhundert früher an die Gräfin Wijelgorskaja schickte: ‹Was jedoch die Schrecknisse und Gräuel in Russland anbelangt, so sind sie nicht ohne Nutzen: Sie waren für viele ein Erziehungsmitttel, wie keine Schule es uns zu bieten vermag. Schon allein die Schwierigkeit der Verhältnisse, die dem Verstand neue Ausflüchte ermöglichte, hat bei vielen schlummernde Fähigkeiten geweckt, und während man an dem einen Ende Russlands noch Polka tanzt und Preferance spielt, erstehen schon unmerklich in verschiedenen Wirkungsbereichen Männer von echter Lebensweisheit.›»

Vadim Rabinovich und seine Freunde waren der festen Überzeugung, dass sie Berge versetzen könnten. Beim Studentenbautrupp trafen sich all jene seiner Kommilitonen, die ebenfalls Probleme mit der Uni und der Partei bekommen hatten.

«Ich fing also zu arbeiten an. Nach einer Woche war ich bereits die Seele der Baubrigade, denn ich war immer guter Laune, passte mich schneller als die anderen den neuen Bedingungen an. Wenig später wurde ich einstimmig zum Kapitän der KWN-Mannschaft unseres Studentenbautrupps gewählt. KWN heißt übersetzt ‹Klub der Lustigen und Findigen›. Mannschaften spielten darum, wer die besten Einfälle hatte und wer auf Fragen die witzigsten Antworten geben konnte. Das Spiel kennen heute noch alle Menschen in der ehemaligen Sowjetunion. Aber das heutige KWN-Spiel ist eine professionelle Schau. Dahinter stecken kapitalkräftige Sponsoren, um ganze Künstlerkollektive engagieren zu können. Eines Tages ging es darum, uns auf das Spiel mit einem anderen Studentenbautrupp vorzubereiten. Wir waren damals Amateure, Jugendliche, die sich ihre eigenen Gedanken machten und nur für ihre eigene kleine Brigade einstanden. Immerhin, wahrscheinlich war es reines Glück, besiegten wir alle anderen Studentenmannschaften. Als ich dann nach einigen Monaten wieder in die Hochschule zurückkehrte, verfasste Nelja, die Komsomolfunktionärin, einen Rechenschaftsbericht über mich. Darin schrieb sie der Parteileitung, ich sei nun im sozialistischen Sinne ‹erzogen›.

Später, als in der Hochschule eine neue KWN-Mannschaft gebildet wurde, gab sie mir sogar ein Empfehlungsschreiben mit, in dem sie den Parteisekretär überzeugte, wie wichtig es sei, wenn ich in der Hochschulmannschaft mitarbeite. Es dauerte nicht lange, und man wählte mich zum Kapitän der KWN-Mannschaft an der Charkower Hochschule für Autoingenieure. Innerhalb kurzer Zeit wurde ich einer der populärsten Studenten. Und jetzt wandelte sich sogar die ablehnende Haltung der Hochschulleitung mir gegenüber.

Das Studium selbst – ja, das war für mich eher nebensächlich. Es gab Fächer, die hasste ich mit Leib und Seele, zum Beispiel die Lehre von der Festigkeit, also Physik. Leiter des Lehrstuhls war Professor Alexander Smirnow. Dreimal legte ich bei ihm eine Prüfung ab, und dreimal scheiterte ich. Eine Prüfung muss jedoch vor einer Kommission abgelegt werden. Ich ging daher zu unserem Direktor und sagte ihm: ‹Boris Wladimirowitsch Reschetnikov. Zwei Wochen muss ich mich auf die Prüfung vorbereiten. Daher muss ich alles, was mit dem KWN verbunden ist, vernachlässigen. Darf ich meine Tätigkeit dort einem anderen übergeben?› ‹Keinesfalls›, antwortete er mir. ‹Morgen wirst du die Prüfung vor der Kommission ablegen.› Die Kommission bestand aus dem Direktor und mehreren Professoren. Am Schicksalstag erhielt ich die Prüfungsfragen. Ich schaute sie mir an und wusste sofort, dass ich keine einzige richtig beantworten kann. Also murmelte ich bei der ersten an mich gerichteten Frage etwas vor mich hin. Daraufhin wurde eine neue Frage gestellt. Sie war ziemlich einfach. Ich gab irgendetwas zur Antwort. Umso erstaunter und erfreuter war ich, als der Direktor mir am Ende die Mitteilung machte: ‹Siehst du, Vadim, wenn du willst, kannst du.› Ich hatte die Prüfung bestanden.

Noch war ich in das System eingebunden. Bis zu jenem Ereignis, als wir im Fernsehen gezeigt und im ganzen Land bekannt wurden. Vorausgegangen war ein neues Spiel. Gegner war diesmal die Staatsuniversität, eine bekannte elitäre Lehranstalt. Die waren sicher, dass sie uns schlagen würden. Einen Tag vor dem Spiel sollten wir von einer Kommission befragt werden, was wir vorzuführen gedachten. Die Kommission bestand aus dem Parteisekretär Wladimir Gruschko und noch einer Person, an die ich mich nicht mehr erinnern kann. Wir stellten ihnen unsere Begrüßung vor, in der wir eine Melodie zum jüdischen Tanz 7.40 sangen. Das Lied fanden wir großartig. Nachdem wir es der Kommission vorgeführt hatten, herrschte Totenstille. In diese Totenstille hinein platzte wütend der Leiter der Parteiorganisation und befahl, das Lied abzusetzen. Es störte ihn, dass es ein jüdisches Lied war. Ich war verzweifelt, wir hatten über einen Monat lang an dieser Begrüßung gearbeitet. Als ich erwiderte, das sei unmöglich, erhielt ich zur Antwort: ‹Alles ist möglich. Mit einer solchen Begrüßung werdet ihr nirgendwo auftreten.›

Also fassten meine Mannschaft und ich einen, wie wir meinten, klugen Beschluss. Ich meldete dem Parteikomitee, dass die Begrüßung geändert werde, wie gewünscht. Am nächsten Tag fand das Spiel statt. Wir wurden Sieger. An der Begrüßung hatten wir nichts geändert. Ich sah versteinerte Gesichter der Parteiführung. Die hohen Genossen auf dem Podest schwiegen. Und weiter? Alle Mitglieder unserer Mannschaft wurden unter verschiedensten Vorwänden wenig später exmatrikuliert. So wurde eine Gruppe junger, talentierter Menschen auseinander gejagt, weil sie ein jüdisches Lied vorgetragen hatten. Vielleicht gab es aber auch in unserer Mannschaft Denunzianten, die den Parteisekretär über den Geist, der bei uns herrschte, informiert hatten.

Dazu passt folgendes Ereignis. Während einer Vorlesung spielte ich eine Art Kreuzworträtsel. Mein Nachbar schlug mir vor, das Kreuzworträtsel gemeinsam zu lösen. Er nannte ein Wort, und ich sollte dessen Bedeutung erklären. Irgendwann sprach er ein in der Sowjetunion ungehöriges Wort aus: ‹Präservativ›. Sex war ein Tabuthema. Ich interpretierte das Wort als ‹Massenvernichtungswaffe für die Volksrepublik China›. Als die Vorlesung zu Ende war, wurde ich in das Komsomolkomitee gerufen. Eigentlich dachte ich, dass dieses Komitee mir gegenüber positiv gesinnt sei. Ich sollte bitter enttäuscht werden. Ich betrat das Zimmer des Direktors. Am Tisch saßen unsere Komsomolleiter. Statt mich anzuschauen, senkten sie ihre Köpfe. Etwas abseits saß, wie sich später herausstellte, der Vertreter des Parteikomitees von Charkow. Dann wurde die Tagesordnung eröffnet:

Punkt 1 war die Entfernung von Vadim Rabinovich aus der Komsomolorganisation wegen unmoralischen Benehmens. Das unmoralische Benehmen war das Kreuzworträtsel. Auf dem Tisch lag mein Heft. Der Parteileiter, ein Mann des KGB, blätterte darin und herrschte mich an: ‹Wie kommen Sie dazu, so etwas zu schreiben? Leute wie Sie müssen aus unseren Reihen verbannt werden.›

Ich blieb ruhig, zumal ich Leute unter den Komsomolzen wusste, die ich für meine Freunde hielt, zum Beispiel meinen alten Schulkameraden Wolodja Nasarenko.

Als über meinen Fall entschieden werden sollte, hob ausgerechnet Wolodja die Hand, stand auf und sagte: ‹Das Benehmen von Rabinovich kann nicht geduldet werden. Das ist empörend. Er muss aus dem Komsomol ausgeschlossen werden.›

Ich war entsetzt. Die anderen Komsomolzen wiederholten Wolodjas Urteil. Als die peinliche Sitzung beendet war, kam Wolodja auf mich zu: ‹Du darfst nicht beleidigt sein. Du musst begreifen, dass es für mich keinen Ausweg gab.›

Ich blickte ihn nur enttäuscht an. Nie hätte ich gedacht, dass er ein Verräter werden würde. Aber später verstand ich ihn. Er war Teil des Systems: Sein Vater war ein angesehener Professor, und er selbst wollte ebenfalls einen Lehrstuhl bekommen. ‹Mir stehen jetzt alle Wege offen›, sagte er mir ins Gesicht. Und er bot mir seine Hilfe an. Für mich ist er ein ganz typischer Handlanger, in dem ich mich fürchterlich getäuscht hatte.

Die Konsequenz war, dass ich aus dem Komsomol ausgeschlossen wurde. Eigentlich war mir das nunmehr ziemlich gleichgültig. Aber tags darauf eröffnete man mir, dass ich nicht nur aus dem Komsomol ausgeschlossen worden war, sondern gleichzeitig auch aus der Universität. Wäre ich als Nichtkomsomolze immatrikuliert worden, hätte ich weiterstudieren können. Aber als Komsomolze war das etwas anderes. Der gehörte zur jugendlichen Speerspitze der Partei.

Als ich von der Exmatrikulation erfuhr, suchte ich den Rektor Boris Wladimirowitsch auf. ‹Vadim›, sagte der, ‹mein lieber Vadim. Im Augenblick können wir nichts ändern. Dies wird weder dir noch mir gelingen. Ich gebe dir aber einen Rat. Warte in aller Ruhe ein halbes Jahr ab. Dann kommst du mit einen Antrag zur Wiederaufnahme zu mir, und ich werde dich wieder immatrikulieren.› Dann sagte er noch, dass es zwischen den Professoren und den Parteileitern einen Streit meinetwegen gegeben hatte.

Als meine Eltern von der Relegation erfuhren, waren sie schockiert. Ich persönlich war weniger traurig. Der Bau von Autobahnen war nicht unbedingt mein Lebenstraum.

Nach einer Woche Rumgammeln musste ich arbeiten gehen, um Geld zu verdienen. Man hatte mich im Institut ‹Promsernoprojekt›, einem wissenschaftlichen Institut, das die industrielle Verwendung von Pflanzensamen entwickelte, eingestellt. Ich tat, was man mir auftrug, und störte niemanden. Nach einem Monat wurde ich auf eine Dienstreise in die baltischen Republiken geschickt. Dort verdiente ich 300 Rubel. Für mich war das eine Riesensumme. Als ich in das Institut zurückkehrte, um meinen nächsten Auftrag entgegenzunehmen, rief man mich ins Büro des Direktors. Der schrie mich an: ‹Wie konntest du mich so hintergehen?› Seinem Geschrei entnahm ich, dass er einen Anruf vom KGB erhalten hatte. Man wollte von ihm wissen, wie es geschehen konnte, dass ich bei ihm eingestellt worden sei. ‹Du hast hier nichts mehr zu suchen›, befand er nun. Und damit war meine gerade begonnene Tätigkeit wieder beendet. Ein paar Tage später begegnete ich einem mir seit langem bekannten Mann. Er bot mir an, als Meister für Sprenglerfahrzeuge in der Nachtschicht zu arbeiten. Hier sollte ich etwas für mein weiteres Leben lernen.

Ich arbeitete in drei Nächten von acht Uhr abends bis sechs Uhr morgens. Ich hatte die Verantwortung für 42 Sprenglerfahrzeuge. Dafür erhielt ich 80 Rubel im Monat. Das war recht dürftig, aber besser als nichts. Die Autos mit den Sprengleranlagen sollten die Straßen begießen. Mit ein wenig Phantasie konnte man sie aber auch als Nachttaxi nutzen. Fünf bis sechs Autos fuhren daher nachts auf bestimmten Routen und brachten zusätzliche Rubel für den Meister. Ich war noch jung und verstand dieses System anfangs nicht. Also hielt ich brav die vorgegebenen Normen ein und erfüllte den Plan. Eines Tages suchten mich fünf Fahrer auf. Sie lobten mein Engagement und baten mich, ihnen zu erlauben, die nächtlichen Routen zu übernehmen. Der Meister erklärte mir: ‹Schau, junger Freund. Wir müssen alle leben. Und ich habe da eine Möglichkeit.›

Die bestand darin, dass fünf unserer Einsatzwagen sozusagen zu seiner freien Verfügung standen. Ich stimmte sofort zu. Dafür wurden mir am Ende eines jeden Monats 120 Rubel Erfolgshonorar ausgehändigt. Und wenn ich zur Nachtschicht kam, warteten außerdem ein gebratenes Hähnchen und eine Flasche Wodka auf mich.

Langsam durchschaute und akzeptierte ich dieses System. Nach einer Nachtschicht erholte ich mich drei Tage. Wenn aber der Samstag und Sonntag ausfielen, musste ich von acht Uhr morgens bis acht Uhr am nächsten Tag arbeiten. Und während der Tagschicht gehörte es zu unseren Aufgaben, auch die Fahrbahndecken zu reparieren; das hieß in der Regel, neu zu asphaltieren. Diese Arbeit eröffnete mir neue Möglichkeiten. Als Erstes erfuhr ich, dass ich zwei bis drei Behälter, in denen Material für die Straßenarbeiten verstaut war, auch zum Transport von Fischen benutzen könnte. Das brachte mir zusätzlich 25 Rubel ein, der Produktionsbereichschef erhielt 100 Rubel, der Meister 50 Rubel. Nun ließen sich unsere Fahrzeuge aber auch zu anderen profitablen Tätigkeiten einsetzen. Zum Beispiel, um Grundstücke von Datschen zu begießen. Und siehe da, einige Privatleute wandten sich mit der Bitte an mich, ihren Garten zu bewässern. Da nach der Reparatur der Fahrbahnen immer etwas Asphalt übrig blieb, konnte wir auch den Weg zu einer Datscha asphaltieren, was wiederum fünf bis zehn Rubel einbrachte. Mit solchen Jobs wurde ich ein kleiner Millionär, natürlich für sowjetische Verhältnisse. Immerhin verdiente ich jetzt bereits knapp 500 Rubel im Monat, sechsmal so viel wie mein reguläres Gehalt.

Mit dem ersten Geld kaufte ich mir eine teure Fellmütze und ging damit noch einmal in die Hochschule, wo mich ehemalige Kommilitonen mit neidischen Augen ansahen. Sie fragten sich, wozu sie überhaupt noch studieren sollten, während ich es mir so gut gehen ließ.»

Das Joch beim Militär und der geschäftliche Spürsinn

«Ich war jung und lebte so in den Tag hinein. Und plötzlich brach erneut Unheil über mich herein. Inzwischen waren die Sicherheitsdienste über meinen ‹Reichtum› informiert worden, und sie reagierten prompt. Man beorderte mich zum Kommando der Armee in Charkow. Dort eröffnete man mir, dass ich sofort zum Militärdienst einberufen werde, und zwar zur Marine. Der Dienst dort dauert drei Jahre und nicht, wie in anderen Teilen der Streitkräfte, nur zwei Jahre. Als ich Widerspruch einlegen wollte, wurde ich in Begleitung von zwei Soldaten nach Hause geschickt, um meine Habseligkeiten einzupacken. Die glückliche Zeit war also wieder einmal zu Ende, der Dienst im sowjetischen Militär verspricht nichts Gutes. Ich ergab mich in mein Schicksal, wartete in gedrückter Stimmung im Hof des Militärkommandos auf das, was ich wohl nicht mehr abwenden konnte. Und dann kam ein dicker Mann auf mich zu. Er wirkte irgendwie unzufrieden und fragte mich, ob ich wisse, wo man Bier einkaufen könne. Ich bot ihm meine Hilfe an. ‹Lassen Sie uns nach draußen gehen, da kann ich Ihnen eine schöne Bierstube zeigen.› So gingen wir, er ein ordensgeschmückter Kapitän und ich ein ziemlich niedergeschlagener neuer Rekrut, gemeinsam an der Wache vorbei. Dem wachhabenden Soldaten erklärte er: ‹Der gehört zu mir.›

Nicht weit vom Militärgebäude entfernt gab es eine kleine Bierstube. Ich bestellte ein Bier, wobei ich mir schon dachte, dass es den Hauptmann eher nach Wodka gelüstete. Aber offiziell durfte man den hier nicht trinken. Also schlug ich vor, eine Flasche Wodka zu besorgen, was nicht besonders schwierig für mich war. Er war einverstanden. Nach wenigen Minuten war ich wieder zurück, mit einer Flasche Wodka. Nachdem wir gemeinsam die Flasche ausgetrunken hatten, gingen wir zum Militärkommando zurück. Unterwegs fragte ich ihn: ‹Kapitän, können Sie nicht etwas für mich tun, indem ich bei Ihrer Einheit diene?›

Wobei ich zu diesem Zeitpunkt überhaupt nicht wusste, bei welcher Militäreinheit er diente. Ich sah nur zwei gekreuzte Säbel auf seinem Revers, die Artillerie und somit nur zwei Jahre Militärdienst bedeuteten. Glücklicherweise hatte ich außerdem 50 Rubel bei mir, die ich ihm anbot. Er war sofort einverstanden, forderte jedoch 25 weitere Rubel von mir, um sie dem Chef des

Militärkommandos übergeben zu können. Die Sache war geritzt.

Inzwischen waren die anderen Rekruten zusammengekommen, und wir warteten darauf, zum jeweiligen Truppenteil abkommandiert zu werden. Es wurden die einzelnen Nummern der Rekruten aufgerufen, und welch eine Freude, ich kam in die Raketenartillerie, die Luftabwehr der Infanterie, eine Flak-Raketeneinheit, zu der ich normalerweise nie zugelassen worden wäre, denn diese Einheit gehörte in den Bereich höchster Geheimhaltung. Aber ich hatte eben viel Glück gehabt, zumal ich in Bogoduchow stationiert wurde, nur 60 Kilometer von meiner Heimatstadt Charkow entfernt.

Jetzt sollte also ein neues Abenteuer beginnen. Mein Truppenteil mit seinem absolut geheimen Artilleriekomplex gehörte, wie gesagt, zur höchsten Geheimhaltungsstufe. Das sollte dem freundlichen Kapitän bis zum Ende seines Lebens noch große Probleme bereiten. Meine Einheit hatte die Zulassungsform 0. Alle, die in dieser Truppe dienten, also auch ich, wurden von der KGB-Zentrale in Moskau überprüft. Da aus dem Kommando ein Major krank war, wurde meine Akte übergangen, ohne dass sich jemand mit meiner Person und meinem sozialen Lebenslauf weiter beschäftigte. Das dachte ich zumindest. Als wir uns vor dem Kasernengebäude in einer Reihe aufstellten, kam der Politkader und rief unsere Namen auf. Petrow, Ivanow, Wladimir und so weiter. Dann stieß er auf meinen Namen, stutzte, sah auf das Papier, wollte nicht glauben, was er da las. Sein Gesicht lief rot vor Zorn an.

‹Rabinovich – einen Schritt vorwärts.›

Alle anderen mussten in die Kaserne zurück. Nur ich und der mir so freundlich gesinnte Kapitän wurden ins Stabsbüro beordert. Im Korridor, vor dem Zimmer des Kommandanten, ließ man mich stehen. Aus dem Zimmer hörte ich furchtbares Gebrüll. Dann öffnete sich die Tür, und mir kam ein lächelnder Mann entgegen. Er war, wie ich später herausfand, ein Mitarbeiter des Militärischen Nachrichtendienstes GRU. ‹Kommen Sie zu mir›, sagte er. Gemeinsam gingen wir in sein Zimmer. Dort setzten wir uns an einen Tisch. Aus der Schublade seines Schreibtischs holte er ein Schachspiel, stellte die Figuren auf. Und dann begann ein Dialog der besonderen Art, den ich nie vergessen werde. Er begann mit dem Spiel und fragte: ‹Warum hat man dich von der Hochschule exmatrikuliert?› Ich antwortete, während ich den nächsten Zug machte. Bei seinem nächsten Zug wollte er wissen, ob viele meiner Freunde Jeans tragen würden. Jeans galten damals als Zeichen dafür, dass man die dekadenten westlichen Sitten angenommen hatte. ‹Nein, ich kenne keine Freunde, die Jeans tragen.› Zug für Zug ging das Frage-und-Antwort-Spiel weiter: ‹Hörst du gerne westliche Musik?› ‹Nein, wie kommen Sie darauf? Ich hasse solche Musik.›

Diese ‹spielerische Unterhaltung› dauerte etwa 40 Minuten. Zum Schluss, es stand pari, forderte er mich auf, in die Krankenabteilung zu gehen und dort zu übernachten. Es war eine schwierige Situation. Einerseits durfte ich den aktiven Truppenteil nicht betreten, weil ich die Prüfung durch den militärischen Geheimdienst nicht bestanden hatte. Und in dem Augenblick, wo ich das Gebäude der Truppe betrat, war ich ja ein Geheimnisträger, obwohl ich, abgesehen von einem Löffel und einer Schüssel, noch überhaupt nichts gesehen hatte. Erst nach sechs Tagen fiel die Entscheidung: Ich sollte zur Truppe gehen. Für den Kommandeur war das eine heikle Angelegenheit. Die Wahrscheinlichkeit, dass er später von Angehörigen des Militärischen Geheimdienstes GRU aufgesucht werden würde, war groß. Trotzdem blieb ich vorerst in seiner Einheit.

Dann begann also der militärische Alltag. Am frühen Morgen, um vier Uhr, mussten wir uns alle auf dem Exerzierplatz aufstellen und anschließend mit freiem Oberkörper fünf Kilometer laufen. Offen gestanden gefiel mir das nicht besonders. Genauso wenig wie schießen. Dann kam jedoch meine Stunde. Es war am 20. Tag meines Militärdienstes. An diesem Tag kam der Kommandeur zu uns und fragte: ‹Wer kann fünf Tonnen Röhren mit einem Durchmesser von drei viertel Zoll beschaffen?› Ich konnte mir überhaupt nicht vorstellen, was fünf Tonnen Röhren bedeuten. Trotzdem oder deshalb meldete ich mich. ‹Wie viele Tage benötigen Sie, um das alles zu beschaffen?›, fragte er mich. ‹Mindestens eine Woche.› Damit hatte ich den Auftrag. Als Erstes erhielt ich die Genehmigung, nach Hause zu meinen Eltern zu fahren. Als sie mich in Uniform sahen, waren sie geschockt.

Jetzt habe ich glatt ein Stück meines Lebens ausgelassen. Denn während dieser Zeit war ich bereits verheiratet. Das ging alles sehr schnell. Ich hatte auf der Universität ein hübsches Mädchen gesehen und sofort gewusst, die werde ich heiraten. All meine Freunde haben mich ausgelacht, bis ich sie wirklich nach wenigen Wochen heiratete. Wir mieteten ein Zimmer und lebten ganz bescheiden. Unsere Mahlzelten bestanden zumeist aus kleinen Strömlingen, einem Fisch, den wir in Tomantensoße tunkten. Es war das billigste Essen. Manchmal schenkte meine Mutter uns ein Stück ‹Servilat›, sozusagen der Mercedes unter den Würsten. Wir haben sie mit Eiern gebraten und dann genüsslich verzehrt.

Nun bin ich also wieder nach Hause zurückgekommen und musste mir Gedanken darüber machen, wie ich fünf Tonnen Röhren besorgen konnte. In der Sowjetunion als Privatperson eigentlich unmöglich. Außerdem wusste ich, dass die Militäreinheit, die mir den Auftrag erteilt hatte, überhaupt kein Geld hatte, um die Röhren bezahlen zu können. Ich fuhr zu einem meiner Bekannten, der in einem Baubetrieb arbeitete. ‹Kannst du mir fünf Tonnen Röhren besorgen?›, fragte ich ihn. ‹Siehst du nicht, dort liegen sie. Komm und nimm sie dir. Ich kann sie dir natürlich nicht offiziell übergeben. Aber wenn du die Möglichkeit hast, sie abzuholen, dann gehören sie dir.›

Sofort rief ich bei meiner Militäreinheit an und bat darum, mir einen LKW und Soldaten zu schicken. Nach einigen Stunden traf der LKW zusammen mit den Soldaten und einem Kapitän ein. Sie wollten die Röhren sofort aufladen. Ich druckste herum und erklärte ihnen, dass es erst am späten Abend möglich sei. Es war dunkel, als wir gemeinsam zur Baustelle fuhren. Der Kapitän wollte wissen, ob ich belegen könne, dass wir die Röhren mitnehmen dürfen. ‹Natürlich›, beruhigte ich ihn, und so luden wir fünf Tonnen Röhren auf.

Also, um es klar zu sagen: Nach westlichen Maßstäben haben wir die Röhren natürlich gestohlen. Bei uns war das etwas anderes. Ein berühmter Satiriker spottete einmal: ‹Die Macht sagt dem Volk: Alles gehört dir. Ja, antwortete das Volk, und nahm alles mit sich.› Bei uns wurde alles abgeschraubt und abgedreht. Wichtig bei jeder Arbeitsstelle war deshalb weniger der Lohn, sondern das, was man mitnehmen konnte. Wenn zum Beispiel einer in einer Konditorei arbeitete, wurde dessen Familie mit Butter und Konfekt versorgt. Arbeitete einer in einer Weinhandlung, hatte er zu Haus ausreichend Wein. Die Leute verdienten in etwa das Gleiche, aber einige besaßen schöne Autos und andere nicht. Alle wussten, dass die Regierung das Volk betrügt und das Volk das Seine tut. Es herrschte eine stille Übereinkunft: Wenn ihr uns nicht stört, stören wir euch nicht. Das war jedem geläufig. Und was tat ich schon im Vergleich zu den Politkadern in Moskau.»

«Der Breschnewismus, der sich nostalgisch nach dem Stalinismus sehnte, vollendete einen Prozess, indem er das politische Gangstertum durch das ökonomische Gangstertum unterstützte und letztlich beide miteinander verschmelzen ließ: Obrigkeit und Kriminalität vermischten sich, die Führer des Landes wurden – nicht im übertragenen, sondern im buchstäblichen Sinne des Wortes – zu Kriminellen. Und Kriminelle wurden zu den faktischen Herrschern und Führern des Landes. Amerikanische Präsidenten, britische Premierminister, französische Politiker schüttelten diesen an die Macht gelangten gewöhnlichen Dieben, Schwindlern, korrupten Gaunern und Zuhältern die Hand. Ich betone das Wort ‹gewöhnlich›, denn sie unterschieden sich nicht sehr von anderen Gangstern, was die von ihnen unterschlagenen Summen betraf. Das einzig Ungewöhnliche war, dass sie es geschafft hatten, sich Staats- und Parteiämter anzueignen.»

Arkadi Waksberg in der Literaturnaja Gazeta

Ich kam also triumphierend zu meiner Einheit zurück. Den Auftrag meines Kommandanten hatte ich zu seiner vollen Zufriedenheit erledigt, glaubte ich zumindest. Seltsam nur, dass auf einmal niemand mehr die Röhren brauchte.

Derweil ging der harte Militärdienst weiter. Drei Tage später erklärte uns der Kommandeur, dass es einen Wettbewerb um die beste Wandzeitung geben werde. ‹Wer kann von euch malen?› Obwohl ich noch nie einen Pinsel oder Buntstift in der Hand gehalten hatte, trat ich vor. Er klopfte mir freundlich auf die Schulter und befahl mir, die beste Zeitung herzustellen. Ich bat allerdings um die Erlaubnis, einige Helfer auszusuchen für diese bedeutsame Tätigkeit. Damit fand ich Soldaten, die tatsächlich zeichnen konnten.

Wir stellten eine prächtige Wandzeitung her und belegten im Wettbewerb den ersten Platz. Das führte dazu, dass ich in den Augen des Batteriekommandeurs an Bedeutung gewann, und er stellte mir in Aussicht: ‹Du wirst zum Komsomolsekretär unserer Batterie ernannt werden.› Auf meinen leisen Einwand, das könne schon deshalb ein Problem werden, weil ich überhaupt kein Komsomolze sei, rief er einen Unteroffizier zu sich und befahl ihm, dass ich ab sofort in den Komsomol aufgenommen werden solle. Innerhalb einer Stunde erhielt ich den entsprechenden Beschluss. Und so wurde ich erneut ein Komsomolze der Sowjetunion.

Nach drei weiteren Tagen wurde ein Wettbewerb um das beste Truppenlied ausgeschrieben. Es versteht sich von selbst, dass ich wieder einen Schritt nach vorne trat. Meine Komposition war wirklich gut, und als Belohnung wurde ich drei Tage in Ruhe gelassen – ohne Drill. Und so ging es weiter. Eines Morgens kam Oberst Moltschanow, ein wunderbarer Mensch, zu mir und beauftragte mich, Metalle zu organisieren. Er genehmigte mir eine einwöchige Dienstreise, damit ich nach Charkow fahren konnte. ‹Ich vertraue dir.› In Charkow redete ich mit Leuten, die mit Eisen und Beton arbeiteten. Inzwischen hatte ich die wirtschaftlichen Mechanismen bei uns begriffen. Die Elite dachte nicht daran, etwas an der Mangelwirtschaft zu ändern. Ich fand es aber geradezu sündhaft, die bestehenden Möglichkeiten nicht auszunutzen. Wichtiger noch als Minister waren Männer und Frauen, bei denen man alles kaufen konnte. Man brauchte bloß einen Vorwand, um an das Notwendige heranzukommen. Am besten war es natürlich, wenn man so genannte Materialwirtschafter kannte.

Fast nirgendwo sonst in der Welt gibt es einen solchen Posten. Bei uns war es aber eine der bedeutsamsten Tätigkeiten. Der Materialwirtschafter befasste sich mit der Warenversorgung. Das kann nur jemand verstehen, der in der Sowjetunion gelebt hat. Alles, was für eine Produktion gebraucht wurde, musste beschafft werden: zuerst eine Zuteilungsgenehmigung, danach eine finanzielle oder materielle sachliche Zuweisung, schließlich ein Fonds von den Staatsplanbehörden, mit dessen Hilfe man sich dann die gewünschten Waren besorgte.

Wenn nun beispielsweise einer Fabrik das Geld zum Kauf von 100 000 Tonnen Metall zugeteilt wurde, bedeutete das noch lange nicht, dass diese Fabrik auch das angeforderte Metall erhielt. Die Zuteilung war reine Theorie. Deshalb musste der Materialwirtschafter eingesetzt werden, der gegen einen kleinen oder größeren Obolus alles beschaffte. Sein Posten war nicht mit Gold aufzuwiegen.

Inzwischen hatte ich die Grundausbildung absolviert. Die Rekruten schickte man normalerweise zu den aktiven Truppenteilen. Mein Truppenteil sollte nach Kuba beordert werden. Bislang hatte ich keine einzige Rakete gesehen, denn ich beschäftigte mich fast ausschließlich mit der Versorgung der Truppe. Kuba, das reizte mich. Wir hatten begeistert die Lieder

der kubanischen Revolution gesungen. Che Guevara war für uns ein Volksheld und Fidel Castro in unseren Augen der einzig wahre Kämpfer gegen den westlichen Imperialismus. Obwohl ich nicht dem Gerede über den schmählichen Kapitalismus traute, übten diese Dogmen doch starken Einfluss aus. Im Übrigen hätte ich niemals von einer Auslandsreise zu träumen gewagt. Ich war also begeistert und bereitete mich auf den Abflug vor.

Einen Tag vor der geplanten Abreise besuchte ich einen Freund im Lazarett, der dort als Gehilfe arbeitete. Wie bei allen Soldaten und Offizieren stand bei uns das Trinken an erster Stelle. Daher beschaffte ich eine Flasche Spiritus, um mit meinen Freunden den Abflug nach Kuba zu feiern. ‹Abwaschen› nannten wir das. Das Gelage dauerte bis spät in die Nacht. Als ich in meine Stube zurückgehen wollte, hörte ich plötzlich eine Stimme aus der Wachstube: ‹Soldat, komm hierher.› Ich ging zur Wache und sah drei Offiziere. Zwei von ihnen kannte ich persönlich. Der eine war ein Kapitän, der irgendwelche technische Dienste leitete. Der zweite war der Kommandeur der Batterie und der dritte der allmächtige Oberst Moltschanov, der Stellvertreter des Kommandeurs jenes Truppenteils, der für den Finanzhaushalt verantwortlich war. Das war beim Militär der wichtigste Truppenteil von allen.

Vor ihnen auf einem kleinen Tisch standen eine Flasche Wodka, Gurken und Käse. Anscheinend hatten sie nichts mehr zu trinken. Sie fragten mich, ob ich Wasser dabei habe. Ich antwortete: ‹Nein.› Man gab mir zu verstehen, dass ich als Rekrut immer eine volle Feldflasche Wasser bei mir haben müsse. Ich bat um Entschuldigung. Daraufhin schüttelte mich der Kommandeur und bemerkte, dass meine Feldflasche voll war. Erstaunt sah er mich an und meinte: ‹Aha – du sparst ja sogar am Wasser.› Die Offiziere, alle bereits angetrunken, lachten höhnisch, und der Oberst forderte mich auf, ihm meine Feldflasche zu geben. Ich sagte nichts und überreichte ihm die Flasche. Der Oberst, der aus Sibirien kam, wog mindestens 140 Kilo. Er schenkte sich ein Glas Wodka ein und trank es mit einem Schluck aus. Dann goss er sich ein Glas aus meiner Flasche ein. Er dachte, es sei reines Wasser. So verlangt es der Trinkritus. Doch tatsächlich war es reiner medizinischer Spiritus. Er schüttete es hinunter und atmete tief Luft und kam dann langsam wieder zu sich. Ohne ein Wort zu sagen, reichte er mir ein Glas Wodka. Ich sagte ihm, dass ich überhaupt nichts trinken würde. Aber sein Befehl war unmissverständlich: ‹Rekrut, du trinkst!‹ Ich kippte den Wodka hinunter. Dann schenkte er mir ein halbes Glas meines Spiritus ein und forderte mich auf, es zu trinken. Ich versuchte, Widerstand zu leisten. Vergeblich. Er schob seine Faust, so dick wie mein Kopf, unter meine Nase. Mir blieb nichts anderes übrig, als den Spiritus herunterzuschlucken.

Mir fiel es nicht so schwer, weil ich wusste, was ich trank. Ich hielt – wie es das Ritual verlangte – die Luft an, atmete aus, und der Oberst gab mir eine Gurke zu essen. Anschließend wurde ich in die Stube geschickt. Das war gegen 22 Uhr.

Um vier Uhr weckte mich der Dienst habende Unteroffizier. Ich sollte sofort zum Stellvertreter des Truppenkommandeurs kommen. Ich sprang auf, putzte mir die Zähne, lief zum Stab, meldete mich und ging ins Büro des Obersten Moltschanow. Er saß da, unausgeschlafen, mit tiefen Ringen unter den Augen. ‹Du wirst mir sofort sagen, woher du den Spiritus bekommen hast. Erst dann wirst du nach Kuba fahren können. Wenn nicht, ich verspreche es dir, werde ich dich vor das Kriegsgericht bringen.› Keiner Schuld bewusst, fragte ich zurück: ‹Was meinen Sie? Ich weiß nichts von Spiritus.› ‹Der Spiritus, den wir gestern Abend getrunken haben.›

‹Genosse Oberst, es ist mir peinlich, so etwas zu sagen. Aber Sie scheinen mich mit jemandem zu verwechseln. Ich trinke überhaupt keinen Alkohol.›

Der verblüffte Oberst fragte, ob ich eigentlich ein Narr sei. ‹Selbstverständlich nicht, Genosse Oberst›, war meine Antwort. ‹Genosse Oberst, Entschuldigung. Aber wahrscheinlich haben Sie irgendwelche Probleme. Kann es sein, dass Sie nicht geschlafen haben?›

Er brüllte los, stürzte auf mich zu, riss mir die Feldflasche vom Riemen, öffnete sie und roch daran. Aber da war kein Alkohol drin, ich hatte sie glücklicherweise mit der Flasche des Unteroffiziers vertauscht. Verwirrt sagte er: ‹Du gehst jetzt hinaus. Da wirst du dir fünf Minuten überlegen, wo der Spiritus ist. Sonst werde ich dich auf der Stelle hier erschießen.›

Nach fünf Minuten erzählte ich ihm das, was ich ihm schon zuvor gesagt hatte, und bot ihm an, gemeinsam zum Truppenarzt zu gehen, weil ich weder Wodka noch etwas anderes Alkoholisches getrunken hatte. Der Oberst lehnte ab und begann schallend zu lachen, mindestens fünf Minuten lang, so schien es mir. Schließlich rief er den Stabsschreiber zu sich und flüsterte ihm etwas ins Ohr. Irgendetwas wurde aufgeschrieben. Ich hatte furchtbare Angst. Doch der Oberst sagte mir auf einmal, dass ich ihm gefallen würde und doch zu etwas tauge. ‹Wofür?›, wollte ich von ihm wissen. So kam es, dass ich Materialwirtschafter für die Regimentsdepots wurde. Meine Aufgabe, die normalerweise ein Leutnant innehatte, bestand darin, alle Lebensmittel für die Truppe meines Kommandos zu verteilen, auch die eiserne Ration. Das Angebot war verlockend. Aber ich wollte lieber nach Kuba. Also versuchte ich abzulehnen. Die gewaltige Faust des Obersten überzeugte mich dann allerdings, und ich nahm an.

Der Soldatenmagnat

Am nächsten Morgen ging ich ins Büro, um die Materialwirtschaft von meinem Vorgänger zu übernehmen. Es handelte sich um riesige Depots, sogar unterirdische. Nachdem ich mir alles angeschaut hatte, ging ich zum Obersten zurück und erklärte ihm, dass ich die mir übertragene Aufgabe nicht erfüllen könne.

‹Es fehlt ja an allem, es fehlen ungefähr fünfzehntausend Fleisch- und Milchkonservenbüchsen, eine Tonne Butter und mehr.› Der Oberst rief sofort den Leutnant zu sich, der bisher für die Materialwirtschaft zuständig war. ‹Du bist eine Ratte. Ich bedaure deine minderjährigen Kinder. Von jetzt an wirst du in Sibirien dienen.› Mir versprach er: ‹Ich werde dich decken. Alles muss hervorragend werden.›

Ich war nicht irgendein Materialwirtschafter, sondern entwickelte mich zu einem Profi. Inzwischen hatte ich weitere Facetten des Systems begriffen. Erstens: Es gibt keine abgeschlossenen Bereiche, man braucht bloß den richtigen Zugang zu finden. Zweitens durfte man nie das Wort ‹nie› benutzen. Letztlich konnte man in der Sowjetunion alles beschaffen. Drittens galt, dass nur der Druck entscheidet. Man muss auf eine Person mit den verschiedensten Mitteln Druck ausüben können. Was damals bei uns bereits Bestechung genannt wurde, waren in Wirklichkeit kleine Geschenke. Das konnte eine Blumenvase, eine Schachtel Pralinen oder eine Flasche Kognak sein. Der Lohn eines Beamten betrug nicht mehr als 100 Rubel. Aber die Direktoren und Depotleiter, die Materialwirtschafter – alle besaßen Autos und Datschen, wobei jeder wusste, dass sie das mit ihrem Lohn nicht bezahlt haben konnten. Das Gleiche galt für die Parteifunktionäre. Sie verdienten zwar weniger als die Betriebsleiter, doch sie lebten viel besser. Und es war kein Geheimnis, dass sie diesen Lebensstandard nicht mit ihrem kargen Lohn halten konnten. In der Sowjetunion lösten diese allgemein bekannten Zustände jedoch keinen Neid oder gar Hass aus. Es bedeutete einfach, der Mensch versteht zu leben. Jeder Mensch kann sich drehen. Mir ist es gelungen. Allerdings wurden diejenigen Beamten vor Gericht gestellt, die dabei überführt wurden. Im Westen bekommt ein Beamter, der bestechlich ist, normalerweise Probleme. In der Sowjetunion war es geradezu umgekehrt: Ein solches Benehmen wurde mit ‹sich drehen› bezeichnet. Wenn sich ein Beamter oder Parteisekretär nicht zu drehen verstand, fand er keinerlei Anerkennung. In der Sowjetunion pflegte man deshalb zu sagen, dass man nicht geschlagen wird, weil man gesetzeswidrig handelt. Man wird vielmehr geschlagen, weil man dabei erwischt worden ist.

Zu meinen Vorgängern zählten natürlich auch begabte Materialwirtschafter. Mehrere von ihnen wurden später erfolgreiche Geschäftsleute, zum Beispiel Wolodja Schepetin, ein reicher Geschäftsmann aus Charkow, der an der Spitze der Sozialdemokratischen Einheitspartei steht. Ter-Wartanjan ist ebenfalls ein geschickter und erfolgreicher Geschäftsmann geworden. Doch das, was sie als Materialwirtschafter zu Wege brachten, war nichts im Vergleich zu dem, was mir gelang. Ich veränderte die allgemeine Einstellung in meinem Truppenteil. Nichts, was ich anpackte, passte in den vorgegebenen gesetzlichen Rahmen. Genau genommen hätte man überhaupt nichts tun dürfen. Aber das Wichtigste war, wie gesagt, nicht ertappt zu werden. Ich versorgte die Truppe mit allen Mangelwaren: Korn, Fleisch, Baumaterialien. Nun begann es, für mich interessant zu werden. Meine erste Dienstfahrt führte mich zum Generalstab nach Moskau. Dort traf ich einen Leutnant, der für die Eisenbetonproduktion zuständig war. Er verschaffte mir, was meine Truppe wünschte. Das war mein Eintritt in ein neues Leben.

Ich kannte mich in der Materialwirtschaft bald aus, hatte gelernt, wie man sich Freunde macht. Diesen Sitten und Gebräuchen entsprechend packte ich jeden Abend ein gutes Stück Fleisch, ein paar Kilo Butter und einige Würste ein und ging damit zum Militärladen. Dort arbeitete eine junge Frau, bei der ich das Fleisch gegen Wodka und Kognak tauschte. Mit den zwei Flaschen Kognak und zwei Flaschen bulgarischen Weins ging ich ins Haus des Generals. Er war jedoch nicht daheim. Seine Frau öffnete mir. Ich wusste bereits vom so genannten Soldatentelegrafen, der genauer war als alle Meldungen des Geheimdienstes, dass meine Vorgänger dieser Dame immer ihren Tribut gezollt hatten. Ich stellte mich ihr als der neue Depotleiter vor und überreichte ihr einige Lebensmittel. Das war mein Einstand gewesen.

Am nächsten Morgen wurde ich zum Stab gerufen und traf erstmals General Karelin. Er galt bei den Soldaten als ein einfacher, aber kluger Mensch. ‹Lass deine jiddischen Tricks. Wenn ich dich nochmals vor meinem Haus sehe, wirst du dorthin fahren, wo selbst der Teufel die Kälber nicht hintreiben würde›, ermahnte er mich.

Ich versicherte, ihn verstanden zu haben, auch wenn ich davon überzeugt war, richtig gehandelt zu haben. Als am nächsten Tag die Frau des General bei uns auftauchte, sagte ich ihr voller Bedauern. ‹Wir haben ein großes Problem. Ich habe wieder überflüssige Lebensmittel. Aber Ihr Mann hat mir verboten, mich in der Nähe Ihres Hauses aufzuhalten.›

‹Den General werden wir bremsen›, beruhigte sie mich und machte den Vorschlag, dass ich abends gegen 18 Uhr zu ihr kommen sollte. Das tat ich auch. Als die Tür geöffnet wurde, stand der General höchstpersönlich vor mir. Er war bereits in ziviler Kleidung. Ich dachte, ihn trifft der Schlag. Dann aber erschien seine Frau und sagte bloß: ‹Bronja.› Es muss ein liebevolles Codewort gewesen sein. Der General verschwand, ohne ein Wort zu sagen, im Haus. Ich durfte eintreten, lud alles ab, was ich mitgebracht hatte, und die Frau des Generals bot mir sogar an, mit ihnen gemeinsam zu Abend zu essen. Höflich lehnte ich ab und machte mich so schnell wie möglich aus dem Staub. Am nächsten Tag wurde ich nicht mehr zum General befohlen. Vier oder fünf Tage später wollte der General zum Angeln fahren. Bei seinem Fahrer bestellte er zwei Dosen Fleisch. Ich bereitete zwei große Kisten vor: das beste Fleisch für Schaschlik, zehn Flaschen Wodka, trockene Würste, Schokolade und selbstverständlich die zwei bestellten Dosen Fleisch. Als der General von seiner Angeltour zurückkam, sagte er bloß: ‹Du bist aber ein Spitzbube.› Ich erwiderte, dass ich durchaus kein Spitzbube sei, alle würden stehlen.

Am nächsten Tag orderte der Fahrer des Leiters der Politabteilung, den ich wahrlich nicht leiden konnte, ein paar Büchsen Dosenfleisch. Ich aber legte ihm nur die eine Dose Büchsenfleisch ins Auto, die im Auslieferungsschein eingetragen war. Nach nicht einmal fünf Minuten stürzte er ins Depot und rief mir zu: ‹Du wirst mich noch kennen lernen!› An diesem Tag hatte ich meinen schlimmsten Feind bis zum Ende des Militärdienstes gefunden.

Ich wirtschaftete jedenfalls immer so weiter, und zwar mit Erfolg. Mir gelang es, alles so zu organisieren, dass kein Mangel herrschte, aber auch nichts Überflüssiges zurückblieb. Die Folge war, dass die Soldaten ein besseres Essen erhielten, denn ich sorgte für Abwechslung. Bei den großen Firmen tauschte ich zum Beispiel Fisch gegen Fleischkonserven, die wir in Hülle und Fülle besaßen. Dies alles war eigentlich ungesetzlich und gleichzeitig doch nicht verboten. Allmählich wuchs mein Einfluss in der Truppe. Das versetzte mich manchmal sogar in die Lage, Offizieren zu einem höheren Dienstgrad zu verhelfen. Ungelogen. Ich besaß ein großes Geschick im Handeln und tat das alles nicht aus Menschenliebe, so altruistisch war ich nicht mehr. Schon damals gingen einige beträchtliche Geldbeträge durch meine Hände. In der Regel verdiente ich 200 bis 300 Rubel wöchentlich. Der Durchschnittslohn eines Sowjetbürgers betrug im Monat 100 Rubel.

Bei all meinen Aktivitäten konnte es nicht ausbleiben, dass über mich Berichte verfasst wurden. Am eifrigsten denunzierte mich, wie zu erwarten, der Parteileiter. Er schickte regelmäßig Männer des KGB zu Inspektionen in die Kaserne. Die konnten mir zwar nie etwas nachweisen, aber sie berichteten ihren Vorgesetzten, dass ich einen negativen Einfluss auf den General ausübte. Unterdessen fuhr ich sogar mit den Offizieren herum, um Soldaten vom Charkower Wehrkommando abzuholen. Und so erschienen in unserer Truppe auf einmal Soldaten mit jüdischen Namen, was der KGB-Obrigkeit sehr missfiel. Uns brachten die jungen Männer Vorteile, weil ihre Eltern wichtige Leute waren, die halfen, die Truppe noch besser zu versorgen.

Ich muss gestehen, in dieser Zeit nicht schlecht gelebt zu haben. Im Grunde genommen war ich so etwas wie ein Soldatenmagnat. Außerdem hatte ich damals mit einem Freund eine glorreiche Geschäftsidee, indem wir Telefonhörer zu Lautsprechern umbauen ließen. Wir boten dem uns bekannten Kolchosvorsitzenden an, diese in seinem Büro zu installieren. Nun musste er nur auf einen Knopf drücken, um sich mit dem Kuhstall verbinden zu lassen und zu erfahren, wie viele Kühe bereits gemolken worden waren. Unsere Apparate fanden reißenden Absatz.

Das jähe Ende meines Höhenflugs sollte bald folgen. Es ging eigentlich um eine Kleinigkeit. Abends trafen sich häufig unsere Offiziere und Unteroffiziere, aßen gebratene Kartoffeln und tranken Samogon, das ist selbst gebrannter Wodka. Der war stärker und schmeckte besser. Eines Abends reichte der Samogon nicht aus. Also nahm ich eine Kiste Dosenfleisch und schlüpfte durch ein Loch im Zaun, um Samogon zu beschaffen. Da wurde ich von einer Militärstreife aufgehalten. Angeführt wurde sie vom Politleiter. Sein Triumph war grenzenlos. Denn man hatte mich bei der Veruntreuung staatlichen Kriegsmaterials überführt, das ich gegen Alkohol eintauschen wollte. Der Politleiter drohte, dass ich entweder auf der Stelle erschossen oder 20 Jahre im Gefängnis verrotten werde.

Am nächsten Morgen wurde alles dem General Karelin gemeldet. Der Politleiter wütete: ‹Ich fordere Sie auf, diesen Verbrecher nach Sibirien zu schicken. Sie müssen dieses Stück Dreck vernichten. Er darf nie mehr freien Boden betreten. Diesem Parasiten am sowjetischen Volk muss das Handwerk gelegt werden.› Der General blieb ruhig und sagte dann zu meinem Entsetzen: ‹Ich bin einverstanden.› Und zu mir gewandt: ‹Haben Sie etwas zu Ihrer Verteidigung zu sagen?› Ich wusste zuerst nichts darauf zu antworten. Dann fiel mir doch noch etwas ein: ‹Genosse General, ich wollte den Tausch vornehmen, um Spiritus zu besorgen, damit wir unsere Waffen säubern können.› ‹Auch wenn dein Ziel nicht kriminell war. So geht das nicht. Ich werde daher dafür sorgen, dass du dein Amt als Depotleiter und Materialwirtschafter verlierst. Dafür wirst du in der Schneiderwerkstatt arbeiten.›

Der Politleiter fiel fast in Ohnmacht, und ich selbst konnte die Entscheidung des Generals auch nicht akzeptieren. Ich hatte noch vier Monate zu dienen. Die wollte ich nicht in der Schneiderwerkstatt verbringen. Also packte ich vier Tage später meine Sachen und verließ die Truppe. Ich setzte mich nach Sotschi ab, in den Süden der Ukraine am Schwarzen Meer. Dort frönten damals schon die Politkader einem fürstlichen Leben. Sotschi war gleichbedeutend mit Korruption.

Ich verbrachte dort vier Monate.

Zweimal rief der General im Haus meiner Eltern an. Er wollte wissen, wo ich sei. Als der General meinem Vater sagte, dass ich vor ein Kriegsgericht gestellt werden würde, sollte ich nicht sofort in die Kaserne zurückkommen, erwiderte mein Vater, dass der General doch alles von mir erhalten habe, was er verlangte. Er möge Verständnis haben für mein Verhalten. Es sei besser, wenn ich den Militärdienst beendete. Und so geschah es. Bei meiner Demobilisierung verlieh mir der General den Dienstgrad ‹Gefreiter› mit den Worten: ‹Sie waren ein ausgezeichneter Soldat.› Hinterher sagte er mir in seinem Büro: ‹Du bist ein Scheusal.›

Und am Ende des Gesprächs schlug er vor, dass ich Leutnant werden könne, wenn ich bereit wäre, länger bei ihm zu dienen. Ich lachte nur. Wir blieben aber in den nächsten Jahren freundschaftlich verbunden. Ich habe ihn oft besucht. Heute lebt der alte General Karelin in großer Armut in Bogoduschow. Erst vor kurzem schrieb er mir einen Bittbrief. Er hatte nichts mehr zu essen.»

Die ersten Schritte zum vermeintlichen Erfolg

«Es ist wohl möglich, dem Volk, das jahrhundertelang ohne Bewusstsein der zivilen Freiheit existiert hat, diese durch den Befehl des Herrschers zu gewähren. Es ist dagegen unmöglich, durch ein Gesetz die Fähigkeit zu verleihen, die Freiheit zum eigenen und allgemeinen Wohl zu genießen.»
Nikolai Mordwinow

Für Rabinovich begann nun ein neuer Lebensabschnitt, der aber so etwas wie eine Fortsetzung seiner bisherigen geschäftlichen Aktivitäten war.

«Das Erste, was ich tat, als ich zu Hause bei meinen Eltern in Charkow ankam, war, meine alten Jugendfreunde aufzusuchen. Ich wollte wissen, was sie inzwischen gemacht hatten. Ich dachte, sie wären erfreut, mich wiederzusehen. Dem war jedoch nicht so. Vielleicht hing die Distanz zwischen uns mit meiner Entwicklung zusammen. Denn ich hatte mich in den zwei Jahren meiner Militärzeit verändert, war härter und abgebrühter geworden. Und ich begriff viel mehr von der Wirtschaft als sie – denn das zumindest hatte ich beim Militär gelernt.»

Rabinovich bewarb sich um eine Stelle in einer Baubrigade. Der zuständige Direktor wollte von ihm wissen, was er zu tun gedenke, und bot ihm schließlich an, als Meister in einer Brigade im Bezirk Bogoduchow zu arbeiten. Bogoduchow ist ein kleines Städtchen, nicht weit von Charkow entfernt, das Rabinovich bereits als Rekrut und Materialbeschaffer kennen gelernt hatte. Warum wählte er jedoch gerade eine Baubrigade aus? Nicht etwa, weil die Löhne besser waren als anderswo, sondern weil man Zugang zu den Materialien hatte, an denen Mangel bestand.

«Wenn ich hier arbeite, dachte ich mir, stehen mir Baumaterialien wie Fliesen, Linoleum, Zement oder anderes zur Verfügung. Bei uns gab es damals so gut wie nichts davon regulär zu kaufen. Alles musste beschafft werden. Wenn ich zum Beispiel Wohnungen renovierte, wäre ich in der Lage, diese Mangelwaren zu organisieren. Die Realität holte mich jedoch schnell ein.

So paradiesisch, wie ich mir die neue Tätigkeit vorgestellt hatte, war sie nicht. Einerseits war es ein Arbeitsplatz, wo ich wirklich ein paar Kopeken verdienen konnte. Andererseits war Boguduchow ein kleiner Dorfbezirk, wo für den Bau von Gebäuden oder Häusern nur Schiefer, Farbe oder Holz gebraucht wurde. Für Fliesen oder Linoleum gab es keinen Bedarf.

Ich war nun also in meiner Baubrigade und schaute mich erst einmal um. Und was erblickte ich? Eine kleine hölzerne Bude, vielleicht zwei mal zwei Meter groß, und eine leere Sägemühle. Alles war verfallen. Die zugeteilten Gelder erreichten eben, wie überall, nie ihr Ziel, weil fast immer ein Teil davon bereits unterwegs gestohlen worden war. Ich überlegte, was ich nun tun sollte. Das heißt nicht, dass ich mich an den Tisch gesetzt habe, das Kinn auf die Hand stützte und mir den Kopf zerbrach. Nein, ich lebte einfach in den Tag hinein. Von Zeit zu Zeit kam ich zu meiner Arbeitsstelle, besorgte ein paar Materialien, renovierte ein wenig, ließ die Sägemühle reinigen und besorgte Ketten für die Sägen. Es waren Kleinigkeiten.

In der Sowjetunion herrschte, es war das Jahr 1978, immer noch ein großer Mangel an allem. Dieses System raubte dem Menschen einen Teil seines Lebens. Denn die Beschaffung und Verteilung des Beschafften beschäftigten uns vom Morgen bis zum Abend. Man musste laufen, um herauszufinden, wo es die Waren gab, an denen momentan Mangel herrschte. Man musste stundenlang in einer Schlange stehen. Man schrieb sich eine Nummer auf die Hand, damit man an seinen angestammten Platz in der Warteschlange zurückkehren konnte, wenn man zwischendurch einmal auf die Toilette gehen musste. Das System des Defizits passte zu dieser Gesellschaft. Sie war geprägt von bestimmten Werten. Die Bedeutung eines Menschen wurde nicht an seiner Vernunft, seinem Wissen oder seiner Begabung gemessen. Die Menschen mit Hochschulbildung gehörten zwar immer einer intellektuellen Elite an. Das war gut so. Aber sie waren im finanziellen Sinne minderbemittelt. Das heißt, sie waren auf eine Nebentätigkeit angewiesen, mussten Übersetzungen machen oder ein Buch rezensieren. Nur so konnten sie sich über Wasser halten. Diese Schicht in unserer Bevölkerung lebte ziemlich isoliert.»

Heute, im Rückblick, analysiert Vadim Rabinovich die gesellschaftliche Situation der UdSSR ziemlich genau. Ob er das damals schon tat – ich glaube es eher nicht. Aber die Zwänge, denen die Menschen unterlagen, reizten ihn zu seiner Art von Widerstand, den er immer weiter perfektionierte.

«An der Spitze der Gesellschaft standen jene Menschen, die etwas beschaffen konnten, die über Beziehungen verfügten. Sie waren daher diejenigen, die sich nicht darum sorgen mussten, ob sie eine Kur in einem Erholungsheim genehmigt oder einen Platz im Krankenhaus bekamen, ob sie Schuhe mit hohen Absätzen oder das neueste Modell eines Fernsehers besitzen wollten – sie bekamen es. Ihnen stand fast alles offen. Die Direktoren von Läden oder Fabriken waren die wahren Könige. Sie waren die Bonzen. Von ihnen gab es vielleicht 2000. An anderer Stelle will ich über sie reden. Doch der Gedanke von der sozialistischen Gerechtigkeit geht mir immer wieder durch den Kopf, denn er prägte damals mein Leben.»

Wie funktionierten zur damaligen Zeit die Geschäfte, wollte ich von ihm wissen.

«Es wurden Bestellscheine ausgeschrieben. Nehmen wir ein Beispiel: Da wurden 1000 Telefone geliefert. Das Hauptbüro zur Verteilung im Land genehmigte dann zehn Telefone nach Moskau, zehn nach Leningrad, zehn nach Kaliningrad und so weiter. Die Telefone wurden zu den Depots gebracht und dann weiter verteilt. Nun bestimmte der Gebietsleiter: Das eine Telefon bekomme ich, das zweite Wassilij Petrowitsch, das dritte ist für das Werk. Dann gab es den Lageristen. Er kannte die genaue Zahl der gelieferten Telefone, also musste auch er eines bekommen. Auf ihn konnte man schließlich nicht verzichten, denn er war ein Mitarbeiter der Materialversorgung.»

Ein Erlebnis sollte Rabinovichs weitere Entwicklung erheblich beeinflussen. Ausschlaggebend war ein Artikel in einer Zeitung, in dem mit lobenden Worten die Produktion einer neuen Tapetenart erwähnt wurde.

«Eines Tages las ich in der regionalen Zeitung, dass im Chemiekombinat Kalusch neues Material, Stenoplen (eine besondere Tapetenart), produziert wurde und dass nur eine einzige Partie von 10 000 Metern hergestellt werden würde. Es sei ein phantastisches Material, schrieb die Zeitung, ideal für die Isolierung von Wänden. Es war eine Sensation.

Ich kombinierte: Es gibt ein neues hervorragendes Material, eben Stenoplen, und es gibt ein Defizit. Am nächsten Morgen bereits fuhr ich nach Kaluga in das Werk, ging zum stellvertretenden Direktor für die Materialversorgung. Gewöhnlich ist er der zweitwichtigste Mann in einem Betrieb. Damals gab es in der Sowjetunion keine eingezäunten und abgesperrten Betriebe, abgesehen von den Rüstungsfirmen oder jenen Zulieferfabriken, die für das Militär arbeiteten. Man konnte sich frei bewegen. Niemand befürchtete Terroranschläge. Wir wussten zwar, dass so etwas im Westen passierte. Aber bei uns gab es das nicht.

Ich betrat also das Büro des stellvertretenden Direktors, begrüßte ihn und erzählte ihm, dass ich aus Charkow käme. ‹Womit kann ich Ihnen helfen?›, fragte ich den Direktor.

‹Ich brauche keine Hilfe›, antwortete er mir.

Nun war ich mir aber hundertprozentig sicher, dass irgendetwas fehlen muss. Das wäre der erste Betrieb, in dem es an nichts mangelte.

‹Verehrter Michail Petrowitsch. So etwas gibt es nicht. Es fehlt immer etwas, immer herrscht Mangel an irgendetwas.›

‹Hör zu›, antwortete er mir. ‹Wir haben zwei Flugzeuge. Unser Direktor ist ein Held der sozialistischen Arbeit. Wir haben Autos, Farben, wir haben alles. Also scher dich zum Teufel. Was kriechst du überhaupt in meine Seele?›

Nach einer kurzen Pause jedoch kamen die für mich erlösenden Worte:

‹Tatsächlich benötigen wir fünf Tonnen Daitilfloat (ein chemischer Grundstoff zur Produktion von Linoleum), denn das Ministerialbüro hat uns nicht rechtzeitig das nötige Geld zugeteilt. Die Lieferungen kommen nur aus Finnland oder aus der Stadt Sterlitomak. Den Kontrakt mit Finnland haben wir zerrissen, weil alles zu teuer war. Und Sterlitomak hat seit zwei Monaten die Arbeit unterbrochen. Aber bei uns brennt der Plan.›

Ich sagte ihm zu, dass ich dieses Produkt beschaffen würde. Doch ich hätte eine Bitte. Er möge mir die gesamten zehn Tonnen des in seinem Betrieb produzierten Stenoplen übergeben.

Er war daraufhin bereit, mir nicht nur das Stenoplen, sondern alles, was ich benötigte, zu geben. Wobei ich bis heute nicht genau weiß, was den plötzlichen Umschwung bei ihm bewirkte. Vielleicht übertrieb er. Fakt war jedoch, dass ohne das Daitilfloat die Produktion des neuen Materials hätte eingestellt werden müssen.

Nach dem Gespräch mit dem Betriebsdirektor fuhr ich wieder nach Charkow. Hier gab es ein großes Industrielager mit einem chemischen Betrieb. Ich ging zum Direktor des Lagers und fragte ihn, ob er Daitilfloat habe. ‹Kein Problem›, antwortete er und zeigte mir ein Glas, in dem gerade mal fünf Gramm drin waren. Fünf Gramm, und ich brauchte fünf Tonnen. Als ich ihn fragte, ob er mir nicht eine größere Menge besorgen könne, schaute er mich an, als sei ich wahnsinnig.

Wo kann man mehr beschaffen? Zusammen mit einigen Bekannten telefonierte ich mindestens mit der Hälfte aller in Betracht kommenden Betriebe. Dann besuchte ich sämtliche Filialen der staatlichen Büros für Materialversorgung, flog nach Moskau. Das Ergebnis war niederschmetternd. Nirgendwo gab es jenes Material, das ich so großspurig dem Betriebsdirektor zu besorgen versprochen hatte.

In Finnland sollte es dieses Material geben. Dorthin zu fahren kam für mich leider nicht infrage. Nie hätte ich eine Genehmigung erhalten. Es war ja sogar unmöglich, dort anzurufen.

Aber ich bildete mir ja ein, ein äußerst gewiefter Materialbeschaffer zu sein.»

In seinem Leben handelte Vadim Rabinovich stets nach der Erkenntnis: Warum hat der Tor dort Erfolg, wo der Kluge scheitert? Weil der Kluge unzählige Hindernisse auf seinem Weg sieht und Angst hat, diesen Weg überhaupt zu betreten. Der Tor geht diesen Weg trotz aller Hindernisse und gewinnt.

«Deshalb beschloss ich als letzte Möglichkeit zu prüfen, ob dieses Material etwa in Forschungsinstituten vorhanden sei. Schließlich waren in der Sowjetunion alle Industriebereiche an bestimmte Forschungsinstitute angeschlossen. Technisch waren sie schlecht ausgerüstet. Dafür funktionierte die bürokratische Struktur besonders gut. So kam ich zum Forschungsinstitut in Kiew, das im Laufe der letzten fünf Jahre tatsächlich an diesem Produkt gearbeitet hatte. Dort waren sogar fünf Tonnen produziert worden, die seit Monaten ungenutzt in einem Depot lagerten. Niemand kümmerte sich darum. Das war die Lösung und mein erstes großes Geschäft. Als Gegenleistung stellte man mir im Chemiekombinat Kalusch so viel Stenoplen und Linoleum zur Verfügung, wie ich wollte. Und das ganz exklusiv nur mir. Es bedeutete für mich so viel, als würde mir Bill Gates heute die Hälfte der Aktien von Microsoft schenken. Verglichen mit den anderen sowjetischen Materialwirtschaftern besaß ich auf einmal ein gewaltiges Vermögen. Freilich konnte ich mich nicht mit den Mitgliedern des Politbüros des ZK vergleichen – deren Vermögen bewegte sich in anderen Größenordnungen.

In meinem kleinen Reich waren jedoch die Lager prall gefüllt, und der Bogoduchower Baubezirk erlebte eine bislang unbekannte Pilgerschaft von Menschen, die Stenoplen zu kaufen wünschten.»

Das brachte viele neue «Freunde» mit sich. Für Rabinovich waren sie allesamt bedeutsam, nicht nur wegen des gesellschaftlichen Renommees, sondern wegen der neuen Beziehungen, die sich damit wiederum ergaben. Und so entstand ein System von Freundschaften, das sich für die geschäftliche Entwicklung höchst positiv auswirken sollte. Ein bis heute anhaltendes System der Korruption.

«Alle Vorsitzenden der Kolchosen und die Sowchosendirektoren in der Umgebung wollten plötzlich meine Freunde werden. Dazu gehörten der Parteisekretär, der Milizchef, der Staatsanwalt und sogar der Tierarzt. Der ist in einem ländlichen Gebiet eine besonders angesehene Person. Ich gehörte nun zu dieser Elite. Wir feierten zusammen und fuhren gemeinsam zum Angeln. Unter Angeln verstand man bei uns etwas anderes als im Westen, wo der Angler einsam an einem Bach oder Fluss sitzt und wartet, bis einmal ein Fisch anbeißt. Wenn wir zum Angeln fuhren, waren die Autos voll beladen mit Wodka und Speisen. Und spätestens am Abend lagen alle betrunken auf dem Boden.»

Vadim Rabinovich verdiente erstmals in seinem Leben viel Geld, so viel Geld, dass er überhaupt nicht wusste, was er damit anfangen sollte. Denn viel zu kaufen gab es nicht.

«Mit dem Geld, wir waren jung, machten wir uns ein schönes Leben. Schönes Leben – was ist das? Was konnte man damals mit Geld überhaupt anfangen? Heute weiß ich die Antwort. Man kann es investieren, Eigentum erwerben. In der Sowjetunion gab es wenig Möglichkeiten, das Geld auf diese Weise anzulegen. Ich kaufte mir zum Beispiel ein Auto, einen kleinen ‹Shiguli›. Einen großen ‹Wolga› konnte ich mir nicht leisten. Nicht, weil ich zu wenig Geld hatte. Einen ‹Wolga› fuhr nur die sowjetische Elite. Hätte ich mir damals einen ‹Wolga› gekauft, hätte ich sofort die Aufmerksamkeit bestimmter Dienste auf mich gelenkt. Der ‹Shiguli› war ein Auto für das Volk, obwohl die meisten es sich nicht leisten konnten. Es war ein Traum, dieses Auto zu besitzen. Nie hatte ich früher daran gedacht, mir selbst jemals ein Auto kaufen zu können. Meine Eltern verdienten vielleicht 100 Rubel monatlich – dafür hätten wir nicht einmal ein Fahrrad bekommen. Und so träumte ich von einem Auto, bis endlich der

Shiguli vor meiner Tür stand. Schließlich kaufte ich mir bei der Wohnungsbaugenossenschaft noch eine kleine Zweizimmerwohnung.

Worin lag nun der Erfolg meiner Geschäfte? Bei uns musste man für alles fünf- oder zehnmal mehr zahlen, als es in Wirklichkeit kostete. In den Läden gab es offiziell keine Tapeten, Uhren, Kleidung, kein gutes Brot. Doch schwarz konnte alles gekauft werden. Dafür musste man erheblich mehr bezahlen. Nehmen wir das Beispiel Linoleum. Normal würde es vier Rubel pro Meter kosten. Auf dem Markt wurde es für zwanzig Rubel pro Meter angeboten. Ich verkaufte es nun in großen Mengen für zehn Rubel pro Meter und verdiente dabei pro Meter einen Rubel. Wenn man bedenkt, dass das Gehalt eines normalen Bürgers 120 Rubel betrug und ich an einem Tag 500 Meter Linoleum verkaufte, kann sich jeder ausrechnen, wie viel mehr ich manchmal verdiente als die meisten anderen Leute. Ich war reich, fühlte mich wie ein Märchenprinz. Meine Geschäfte sahen inzwischen etwa so aus: Entweder verkaufte ich die Ware an ein Depot, an ein Großhandelslager, das sie weiterverkaufte, oder ich verkaufte sie direkt auf einem Markt. Das war ziemlich umständlich. Obwohl gleichzeitig vieles geregelt war. Betrat man beispielsweise einen fremden Bezirk, kam sofort jemand von der Miliz oder von anderen Dienststellen. Man musste mit großen Schwierigkeiten rechnen, wenn man sich nicht mit ihnen arrangierte. Deshalb brauchte man eine Kryscha, ein Dach, einen Schutz. Ich wurde vom besten ‹Dach› geschützt, von wirklich mächtigen Männern, von denen aus der ‹Abteilung zum Kampf gegen den Raub des sozialistischen Eigentums›. Es war die Gruppe in der Miliz, deren Pflicht und Aufgabe es eigentlich sein sollte, meine Aktivitäten zu unterbinden.»

Denn ohne «geschmierte Beziehungen» lief natürlich überhaupt nichts. Hier gelang Vadim Rabinovich ein bemerkenswerter Coup. Ihm glückte es, die Miliz zu bestechen. Die Spielregeln waren klar:

«Damit man überhaupt so erfolgreich sein konnte, musste man sich an die Spielregeln halten, besser gesagt, man musste sie genau kennen. Deshalb ging ich sofort zur Miliz, und zwar zur ‹Abteilung zum Kampf gegen den Raub des sozialistischen Eigentums›. Dort arbeiteten Leute, mit denen ich mich, was man vielleicht nicht begreift, bereits in der Vergangenheit gut verstanden hatte. Ein Grund war sicher, dass ich erst eine wichtige Prüfung bei ihnen bestand. Zwei Milizionäre aus dieser besonders wichtigen Abteilung forderten mich auf, mit ihnen in ein Lokal zu fahren. Dann wurde Wodka aufgetischt, und die Gläser wurden ständig nachgefüllt. Sie hofften wahrscheinlich, dass sich früher oder später meine Zunge lösen und ich ihnen alles erzählen würde. Das war ein Fehler. Denn ich hatte einige Erfahrungen im Trinken. Als die beiden Milizionäre besoffen unter dem Tisch lagen, packte ich sie ins Auto und fuhr sie nach Hause. Von diesem Tag an waren wir beste Freunde. Freunde auch deshalb, weil ich ihnen einen Prozentsatz meiner Gewinne zuschob, um in Ruhe meine Geschäfte machen zu können, wenn sie Dienst hatten.»

Vadim Rabinovich hatte keine moralischen Skrupel. Auch heute noch, über 25 Jahre später, ist kein Funken von Unrechtsbewusstsein zu spüren. Das, was er tat, taten alle anderen auch, sofern sie die Mittel und Möglichkeiten hatten. Nur so konnte er sicherstellen, dass die Geschäfte blühten. Trotzdem wusste Vadim Rabinovich, dass seine Tätigkeiten mit den herrschenden Gesetzen kollidierten. Die Gefahr saß ihm im Nacken. Andererseits, welche kriminelle Straftat hatte er wirklich begangen?

«Wenn man im Westen die Ware für fünf Rubel einkauft und für zehn Rubel weiterverkauft, ist das kein Diebstahl – es ist das normale Geschäft. Bei uns nannte man das Spekulieren, und dafür drohte Gefängnis. Das Verbrechen, für das ich später ins Gefängnis kam, war genau das. Mir konnte nachgewiesen werden, dass ich Tapeten für 45 Rubel verkaufte, für die ich einen Preis von nur 10 Rubel bezahlt hatte. Dabei hatte ich mich selbst um deren Beschaffung gekümmert, hatte keinen staatlichen Fonds ausgebeutet, der mir vom Staat für meine Arbeit zugeteilt wurde. Ich habe Waren gekauft und verkauft. Nicht mehr und nicht weniger. Doch das war verboten.»

In dem Moment, als er das sagt, kommt er ins Grübeln. Er versteht bis heute nicht, warum er später verhaftet und verurteilt werden sollte.

«Das ist grotesk: In der einen Gesellschaftsordnung war das, was ich tat, vollkommen normal, ja, die kapitalistische Wirtschaftsordnung baute darauf auf. Und in einer anderen Gesellschaftsordnung, bei uns, war das verboten. Die Mentalität eines jeden westlichen Menschen ist meiner Meinung nach die: billig einkaufen und teuer verkaufen. Wir sind da vom Wesen her nicht viel anders. Doch wir wurden als Verbrecher behandelt. Nicht nur ich, sondern Tausende anderer Sowjetbürger wurden deshalb angeklagt und ins Gefängnis geworfen, obwohl viele Menschen diese Taten, von denen ja fast alle profitierten, nicht als kriminell ansahen. Alle lebten nach dem gleichen Prinzip. Und ich sage: Wir sind alle aus dem gleichen Dreck aufgestiegen. Entschuldigen Sie diese quasi philosophischen Überlegungen, aber sie erklären das folgende Geschehen.»

Tatsächlich trifft hier Rabinovich ins Zentrum des kommunistischen Systems. Die Miliz und das politische Establishment waren der Auffassung, dass Sowjetbürger fleißig, vorwärts strebend und allzeit hilfsbereit seien und man schließlich in einer Gesellschaft lebe, in der sich jedermann nach seinen Fähigkeiten sowie nach seinen Bedürfnissen entfalten könne. Kriminalität störte dieses Weltbild. Sie gehörte zum dekadenten und zum Absterben verurteilten Kapitalismus. Vadim Rabinovich passte sich nicht dem sowjetischen Gesellschafts- und Menschenideal an.

«Das System kontrollierte uns und bot wenig Möglichkeiten, sich wirklich frei zu bewegen. Mit dem Wort ‹Raub› konnte man alles Mögliche beschreiben, also auch das, was in der Sowjetunion unter Spekulation verstanden wurde. Spekulieren war ein schmutziges Wort. Im Westen gilt die Spekulation, zumal an der Börse, als eine legale Methode, um Geld zu verdienen. Meine Freunde von der Miliz, deren Aufgabe es war, gegen die Spekulanten zu kämpfen, hatten begriffen, dass das nicht der Gegenstand ihres Kampfes sein kann. Denn der Milizionär selbst beschaffte sich die Jeans zum Beispiel für 30 Rubel und verkaufte sie für 90 Rubel weiter. Es war sogar eine seiner wichtigsten Tätigkeiten.»

Für das, was Rabinovich beschreibt, gab es in der ehemaligen Sowjetunion den Begriff «Fartzowstschiki». Er war gleichbedeutend mit Schwarzhandel. Es handelte sich insbesondere um heiß begehrte ausländische Produkte wie Jeans, Kugelschreiber, Hemden, Jacken, die gekauft und auf dem Markt schwarz weiterverkauft wurden. Besonders störte die Behörden, dass dabei mit ausländischen Devisen bezahlt wurde.

«Denn die Devisen durften nur dem Staat gehören. Nur die Parteifunktionäre durften Devisen besitzen. Niemand beschwerte sich darüber – denn sie waren ja wie Götter. Ein normaler Mensch hingegen, der nur den Versuch unternahm, Dollars zu kaufen, wurde als Schädling behandelt. Mir ist ein besonderer Fall in Erinnerung. Es handelt sich um den Fall Rokotow. Er spiegelt am deutlichsten das System in der Sowjetunion wider. Rokotow gehörte einer Gruppe von Devisenhändlern an. Nachdem er verhaftet worden war, berichteten die Behörden dem Generalsekretär des ZK der KPdSU von ihrem Erfolg. Der Generalsekretär wollte wissen, welche Strafe Rokotow zu erwarten habe. Fünf Jahre, das war das bisherige Strafmaß. Daraufhin befahl er, dieses Gesetz sofort zu ändern. Bereits am nächsten Tag wurde ein neues Gesetz verkündet, wonach für dieses Verbrechen ab sofort die Todesstrafe vorgesehen sei. Und tatsächlich wurden Rokotow und einige seiner Leute erschossen.»

Rabinovichs Verhältnis zur Miliz bzw. zu den Freunden von

der «Abteilung zum Kampf gegen den Raub des sozialistischen Eigentums» war immer noch gut, ja, man könnte es sogar als herzlich beschreiben.

«Wobei ich nochmals an unser Alter, besser gesagt, unsere Jugend erinnern möchte: Wir waren jung, gerade mal 24, 25 Jahre. Wir wussten nicht, was wir mit dem Geld, das wir verdienten, eigentlich anfangen sollten.

Eines Tages fuhren wir nach Sotschi. Kaum ins Auto eingestiegen, stoppten meine Freunde bei einem Lebensmittellager. Dort waren die Milizionäre ja bekannt. Wenn so einer kam, besonders wenn er in der ‹Abteilung zum Kampf gegen den Raub des sozialistischen Eigentums› tätig war, standen alle stramm. Unser Auto wurde mit Wurst, Konserven, mit allem, was wir wollten, beladen. In einem anderen Geschäft kauften wir etwas zum Trinken und fuhren dann die knapp 900 Kilometer auf der Autobahn bis nach Sotschi.

Ab und zu hielten wir an, um auszuruhen. Wir richteten das Essen auf der Motorhaube an, aßen das Fleisch und tranken Wodka. Vor einer Kontrolle durch die Autobahnpolizei brauchten wir keine Angst zu haben. Milizionäre als Begleitung, einen besseren Schutz konnte es damals nicht geben.

In Sotschi gingen wir sofort in das berühmte Restaurant ‹Der Kaukasier›. Hier tafelten wir mit Champagner und Wodka. Der Tisch war mit frischen Fischen beladen. Drei, vier Tage bummelten wir in Sotschi herum, gaben unser Geld fast ausschließlich für Essen und Trinken aus. Es waren Kurorte wie Sotschi, wo man die Menschen kennen lernen konnte, die Geld hatten. Je vornehmer der Kurort, umso wohlhabender der Gast. Wissen Sie, warum ich dieses Beispiel anführe?»

Ich weiß es nicht, kann es mir aber denken. Seit Anfang der neunziger Jahre fallen in Europa die neuen Russen auf. Sie residieren in den besten Hotels, prahlen mit dicken Dollarbündeln, kaufen hemmungslos die teuersten Luxusartikel. Und niemand kann sich vorstellen, dass sie dieses Geld auf legale Weise verdient haben.

«Wenn die Menschen im Westen einen Russen, Ukrainer oder wen auch immer aus der ehemaligen Sowjetunion in Nizza, in St. Moritz und anderswo beobachten, wie sie ihr Geld im Restaurant verschwenden, wie sie einkaufen und bezahlen, ohne nachzurechnen, dann steht ihnen der Verdacht auf der Stirn geschrieben: Das sind wahrscheinlich üble Verbrecher. Die sind sicher darunter – aber doch nicht alle. Man muss wissen, dass ein solches Gebaren eine kulturelle Geschichte hat. Im Laufe der letzten siebzig Jahre hatte der Bürger der Sowjetunion keine anderen Möglichkeiten, sein Geld, sofern er welches besaß, auszugeben, als dass er es im Restaurant vergeudete. Hier, besonders in Kurorten, konnte er demonstrieren, dass er etwas war. Ansonsten lebte er ja ein ganz normales Leben wie jeder andere auch. Da gab es kaum Unterschiede. Ob Geschäfte, Autos, Wohnungen – alles war fast gleich. Natürlich nur fast, weil es die Kaste der Nomenklatura gab. Aber davon bekamen viele nichts mit.»

Vadim Rabinovich greift, um diese Situation zu erklären, auf geschichtliche Beispiele zurück, insbesondere auf die Literatur.

«Die klassische russische Literatur beschreibt häufig Szenen, in denen russische Kaufleute in der Zeit vor der Revolution dargestellt werden. Sie schlendern herum und halten Zechgelage ab. Zum Beispiel Viktor Stolypin. Er war eigentlich ein Demokrat. Uns wurde jedoch vermittelt, dass er ein Reaktionär sei. Der Zar und seine Freunde seien nichts anderes als Blutsauger gewesen. Einigermaßen gut kamen Schriftsteller wie Savva Morosov weg, der als historische Gestalt in die Geschichte eingegangen ist. Der Grund war einfach. Er gab den Bolschewiken Geld. In der Literatur wurde er als eine dekadente Person beschrieben, die ins Restaurant ging und dort sogar Champagner für seine Pferde forderte.

Ich erinnere mich an einen sehr berühmten Spielfilm, der seit 20 Jahren immer wieder gezeigt wird. Die Handlung des Films war in etwa die: An Silvester trinkt der Held, zusammen mit seinen Freunden, mehr als gewöhnlich. Er ist sturzbetrunken. Als er nach Hause fahren will, gerät er irrtümlich in eine benachbarte Stadt. Dort stand ein Haus mit der gleichen Hausnummer. Mit seinem eigenen Schlüssel öffnete er die Haustür. In der Wohnung standen die gleichen Möbel wie bei ihm zu Hause. Was ich damit sagen will? Wir lebten in einer uniformierten Gesellschaft. Und es darf doch erlaubt sein, heute anders zu leben. Ja, ja, werden Sie sagen. Das können sich nur die Reichen leisten. Und manchmal übertreiben es meine Landsleute tatsächlich. Aber gönnen Sie ihnen doch den Ausbruch aus dieser einstigen uniformierten Gesellschaft, solange sie niemandem Schaden zufügen.»

Gönnen, nun ja. Aber wer sind diejenigen, die sich in Europa ein luxuriöses Leben leisten können? Meistens jene, die mit mehr oder weniger krummen Geschäften zu ihrem Reichtum gekommen sind. Ja, sollen sie doch prassen, die Nowarisch, wie sie genannt werden, sie dürfen den europäischen und amerikanischen Altreichen zeigen, was man in den Taschen hat. Stapelweise Hundert-Dollar-Noten, mit denen sie Juweliergeschäfte leer kaufen – warum eigentlich nicht. Stört es uns, weil sie «nur» Russen, Georgier, Aserbaidschaner oder Ukrainer sind? Über die Scheichs, die Ölmultis, die Könige aus Saudi-Arabien oder die Potentaten aus Afrika und Lateinamerika regt sich doch auch niemand mehr auf. In Cannes, Nizza, St. Moritz, überall, wo es schön und teuer ist, lassen sich die Nowarisch hofieren. Ihnen ist es vollkommen gleichgültig, was die anderen denken. Wie sauber ist das Geld, über das die neuen Reichen aus dem Osten verfügen? Vermutlich genauso dreckig wie das der vornehm zurückhaltenden Altreichen aus dem Westen.

Vadim Rabinovich jedenfalls sieht in dem Zurschaustellen nichts Verwerfliches. Er spricht von der unüberbrückbaren Kluft zwischen den europäischen demokratischen Kulturen und der ehemaligen sowjetischen Kultur. Die meisten Leute in der Sowjetunion (und im heutigen Russland ist das nicht viel anders) lebten in den Tag hinein. Denn am nächsten Morgen könnte ihnen alles abgenommen oder alles verboten werden.

«Zu Zeiten der Sowjetunion bemühte sich der Staat ununterbrochen, die Menschen zu betrügen, und diese versuchten, dem Staat zu widerstehen. Das prägte uns alle. Im Westen hingegen versuchen die Menschen, sich dem Staat anzupassen, und der Staat gibt sich mehr oder weniger Mühe, dem Bürger zu helfen. Bei euch gibt es wenigstens ein Schutzsystem gegen staatliche Willkür. Bei uns fehlt das bis zum heutigen Tag. Deshalb leben vielleicht viele von uns in den Tag hinein, denken nicht weiter. Ich finde das auch nicht gut, aber so ist es halt, und ich verurteile die Menschen deshalb nicht. Neulich war ich mit meinen französischen Freunden in einem Restaurant und bestellte einen sehr teuren Wein, einen Portwein aus dem Jahr 1946. Der Wein schmeckte allen. Dann sagte jedoch einer meiner Freunde, und der hat nicht weniger Geld als ich: ‹Einen solchen guten Wein trinken wir nur an Feiertagen. Warum spendierst du hier, an einem normalen Tag, einen solch kostbaren Tropfen? Willst du uns etwas demonstrieren?› Welch ein Unfug. Ich hatte überhaupt nicht die Absicht anzugeben, wie meine Freunde vielleicht vermuteten. Ich hatte einfach Lust, einen guten Wein zu trinken, und mich interessierte nicht, wie teuer er ist.

Doch kommen wir lieber wieder zu meiner Tätigkeit im Baubezirk zurück. Ich fand also Baumaterialien im ganzen Land. Und meine Baubrigade, früher ein kleiner, unbedeutender Betrieb, wuchs, während ich und meine Freunde immer reicher wurden.

Damals sollten in der Sowjetunion die Olympischen Spiele stattfinden. In dieser Zeit begegnete ich in Moskau einem Bekannten. Er war einmal Pilot gewesen. Als ich ihn in Moskau traf, hatte er die Fliegerei bereits aufgegeben und beschäftigte sich nun mit dem Kauf und Verkauf von allerlei Dingen. Eines Tages stellte er mir Valentina Stepanowna Grisodubowa vor, eine der bekanntesten Pilotinnen im Zweiten Weltkrieg, die zur Superelite der sowjetischen Gesellschaft gehörte. Ihr Vater, Sinowij Grisodubow, war ebenfalls ein bekannter Pilot gewesen, dekoriert mit vielen Auszeichnungen, dem sogar ein Museum in

Moskau gewidmet war. Valentina Stepanowna Grisodubowa war groß, dick, bewegte sich nur sehr schwerfällig, war jedoch unheimlich lebensfroh. Häufig erhielt sie Besuch vom damaligen Verteidigungsminister, Marschall Dmitri Ustinow, einem der wichtigsten Männer in der Sowjetunion. Das war die höchste Ebene. Viel höher ging es nicht in Moskau.

Sie war eine phantastische Frau, die wie jeder andere in der Sowjetunion ganz normal lebte. Immer half sie Freunden, sich bei der Partei durchzusetzen. Wir verstanden uns vom ersten Moment an. Ich erzählte ihr, dass mir verschiedene Baumaterialien fehlten. Daraufhin wollte sie wissen, was genau ich benötigte.

‹Fliesen, Linoleum, Schiefer – alles, woran bei uns Mangel herrscht›, sagte ich ihr.

‹Gut, ich werde dir helfen›, antwortete sie mir. Ich sollte einen Brief aufsetzen mit der Bitte, mir die Baumaterialien zu beschaffen, die ich für das Grisodubow-Museum benötigen würde. Diesen Brief ließ sie bei der Leitung des Museums unterschreiben.

Fünf Tage später kamen LKWs mit Schiefer bei mir in Bogoduchow an. Welch ein Ereignis. Bisher hatte das Provinzstädtchen vielleicht einmal im Jahr einen LKW voll mit Schiefer gesehen. Und nun kam plötzlich eine ganze Armada voll beladener LKWs an. Und sie fuhren zu mir, in meine Baubrigade, um die Materialien abzuliefern.

All das bemerkten natürlich wiederum die besonderen Dienste, die mich die ganze Zeit mit Argusaugen verfolgt hatten und – wie ich später erfuhr – schon damals hinter mir her waren, indem sie beispielsweise alle Rechnungen einsammelten, die ich in Restaurants bezahlt hatte.»

Wenig später, die Olympischen Spiele rückten immer näher, half ihm Valentina Stepanowna Grisodubowa aus Moskau mit Zement aus. 30 LKWs mit Zement wurden Rabinovich zugeteilt. In dieser geschäftlichen Blütezeit versuchte er mit dem herrschenden System zu konkurrieren. Er wollte tatsächlich herausfinden, wer wohl klüger sei. Obwohl er fest davon überzeugt war, alle Schliche zu kennen, war das System natürlich viel raffinierter und mächtiger als er. Einstweilen aber lebte Rabinovich in dem Glauben, unangreifbar zu sein.

«Damals, Mitte 1979, verliebte ich mich. Ich war mit dem Auto in Charkow unterwegs, als ich von einem hübschen Mädchen angehalten wurde. Bei uns war es üblich, dass wir die an der Straße Wartenden mitnehmen. Und ich als junger Mann stoppte natürlich bei jeder Schönheit. Sie fragte mich, ob ich sie zum Hotel Intourist fahren könne. Wir unterhielten uns, und als ich nochmals fragte, wohin genau ich sie jetzt bringen soll, sagte sie:

‹Ich habe doch bereits gesagt, zum Hotel Intourist. Oder wollen Sie mich nach Jalta fahren?›

‹Ich fahre Sie gerne nach Jalta.›

Als sie daraufhin nichts antwortete, fuhr ich einfach auf die Autobahn. Wir hörten Musik und schwiegen. Mindestens 150 Kilometer bin ich mit ihr in Richtung Jalta gefahren, als sie mich plötzlich fragte, ob ich geisteskrank sei und wohin wir eigentlich fahren würden.

‹Nach Jalta.›

‹Aber ich habe doch überhaupt nichts bei mir.›

‹Beruhige dich, dort unten kann man alles kaufen.›

Also sind wir weiter bis nach Jalta gefahren. Zwei Tage später sagte sie mir, dass sie nun ihren Bräutigam anrufen müsse. Der würde sich sicher Gedanken machen und sie bereits suchen. Ihr Bräutigam war der Sohn des Staatsanwalts von Charkow, dem sie nun einen Korb gab. Ich war ihr wichtiger. Zumindest für einige Zeit.»

Doch als Vadim Rabinovich mit seiner neuen Freundin wieder nach Charkow zurückkam, braute sich etwas zusammen. Sein Betrieb wurde lange und gründlich von Inspektoren aus Charkow überprüft. Wie würde diese Prüfung ausgehen?

«An dieser Stelle möchte ich etwas feststellen. Wie konnte man einem anderen Menschen etwas verkaufen, wenn es überhaupt keinen offenen Handel, keine funktionierenden Geschäfte, keine Kassen, ja, nicht einmal eine Buchhaltung gab? Man kaufte Linoleum für vier Rubel. In das Kassenbuch sollten 4,20 Rubel eingetragen werden. Das war quasi Gesetz. Es war erlaubt, für vier Rubel zu kaufen und für 4,20 Rubel zu verkaufen. Man verkaufte aber für 8 Rubel. Der Differenzbetrag war der Gewinn. Damals gab es noch keine Besteuerung. Aufgrund der mangelhaften bzw. fehlenden Buchhaltung war es sehr schwer, Unregelmäßigkeiten festzustellen, besonders wenn man wusste, dass die Lieferpapiere frisiert werden. Ich verstand das sehr gut.

Die bei uns durchgeführte Inspektion konnte daher nichts Ungesetzliches bei mir finden. Das Ergebnis wurde dem Generalstaatsanwalt gemeldet. Ihn überzeugte das Ergebnis jedoch nicht. Bei der nächsten Inspektion war er selbst dabei. Wieder fanden sie nichts. Aber in der Sowjetunion wurden ungeklärte Probleme und Verdachtsmomente durch Denunzianten gelöst.»

Mit Denunzianten hat Vadim Rabinovich massive Probleme. In der UdSSR konnten Denunzianten Leben zerstören. Mit Denunzianten wird er in Zukunft noch viele Erfahrungen machen. Entsprechend sensibel reagiert er auf einen Vorgang, der mit dem heutigen russischen Präsidenten Vladimir Putin zu tun hat.

«Neulich, es war im Dezember 1999, habe ich in einer Zeitung eine Veröffentlichung über Vladimir Putin gelesen. Mit begeisterten Worten äußerte er sich über die Denunzianten, die, so meinte er, die Grundlage des KGB gewesen seien. Ich kenne die Zahl der KGB-Mitarbeiter nicht. Aber man sagt, dass jeder zehnte Bürger den KGB mit Informationen versorgte. Auf jeden Fall kann ich mit absoluter Sicherheit sagen, dass jeder einzelne der Journalisten, die ins Ausland geschickt wurden, Verbindungen zum KGB unterhielt. Ich möchte es unterstreichen – kein einziger Geschäftsmann, zumal es damals offiziell keine privaten Geschäftsleute gab, kein Handelsvertreter des Staats, der zu Verhandlungen ins Ausland fuhr, konnte ohne Genehmigung des KGB arbeiten. Sie waren alle mit dem KGB verbunden. Und das hat bis heute Auswirkungen. Oder glauben Sie etwa, diese Verbindungen seien durch Perestroika und Glasnost aufgelöst worden? Wer das glaubt, der ist ein Träumer.

Mit den Denunzianten möchte ich mich noch ein wenig beschäftigen. Ich gestehe, diesen Menschen gegenüber hin- und hergerissen zu sein. Einerseits kann ich sie nicht verurteilen, weil die Widerstandsfähigkeit eines jeden Menschen ihre Schranken hat. Auf der anderen Seite können sie viel Unheil anrichten. Der eine Mensch kann lange Widerstand leisten. Der andere kann überhaupt keinen Widerstand leisten. Und der dritte, den gibt es auch, den bricht keiner. Ich kannte Menschen, die waren in der Freiheit starke Persönlichkeiten, im Gefängnis wurden sie jedoch innerhalb einer Stunde zur leeren Hülle, weil sie keine Standhaftigkeit besaßen. Wer ist denn eigentlich ein Denunziant? Für neunzig Prozent der Menschen sind es gebrochene Personen, die gezwungen sind, diese Arbeit zu leisten. Aber ich habe Typen getroffen, denen es regelrecht Spaß machte, ihre ‹Freunde› zu denunzieren. Die sind nicht normal, sondern emotional bankrott. Sie hassen die Mitgefangenen und vermehren sich, wenn sie nur genügend zum Futtern kriegen, wie die Küchenschaben. Fraglich ist jedoch, ob sie so lange leben.»

In Rabinovichs Umgebung fand sich ein solcher Denunziant, der den KGB mit Informationen versorgte. Es war Wjatscheslaw Epischin, sein Stellvertreter in der Baubrigade. Er wurde vom örtlichen KGB gefragt, ob er Rabinovichs Posten in der Brigade übernehmen möchte. Als Gegenleistung sollte er ihnen alles berichten, was diesen belasten könnte. Und dieser Mann tat, was ihm aufgetragen wurde.

«Besonders ärgerte mich, dass er über meine Kontakte zur Miliz plauderte. Einige von ihnen erhielten daraufhin ihre Kündigung. Als ich später verhaftet wurde, kamen die Untersuchungsführer der Staatsanwaltschaft zu mir und teilten mir mit, dass der Denunziant ebenfalls eingesperrt worden sei.

Selbst Andrej Klesnik, der Chef der ‹Abteilung zum Kampf gegen den Raub sozialistischen Eigentums›, freute sich, als der Epischin verhaftet wurde: ‹Dieses Luder haben wir eingesperrt.›

Ich wusste trotzdem immer noch nicht genau, welche düsteren Wolken sich über meinem Kopf zusammenballten, ahnte nicht, dass mein Verfahren sogar Moskau interessierte.»

Dann brach, von einem Tag auf den anderen, alles zusammen. Es war der 20. Januar 1980. Damals fuhr Rabinovich in ein kleines Lokal außerhalb von Charkow, um einige Bekannte zu treffen. Er öffnete die Tür des Lokals und sah sich nur fremden Menschen gegenüber. Überall, vorne, hinten, auf den Treppen, standen sie herum. Noch wusste er nicht, weshalb. Als er in das Restaurant hineinging, erhob sich ein großer, grauhaariger Mann. Es war Oberst Wladimir Loban von der Zentralen Polizei Moskau, der oberste Untersuchungsführer, zuständig für die wichtigsten Angelegenheiten im Innenministerium der UdSSR.

«Ich reichte ihm die Hand und sagte: ‹Vadim Rabinovich.›

Er nahm meine Hand, drückte sie fest und antwortete, geradezu einschmeichelnd:

‹Geehrter Herr Rabinovich, begleiten Sie uns bitte, nur für fünf Minuten, zur Verwaltung.›

Von diesem Moment an sollte die bisherige, scheinbar unaufhaltsame Karriere von Vadim Rabinovich ein abruptes Ende finden. Denn nun befand er sich in den Mühlen der Justiz. Noch schien jedoch alles ganz harmlos zu verlaufen.

Das System schlägt zurück

«Um größere Probleme oder Konflikte bei der Festnahme zu vermeiden, sagte man nie: ‹Sie sind verhaftet. Geben Sie die Hände her, damit ich Ihnen Handschellen anlegen kann.› Alles spielte sich einigermaßen gesittet, in einer fast angenehmen höflichen Atmosphäre ab. Oberst Wladimir Loban führte mich zu einem vor dem Lokal stehenden Fahrzeug. Gemeinsam, ich hockte hinten im Fond des Wagens, fuhren wir daraufhin zur Polizeiverwaltung, einem düsteren Gebäude, abstoßend wie ein mittelalterlicher Kerker. Ich dachte zuerst überhaupt nicht daran, dass es nun für mich ernst werden würde, mir gar etwas geschehen könne, gerade weil ich so viele Freunde und Bekannte in Charkow, Kiew und Moskau hatte.»

Als sich die Gefängnistore hinter ihm schlossen, trug er noch eine schicke Pelzmütze, hatte einige hundert Rubel in der Tasche und hoffte, dass seine Verbindungen nach Moskau und viele seiner einflussreichen Freunde ihm helfen könnten.

«Mit einem Knall wurde die Zellentür hinter mir zugeschlagen. Einer meiner ersten Gedanken war: Wie kann ich dem, was mir zu drohen schien, entkommen?»

Am nächsten Tag begann seine Vernehmung. Ihm gegenüber saß eine Gruppe von Milizoffizieren. Sie stellten Rabinovich einige Fragen und legten ihm dann ein Papier vor. Das sollte er unterschreiben.

«‹Können Sie mir wenigstens den Grund für die Anklage nennen?›, fragte ich die Offiziere.

‹Gegen Sie wird eine Untersuchung durchgeführt.› Was genau, sagten sie mir nicht. ‹Zuerst unterschreiben Sie das Geständnis, dass Sie schuldig sind, danach können Sie vielleicht nach Hause gehen.› Ich begriff sofort, dass das eine Falle ist. Daher nahm ich den Kugelschreiber, schrieb jedoch auf das Papier, dass ich nicht schuldig sei.

Jetzt wurden gegen mich gewaltige Beschuldigungen erhoben. Ich sollte nicht nur Staatsvermögen im Wert von einer halben Million Rubel geraubt, sondern auch Amtsmissbrauch getrieben haben. Letzteres bedeutete, dass ich als eine Amtsperson Geld bekommen und den Plan nicht erfüllt bzw. das Geld unterschlagen hätte. Man hatte zum Beispiel im Plan festgesetzt, dass drei Wohnungen renoviert werden müssen. Dazu war man verpflichtet, sonst drohten einem Schwierigkeiten. Obschon ich vier oder fünf Wohnungen renoviert hatte, wurde mir genau das Gegenteil vorgeworfen. Und dann gab es einen weiteren Anklagepunkt, den der ‹Pflichtvernachlässigung›. Die vom Moskauer Innenministerium gegen mich eingesetzte Sondergruppe hatte ein einziges Ziel: ein spektakuläres Verfahren gegen mich durchzuziehen. Es ging ihnen nicht einmal so sehr um meine Person. Sie wussten jedoch von meinen guten Verbindungen in Charkow, Kiew, Moskau. Und das war für sie ein gefundenes Fressen, um alle Hebel in Bewegung zu setzen, mich und meine Freunde hinter Gitter zu bringen. Anfangs hofften die Untersuchungsführer, die mich in die Mangel genommen hatten, dass ich ein sehr bequemes Brötchen mit Butter sei. Ich wurde lange verhört. Formal wurde ich nach irgendwelchen Namen gefragt. Sie wollten wissen, ob ich mit ihnen etwas zu tun habe oder nicht. Wenn ich ja gesagt hätte, wäre das ausreichend gewesen, um diese Personen einzukerkern. Zu 90 Prozent waren meine Geschäftspartner Juden. Man wollte außerdem genau wissen, wen aus der Miliz, wen aus der Parteileitung ich kannte, mit wem ich zusammengearbeitet hatte. Ich habe aber keinen einzigen Menschen preisgegeben!

Trotzdem wurden im Rahmen der Untersuchung gegen mich auch viele meiner Bekannten und Freunde vernommen. Angefangen mit Valentina Stepanowna Grisodubowa, der bekannten Fliegerin, die mir so sehr geholfen hatte, bis zu bekannten Namen aus Charkow und Kiew, die ebenfalls Geschäfte mit mir gemacht hatten.»

War Rabinovich naiv, oder war er sich aufgrund seiner Beziehungen zu Politkadern und der Miliz so sicher, dass ihm nichts passieren konnte? Glaubte er, dass das in jener Zeit blühende System der Schattenwirtschaft einen Mann wie ihn schützen würde? Er selbst meint, dass er damals das Wort Schattenwirtschaft nicht gekannt hätte. Aber Ende der siebziger Jahre wurde die Schattenwirtschaft in der Sowjetunion sogar zu einem Problem für das ZK in Moskau. Um gegen die grassierende

Schattenwirtschaft vorzugehen, wurden damals erstmals Gerichtsverfahren geführt, und Vadim Rabinovich wurde eines der ersten Opfer.

Die Schattenwirtschaft bestand darin, dass es neben der legalen Produktion eine versteckte, illegale Produktion gab. Es wurden Warenbestände, die dem Staat – und eigentlich dem Volk – gehörten, geraubt, es wurden staatliche (also wiederum dem Volk gehörende) Anlagen für die Herstellung nirgendwo verzeichneter Güter genutzt, es wurden diese Güter «hintenherum» verkauft, und es wurde mit gewaltigen, zwar nicht auf dem Papier, doch real existierenden Geldsummen Umsatz gemacht.

«All das hatte jedoch nichts mit mir zu tun. Natürlich kann man die Angelegenheit von zwei Seiten aus beurteilen. Einerseits brach ich tatsächlich die Gesetze der Sowjetunion. Daran gibt es keinen Zweifel. Aber ich habe niemanden beraubt oder ermordet. Ich hatte lediglich etwas gekauft und wieder verkauft. Das machte mich zum Verbrecher. Wobei ich betonen möchte, dass ich nicht zu jenen gehörte, die mit Gold und Diamanten, mit Käse, Wurst, Schinken, mit Äpfeln und Trauben die höchsten Parteioberen bestochen hatten. Das waren ganz andere. Und an die wagte sich auch damals niemand heran. Daran hat sich ja bis heute nicht viel geändert.

Ja, die Gesetze hatte ich verletzt, genau wie Menschenrechtler oder Dissidenten auch gegen die Gesetze verstoßen hatten. Der Dissident konnte, genauso wie ich, nicht im Rahmen der vorgegebenen Gesetze leben. Missverstehen Sie mich nicht. Ich möchte mich nicht mit den politischen Dissidenten vergleichen. Doch das ökonomische Dissidententum wäre vielleicht sogar die genaue Umschreibung für alle, die in jenen Jahren für so genannte wirtschaftliche Verbrechen verurteilt wurden. Ich sehe daher zwischen beiden Formen keinen so großen Unterschied.

Wissen Sie, der heutige Innenminister Israels, Anatolij Schtscharansky, war ebenfalls Dissident. Er tat etwas, was die Gesetze der Sowjetunion verletzte, ohne dabei die Gesetze einer zivilisierten Gesellschaft zu übertreten.»

Als Vadim Rabinovich Schtscharansky erwähnt, erinnere ich mich an den Schauprozess gegen ihn, der 1978 in Moskau stattfand. 1975 hatte er seinen Arbeitsplatz verloren und sich danach dem gerade gegründeten Moskauer Helsinki-Komitee angeschlossen. Am Ende des Schauprozesses gegen ihn erklärte Anatolij Schtscharansky: «Ich bin stolz, dass ich Menschen wie Andrej Sacharow, Juri Orlow und Alexander Ginsburg, die die besten Traditionen der russischen Intelligenzija fortsetzen, kennen lernen und mit ihnen zusammenarbeiten durfte. Aber vor allem fühle ich mich als Teil eines wunderbaren historischen Prozesses: des Prozesses der nationalen Widergeburt des sowjetischen Judentums und seiner Rückkehr in die Heimat, nach Israel. Zweitausend Jahre ist das jüdische Volk, mein Volk, über die ganze Welt verstreut und scheinbar jeder Hoffnung auf Rückkehr beraubt gewesen. Trotzdem haben Juden Jahr für Jahr starrsinnig und anscheinend ohne Grund zueinander gesagt: ‹Nächstes Jahr in Jerusalem!› Und heute, da ich weiter von meinem Traum, von meinem Volk und von meiner Awital (seiner Frau) entfernt bin als jemals zuvor und viele schwierige Jahre in Gefängnissen und Lagern vor mir liegen, heute sage ich zu meiner Frau und zu meinem Volk: ‹Nächstes Jahr in Jerusalem.› Zu diesem Gericht, das nur ein seit langem fertiges Urteil zu verlesen hat, habe ich nichts zu sagen.»

Doch damals pflegte Vadim Rabinovich weder Beziehungen zu Dissidenten, noch war er ihnen irgendwie verbunden. Er war ein unpolitischer Geschäftsmann, dem es um Geld, um Geschäfte ging, um nichts anderes. Einige Jahre später sollte er Dissidenten persönlich kennen lernen, in einer psychiatrischen Anstalt.

«Aber dasselbe wie mit den Dissidenten», davon ist Vadim Rabinovich heute noch überzeugt, «geschah mit den Leuten, die wegen wirtschaftlicher Verbrechen verurteilt wurden. Also erklärte ich damals den Untersuchungsführern voller Überzeugung, dass ich mich als nicht schuldig bekennen würde. Den Untersuchungsbeamten war das ziemlich egal. In ihren Augen war ich ein Verbrecher. Man führte mich in eine Zelle. Dort setzte ich mich auf die Holzpritsche. Ich dachte keinen Augenblick daran, dass mein Aufenthalt länger als ein paar Tage dauern würde.»

In der Sowjetunion gab es damals drei Arten von Haft: die Untersuchungshaft, das Gefängnis selbst und das so genannte Arbeitslager, die Zone. Wodurch unterschieden sie sich? Untersuchungshaft war jene Stelle bei der Verwaltung für Innere Angelegenheiten, wo die ersten Verhöre stattfanden. Die Frist, in der man dort vernommen werden durfte, betrug drei Tage. Rabinovich wurde 13 Tage vernommen. In der U-Haft gibt es keine Bettwäsche, sondern nur eine steinerne Pritsche. Darauf durfte man schlafen. Ein Klo gab es natürlich nicht, sondern lediglich einen verdreckten Eimer. In den Zellen lebten bis zu 30 Menschen. Essen in der Haft, erinnert sich Vadim Rabinovich, sei ein falscher Begriff. Es handelte sich um eine Pampe aus Fischaugen, einen Brei ohne Butter und ein Stück trockenes Brot. In anderen Untersuchungsgefängnissen war das Essen noch schlechter. Bis zum Urteilsspruch saß man in der UdSSR durchschnittlich zwei bis drei Jahre in Untersuchungshaft. Es hing häufig von den Untersuchungsführern selbst ab, wie lange das Verfahren dauerte.

«Es gibt zwei Arten von Zellen: die für drei Personen und die allgemeinen Zellen. Dreipritschenzellen bedeutet, dass hier mindestens neun Gefangene leben mussten. Zwischen den Pritschen gab es noch so genannte Hubschrauber. Das ist eine winzige Kasematte, deren Größe etwa 3,5 Meter Länge und 1,5 bis 2 Meter Breite beträgt. Bewegen kann man sich dort nicht, nur sitzen. Ich wurde später in einer solchen Kasematte eingesperrt, in der es keine Fensterscheiben gab und die bei Frost von minus 30 Grad ein Eisschrank ist. Die so genannten allgemeinen Zellen sind jene, in denen zwischen 30 und 100 Gefangene sitzen. Was heißt sitzen – es gibt keinen freien Platz. Man schläft auf oder unter der Pritsche, in der ersten, zweiten oder dritten Etage. Für die Mahlzeiten stand ein einziger kleiner Tisch zur Verfügung. In diesen Zellen befand sich ein offenes Klosett, ein Loch, aus dem im Sommer die Ratten krochen. Es gab noch eine andere Zelle. In den Augen der Inhaftierten war sie die furchtbarste. Sie wurde ‹Bahnhof› genannt. Das ist ein großer Raum, für etwa 300 bis 400 Personen. Hier landeten alle diejenigen, die entweder aus der Untersuchungshaft kamen oder die weiter verlegt werden sollten, in andere Gefängnisse.»

In den Zellen lernt jeder sehr schnell, wie man sich zu verhalten hat. Man weiß, dass am Anfang alles versucht wird, um ein Geständnis oder belastende Informationen zu entlocken. Und deshalb ist in jeder Zelle, besonders in der Untersuchungshaft, ein erfahrener Denunziant.

«Die wichtigsten Handlanger der Untersuchungsführer, also der ermittelnden Staatsanwälte, sind die Denunzianten gewesen. Sie blieben häufig bis zum Strafende im Gefängnis, denn in der so genannten Zone, dem Lager, in dem die Gefangenen autonom unter sich sind, würden sie mit Sicherheit nicht lange leben. Die anderen Gefangenen würden sie umbringen. Ihr Ziel ist es, irgendwelche Informationen aus dir herauszukitzeln, weil die Miliz weiß, dass man noch unter Schock steht. Offen gesagt, für mich war es kein Schock. Persönlich hatte ich Glück mit den Stukatschi, den Denunzianten, die auch Nasedki, ‹Bruthennen›, genannt werden. Denn sie sitzen wie eine Henne auf dir, um an Informationen zu gelangen. Ich roch sie bereits, wenn ich ihnen gegenübertrat oder sie anschaute. In meine Zelle kam in den ersten beiden Tagen auch ein solcher Stukatschi, um mich auszuhorchen. Die Miliz nennt dieses Verfahren übrigens ‹den Kranken wärmen›, was so viel heißt wie ihn weich kochen. Der Denunziant wieselte um mich herum, versuchte ständig, mein Vertrauen zu gewinnen. Einmal kam er am frühen Morgen, um mir zu sagen, dass er in zwei Stunden entlassen werde, weil sich herausgestellt hätte, dass er unschuldig sei. ‹Kann ich etwas für dich draußen ausrichten?›, fragte er mich. Im gleichen Augenblick dachte ich an einen meiner Mitarbeiter, der sich durch seine Unfähigkeit hervorgetan hatte. Er hatte mir oft gedroht: ‹Du wirst eines Tages eingesperrt werden.› Ich wusste, wo er wohnte. ‹Hör mal. Auf dem Grundstück meines Mitarbeiters habe ich viel Geld vergraben. Du musst einen Meter vom Brunnen entfernt ungefähr zwei Meter tief graben. Dann holst du es heraus und gibst es meinem Mitarbeiter. Der soll das Geld nehmen, um die Miliz zu bestechen, damit die mir helfen.›

Das war ungefähr um neun Uhr morgens. Um zwei Uhr nachts öffnete sich meine Zellentür. Hereingestürzt kamen meine Untersuchungsführer. Sie waren schmutzig und ziemlich angetrunken, mehr als üblich. Einer von ihnen, Viktor Gikalo, schrie: ‹Was haben wir dir getan, dass wir bis in die Nacht hinein in der schmutzigen Erde wühlen mussten?›

‹Was ist denn los, was ist geschehen?›, fragte ich sie naiv.

‹Du hast ihm doch von dem Geld erzählt.›

‹Ja, ich habe ihm das gesagt. Warum seid ihr dorthin gefahren?›

Ich dachte, sie würden mich zusammenschlagen. Wutentbrannt verließen sie die Zelle. Nachdem ihnen die Bruthenne von dem vergrabenen Geld erzählt hatte, sind sie sofort zum Brunnen gefahren. Ich hatte der Bruthenne ja gesagt: einen Meter vom Brunnen entfernt. Da der Brunnen rund war, zeichneten sie einen Radius von einem Meter und gruben einen zwei Meter tiefen Graben. Geld fanden sie natürlich keines. Als sie bereits heimgehen wollten, stießen sie noch auf einen anderen Brunnen, von dem ich gar nichts wusste. Sie gruben nochmals und fanden genauso wenig. Nun führten sie sich mir gegenüber wie tollwütige Hunde auf.»

Auch in den folgenden Tagen, Wochen und Monaten setzte man zu Rabinovich eine dieser so genannten Bruthennen in die Zelle. Aber in der Regel ist es so: Wenn es einmal nicht gelingt, wird es auch in Zukunft nicht gelingen. Vielleicht wäre es mit einer besonders heimtückischen Bruthenne gelungen. Aber die hatte Rabinovich anscheinend nie zu Gesicht bekommen.

Nach der Untersuchungshaft wurde Rabinovich ins Gefängnis von Charkow verlegt. Die erste Zelle, in die er eingeliefert wurde, war die besagte Dreimannzelle. «In diesen Dreimannzellen ist ebenfalls meistens ein Denunziant, der der Obrigkeit meldet, was sich in der Zelle tut, wer was redet. Denunzianten wurden hier in Charkow von einer Zelle in eine andere versetzt. Sie müssen versuchen, die Häftlinge ‹aufzuschrauben›. Als Gegenleistung gewährt ihnen die Gefängnisverwaltung verschiedenste Privilegien, manchmal sogar eine vorzeitige Entlassung.»

Vadim Rabinovich wurde von einem Mann namens Grischa betreut, der bereits zum dritten Mal im Gefängnis saß. Er gehörte, so sagt Rabinovich, zu jener Kategorie von Denunzianten, die wahrscheinlich ihr ganzes Leben in einer Zelle verbringen werden.

«Ich habe ja bereits gesagt, dass Denunzianten bei mir keinen Erfolg hatten. Ein Fachgespräch über Buchhaltung war mit ihnen nicht möglich. Und da ich weder eine Bank ausgeraubt noch jemanden ermordet hatte, konnten sie von mir auch nichts aus der kriminellen Szene erfahren. Das Gefängnis jedenfalls ist ein Ort, wo innerhalb kürzester Zeit deutlich wird, wer was ist. Die Ausbildung der Menschen, ihre gesellschaftliche Stellung, es spielt auf einmal keine Rolle mehr. Nur der Charakter entscheidet, um bei den anderen Gefangenen anerkannt zu werden und bestimmte Rangfunktionen einzunehmen. Wenn es keinen charakterlichen Kern gab, verschwand auch alles andere. Mit meinen eigenen Augen habe ich gesehen, wie sich wichtige Parteifunktionäre, Milizmitarbeiter oder Geschäftsleute im Gefängnis im Lauf von wenigen Tagen praktisch in nichts verwandelten. Sie bettelten um ein Stück Brot und krochen dafür auf dem Boden herum. Das Gefängnis kann und muss man überstehen. Und deshalb ist es außerordentlich wichtig, wie man sich bereits am ersten Tag verhält.»

In der ersten Zeit befürchtete Vadim Rabinovich, er würde im Gefängnis zusammenbrechen. Er kannte nichts von den Gesetzmäßigkeiten eines Lebens hinter Gittern. Doch es dauerte nicht lange, da sollte er eine anerkannte Autorität werden. Er unterstützte die Häftlinge bei juristischen Fragen, beriet sie beispielsweise, wenn es darum ging, Gnadengesuche zu verfassen.

«Zwei- oder dreimal wurde ich deshalb zum Untersuchungsführer gerufen, denn was ich tat, war natürlich verboten. Aber es ist immer glimpflich abgegangen.»

Rabinovich verlangte für seine Hilfe eine Gegenleistung. Und die einzig gültige Währung im Gefängnis war Tee. Diesen Tee verkaufte er wieder an andere Gefangene. Ein reger Tauschhandel entwickelte sich. Gefängnis und Handel – das war seine Bekanntschaft mit dem sowjetischen Gefängnissystem, der Akademiya. «Eine wichtige Regel: Du sollst niemandem vertrauen. Niemandem zu vertrauen ist unheimlich schwierig, weil du weißt, dass sich in deiner Umgebung entweder Bruthennen befinden oder du damit rechnen musst, abgehört zu werden. Gutgläubig bin ich trotz allem geblieben, denn das Leben eines einsamen Menschen, der niemandem vertraut, mit niemandem spricht, ist ganz sicher kein Leben. Bis heute behaupten meine Freunde und Verwandten, ich sei zu gutgläubig. Ich sehe das anders, das heißt, ich rechne anders. Meine so genannte Leichtgläubigkeit ist durchaus berechnend. Man sagt mir: Sieh! Man hat dich betrogen. Man hat dich im Stich gelassen. Ich sage dazu: Okay. Aber ich bin heute das, was ich bin. Und sie sind das, was sie sind. Ich bin dadurch nicht schlimmer geworden. Den Weg des Neides gehen möchte ich nicht.»

Zwei Monate nach seiner Verhaftung am 20. Januar 1980 saß Rabinovich noch immer im Charkower Gefängnis ein. Inzwischen stellte er jedoch fest, dass die Situation gar nicht so unangenehm war, wie er anfangs befürchtet hatte. Ihn störte lediglich, dass die Staatsanwaltschaft seinen Fall zu einem riesigen Skandal aufbauschen wollte. Denn die Festnahme eines einziges Geschäftsmanns bringt dem Untersuchungsführer nichts: weder Orden noch Aufstieg. Unter Umständen wird er sogar noch dafür bestraft, dass er diesen einen Geschäftsmann nicht früher überführt hat. Eine große kriminelle Organisation hingegen wäre etwas ganz anderes, das verspräche Ehre und Fortkommen. Und dann wurde tatsächlich gegen Rabinovich offiziell Anklage erhoben. Wegen Raubes von Volkseigentum in Höhe von einer Million Rubel.

«Mir sagte mein Untersuchungsführer: ‹Bürger Vadim Rabinovich. Dir droht keine fünfzehnjährige Haftstrafe. Dir droht die Erschießung.› Jetzt musste ich etwas unternehmen. In der Sowjetunion sollte man in solchen Situationen entweder gute Bekannte haben oder genug Geld, um wichtige Personen bestechen zu können. In dieser Zwangslage sagte ich mir, dass die Rettung des Ertrinkenden nicht die Sache des Ertrinkenden selbst sein darf.»

Angesichts der drohenden Erschießung wollte Vadim Rabinovich Zeit schinden. Er hoffte, dass ein neuer Staatsanwalt später sein Verfahren übernehmen und damit die drohende Todesstrafe oder eine lange Haft aufgehoben werden würde. Um die entsprechende Zeit zu überbrücken, simulierte er eine Geisteskrankheit. Und diese Geschichte ist so abenteuerlich, dass sie Rabinovich selbst erzählen soll.

Der Coup mit der sowjetischen Psychiatrie

«Als im dritten oder vierten Monat der Staatsanwalt endlich zur mir in die Zelle kam, wollte er von mir wissen, ob ich irgendwelche Beschwerden vorzutragen hätte.

‹Es tut mir Leid. Momentan kann ich nicht mit Ihnen sprechen. Ich bin mit einer wichtigen wissenschaftlichen Berechnung beschäftigt.› Der Staatsanwalt dachte, ich sei verrückt. Deshalb wurde ich zur Untersuchung meines Geisteszustands in die psychiatrische Heilanstalt eingewiesen.

Dabei ist festzustellen, dass eine solche psychiatrische Untersuchung durchaus interessant sein kann. Aus dem Arbeitslager kamen häufig Leute in die Psychiatrie, die, um ihrer Strafe zu entgehen, verschiedenste Krankheiten simulierten. Aber bereits am zweiten oder dritten Tag mussten 99 Prozent von ihnen wieder ins Gefängnis zurück. Sie wurden bei verschiedenen Lappalien ertappt, denn man ist dort 24 Stunden unter Beobachtung, und da fällt leicht auf, wenn einer simuliert. Ich hatte nie ein Buch zu einer psychiatrischen Thematik gelesen. Mir waren die Symptome von Geisteskrankheiten unbekannt.

Bevor ich in die Heilanstalt gebracht werden sollte, schrieb ich noch schnell drei Hefte mit Ziffern und Buchstaben voll. Dann erzählte ich jedem, ich hätte eine neue Erfindung gemacht. Daraufhin versuchte man, mir die Hefte zu klauen. Ich bewahrte sie jedoch an einem sicheren Ort auf. Alle spürten, wie ernst es mir dabei war. Als man mich zur Untersuchung brachte, begann ich den Ärzten einzureden, dass ich nicht krank, sondern kerngesund sei und dass es meine Feinde seien, die mich verklagen wollten. Deshalb würden sie versuchen, mich in die Heilanstalt zu bringen, damit meine wissenschaftlichen Entdeckungen nicht an die Öffentlichkeit gelangten. Das war mein Trumpf. Denn die anderen Gefangenen klagten wegen verschiedener gewöhnlicher Krankheiten. Ich ging einen anderen Weg. Ich sagte, ich sei gesund, hätte gar eine eiserne Gesundheit, sei seit meiner Kindheit niemals krank gewesen.

Später tat ich so, als ob ich doch einmal eine ‹unbedeutende Krankheit› gehabt hätte, die Enzephalitis. Zwei Monate lang wurde ich von Psychiatern beobachtet. Ich wusste, dass ich keinen Fehler machen durfte.

Die ganze Zeit ‹arbeitete› ich also ‹wissenschaftlich›. Selbst ins Bad, in das wir einmal wöchentlich geführt wurden, nahm ich ‹meine Arbeit› mit. Ich band eine Plastikhülle um eine Hand, in der ich meine Papiere aufbewahrte, und wusch mich mit der anderen freien Hand. Dann band ich die Hülle an meine andere Hand. Natürlich durfte ich meine ‹wissenschaftliche Arbeit› nirgendwo liegen lassen. Ich wusste, dass ich die ganze Zeit observiert wurde. Nach zwei Monaten trat die Kommission, die ihr Gutachten darüber abgeben musste, ob ich nun normal oder geisteskrank sei, zusammen. Bevor das Urteil gesprochen wird, zieht der Patient seine normale Gefängniskleidung an, geht auf den Hof und setzt sich in den Gefängniswagen, um darauf zu warten, ob er in das Gefängnis zurückkehren muss. Nur einer von Tausenden ist der Glückspilz, der als Geisteskranker anerkannt wird. Das heißt, er bleibt in der Heilanstalt und muss nicht ins Gefängnis zurück.

Der Arzt, der mich untersuchte, zweifelte keinen Augenblick daran, dass ich ein kranker Mann wäre. ‹Sie sind wirklich krank›, sagte er und schaute mich durchdringend an. Doch zuvor musste ich noch in einen anderen Raum gehen. Dort warteten die Untersuchungsführer vom Innenministerium. Die waren überzeugt, dass ich hundertprozentig gesund sei.

‹Hier hast du deine Kleider. Zieh dich an, und wir fahren dich zurück›, forderten sie mich auf.

Völlig willenlos zog ich mich an. In diesem Augenblick kam der Arzt.

‹Was ist los? Sie verlassen sofort dieses Zimmer. Der Patient ist krank und muss hier behandelt werden.›

Die Untersuchungsführer wurden fuchsteufelswild und schrien:

‹Was heißt Zimmer? Er geht in seine Zelle zurück.› Und an den Arzt gewandt:

‹Sie Schuft! Rabinovich hat Sie also auch gekauft.›

Der Arzt, Mitglied des regionalen Parteikomitees, hatte jedoch die Diagnose gestellt, ich sei ernsthaft krank. Deshalb drohte er dem Untersuchungsführer: ‹Ich werde dafür sorgen, dass man eure goldenen Schulterstücke entfernt.› Das machte auf die Beamten einen gewaltigen Eindruck. Ich saß derweil auf dem Stuhl und beobachtete alles in stoischer Ruhe. Dann kam der Arzt zu mir und sagte, dass ich auf jeden Fall hier bleiben werde, um geheilt zu werden.

In diesem Moment war ich davon überzeugt, die wichtigste Prüfung bestanden zu haben, und dass alles glücklich enden würde. Mit der Reaktion der Gegenseite hatte ich nicht gerechnet. Da die Untersuchungsführer dem Arzt und mir nicht glaubten, sogar die Vermutung äußerten, ich hätte den Arzt bestochen, legten sie gegen seinen Beschluss Berufung beim Staatsanwalt ein.

Deshalb wurde ich in einen Gefängniswagen gesteckt und nach Kiew in das Pawlow-Institut zu einer weiteren psychiatrischen Untersuchung gebracht. Das Pawlow-Institut war damals eine der besten wissenschaftlichen Einrichtungen der Sowjetunion. Zwei Monate und zwanzig Tage strengte ich mich furchtbar an, keinen Fehler zu machen. Vom Aufstehen übers Essen bis zur Toilette und dem Schlafengehen kontrollierte ich mein Verhalten. Die Ärzte begutachteten mich, schauten in die Akten und überlegten sich, ob ich wirklich, wie die Miliz behauptete, ein guter Schauspieler wäre. Für einen wie mich, der keinesfalls ins Gefängnis zurückwollte, ging es deshalb darum, mit viel Phantasie meine Rolle weiter zu spielen. Ich schrieb zum Beispiel einen Brief und schoss diesen mit einem Gummiring aus dem Fenster meines Zimmers. Ich wählte einen Zeitpunkt aus, wo ich sicher sein konnte, dass der Brief sofort gefunden würde. Den Wächtern wollte ich damit zeigen, dass ich mit jemandem in der Außenwelt Kontakt aufzunehmen wünschte. Mein Plan funktionierte. Den Brief hatte ich an Marschall Ustinow, ein Mitglied des Politbüros der KPdSU, gerichtet:

‹Sehr geehrter Herr Marschall. Ich habe einige Entdeckungen gemacht, die sehr wichtig für alle Zweige der Volkswirtschaft sein können, und zwar sowohl für die militärische wie die wirtschaftliche und technische Volkswirtschaft. Mit dieser Erfindung brauchen wir keine Raketen, keine Panzer, keine Kanonen, keine Wissenschaften mehr. Alles ist in meiner Entdeckung enthalten. Kommen Sie bitte hierher, um mich zu besuchen. Aber Sie müssen wissen, dass meine Feinde heimtückisch sind und Ihre Gestalt annehmen können. Um das zu verhindern, rate ich Ihnen, als Kennzeichen in der einen Hand eine Wurst und in der anderen Hand eine Banane zu halten.›

Als Adresse gab ich an: ‹Die psychiatrische Heilanstalt Pawlow in Kiew, das dritte Bett rechts vom Fenster.›

An einem anderen Tag warf ich mein Frühstück weg. Die Ärzte nahmen dies zur Kenntnis und riefen mich ins Sprechzimmer. Warum ich das Frühstück weggeworfen habe? Ich antwortete im Brustton der Überzeugung: ‹Das könnte vergiftet worden sein. Deshalb darf ich es nicht essen.›

Ein anderer Trick: Ich verlangte, von Professor Litschitz empfangen zu werden. Er war die Kapazität der Psychiatrie, der Chefarzt des Instituts. Tatsächlich erhielt ich einen Termin bei ihm. Er hatte ein großes Zimmer mit hohen Decken. In den Regalen standen internationale Fachbücher. Eine riesige runde weiße Lampe strahlte von der Decke. Und wie ein Fürst saß er da, der Herr Professor, den ich in mein Komplott einbeziehen wollte.

‹Geehrter Professor›, sagte ich. ‹Können Sie mich bitte für zwei Stunden aus der Anstalt entlassen? Ich werde ganz sicher wiederkommen und Ihnen eine Million Rubel mitbringen.› Ich konnte mir denken, dass unter seinem Schreibtisch ein Tonband lief.

‹Sie schlagen also vor, mir eine Million Rubel zu bringen, wenn ich Sie für zwei Stunden gehen lasse?›

‹Nein›, korrigierte ich, ‹keine Million Rubel, sondern eine Million Dollar.›

Der Professor stellte das Tonband ab und fragte mich, warum nicht in Rubel.

‹Ich habe keine Rubel. Dollars besitze ich ebenfalls nicht. Aber wenn Sie mich gehen lassen, werde ich eine Telefonzelle aufsuchen, in Schweden anrufen und über meine wissenschaftliche Entdeckung berichten. Dafür wird mir sicher der Nobelpreis verliehen. Den Geldbetrag für diesen Nobelpreis werde ich Ihnen überlassen.›

Er ließ mich natürlich nicht gehen, sondern schrieb irgendetwas in eine große Kladde. Mit gesenktem Kopf verließ ich sein Büro.

An einem andern Tag bat ich einen Arzt um ein russisch-schwedisches Wörterbuch. Als man mich fragte, was ich damit wolle, erklärte ich, dass, wenn ich eingeladen würde, um den Nobelpreis in Empfang zu nehmen, ich die schwedische Sprache beherrschen müsse. Heutzutage klingt das alles abgedroschen, überhaupt nicht aufregend. Aber damals war das eine der subtilsten Formen des Simulierens.

Die weitere psychologische Begutachtung meines Verhaltens war ziemlich umständlich. Hier half mir wiederum meine Erfahrung beim Militär. Ich sollte aus vier verschiedenen Gegenständen einen aussortieren, der nicht dazugehört. Es handelte sich um ein Fahrrad, ein Auto, ein Schiff und einen Tisch. Natürlich gehörten die ersten drei zu den Verkehrsmitteln und der Tisch nicht. Als sie mir diese Prüfungsaufgabe vorlegten, tat ich ziemlich verwundert und fragte sie, warum sie mir so leichte Fragen stellten. Ich bat um etwas anspruchsvollere Fragen. Es sei doch klar, dass das Fahrrad nicht dazugehöre.

Die Ärzte fragten mich, wie ich auf das Fahrrad käme. Ich erklärte es folgendermaßen:

‹Wenn ich am Tisch sitze, kann ich meine wissenschaftliche Arbeit fortsetzen, dasselbe im Auto und auf dem Schiff. Wenn ich jedoch Rad fahre, ist das unmöglich, dann kann ich ja nicht mit meinen Händen schreiben.›

Stellen Sie sich vor, in dieser Form liefen die Untersuchungen im Pawlow-Institut, um Aufschluss darüber zu erhalten, ob ich geisteskrank wäre. Endlich wurde ich zum ‹Abschlusskomitee› gerufen, das die endgültige Entscheidung fällte. Die anwesenden Ärzte stellten noch einige Fragen, wie zum Beispiel: ‹Wie viele Male in der Woche hast du das Restaurant besucht und dabei einen bestimmten Anzug getragen?› Ich antwortete: ‹Zweimal. Aber ich hatte keinen Anzug an, sondern eine grauweiße Jacke wie die Ärzte.› Dabei lief ich zu einem der Ärzte hin und griff ihm an sein Hemd.

Zum Schluss streichelte mir Professor Litschitz über den Kopf, und ich durfte in mein Zimmer zurückgehen. Noch bevor ich das Zimmer verließ, hörte ich ihn zu den anderen Ärzten sagen: ‹In seinem Fall ist alles klar. Hier muss ernsthaft behandelt werden.›

Als die Untersuchungsführer dieses zweite Gutachten in den Händen hielten, in dem bestätigt wurde, dass ich wirklich krank sei, waren sie ernsthaft verärgert. Sie waren absolut sicher, dass es sogar in der Sowjetunion unmöglich war, zwei Gutachten zu kaufen. Daher beschlossen sie, gegen dieses Gutachten erneut Berufung einzulegen. Immerhin erreichten sie, dass ich wieder ins Untersuchungsgefängnis, und zwar nach Kiew, ins Lukjanow-Gefängnis, zurückgebracht wurde.»

So weit hatte sich Vadim Rabinovich also durch die psychiatrischen Anstalten laviert. Dann hatte er erneut Glück. Die Anordnung für eine Haftfortsetzung erteilte normalerweise der Staatsanwalt der Region. Im Falle von Rabinovich war es die Staatsanwaltschaft in Kiew. Untersuchungshaft konnte bis zu acht Monate verlängert werden. Darüber hinausgehende Haft musste der Generalstaatsanwalt in Moskau anordnen.

Das war im Falle von Vadim Rabinovich Generalstaatsanwalt Roman Andrejewisch Rudenko. Rudenko war eine bekannte Persönlichkeit, die bereits im Nürnberger Kriegsverbrecherprozess tätig war.

«Er öffnete meine Akten. Dieser rote kommunistische Generalstaatsanwalt, der unter Stalin Tausende Menschen einsperren ließ, überprüfte meine Angelegenheit sorgfältig. Er erkannte, dass es eigentlich nichts besonders Kriminelles gab, wofür ich verurteilt werden könnte. Alles schien ziemlich fadenscheinig zu sein. Er rief daher den Charkower Gebietsstaatsanwalt an.

Ich kann mich an diese Situation noch gut erinnern. Denn mein oberster Untersuchungsführer hielt sich in dem Moment, als Roman Andrejewich Rudenko seinen Untergebenen anrief, in dessen Zimmer auf. Jahre später hat er mir die Geschichte einmal erzählt.»

Generalstaatsanwalt Rudenko hatte ursprünglich durchaus nicht die Absicht, Rabinovich aus dem Gefängnis zu entlassen. Er wollte sich bloß danach erkundigen, was er denn tatsächlich verbrochen hätte und was nicht in den ihm vorliegenden Dokumenten stünde. Dann aber kam Rabinovich zugute, dass der Gebietsstaatsanwalt aus Charkow nicht besonders gut auf ihn zu sprechen war.

«Jetzt machte er einen entscheidenden Fehler. Er hasste mich so sehr, dass er im Verlauf der Unterredung mit dem Generalstaatsanwalt zu schreien anfing. Er, der Genosse Generalstaatsanwalt, hätte keine Ahnung. Ich sei ein übler Krimineller. Roman Andrejewich Rudenko, der wie gesagt nur angerufen hatte, um einige Details erklärt zu bekommen, musste sich von einem untergebenen Staatsanwalt anhören, dass er sich in der Sache nicht auskennen würde. Er schrie seinerseits ins Telefon und behauptete, er kenne natürlich meinen Fall sehr genau.

Der Generalstaatsanwalt war empört. Ein Untergebener widerspricht einem Rudenko nicht. Deshalb befahl er dem Gebietsstaatsanwalt, meine Untersuchungshaft unverzüglich aufzuheben. Ich sei innerhalb einer Stunde aus dem Gefängnis zu entlassen. Ansonsten würde er, der kleine Staatsanwalt, seinen Posten verlieren.»

In dem Moment, als der Streit zwischen den beiden Staatsanwälten sich zu Rabinovichs Gunsten entwickelte, befand er sich noch in einer Zelle im Kiewer Gefängnis. Unerwartet öffnete sich plötzlich die Tür seiner Zelle. Etwa 20 Menschen, unter ihnen der Gefängnisdirektor, drängten sich hinein.

«Sie befahlen mir, dass ich mich sofort anzuziehen habe. Ich war sicher, in eine andere Stadt und ein anderes Gefängnis gebracht zu werden. Also begann ich, meine wenigen Sachen einzupacken. In den Zellen gab es natürlich keinen Kühlschrank. Deshalb lag beispielsweise die Butter, eines der kostbarsten Güter für einen Gefangenen, auf dem Fensterbrett. Ich griff daher als Erstes zu dem Stück Butter, um die Kostbarkeit mitzunehmen. Da rief der Gefängnisdirektor: ‹Schaut, wie die Juden sind. Sie werden entlassen und nehmen noch das letzte Stück Butter mit.›

Wahrscheinlich dachte er, dass ich ihm noch seine eigene Leber abschwätzen könnte.

Erst jetzt begriff ich, dass ich entlassen wurde, obwohl ich das Ganze für eine Provokation hielt. Ich wurde ins Vorzimmer des Gefängnisdirektors geführt. Hier eröffnete er mir offiziell, dass ich entlassen sei, und wollte mir sogar ein paar Rubel für die Fahrtkosten nach Hause geben. Die Gefängniskasse war jedoch bereits geschlossen. Deshalb sollte ich ein Papier unterschreiben, dass ich einverstanden sei, bis zum nächsten Morgen im Gefängnis zu bleiben. Wie gesagt, ich vertraute keinem Menschen und dachte nicht daran, dieses Papier zu unterzeichnen.

‹Wenn es einen Befehl gibt›, sagte ich dem Direktor, ‹mich aus dem Gefängnis zu entlassen, dann will ich auch sofort hier raus.›

Daraufhin konnte ich das Entlassungspapier unterschreiben. Auf dem Flur gab man mir einen Sack mit meinen Habseligkeiten. Dann wurde ich auf die Straße gesetzt.»

Bausteine im Leben eines Oligarchen

Völlig unerwartet stand nun Rabinovich vor dem Lukjanow-Gefängnis in Kiew. Er trug noch die typische Gefängniskleidung, eine zerrissene braune Wattejacke und eine Wollmütze auf dem Kopf. Er war schmutzig, unrasiert, zerlumpt, mit einem Sack auf dem Rücken. Und er hatte keine einzige Kopeke. Aber er war frei. In Kiew lebte Rabinovichs Schwester. Er rief sie an, nachdem er von Passanten einige Kopeken erbettelt hatte, und fuhr zu ihr. Dort warteten bereits seine Eltern auf ihn.

«Sie hatten gehört, dass ich aus der Haft entlassen worden war. Nachdem ich sie begrüßt hatte, mich endlich wieder einmal richtig gewaschen und mich umgezogen hatte, kehrte ich triumphierend nach Charkow zurück. Ich war der Sieger. Ich besiegte die Macht, die Staatsanwaltschaft, die Miliz.»

Nun ging Rabinovich daran, sich einem neuen Geschäftsbereich zu widmen. Damals blühte das Geschäft mit Glas, insbesondere mit Kristallglas. Eine Vase oder ein Weinglas aus Kristall waren der Stolz jeder sowjetischen Familie. Kristall war das Symbol für Reichtum, eine bedeutende Mitgift bei Hochzeiten. Bislang handelten hauptsächlich die Armenier mit Kristall. Sie verarbeiteten das Rohglas, schnitten es mit der Hand, schliffen und verkauften es.

«Ich eröffnete deshalb ein Geschäft für Kristallgläser. Mir gelang es, zehn Armenier einzustellen. Während ich das Rohglas beschaffte und nach Charkow brachte, verarbeiteten es die Armenier bei mir.

Pro Glas verdiente ich einen Rubel. Täglich schnitt jeder Arbeiter etwa 300 Gläser. Insgesamt fertigten sie pro Tag also bis zu 3000 Gläser. Das bedeutete, dass ich bis zu 3000 Rubel pro Tag verdiente. Wenn man das auf ein Auto umrechnen würde, verdiente ich jeden zweiten Tag ein Auto, während Familien dafür ein ganzes Leben lang sparen mussten.

Außerdem erhielt ich von der Stadtverwaltung in Charkow wichtige Garantien – aus dem einleuchtenden Grund, dass ich im Gefängnis niemanden verraten und somit niemanden wirklich bei seinen Geschäften gestört hatte. Mir brachte das jetzt viele Vorteile. Zum Beispiel was den Verkauf der Gläser anging. Ich bot sie auf dem größten Markt von Charkow an. Neben mir stand ein Milizionär, der dafür sorgte, dass ich von niemandem überprüft wurde. Wenn man glaubt, die Miliz hätte von mir Geld dafür bekommen, dann stimmt das diesmal nicht. Wir haben zusammen gegessen, zusammen getrunken. Sie hatten Hochachtung vor mir, weil ich mich im Gefängnis loyal verhalten hatte. Und ihr Schutz war ihre Form der Ehrerbietung mir gegenüber.

Die besten Geschäfte machte ich in Poltawa, auf dem Sorotschinskymarkt, wo es die größten Absatzchancen für meine Gläser gab, weil hier die meisten Menschen aus der Ukraine Handel trieben. Ich kam mit einem Lastwagen voller Kristallgläser an, begleitet von drei Milizionären. Innerhalb kurzer Zeit hatten wir alles verkauft. Das Geschäft blühte.»

In dieser Zeit, im Jahr 1981, in der sich abermals alles günstig für Rabinovich zu entwickeln schien, wurde er unvorsichtig. Er wusste zwar, dass er die gesamte Zeit von der Miliz und dem KGB beobachtet wurde. Aber das kümmerte ihn nicht. Dann starb am 23. Januar 1981 Roman Andrejewich Rudenko, der besagte Generalstaatsanwalt der UdSSR. Heute liegt er auf dem Novo-Devichy-Friedhof in Moskau begraben.

«Ich erinnere mich noch genau an den Moment, als ich die Meldung hörte. An diesem denkwürdigen Tag wurde ich noch in Ruhe gelassen. Denn ich stand ja, gewollt oder ungewollt, unter seinem Schutz, auch wenn er inzwischen nicht mehr in Amt und Würden war. Niemand von den Vertretern der hochrangigen Obrigkeit würde je bekennen, dass der große Rudenko einen Fehler begangen hatte und ich eigentlich nach den sowjetischen Gesetzen überhaupt nicht in Freiheit leben dürfte. Rudenko selbst hätte seinen Fehler nie eingestanden.

Zwei Tage nach seinem Tod suchte mich einer meiner Freunde von der Miliz auf.

‹Vadim, da ist etwas gegen dich im Gange. Ich gehe davon aus, dass du in den nächsten Tagen verhaftet werden wirst. Der neue Generalstaatsanwalt hat für dich nichts übrig.›

Natürlich hatte ich kein Interesse, erneut inhaftiert zu werden, und es war nahezu unmöglich, sich in der Sowjetunion zu verstecken oder unterzutauchen. Alles wurde kontrolliert. Jeder Dritte arbeitete für den KGB oder das Innenministerium. Alles wurde abgehört, jeder irgendwie beobachtet. Vorsichtshalber flüchtete ich erst einmal aus Charkow, obwohl mir meine Freunde zu verstehen gaben, dass das wirklich keinen Sinn hätte.»

Vadim Rabinovich floh nach Moskau, versteckte sich dort immerhin mehrere Monate lang.

«Man setzte alles daran, mich zu finden. An eine brenzlige Situation kann ich mich noch gut erinnern. Heimlich hatte ich durch einen Bekannten eine Wohnung in Moskau angemietet. Plötzlich verspürte ich das Verlangen, die Wohnung sofort zu verlassen. Eigentlich konnte es keine Verbindungen zwischen der Wohnung und mir geben, denn niemand wusste, wo ich mich aufhielt. In dem Augenblick, als ich das Haus verlassen hatte und 20 Meter entfernt stand, sah ich drei schwarze Wolgas auf das Haus zufahren. Milizangehörige sprangen aus den Wagen und stürmten in das Gebäude. Solche Vorfälle gab es noch öfter. Immer konnte ich mich rechtzeitig in Sicherheit bringen, und das über einen Zeitraum von neun Monaten.»

Doch wie überlebt man auf der Flucht? Große Ersparnisse hatte Rabinovich nicht; gerade mal 10 000 Rubel. Die Million Rubel, die er dem Staat geraubt haben sollte, waren eine reine Erfindung. In Wirklichkeit war alles viel simpler. Er und seine Freunde verdienten zwar reichlich Geld. Aber genauso schnell gaben sie es wieder aus, insbesondere bei den vielen Zechtouren. Er besaß eine Wohnung in Kiew und ein Auto. Als er Charkow fluchtartig verlassen hatte, war alles weg.

«Zwar versuchte ich, irgendwelche Geschäfte zu machen, ein wenig in Moskau zu verdienen, aber das war ziemlich umständlich.»

Trotzdem gelang es ihm, an Geld heranzukommen. Er kannte zum Beispiel einen Mann namens Michael Oscherow aus dem Charkower Zirkus. Der nähte für die Künstler Kleider. Oscherow machte ihn mit Alexander Kolovatow, einem berühmten Zirkusdirektor und Schwiegersohn des Generalsekretärs des

ZK der KPdSU, Leonid Breschnew, bekannt. In seinem Büro fiel Rabinovich ein schöner großer Zirkuskalender auf.

‹Von denen liegen hier viele nur herum›, sagte er mir. Das könnte ein Geschäft werden, überlegte ich und machte ihm das Angebot, diese Kalender zu vertreiben. Er war damit einverstanden, und ich unterschrieb einen Vertrag mit dem Zirkus. Ich habe 5000 Kalender abgenommen. In Moskau brachte ein Kalender mindestens 30 Kopeken. Jetzt mussten sie nur noch verkauft werden. Doch in Moskau gibt es mehr Milizionäre als in irgendeiner anderen Stadt. Daher hatte ich eigentlich keine Chance, die Kalender auf einem Moskauer Markt anzubieten.

In der Zwischenzeit hatte ich einen Menschen mit Namen Kirbaja kennen gelernt. Er war mitverantwortlich für den Bau der berühmten ‹Kraftstromleitung 500› in Sibirien. Er war ein Held des sowjetischen Fünfjahresplans. Ich besuchte ihn in Tjumen, im Westen Sibiriens. Zum ersten Mal in meinem Leben sah ich, wie aus Tausenden von Bohrtürmen Öl gepumpt wurde, sah den gewaltigen Dreck, gewaltige Öllachen, größer als Charkow, und sah die wunderbare Taiga. Als ich Kirbaja in seiner Wohnung aufsuchte, bot er mir an, mit ihm zusammen in einem seiner Transportflugzeuge zu fliegen. Wir waren bereits ungefähr 40 Minuten in der Luft. Plötzlich fragte er den Copiloten, wo sein Wein sei. Den hatte man vergessen mitzunehmen. Sofort wies er den Piloten an zurückzufliegen, um einige Flaschen Wein zu holen. Eigentlich ist das unvorstellbar. Aber wer einen solchen Einfluss wie Kirbaja hatte, der konnte sich alles erlauben.

Dieses Transportflugzeug benutzten wir später, um die Kalender in Sibirien zu vertreiben. Wir verluden sie in Moskau, ich nahm zwei Freunde mit, und dann flogen wir gemeinsam nach Sibirien, diesmal nach Nadym.»

In der sibirischen Stadt Nadym wurde seinerzeit ein neuer riesiger Industriekomplex gebaut. Deshalb konnte man leicht Arbeit finden. Vadim Rabinovichs erster Schritt: Er ging zum zuständigen Parteisekretär und schenkte ihm zwei Dutzend Kalender des Moskauer Zirkus. Dann schlug er ihm vor, zum zehnjährigen Jubiläum der Stadt genauso prächtige Kalender herauszugeben. Um zu beweisen, dass er dazu in der Lage sei, nannte er dem Parteisekretär einige bekannte Namen aus Moskau, unter anderem den von Alexander Kolovatov. Der Parteisekretär war beeindruckt, und so erhielt Rabinovich von ihm sofort mündlich die Genehmigung, die Zirkuskalender in der Stadt zu vertreiben.

«Ich beauftragte einige Leute, die Kalender auf dem Markt von Nadym zu verkaufen. Aber bereits nach zwei Stunden wurden sie von der Miliz verhaftet, denn wir hatten natürlich keine offizielle schriftliche Genehmigung. Und ich konnte mich schlecht bei der Miliz beschweren, denn ich wurde von ihr ja gesucht. Deshalb ging ich erneut zum Parteisekretär: ‹Sie haben Ihr wahres Gesicht gezeigt. Die Miliz hat unsere Leute verhaftet. Deshalb werde ich alle Vereinbarungen mit Ihnen kündigen, die Kalender zurücknehmen, und ich werde das alles in Moskau melden.›

‹Was ist denn los?›, fragte der mich. ‹Meine Leute sind von der Miliz verhaftet worden›, antwortete ich ihm kühn.

Sofort rief er bei der Miliz an und schrie ins Telefon:

‹Ihr wisst wohl nicht, wer dahinter steckt. Warum habt ihr die Leute verhaftet? Das wird euch große Probleme bringen.› Man kann sich gut vorstellen, welche Konsequenzen ein solcher Anruf bei der Miliz hatte. In zwei Minuten war alles geregelt, die Kalender wurden freigegeben und meine Leute entlassen. Und ich erhielt sogar den Auftrag, neue Kalender für die Stadtverwaltung herzustellen. Innerhalb einer Woche konnten die neuen Kalender gedruckt werden: 5000 Stück, die ich für fünf Rubel pro Kalender verkaufte. Mit allen Spesen kostete mich die Herstellung eines Kalenders aber gerade einen Rubel. Vier Rubel verdiente ich also an jedem verkauften Kalender, so dass ich einen schönen Gewinn von 20 000 Rubel einstecken konnte.»

Dieses Geld ermöglichte es Rabinovich, wieder für einige Zeit unterzutauchen. Er hielt sich sowohl im Norden der Sowjetunion versteckt wie auch in Moskau, Leningrad, Rostow, im Donezk oder auf der Insel Krim. Obwohl es leicht gewesen wäre, ihn zu finden, fühlte er sich sicher. Eines Tages fuhr er daher nach Hause, nach Charkow, um seine Mutter wiederzusehen. Kaum war er dort angekommen, stürmte die Miliz das Haus. Sie hatte es die ganze Zeit observiert.

«Einfach war die Situation nicht für die Miliz. Was sollte man nun mit mir machen?»

Die Hölle

Rabinovich wurde bereits zweimal erfolgreich für geisteskrank erklärt. Der Generalstaatsanwalt persönlich ordnete seine Freilassung an. Es gab keine neuen Erkenntnisse in seinem Fall. Deshalb verständigte man sich auf einen Kompromiss. Er wurde in die geschlossene psychiatrische Anstalt im Dnjepropetrowsker Gefängnis gebracht. Später, im Arbeitslager, sollte er berüchtigte Häftlinge treffen, die bereits mehrmals vorbestraft und für 20 Jahre eingekerkert waren. Als sie hörten, dass Rabinovich ein Jahr im Dnjepropetrowsk-Gefängnis eingesperrt war, seien sie aufgestanden und hätten ihm einen Platz auf der Pritsche angeboten, erzählt Rabinovich voller Stolz.

«Ich hatte bisher nichts Schlimmeres erfahren. Später sollte ich zwar im Arbeitslager Charkow die Zone Achtzehn erleben. Sie ist ebenfalls ein schrecklicher Ort gewesen, eine einzige Müllgrube. Trotzdem sage ich heute, wenn man mich vor die Alternative gestellt hätte, ein Jahr im Dnjepropetrowsker Gefängnis oder achteinhalb Jahre in der Zone, im Arbeitslager, zu verbringen, ich hätte die Zone vorgezogen.

In der psychiatrischen Anstalt des Gefängnisses wurden hauptsächlich Dissidenten oder psychisch schwer kranke Personen untergebracht, die unter anderem gemordet hatten. Stellen Sie sich eine Einzimmerzelle vor, wo anstelle der Tür ein Gitter ist. Das Essen ist verfault. Es gibt nichts Ekeligeres und Widerwärtigeres als das, was man uns zum Fraß hingestellt hatte. Offiziell durfte man Mitgebrachtes essen. In Wirklichkeit wurde es jedem sofort abgenommen. Manchmal kamen höhere Aufsichtspersonen in die Zellen. Wenn sie einen blau geschlagenen Kranken sahen und die Sanitäter fragten, was denn mit dem Patienten los sei, dann gaben sie sich mit der Antwort zufrieden, dass der Kranke sich aufgeregt hätte und es notwendig gewesen war, ihn ruhig zu stellen. Wer konnte etwas anderes beweisen?

Eine Stunde pro Tag war ein ‹Spaziergang› erlaubt. Doch die Häftlinge gingen nicht spazieren. Denn erstens waren sie dazu nicht imstande, und zweitens war ihre Kleidung so schmutzig, dass sich niemand nach draußen wagte. Im Übrigen war es gar nicht erlaubt, mit schmutziger Kleidung die Zellen zu verlassen.

Innerhalb eines Tages erhielt ich drei- bis viermal eine Injektion: Chaloperidol, Aminasin, Schwefel und so weiter, alles, was einen seelisch zerstört, aber ‹heilen› genannt wurde. Ich bekam eine Hand voll Tabletten. Um sie zum Mund zu führen, brauchte ich eine halbe Stunde, so gelähmt war ich. Achtmal am Tage, nein, öfter, wurde ich von den Sanitätern verprügelt. Ich war vollkommen schutzlos. Einmal besuchte mich meine Mutter in der Anstalt. Sie erzählte mir später, dass sie in Tränen ausgebrochen sei, weil sie mich nicht wiedererkannt hat. Ich hatte ein verschwollenes Gesicht und redete mit einer Geschwindigkeit von zwei Wörtern pro Stunde. Das war das Ergebnis der vielen Spritzen, die mir verabreicht wurden. Es war nur zu liegen oder zu sitzen erlaubt. Selbst gehen durfte man nur auf Befehl. Die Hölle kann nicht furchtbarer sein als das, was ich dort erlebte.»

Eines Tages besuchte ihn eine junge Ärztin im Rang eines Majors. Rabinovich versuchte ihr klar zu machen, dass er gesund sei. Sie antwortete, dass sie zwar wisse, wie es um ihn bestellt sei, und alle Detalls seines Verfahrens kennen würde. Trotzdem sei sie in erster Linie eine Mitarbeiterin des Innenministeriums und erst an zweiter Stelle Ärztin. «Es war ein täglicher Mord in Raten, eine Zeit, die ich am liebsten ausblenden möchte, aus der ich mich weigere, Erinnerungen hervorzuholen. Ein ganzes Jahr hielt man mich in einem Käfig gefangen, ohne jede Nachricht von draußen.»

Ein Tag in der psychiatrischen Heilanstalt ist ihm bis heute in lebhafter Erinnerung geblieben, der 10. November 1982. Das gesamte Personal brach plötzlich in Tränen aus, und in jedes Zimmer wurde ein Radio gestellt. Leonid Iljitsch Breschnew war gestorben. Einige Gefangene wussten genau, wer dieser Breschnew war – die Dissidenten. Breschnews Familie heimste Milliarden Rubel ein und paktierte mit Mafiyaclans. In seine Fußstapfen trat später Boris Jelzin. Leonid Breschnew selbst war hoch geschätzter Kunde sämtlicher Mafiyaclans im ganzen Land.

«Die Nomenklatura, das wusste ich damals jedoch noch nicht, war hunderttausendmal krimineller als ich, selbst nach den Gesetzen der Sowjetunion. Aber sie beherrschte das Land. Die Mafiya von heute war damals bereits entstanden – auf der höchsten politischen Ebene des Systems.»

Ganz anders als die Mitarbeiter der Anstalt reagierten viele Häftlinge auf die Todesmeldung. Unter ihnen brach ein riesiges Freudengeschrei aus. Zum einen waren die Insassen daran gewöhnt, dass beim Tod eines politischen Führers eine Amnestie ausgesprochen wird. Sie glaubten, dass nun endlich eine bessere Zeit anbrechen würde. Manche wiederum fürchteten, dass alles noch viel schlimmer werden würde. Niemand dachte daran, dass das kommunistische System jemals zusammenbrechen würde.

Begegnung mit einem Dissidenten

> «Eine endlose, amoralische, feige Schar geschäftiger Schmarotzer und verknöcherter Bürokraten und Menschen, die nicht aus Gewissenhaftigkeit, sondern aus Angst arbeiten – das ist das Resultat.»
> *Valerij Tarsis*, Die blaue Fliege

Die Sanitäter der Anstalt bestanden fast ausschließlich aus Häftlingen, die kleine Verbrechen begangen hatten. Sie verhöhnten die Mithäftlinge, die Kranken, die Dissidenten, schlimmer noch als die Milizionäre. Und die waren schon grausam genug. Wenn ein solcher «Sanitäter» von der Dnjepropetrowsker Anstalt in ein anderes Gefängnis oder gar in die Zone der Straf- und Arbeitslager kam, war eines sicher: Er hatte ein Stück Stahl im Hals.

«In der Anstalt begegnete ich einem jungen Mann. Er war zirka 25 Jahre alt und als Dissident eingeliefert worden. An seinen Namen kann ich mich leider nicht mehr erinnern. Ich weiß nur, dass er ein phantastisch starker junger Mensch war. Ich würde ihn gerne einmal wiedersehen, wenn er noch leben sollte. Bei einer der wenigen Gelegenheiten, wo ich mit ihm sprechen konnte, sagte ich zu ihm:

‹Hör zu, ich verstehe nicht, was du machst und wozu es führen soll.›

Er lächelte und erklärte mir, dass der mächtige sowjetische Koloss in den nächsten zehn Jahren stürzen würde. Dann wurde er von den KGB-Leuten abgeführt.»

Mit diesem Dissidenten beschäftigte sich der KGB intensiv. Seine Schuld: Er hatte antisowjetische Gedichte geschrieben. An eines seiner Gedichte kann sich Rabinovich noch gut erinnern.

> «Schwermut und Chaos herrschen. Man stirbt und man spürt es nicht. Die Jahre steigen auf wie Rauch. Stellt man eine Frage, antwortet der Wind. Was wartet auf uns? Wo kann sich einer hin bewegen und Rettung suchen? Blutig ist die Farbe des

Moskauer Kreml. Nach dem Katzenjammer träumen die Kommunisten, dass sie die Welt regieren werden. Doch die Tage vergehen, und von oben fällt nur der Schnee. In sowjetischen Gefängnissen verwelken die Menschen wie Frühlingsblumen unter dem Eis. Die schnelle Rückkehr zur Wahrheit ist nicht zu erwarten. Oh, Stalin'sches verdammtes Jahrhundert! Seit den Oktobertagen kennt der kühne russische Mensch nur die Mündung des Gewehrs in seinem Rücken.»

«Heute kenne ich viele Dissidenten. Damals wusste ich aber nicht, was eigentlich ein Dissident ist. Irgendwie waren sie mir fremd, hatten mit meiner Welt nichts zu tun. Und ich war im Gegensatz zu ihnen davon überzeugt, dass der sowjetische Koloss noch eine Million Jahre stehen würde, nicht zu zertrümmern sei. Deshalb verbeuge ich mich in Ehrfurcht vor jenen Menschen, die versuchten, gegen die Sowjetmacht zu kämpfen. Für mich war das eines der größten Wunder.»

Die Verfechter des kommunistischen Systems sahen das selbstverständlich ganz anders. «Unsere Feinde – und sogar gewisse Genossen aus kommunistischen Parteien in westlichen Ländern – werfen häufig die Frage auf: Wenn Sie, wie Sie sagen, eine entwickelte sozialistische Gesellschaft aufgebaut haben, stellen dann einige gesellschaftsfeindliche Erscheinungen oder die negativen Aktivitäten einer unbedeutenden Hand voll von Menschen wirklich eine Gefahr für Sie dar? Sind sie wirklich in der Lage, die Fundamente des Sozialismus zu erschüttern? Natürlich nicht, erwidern wir, wenn man jede Tat und jede politisch schädliche List einzeln betrachtet. Wenn man sie aber alle zusammennimmt und ihren Inhalt und Zweck als ideologische Subversion begreift, dann stellt jede solche Handlung eine Gefahr dar. Und darüber können wir nicht hinwegsehen. Wir haben schlicht nicht das Recht, uns in dieser Beziehung auch nur die kleinste Fehleinschätzung zu gestatten, denn in der politischen Sphäre verfolgt jede Art von ideologischer Subversion direkt oder indirekt die Absicht, eine unserem System feindlich gegenüberstehende Opposition zu bilden – einen Untergrund aufzubauen, den Übergang zum Terrorismus und zu anderen extremen Kampfformen zu ermutigen und letzten Endes die Bedingungen für den Sturz des Sozialismus zu schaffen.» (Christopher Andrew, Wassili Mitrochin, *Das Schwarzbuch des KGB*, Berlin 1999, S. 423)

Nach knapp einem Jahr wurde Rabinovich aus der Dnjepropetrowsker Anstalt entlassen und zurück ins Gefängnis nach Charkow transportiert.

«Dort fühlte ich mich schon viel besser, hatte sozusagen eine weitere lebenswichtige Erfahrung hinter mir. Ich hatte alles gesehen, alles kennen gelernt, was es an unheilvollen Strafmaßnahmen gibt. Doch dann ordnete die Staatsanwaltschaft im Sommer 1983 an, dass ich nun einer dritten psychiatrischen Untersuchung unterzogen werden sollte, und zwar im Moskauer Serbski-Institut. Das Institut war bei allen Dissidenten gefürchtet.»

Während er bei den beiden anderen Untersuchungen ziemliches Durchhaltevermögen bewies, fehlte Rabinovich diesmal die notwendige Konzentration. Die Ärzte waren fest davon überzeugt, dass er simulierte. Andererseits verhielt er sich noch professionell genug, um erst einmal ein eindeutiges Gutachten zu verhindern. Deshalb gab es keine klare Diagnose. «Dann wurde ich zu einer Prüfungskommission gebracht. Dort fragte mich ein Arzt in Anwesenheit eines berühmten Professors, wie ich mich fühlte. Ich sagte: ‹Ich fühle mich gut. Ich habe keine Beschwerden, die Pflege und der Ort hier selbst sind wunderbar. Ich habe nur eine Bitte. Schreiben Sie mich gesund.›

Zwei Stunden lange verhandelte die Kommission mit mir und dem Chef der Abteilung. Der Chefarzt war ein kluger Mann. Er rief mich später zu sich, nachdem er nochmals meine Akten gelesen hatte, und forderte mich auf, das Theater zu beenden, ins Gefängnis zurückzukehren und meine Schuld anzuerkennen. Sonst drohe mir, dass ich wirklich für geisteskrank erklärt und nach Kasan überwiesen werden würde. Jeder wusste, was Kasan bedeutete. Man nannte es auch das ‹ewige Bett›. Es war fast das Gleiche wie Dnjepropetrowsk, mit dem Unterschied, dass in Kasan niemand lebend die Anstalt verlässt. Ich hörte ihm aufmerksam zu. Auf der einen Seite wollte ich vermeiden, mich schuldig zu bekennen. Trotzdem machte ich keinen einzigen Versuch mehr, mich als geisteskrank auszugeben. Und ich erreichte, was ich wollte. Es ging ja inzwischen nicht mehr um meine Erschießung, wie mir einst angedroht wurde. Mehr konnte ich wohl nicht erreichen.»

Es nahte der 10. Februar 1984, die Eröffnung der Gerichtsverhandlung vor dem Kriminalgericht der Oblast Charkow gegen Vadim Rabinovich. Die Positionen waren klar. «Die Staatsanwaltschaft verteufelte mich, erklärte, dass ich für die sowjetische Gesellschaft eine Bedrohung darstellen würde. Mein Rechtsanwalt Oleg Belkin, einer der bekanntesten Anwälte der Sowjetunion, der heute noch gesund und munter ist, plädierte mit folgenden Worten für mich:

‹Ich habe in meiner 25-jährigen Berufspraxis kein Verfahren erlebt wie dieses. Es gibt keine Beweise, keine Belege, keine real nachweisbaren Fakten. Und trotzdem soll ein Mensch verurteilt werden?›

Inzwischen hatte es neue Buchprüfungen in meiner Baubrigade gegeben. Dort stand wörtlich: ‹Vadim Rabinovich hat mit einer solch raffinierten Methode Raub am Volkseigentum begangen, dass es ihm nicht zu beweisen ist. Es gibt daher nur Vermutungen für seine verbrecherische Tat.›

Danach plädierte der eifrige Staatsanwalt in Erwartung seines Erfolgs: ‹Ich fordere für den Angeklagten Vadim Rabinovich das höchste Strafmaß, fünfzehn Jahre Gefängnis und fünf Jahre Verbannung.›

In diesem Moment verharrte das Publikum, genau wie ich, im Schock. Meine Eltern waren wie gelähmt. Wer sich nicht in der sowjetischen Justiz auskennt, geht davon aus, dass das ‹höchste

Strafmaß› die Erschießung sei. Richtig hingegen ist, dass die Erschießung das ‹äußerste Strafmaß› ist. Warum forderte er aber gegen mich die Verbannung? Verbannung wurde nur gegenüber politischen Häftlingen oder besonders gefährlichen Rückfalltätern ausgesprochen, gegen Mitglieder von kriminellen Organisationen, die Morde begangen hatten.»

Zum «Glück» für Vadim Rabinovich folgte Richter Wladimir Bryntsow nicht dem Strafantrag des Staatsanwalts. Sein Urteil fiel hart genug aus: ‹Im Namen der Sowjetischen Sozialistischen Republik der Ukraine verurteile ich Vadim Rabinovich, schuldig nach Artikel 86-1 des Strafgesetzes der Ukrainischen Sowjetischen Sozialistischen Republik sowie der kriminellen Fahrlässigkeit und der Fälschung, zu 14 Jahren Gefängnis in einem Arbeitslager unter erschwerten Bedingungen. Außerdem wird sein gesamtes Vermögen beschlagnahmt und ihm für fünf Jahre verboten, einen Beruf auszuüben.» Vadim Rabinovichs Anwalt legte zwar Berufung ein. Aber das Oberste Gericht der Ukraine bestätigte das Urteil.

Heute ist der Richter Wladimir Bryntsow, dem Rabinovich seine Haftstrafe zu «verdanken» hat, Vorsitzender Richter des Gebietsgerichts in Charkow.

«Glauben Sie mir, ich bin weder beleidigt, verärgert noch zornig gewesen, als ich das Urteil hörte. Der Richter handelte im Rahmen des Systems. Viele Alternativen hatte er nicht, denn in Wirklichkeit war alles vorher entschieden worden. Das hängt mit der Macht des Gebietsstaatsanwalts zusammen. Der hatte ja die ganze Zeit davon geträumt, mich einzusperren. Und er war in der Region eine Art König. Daher nahm ich den Schuldspruch, den mir der Richter vorgelesen hatte, relativ gelassen auf. Er sagte damals bei der Urteilsverkündung: ‹Ich habe die gesamten Akten dieses jungen Mannes gelesen. Wäre seine Energie darauf gerichtet gewesen, ein mit den Gesetzen konformes Geschäft zu führen, so wäre er einer der Besten geworden.›

Dann fuhr er, direkt an mich gerichtet, fort: ‹Alles, was ich über Sie in den Akten gelesen habe, war einmalig. Wäre Ihre Energie doch für friedliche Ziele in der ehrenhaften Sowjetunion benutzt worden.› In meinen Augen war das ein Witz.

Nach einer Woche kam die Anordnung, dass ich ab sofort in das Charkower ‹Arbeitserziehungslager› zu überstellen sei. Es war ein Lager, in dem 5000 Menschen eingesperrt waren. Sie schickten mich mit Absicht nicht in eine andere Stadt. Denn der Staatsanwalt kündigte an, er wolle genau beobachten, wie es mir ergehen würde.»

Das Lager und Aufbruch in eine neue Zeitrechnung

> «Sosehr Sie auch kriechen würden, Genosse, ein Kriecher sind Sie deswegen noch lange nicht. Niemand verlangt von Ihnen, dass Sie kriechen – im Gegenteil: Kopf hoch, vielleicht bekommen Sie dabei etwas zu sehen.»
>
> *Valerij Tarsis,* Die blaue Fliege

Der Auftrag der sowjetischen Arbeits- und Besserungslager war es, durch kollektive Disziplinierung und Zwangsarbeit dem Einzelnen die Werte der sozialistischen Gesellschaft beizubringen. Uniforme Bekleidung und ein glatt rasierter Kopf waren vorgeschrieben. Die baulichen Zustände in den Lagern waren katastrophal. Verrostende Eisenteile, Schlammlöcher, hölzerne Lagerzäune, die nach allen Seiten kippten. In den Wachttürmen versahen bewaffnete Aufseher ihren Dienst mit dem Befehl, auf jeden zu schießen, der sich der «Zone» nähert. In den Lagern herrschte eine Atmosphäre aus Alltagstrott, Orientierungslosigkeit und Resignation. Die Menschen waren anonymisiert, deprimiert und desillusioniert. Häftlinge in sowjetischen Straflagern schufen ihren eigenen Verhaltenskodex. Sie errichteten eine Art Gegengesellschaft mit eigenen Gesetzen, einen geschlossenen sozialen Kosmos mit eigenen Werten, eigener Moral und eigenen sprachlichen Ausdrucksformen, eine Keimzelle krimineller Energie. Die Lager waren genau genommen vom Staat unterhaltene kriminelle Universitäten. Das war Ende der siebziger, Anfang der achtziger Jahre so. Aber auch heute noch, im Jahr 2000, gibt es diese Arbeitslager. Zum Beispiel in Usbekistan. Nach einem Bericht der Internationalen Helsinki-Föderation (IHF) werden in Lagern, die sich auf einem Gelände befinden, das durch frühere Chemiewaffenversuche verwüstet wurde, 1500 Gefangene untergebracht. Überwiegend seien dort Gefangene untergebracht, die aus religiösen und politischen Motiven verurteilt worden sind. Nur fünf bis sechs Prozent seien Mitglieder krimineller Gruppen. Hunderte Gefangene seien aufgrund von Folter, Krankheiten, Unterernährung u. a. gestorben. Angaben des IHF zufolge gibt es auch in Turkmenistan ein Arbeitslager.

«Während der Sowjetherrschaft war es doch so, dass die normalen Kriminellen Freunde des Volks waren. Sie sind lediglich einen Irrweg gegangen, und die sozialistische Gemeinschaft würde sie nach entsprechender Erziehung wieder aufnehmen. Für die Kommunisten waren die normalen Kriminellen eher eine Art Elite. Bei Stalin wurden zum Beispiel Diebe und Mörder als Opfer des ehemaligen Zarenreichs würdig behandelt. Sie wurden nicht besonders streng bestraft. Ganz anders verhielt es sich mit den ‹politischen Verbrechern›. Sie waren die Feinde des Volks. Entsprechend streng ging man gegen sie vor. Unter Leonid Breschnew gab es keine politischen Verbrecher mehr. Dafür erfand man die Wirtschaftsverbrecher. Für gewöhnliche Kriminelle wurden geringere Strafen als für Wirtschaftsverbrecher verhängt. Das ist meiner Überzeugung nach einer der Gründe dafür, warum die Kriminalität in der Ukraine oder Russland heute so schwer zu bekämpfen ist. Sie ist keine große Sünde. Im Gegenteil. Vor kurzem wurde in den Zeitungen eine Meinungsumfrage veröffentlicht über die Einstellung von Jugendlichen, die noch zur Schule gingen. Das Ergebnis war erschreckend für mich. 62 Prozent der Jungen wollten in kriminellen Banden mitarbeiten, und 68 Prozent der Mädchen würden gerne Devisenprostituierte werden.»

Direktor des Arbeitslagers Charkow in der Leulukovskajastraße war Inal Pliew, Sohn des bekannten Generals Pliew. Rabinovich beschreibt ihn als brutalen Typ, der ihn als seinen größten Feind betrachtete. «Für mich ist es ein Trost zu wissen, was aus ihm geworden ist. Ein kleiner, mies bezahlter Parkplatzwächter in Charkow. Unter seinem Regime durften Wirtschaftsverbrecher wie ich keine normalen Arbeiten verrichten, bei denen man wenigstens ein paar Kopeken als Lohn erhielt. Der Teil des Lagers, die Zone 18, wo ich war, wurde von Boris, einem brutalen Wärter, regiert.

Er tobte und schrie, um sich Mut zu machen, und rasselte immer provozierend laut mit den Schlüsseln. Am Ende seiner achtstündigen Aufsichtszeit war er heiser. ‹Ihr werdet in eurem künftigen Leben›, versprach er uns, ‹euch wohl fühlen wie in einem dreckigen, stinkigen Bahnhofsklo.› Zum Waschen durften die Gefangenen am Morgen und am Abend eine Minute in einen Waschraum gehen. ‹Damit könnt ihr doch zufrieden sein. Auf der Erde braucht ihr nicht zu schlafen. Ihr habt ja den Steinfußboden.›

Zwei Dinge spürte ich schnell: den Hunger und die Enge. Ein ungeschriebenes Gesetz war es, vor den Wärtern nicht vom Essen zu sprechen. Hatten wir es trotzdem getan, hat man uns einige Mahlzeiten vorenthalten, und das bereitete Schmerzen, ganz gemeine körperliche Schmerzen. Nach Mitternacht bekamen wir manchmal Besuch. Schließer mit einer Schnapsfahne bellten uns wach. Sie schienen ihre Freude daran zu haben, alles umzustoßen und uns verschlafen auf den Gang zu treiben. Schlimmer noch waren allerdings die Wanzen. Sie steckten überall. Wie Sturzbomber stürzten sie sich auf uns. Sie kamen aus den Fußbodenritzen, krabbelten auf dem Kopf. Dickbäuchige, mit Blut voll gesogene Wanzen.»

Im Arbeitslager Charkow gab es keine klassischen Zellen, sondern Baracken. In jeder Baracke lebten ungefähr 150 Gefangene. Das gesamte Gefängnisgelände war in Sektionen aufgeteilt.

Aufstehen mussten die Häftlinge um sechs Uhr morgens. Eine halbe Stunde hatten sie Zeit zum Waschen und Anziehen. Es folgte der Appell vor der Baracke. «Die Wachoffiziere standen vor uns. Jeder Gefangene musste einen Schritt nach vorne gehen und laut sagen, wie er heißt, welches Verbrechen er begangen hatte, wann er seine Strafe angetreten hat und wann sie zu Ende sein würde. Das dauerte bis zu anderthalb Stunden, egal bei welchem Wetter, selbst bei Temperaturen von unter minus 40 Grad. Wir hatten lediglich eine Wolljacke und dünne Unterwäsche. Dann marschierten alle in den Speisesaal, zum Frühstück. Das bestand aus einem Teller Brei und einer Tasse mit heißem Wasser.

Nach dem Frühstück, wir hatten dafür 30 Minuten Zeit, marschierten alle in die Umkleidehalle. Hier mussten wir uns nackt ausziehen, weil man kontrollieren wollte, ob Gefangene waffenähnliche Dinge mit sich führten. Danach zogen wir einen dünnen schwarzen Arbeitsanzug an. Die Arbeiten, die in Fabriken und Werkstätten in und außerhalb des Arbeitslagers zu verrichten waren, die hätte kein freier Mensch jemals getan. Zum Beispiel die Arbeit in der Bleifabrik oder in der Gießerei.»

Viele der Gefangenen erkrankten an Tuberkulose, und viele starben daran, weil es keine ausreichende ärztliche Versorgung gab. Auch psychisch hinterließ die Haftzeit Spuren. «Bis zwölf Uhr mussten wir arbeiten. Dann marschierten wir gemeinsam zum Mittagessen. Das bestand aus einem undefinierbaren Brei und einer Tasse Tee. Eine halbe Stunde hatten wir dafür Zeit. Dann ging es wieder zum Arbeitseinsatz, bis 18 Uhr. Zurück in der Baracke, wiederholte sich der Appell vom Morgen. Und das Abendessen bestand wieder aus grauem Brei und Tee. Manchmal gab es Salzfisch, eine Kostbarkeit. Für uns Gefangene war es etwas Besonderes, denn wir konnten uns daraus eine Delikatesse zubereiten. Wir haben den Salzfisch auf ein Stück Papier gelegt und in der Baracke versteckt, damit die Wärter ihn nicht finden. Nachdem wir den Fisch getrocknet hatten, legten wir ihn auf ein Stück Brot, das uns Wärter gegen Bezahlung beschafften, und so hatten wir zusätzlich eine tolle Mahlzeit. Ich litt unter Gastritis, als ich ins Gefängnis gekommen bin, und wurde im Gefängnis davon geheilt, weil es entweder überhaupt nichts zu essen gab oder irgendetwas ohne Fett. Hauptwährung war daher, neben Tee, Speck. Wer sich Speck beschaffen konnte, der war reich.

Von 19 bis 20 Uhr war die politische Erziehungsarbeit angesagt. Die Gefangenen setzten sich auf Stühle in der Baracke. Der Genosse Politkader kam und erzählte uns etwas über den Marxismus-Leninismus, über die führende Rolle der kommunistischen Partei, dass im Kommunismus alle Menschen gleich seien und wir den Ruf des Kommunismus besudelt hätten. Für die meisten von uns war diese Stunde Erholung. Um 21 Uhr mussten wir fernsehen. Jeder Gefangene war verpflichtet, sich die Sendungen anzuschauen. Ich fand die politischen Sendungen immer langweilig und überlegte währenddessen, was ich am nächsten Tag anstellen könnte, um meine Situation etwas zu verbessern. Ab 22 Uhr blieben die Gefangene alleine in ihrer Zone.»

Freie Zeit gab es deshalb kaum, weil der Gefangene sich ständig auf der Suche nach etwas zum Essen befand. Wenn er Freunde in der Kantine hatte, dann war das viel wert. Natürlich kamen manchmal Essenspakete von Familienangehörigen. Aber das erste Paket erhielten die Gefangenen erst dann ausgehändigt, als sie die Hälfte ihrer Strafe abgesessen hatten. «Wir haben Geschichten über Lenin gelesen, dass er, als er im Gefängnis saß, eine besondere Ernährung erhielt und sogar von sechs Personen bedient wurde. Das waren gute Bedingungen. Unsere Wärter verstanden, wie man die Leute im Gefängnis zerbrechen und verletzen konnte. Wir durften im Gefängnis keine Schriften verfassen, wie das einst Lenin zugestanden wurde. Die Bücher in der Bibliothek waren überwiegend Schund.»

Zweimal im Jahr durften die Gefängnisinsassen Besuch von Angehörigen bekommen. Dafür gab es eine besondere Zelle. Sie war drei Meter lang und zwei Meter breit. In dieser Zelle wird der Gefangene bis zu drei Tagen mit seiner Ehefrau oder anderen Verwandten alleine gelassen. Für die Gefängnisleitung war dieser von den Häftlingen ersehnte Besuch ein probates Mittel, um Druck auf den Gefangenen auszuüben. Für eine kleine Information, einen kleinen Handlangerdienst konnten die Aufseher dem Gefangenen diese Vergünstigungen geben oder nehmen. Da genügte der Vorwand, nicht sauber gekleidet zu sein, um den Besuch zu streichen. Außerdem durfte man zweimal jährlich zehn Minuten telefonieren. Immerhin – und das unterschied sowjetische Gefängnisse von beispielsweise amerikanischen – konnte man Besuche kaufen. Das heißt, wer genügend Geld an die Wärter und das übrige Aufsichtspersonal zahlte, konnte häufiger besucht werden. Ein Vermittler für solche Dienstleistungen war Vadim Rabinovich.

«Alle konnten Besuch empfangen. Ich nicht, denn ich war in den Augen der Gefängnisleitung zu gefährlich.»

Im Laufe der ersten Monate wurde Rabinovich häufig von Vertretern des Innenministeriums und des Sicherheitsdienstes, des KGB, aufgesucht. Sie wollten von ihm erfahren, wer seine Komplizen gewesen waren.

«‹Ich war alleine verantwortlich›, erzählte ich ihnen immer wieder. Und da ich ihnen keine Informationen gegeben hatte, folgte die Strafe auf den Fuß. ‹Dein Hemd ist nicht sauber, es nicht richtig zugeknöpft – du wirst keinen Besuch erhalten.› Meine Mutter hatte einen Herzinfarkt erlitten. Als sie mich, nachdem sie aus dem Krankenhaus entlassen wurde, besuchen wollte, brachten die Wärter sie in den besonderen Raum. Sie hatte mir Essen gebracht. Neben der Zelle stand ein Kapo. ‹Vadim›, sagte er mir, bevor ich eintreten durfte, ‹schreibe mal bitte eine Information über diesen Häftling auf. Das ist auch gut für deine Mutter. Wenn nicht, sind deine Schuhe nicht geputzt.› Ich habe mich nicht darauf eingelassen, obwohl ich nicht nur meine Mutter gerne gesehen hätte, sondern auch gierig auf das Essen war. Und so musste meine Mutter wieder gehen.»

Eines Tages passierte, womit Rabinovich bereits gerechnet hatte. Seine Frau, die er während seine Studienzeit kennen gelernt hatte, besuchte ihn im Arbeitslager. «Ich warte keine zehn Jahre auf dich», sagte sie. «Ich habe dich immer gewarnt.»

«Das war unser einziges und gleichzeitig das letzte Treffen im Gefängnis. Ich hatte sie gebeten, sich nicht mehr mit mir abzugeben. Ich klage meine Frau nicht an. Denn von Anfang an waren wir sehr verschiedene Persönlichkeiten. Sie wuchs in einer anständigen Familie auf, wo die Meinung herrschte, wenn einer in der Familie Fleischer ist oder man einen dicken Ring am Finger trägt, dann ist das ein schlechtes Zeichen. Ich hingegen habe mich als Geschäftsmann betrachtet, und Geschäfte zu machen war für mich wichtiger als das Geschäft selbst. Das war einer der Gründe, warum unser Verhältnis keine Chancen hatte. Außerdem hatte ich zu dieser Zeit bereits eine andere Frau kennen gelernt.»

Im Arbeitslager lernte Vadim Rabinovich sehr schnell, zum Beispiel wie das Schicksal der normalen Informanten aussieht. Sie hatten zwei Möglichkeiten: Entweder sie wurden Informanten der Gefängnisleitung oder des Sicherheitsdienstes. Als Gegenleistung wurde ihre Gefängnisstrafe gekürzt. Oder sie wurden massiv von den Häftlingen unter Druck gesetzt.

«Ich erlebte das System der Aktion und Gegenreaktion. Denn die Aufsichtspersonen, die Sicherheitsbeamten und die Politkader hatten nur ein Ziel, die Gefangenen zu zerstören, wenn sie nicht bereit waren, für den Sicherheitsdienst zu arbeiten. Das erzeugte natürlich eine Gegenwirkung. Am wichtigsten war für uns daher, jene Verräter zu identifizieren, die als Informanten angeworben wurden. Danach ging es darum, die Verwaltung zu täuschen. Es gab unter uns natürlich eine Menge Informanten. Wir nannten sie Suka. Jeder zehnte Gefangene ging regelmäßig zu den Sicherheitsdiensten und berichtete über die anderen

Häftlinge. Wir wussten fast immer, wer das war. Trotzdem versuchten wir nicht, sie zu bestrafen oder zu demütigen. Wir haben ihnen vielmehr ein Angebot gemacht: ‹Hör zu. Wenn du keine Schwierigkeiten bekommen willst, wirst du weiter den Sicherheitsdiensten berichten. Aber du wirst nur solche Informationen liefern, die uns nutzen.› Das hat in der Verwaltung natürlich zu großer Verwirrung geführt, denn der Informant erzählte nach unserer Intervention entweder nur die halbe Wahrheit oder Sachverhalte, die für die anderen Gefangenen günstig waren.»

Kriminelle Autoritäten im Arbeitslager

Wer denkt, dass die Wachmannschaften und die Gefängnisdirektion das Arbeits- und Straflager unter ihrer Kontrolle hatten, der täuscht sich. Sie konnten die Gefangenen zwar bestrafen, sie in den Isolator, den Schiso, bringen, und sie konnten Informanten werben, in Wirklichkeit wurde das Lager jedoch von Männern regiert, die aus der Menge der Gefangenen gewählt wurden. Sie beherrschten die Zone, und alle Häftlinge hatten großen Respekt vor ihnen. Rabinovich meint die berüchtigten «Diebe im Gesetz». Was aber ist diese Zone, von der Rabinovich so häufig gesprochen hat?

«Das Arbeitslager mit seinen 5000 Gefangenen war in verschiedene Zonen aufgeteilt. Pro Zone gab es eine Baracke, die von den anderen durch Stacheldraht, Wachttürme und Wachtposten abgegrenzt war. In dieser Zone konnte man sich relativ frei bewegen. Sie lässt sich dem Freigängergelände westlicher Gefängnisse vergleichen. Es war jedoch mehr als das. Ein Gebiet, in dem die Gefangenen tun und lassen konnten, was sie wollten; sie waren nahezu autonom. Wächter kümmerten sich nicht darum, was dort geschah. Tagsüber gab es immer wieder Gelegenheit, sofern man nicht in einer der vielen Fabriken arbeiten musste, in diese Zone zu gehen. Hier verprügelten sich die Gefangenen, vergewaltigten und ermordeten sich sogar. Immerhin gab es unter den Kriminellen viele brutale Schläger, gewissenlose Verbrecher, Tiere. Offiziell kontrollierten jedoch Unteroffiziere die Zone, die darauf achteten, dass die Gefangenen nicht in die anderen Zonen hinübergingen. Ich durfte durch dieses eine Tor gehen, weil ich die Unteroffiziere bestochen hatte. Durch meine Geschäfte mit dem Tee hatte ich inzwischen einiges verdient. Nun gab es aber noch einen Wachtturm, auf dem der Vorgesetzte der Unteroffiziere hockte. Ohne dessen Zustimmung konnte man das Tor nicht öffnen. Ich musste also auch diesen Mann bestechen, damit mich die Unteroffiziere nicht festnehmen. Das gelang mir auch. Nachdem ich das System der Bestechung ausgebaut hatte und folglich sämtliche Zonen betreten konnte, mit den Händen in der Tasche, war für mich alles bestens geregelt.»

Vadim Rabinovich arrangierte sich schnell mit dem Gefängnissystem und mit den Insassen. Viele von ihnen waren tätowiert, und daher war, nachdem er die Bedeutung der Tätowierungen kennen gelernt hatte, leicht zu erkennen, welcher Taten sie beschuldigt wurden. Die Tätowierungen wurden mit Hilfe von Rasierklingen angefertigt. Als Farbmaterial diente eine Mischung aus Harn, Tinte, Graphit, Ruß und Asche von verbrannten Schuhabsätzen. Tätowierungen hatten den Zweck, eine Rangordnung unter den Gefangenen anzuzeigen und die Machtstruktur in der kriminellen Szene festzulegen. Zum Beispiel bedeutete die Tätowierung mit einer brennenden Frau am Kreuz: Tod allen, die mich betrogen haben. Eine Frau hat mich zum Verbrecher gemacht. Oder eine an einen Baum gefesselte Frau: Ich bin ein Vergewaltiger mit sadistischer Neigung. Eine Frau mit Flasche und Weinglas bedeutete, dass der Gefangene wegen Frauen und Alkohol kriminell wurde. Frau mit Mohnkapsel: Opiumsüchtiger. Ein durchbohrtes Herz: zum Morden bereit. Ein Herz auf schraffiertem Feld: Kartenspieler, Betrüger. Jesus mit Dornenkrone als Medaillon: Rache den Verrätern. Ein Käfer an der linken Hand: Gewalttäter. Ein Kater mit Zylinder wies auf einen Wiederholungstäter, Räuber oder Straßenräuber hin. Ein Kreis mit Kreuz bedeutete: Ich bin Pazifist. Ein Kreuz auf der Brust symbolisierte, dass der Gefangene zum Tode verurteilt wurde, die Strafe aber in einer Kolonie absitzen darf. Und ein Teufel auf dem Strafgesetzbuch sitzend signalisierte: mein Feind, der allwissende Staatsanwalt. Der Totenkopf mit Flügeln, auch beliebt, kennzeichnete den Träger als einen Menschen, dem der Tod lieber ist als der Verlust der Ehre. Und ein Jesus auf der Brust hieß: Lieber Gott, rette mich vor den Kommunisten.

Normalerweise sind es die kriminellen Autoritäten gewesen, die die Zone und das Gefängnis kontrollierten. Sie verfügten immer über gute Verbindungen zum Sicherheitsdienst, insbesondere zum KGB, wobei der KGB die Zusammenarbeit suchte, weil er auch im Gefängnis alles unter seiner Kontrolle haben wollte. Die «Diebe im Gesetz» hatten häufig mehr Angst als die Gefangenen, denn diese hatten überhaupt nichts zu verlieren. Die «Diebe im Gesetz» hingegen mussten um ihre Stellung fürchten. Sie hatten begriffen, dass die Kollaboration mit dem KGB sehr viele Möglichkeiten auch nach der Haftzeit bieten würde. Deshalb ließen sie sich darauf ein.

«Nicht nur der KGB, sondern auch das Innenministerium in Moskau arbeitete mit den ‹Dieben im Gesetz› in den Gefängnissen eng zusammen. Jeder wusste das.»

Tatsache ist, dass der KGB Anfang der achtziger Jahre viele hochkarätige Kriminelle rekrutiert hatte, die später als Mafiyabosse, zum Beispiel in Moskau oder Litauen, Berühmtheit erlangten. Einige von ihnen haben sogar Banken und Ölfirmen in den neunziger Jahren übernommen. Das Startgeld kam vom KGB. Richtig ist auch, dass der KGB in der Vergangenheit verschiedene Mafiyosi dadurch unterstützte, dass er ihnen Firmen zur Verfügung stellte. Das Motiv war klar. Zum einen konnten die kriminellen Organisationen infiltriert werden, auf der anderen Seite war es ein guter Kanal, um die Kriminellen für Dienste des KGB einzusetzen, zum Beispiel, um Kritiker des Systems zu terrorisieren. Die vielen bis heute ungeklärten Auftragsmorde kritischer Intellektueller, Politiker und Unternehmer sind ein trauriger Beleg für diese undurchsichtige Kooperation.

«Sie erinnern sich sicher daran. 1988 war ich noch im Gefängnis, aber ich hörte von anderen Gefangenen, dass die Partei, die KPdSU, dabei war, Gelder außer Landes zu schaffen. Zuständig dafür war das 6. Direktorat. Um die riesigen Cashbeträge, aber auch Gold und Diamanten, Antiquitäten, Gemälde der Partei nach Europa zu schaffen, wurden wiederum Kriminelle eingesetzt, denen teilweise genehmigt wurde, Firmen zu gründen, um das Geld zu waschen. Was ich damit sagen will, ist, dass bis zum heutigen Tag ‹Diebe im Gesetz›, aber auch andere Kriminelle und der KGB zusammenarbeiten.»

Dazu eine kurze Erläuterung: Der «Dieb im Gesetz» steht in der Regel an der Spitze einer Vereinigung von mehreren organisierten kriminellen Gruppen mit jeweils eigenen Führern und spielte in der Vergangenheit unter den russisch-eurasisch organisierten Verbrechergruppen eine zentrale, eine herausragende Rolle. Zu ihrem Verantwortungsbereich gehörte insbesondere die Kontrolle über sämtliche kriminellen Geschäfte sowie die Aufgabe, Strategien und Taktik den sich verändernden Bedingungen anzupassen und der Organisation neue Einflusssphären und Einnahmequellen zu erschließen. Diese Elite ist aus der Schar der Führer der organisierten Banden in den sowjetischen Gefängnissen und Arbeitslagern hervorgegangen und rekrutierte aus diesem Milieu ihren Nachwuchs. Sie übten als Ordnungsfaktor in den Gefängnissen eine gesellschaftliche Funktion aus, kontrollierten von dort aus die Hierarchie im Gefängnis. Jeder der «Diebe» hatte einen Führer, den «pakhan», unter sich, der die Operationen wiederum über einen Mittelsmann oder «brigadier» kontrollierte. Um sich der Loyalität des «brigadier» zu versichern, heuerte der «pakhan» seinerseits

Spione an, die die Arbeit des Mittelsmanns verfolgen mussten. Die innere «Verwaltung» der «Diebe» bestand aus vier verschiedenen Ebenen. Es gab eine «Elitegruppe», die aus «Management, Organisation und Ideologie-Gruppen» bestand, verantwortlich für Planung und Strategie. Unter der Elitegruppe gab es eine «Unterstützergruppe», die die Organisation bestimmter krimineller Aktivitäten übernahm. Daneben gab es noch eine «Sicherheitsgruppe», die für Informationsgewinnung und physische Operationen zuständig war. Auf der untersten Ebene gab es eine «Arbeitsgruppe».

«Ich lernte noch mehr kennen und hörte es auch von anderen Häftlingen. In den sowjetischen Haftanstalten gibt es bekanntlich mehrere Kategorien von Häftlingen: Die unterste war jene der Ferkel. Eine große Anzahl kleiner Krimineller, die ein Reservoir völlig entrechteter Sklaven für die Bedürfnisse und Wünsche übergeordneter Kasten bilden. Sie werden für dreckigste Arbeiten herangezogen, erniedrigt, erbarmungslos geschlagen und mitunter sogar getötet. Die Arten der Hinrichtungen sind immer einfach, aber durchaus ungewöhnlich. Das Ferkel wird am Zellenboden festgebunden, und die Vollstrecker springen der Reihe nach vom Stockbett auf ihn herunter, bis sein Brustkorb zertrümmert ist. Es ist unter der Würde eines normalen Häftlings, sich mit einem Ferkel zu unterhalten oder mit ihm am selben Tisch zu sitzen. Daneben gibt es die Muschiks: Strafgefangene, die sich keiner Gruppierung anschließen. Unter der Maske der Neutralität und dem Prinzip der Nichteinmischung verbirgt der Muschik die Furcht um sein Leben. Er nimmt an der Arbeit teil und verbringt seine Haft nach dem Motto: ‹Mein Name ist Hase, ich weiß von nichts.› Den Ferkeln übergeordnet sind Knechte und Kämpfer. Sie stehen den ‹Dieben im Gesetz› sehr nahe und müssen für diese arbeiten, haben aber ein paar eigene Rechte. Diese Gruppe umfasst vorwiegend physisch kräftige Häftlinge, die auf Verlangen der Führer ordnende und bestrafende Aufgaben übernehmen.

Die höchste Ebene ist jene der ‹Diebe im Gesetz›. Sie sind die

Elite der kriminellen Hierarchie, sind Führer krimineller Vereinigungen und rekrutieren sich aus Berufsverbrechern. Ihr Privileg ist es, im Lager nicht arbeiten zu müssen. Wenn sie beispielsweise in landwirtschaftlichen Abteilungen zwangsweise Heu einbringen sollen, werfen sie alle Rechen und Heugabeln auf einen Haufen, zünden den Stapel an, lassen sich zur Ruhe nieder und wärmen sich am Feuer. Ihre Schichten müssen von anderen Häftlingen mit erledigt werden, eine eiserne Disziplin wird angeordnet. Dem ‹Dieb im Gesetz› ist ein persönlicher Wächter zugeteilt, und bereits bei seinem Haftantritt wird er von der Gefängnisverwaltung und den Gefangenen als Autorität anerkannt. ‹Diebe im Gesetz› verständigen sich intern über geheime Codes und sind durch bestimmte Tätowierungen erkennbar. Ein grimmig blickender Adler mit weit geöffneten Flügeln und ausgestreckten Klauen, mitunter mit einem Stern verziert, ist ein Symbol, das nur ein ‹Dieb im Gesetz› tragen darf. Der Adler symbolisiert große physische Kraft, das Kreuz dient als Symbol des Diebes. Kämpfer oder Soldaten werden nur dann aufgenommen, wenn sie einen Bürgen haben. Die Aufnahmeentscheidung trifft ein Komitee von ‹Dieben im Gesetz›, das sich davon überzeugt, ob der Kandidat die Gesetze der kriminellen Welt bedingungslos befolgen wird. Um dessen Überzeugung zu prüfen, erhält der Kandidat beispielsweise den Auftrag, einen Polizisten oder einen Freund zu ermorden. Das Komitee übt gleichzeitig die Gerichtsbarkeit innerhalb der kriminellen Einheit aus.»

Heute leben allein in Russland noch ca. 400 «Diebe im Gesetz», ähnlich viele in anderen Republiken der ehemaligen Sowjetunion. Zwei Drittel dieser kriminellen Elite sind Russen und Georgier. Der Rest setzt sich aus Armeniern, Aserbaidschanern, Usbeken, Ukrainern, Kasachen und anderen zusammen.

«Der Begriff ‹kriminelle Autoritäten› ist heute verschwommen», meint Vadim Rabinovich, «weil man andere Bedingungen erfüllen muss als früher. Diese Schicht ist deshalb sehr dünn. In der ehemaligen Sowjetunion waren sie wichtig. Jetzt können sogar Reiche den Titel erwerben.»

Vadim Rabinovich untertreibt, wenn er sagt, dass die «Diebe im Gesetz» nach dem Zerfall der Sowjetunion an Einfluss verloren hätten. Allein in den ersten Monaten des Jahres 1994 erhielten 16 Kandidaten den begehrten Titel, und bis 1996 wurden 35 neue «Diebe im Gesetz» «gekürt». In St. Petersburg zum Beispiel gab es Anfang der neunziger Jahre keinen einzigen «Dieb im Gesetz». Zwei Jahre später beherrschten bereits drei bekannte «Diebe im Gesetz» die kriminelle Szene von St. Petersburg. In Riga, der Hauptstadt von Lettland, interviewte der englische Reporter Nick Gordon einen solchen Dieb: «Aber schauen Sie, die mächtigste Mafiya ist die Regierung. Sie sind die wahren großen Diebe. Wir sehen unseren Präsidenten als Trommler im staatlichen Orchester und seinen Stellvertreter als den Chef für die Geldwäsche. Wir bezahlten sie, damit sie die Trommel schlagen und unsere Kleider waschen, und jetzt geben sie uns an allem die Schuld.»

Bereits nach wenigen Monaten fand Rabinovich heraus, welche Möglichkeiten es gibt, die Zeit im Arbeitslager zu überwinden und Geschäfte zu machen. Und im zweiten Jahr seines Aufenthalts im Straf- und Arbeitslager Charkow war er dank seiner Fertigkeiten unersetzbar geworden.

«Das Wichtigste war, wie ich bereits gesagt habe, Tee zu besorgen. Wenn man ihn richtig zubereitete, wirkte er wie eine Droge. Hier erkannte ich eine geschäftliche Möglichkeit für mich. Ich muss vorausschicken, dass ich immer eine Abneigung gegenüber großen Diebstählen gehabt habe. Aber das hier war etwas anderes, eine Notsituation. Normalerweise haben die Offiziere nur kleine Portionen Tee ins Gefängnis gebracht. Ich habe mir überlegt, dass man in die Zone doch große Packungen bringen könne. Daraufhin habe ich mich mit einem Offizier zusammengetan. Und er brachte, nachdem wir alles abgesprochen hatten, erstmals große Packungen Tee ins Gefängnis. Das hatte zur Folge, dass es mit einem Mal 1000 Packungen Tee gab, die verteilt werden mussten. Plötzlich wurde ich einer der wichtigsten Leute in der Zone, denn ich verfügte über die wichtigste Währung.

Jeder versuchte irgendwie zu überleben. Die einen stellten schöne Messer her, andere schnitzten Schachfiguren. Nach kurzer Zeit hatte ich bereits all diese Amateurarbeiten unter Kontrolle. Ich habe zum Beispiel einem Gefangenen gesagt: ‹Ich brauche ein Sofa. Du bekommst dafür eine bestimmte Menge Tee als Vorschuss.› So waren alle zufrieden und haben für mich gearbeitet. Nach nicht einmal zwei Jahren Aufenthalt im Lager stand der gesamte produktive Teil unter meiner Aufsicht. Ohne mich ging nichts mehr. In unserem Lager und außerhalb gab es zahlreiche Fabriken, in denen die Gefangenen arbeiten mussten.

Die Arbeit in der Produktion hat natürlich das Leben im Gefängnis erleichtert. Man konnte etwas stehlen, genau wie draußen auch. Daher gab es in den Zonen immer relativ viel Geld. Eine Packung Tee kostete normalerweise 30 Kopeken, in der Zone zwei Rubel. Ein Kilo Speck kostete einen Rubel, in der Zone war er fünf- bis zehnmal so teuer. Eine Flasche Schnaps kostete in der Zone zehnmal mehr als draußen. Natürlich war das für viele Geschäfte von Vorteil. Alle Offiziere, alle Beamten, ausgenommen die ganz oberen Schichten, haben Tee, Speck, Brot, Zigaretten und andere Sachen ins Gefängnis gebracht und sie an die Gefangenen verkauft. Drei bis vier Personen, die in der Verbrecherhierarchie ganz oben standen, hatten mit diesen Geschäften nichts zu tun gehabt. Die hatten stattdessen zum Beispiel private Werkstätten organisiert. Hier mussten die Gefangenen kostenlose Arbeiten für die ‹kriminellen Autoritäten› verrichten. In den Werkstätten wurden schöne Gemälde hergestellt, Möbel, Schachspiele etc. Die wurden dann nach Kiew oder Moskau geschafft, zu den Vorsitzenden der Verwaltung. Korruption war also selbst hier, im Gefängnis, etwas Selbstverständliches.»

Diese Erfahrung wird Vadim Rabinovich in Zukunft wie ein heimlicher Schatten begleiten. Korruption war normal, war geeignet, das Leben im Lager einigermaßen erträglich zu gestalten.

«Ich hatte damals die interne Verwaltung der Gefangenen in der Zone so geregelt, dass wichtige Personen nur nach meiner Zustimmung ernannt werden konnten. Außerdem hatte ich die Möglichkeit, Offiziere zu bestechen. Das System ist bekanntlich so aufgebaut, dass man gegen dieses System nichts ausrichten kann. Also muss man es ausnutzen. Und das tat ich.»

Gute Beziehungen mussten nicht nur zu den Bewachungsoffizieren, sondern auch zu den Angehörigen der operativen Abteilung gepflegt werden. Sie waren diejenigen, die zuständig dafür waren, dass die Gefangenen, die als Arbeiter in Fabriken tätig waren, kontrolliert wurden. Rabinovich entwickelte einen perfekten Plan. Er wollte erreichen, dass diese Arbeiten vorab mit ihm abgesprochen werden mussten. Deshalb pflegte er gute Beziehungen zur operativen Abteilung der Anstalt.

«Glauben Sie mir. Es hat nicht lange gedauert und ich habe erkannt, dass das Gefängnis nichts anderes ist als die Widerspiegelung des freien Lebens in der ganzen Sowjetunion. Direktor des Gefängnisses war Herr Inan Pliew. Er hat die ganze Korruption mitgemacht. Um ein Beispiel zu nennen: Er war dafür verantwortlich, welche Gefangenen aus welcher Brigade in welcher Fabrik arbeiten mussten, beispielsweise in jener, in der Panzer hergestellt wurden. Das machte er nicht zum Zwecke der Planerfüllung. Es bot ihm und seinen Genossen vielmehr die Möglichkeit, kostenfrei Metall und andere Materialien, an denen draußen Mangel herrschte, aus der Rüstungsfabrik mit ins Gefängnis zu bringen. Die Gefangenen nahmen das Material unter den Augen der Aufseher mit in die Gefängniswagen, und so gelangte es zu mir ins Lager. Und im Auftrag des Direktors habe ich manches wieder nach draußen verkauft, und zwar durch andere Offiziere, die auf meiner Gehaltsliste standen. Trotzdem proklamierte der Genosse Gefängnisdirektor von Zeit zu Zeit den Kampf gegen mich. Das war die Zeit, 1986 und 1987, als ich häufig in den Isolator gesteckt wurde. Denn durch meine Tätigkeit wurde der alte Mechanismus empfindlich gestört. Dabei war ich nur ein kleines Steinchen im Räderwerk des Systems. Ich habe es nicht zerstört. Aber ich habe es gestört.»

Zwei «Lobbys» fühlten sich durch Rabinovichs Aktivitäten gestört: einerseits die Verwaltung, also der Staatsapparat, und andererseits die «Diebe im Gesetz», die unangefochtenen Autoritäten im Straflager, die bisher die Zone kontrolliert hatten. Hier werden erstmals Strukturen deutlich, die bis heute prägend für Vadim Rabinovich sind: seine Funktion als eine Art Brücke zwischen kriminellen Autoritäten und den legalen Machthabern.

«Ich musste Brücken zwischen beiden unterschiedlichen Interessen bauen. Und das machte ich folgendermaßen: Die Offiziere aus der Verwaltung fütterte ich mit Geld, habe ihnen bestimmte Waren geliefert. Mit den ‹Autoritäten› habe ich etwas anderes getan. Es gab zu meiner Zeit zehn Personen, die bisher alles unter ihrer Kontrolle hatten. Mit drei von ihnen habe ich mich zusammengesetzt, denjenigen, die mir am vernünftigsten erschienen. Ihnen habe ich einen Vorschlag unterbreitet: ‹Wir teilen das Geld, das wir erwirtschaften, unter uns auf.› Sie akzeptierten meinen Vorschlag, weil sie meine Fähigkeit erkannten, Geschäfte zu machen. So habe ich ein stabiles System im Gefängnis aufgebaut, indem ich eine Art Mittler zwischen beiden Parteien des Straflagers wurde, den kriminellen und den staatlichen Autoritäten. Auf jeden Fall wurde von diesem Zeitpunkt an keiner mehr ermordet, vielmehr konnten die Gefangenen von nun an sicher sein, dass sie sowohl etwas Geld verdienen konnten als auch etwas zum Essen bekamen.

Vor kurzem sah ich übrigens im Fernsehen eine Reportage aus dem Arbeitslager Charkow. Verschiedene Gefangene wurden interviewt. Sie erzählten dem Reporter, dass es heute nicht mehr so gut sei wie damals, als Rabinovich noch da war. Damals sei es gerechter zugegangen, die Miliz sei netter gewesen. Sie haben sogar meine Zelle gezeigt und gesagt: ‹Da hat er gesessen. Das war sein Bett.›

Die Leitung des Straflagers wollte nicht begreifen, dass sie, die bislang alles direkt mit den kriminellen Autoritäten ausgemacht hatte, nun mit Rabinovich teilen musste. Das führte dazu, dass Vadim Rabinovich etwa dreißigmal in die Strafzelle, den Isolator, gebracht wurde.

«Wissen Sie, was das ist – ein Isolator? Eine winzige Zelle, drei Meter lang und einen Meter breit. In der Zelle war ein Holzbrett, das während des Tages hochgeklappt werden musste, damit der Gefangene sich nicht hinsetzen oder hinlegen konnte. Natürlich wird diese Zelle nicht beheizt, und im Winter war es nicht auszuhalten, weil man gerade mal, mit viel Glück, einen dünnen Trainingsanzug besaß. Manchmal bestand die Möglichkeit, sich die Hände an einer Glühbirne zu wärmen. Im Isolator durfte man höchstens 30 Tage eingesperrt werden. Aber ich galt als ein besonders gefährlicher Verbrecher. Deshalb traf diese Bestimmung auf mich nicht zu.»

Essen erhielt der Gefangene im Isolator nur jeden zweiten Tag: zum Frühstück eine Tasse kochendes Wasser, ein bisschen Zucker und ein Stück Brot. Mittags gab es nichts. Abends gab es ein Stück Brot mit einem Hering und noch eine Tasse kochendes Wasser.

«Ich hatte das Glück, nicht so häufig mit der Hundepeitsche geschlagen zu werden. Aber nach ein, zwei Wochen verwischt der Eindruck, man sei noch ein Mensch. Und vom 26. Tag des Aufenthalts im Isolator an halluzinierte ich nur noch Essen.»

In den Augen Rabinovichs war das Gefängnissystem ein Abbild des gesamten Systems in der UdSSR. Insbesondere nach der so genannten Perestroika wurde in den Lagern und Gefängnissen der ehemaligen UdSSR so gut wie alles käuflich. Selbst die Arbeitsnormen, die die Gefangenen zu erfüllen hatten, waren von nun an zu kaufen.

«Die Aufseher im Lager übten mit verschiedenen Methoden Druck auf die Gefangenen aus. Zum Beispiel wenn in den Fabriken, in denen die Häftlinge arbeiteten, bestimmte Kontingente erfüllt werden mussten. Wenn das nicht gelang, musste der Gefangene zur Strafe in den Isolator. Bei Wiederholung wurde das sogar als Aufstand in der Zone verstanden. Dann wurde einfach die Gefängnisstrafe verlängert.»

Aber in bestimmten Fabriken herrschten Normen, die für die Gefangenen faktisch unerfüllbar waren. Dann gab es nur einen Ausweg: die Erfüllung zu kaufen.

«Wir mussten beispielsweise Kabel zusammenschweißen. Die Tagesnorm betrug fünfzig Stück. Egal wie. Mir ist es gelungen, gerade mal zwanzig zusammenzuschweißen, und ich musste mich dabei gewaltig anstrengen. Sie werden es nicht glauben: Am Abend, wenn die Aufseher das Arbeitssoll prüften, hatte ich tatsächlich die Norm erfüllt. Ich hatte anderen Gefangenen Geld dafür gegeben, dass sie für mich gearbeitet haben, und deshalb konnte ich jeden Tag fünfzig Kabel abliefern. Als der Gefängnisdircktor das erfuhr, tobte er: ‹Das ist doch unmöglich, diese Norm zu erfüllen. Rabinovich hat uns betrogen.›

Deshalb wurde ein Offizier beauftragt, am nächsten Tag nicht von meiner Seite zu weichen. Er sollte genau beobachten, wie ich die Norm erfüllte. Ich begann also mit der Arbeit. Dann rief ihn jemand, und er verließ für einige Zeit, eine halbe Stunde etwa, seinen Platz. Das wiederholte sich. In der Zwischenzeit brachten mir die anderen Gefangenen fünfzig Kabel. Die verteilte ich über den ganzen Tag. Und am Abend hatte ich das Soll erfüllt. ‹Bürger Rabinovich. Ich begreife nicht, wie du das gemacht hast›, hielt mir der Offizier vor. ‹Du hast betrogen. Ich werde das dem Direktor melden.›

‹Nein, Genosse Major›, antwortete ich ihm. ‹Das wirst du nicht tun. Du wirst Probleme bekommen, wenn ich dem Direktor berichte, dass du immer wieder einmal deinen Platz verlassen hast.› Also hat er aus Angst geschwiegen, und alles war in Ordnung.

Oder ein anderes Beispiel. Die Häftlinge wurden in das Maluschawerk gebracht. Das ist eine Panzerfabrik gewesen, in der auch Blei verarbeitet wurde. Die Arbeitsbedingungen waren schrecklich. Es gab keinerlei Schutzvorrichtungen. Abends kamen die Gefangenen mit schwarzen Gesichtern in die Baracken zurück. Einige waren schwer krank wegen des Bleistaubs, den sie eingeatmet hatten. Aber keiner behandelte sie. Trotzdem war die Arbeit sehr begehrt, denn die Entlohnung war hier höher als in anderen Fabriken. Und man hatte die Gelegenheit, ganz normal mit anderen Arbeitern aus der Stadt zu reden und mit ihnen auch private Angelegenheiten zu besprechen. Als die Gefängnisverwaltung endlich begriffen hatte, dass es keinen Sinn hatte, gegen mich vorzugehen, haben sie mich dort arbeiten lassen. Abends sollte ich wieder in die Zone zurückkehren. Das war der entscheidende Fehler des Gefängnisdirektors. Der Transportwagen, der uns von der Fabrik in die Zone zurückbrachte, wurde von einem Offizier und vier Soldaten bewacht. Das waren zu wenige, und ich hatte sie gekauft. So konnte ich mit dem Transportwagen immer mal wieder aus der Zone herausfahren und meinen vielfältigen Geschäften nachgehen. Bis das Unglück wieder einmal zuschlug.

Das war, als ich in einem Café verhaftet wurde. Ich, der eigentlich im Gefängnis sitzen sollte, konnte mich inzwischen frei bewegen und mit Freunden zusammen in einem Café in der Nähe der Fabrik sitzen. Eigentlich ist das unmöglich. Doch ich hatte die verantwortlichen Wächter gekauft. Aber ein mickriger Informant hatte uns verraten, und an einem sonnigen Nachmittag stürmten Miliz und Wärter des Gefängnisses das Café und verhafteten uns. Der Gefängnisdirektor hatte seine Freude. Denn für Flucht, und als solche wurde mein Cafébesuch erklärt, wurde man mit zusätzlichen drei Jahren Gefängnis bestraft. Als ich zum Direktor Inan Pliew geführt wurde, forderte er mich auf: ‹Du schreibst jetzt genau auf, wie es dazu gekommen ist, dass du dich frei bewegen konntest.› ‹Natürlich, Genosse Direktor›, erwiderte ich. Und ich schrieb auf, wie es wirklich war: ‹Ich habe immer die mir auferlegten Aufträge erfüllt. Ich habe für Sie, den Genossen Gefängnisdirektor, Ersatzteile für Ihren Wolga in der Fabrik gestohlen. Ich habe außerdem viel Metall gestohlen, das Sie weiterverkauft haben.›

Als der Direktor das gelesen hatte, wurde er weiß wie eine Kalkwand. Er zerriss das Blatt und sagte mir, dass wir alles, was vorgefallen sei, vergessen werden. Ein schöner Triumph war das für mich, insbesondere deshalb, weil zuvor etwas geschehen war, was ich ihm nicht verzeihen konnte.

Zwei Monate vor meiner Verhaftung im Café, im Frühjahr 1989, war mein Vater gestorben. Ich appellierte damals an den Direktor, mich für einige Stunden zur Beerdigung gehen zu lassen. Ungerührt und mit scharfer Stimme entgegnete er: ‹Nein, auf keinen Fall.› ‹Aber der Staatsanwalt hat doch seine Zustimmung gegeben›, wandte ich ein. ‹Es ist mir gleichgültig, was die Staatsanwaltschaft sagt. Ich werde dich nicht rauslassen.› Als unter Gorbatschow eine Amnestie verkündet und viele Verbrecher freigelassen wurden, war ich übrigens nicht dabei. Dieses Amnestiegesetz galt nicht für besonders gefährliche Personen und solche, die nicht resozialisierbar sind.»

Ich, der KGB-Mitarbeiter

Bis heute hält sich in der Ukraine das Gerücht, dass Vadim Rabinovich bereits im Gefängnis vom KGB angeworben wurde. Beweise dafür gibt es nicht.

«Im Lager bestand immer ein offener Konflikt zwischen den Offizieren des Innenministeriums und denen des Sicherheitsdienstes, des KGB, der in jeder Zone einen Vertreter hatte. Diese Konflikte wollte ich für mich ausnutzen. Und deshalb wurde ich Mitarbeiter des KGB. Für meine Zone war gegen Ende 1986 ein junger KGB-Mann zuständig. Damals bekam ich einige Probleme mit dem Direktor. Er versuchte wieder einmal, eine Strafaktion gegen mich zu starten. Bislang war das immer vergeblich gewesen. Deshalb bin ich zu diesem KGB-Mann gegangen. Er wusste, dass ich eine wichtige Informationsbörse war, denn ich hatte sowohl gute Kontakte zur Verwaltung wie auch zu den Gefangenen, sogar den wichtigsten, den ‹Dieben im Gesetz›.

Als ich ihn sein Büro kam, schaute er mich zuerst ganz verwundert an. ‹Was wollen Sie?›, herrschte er mich an. ‹Genosse. Ich bereue, was ich getan habe›, antwortete ich ihm. ‹Ich habe meine Schuld eingesehen, bitte vergeben Sie mir. Ich bin bereit, mit Ihnen zusammenzuarbeiten.› Er war überglücklich, hoffte er doch, durch mich wichtige Informationen zu erhalten. Außerdem war er davon überzeugt, dass er dank meiner Kooperation in der Hierarchie des KGB aufsteigen würde. Sofort hat er allen Entscheidungsträgern, der Verwaltung, der Miliz, den Politkadern im Gefängnis, die Anweisung gegeben, dass man mich von nun an in Ruhe lassen müsse, weil ich mit ihm nun zusammenarbeiten würde. Insbesondere die Miliz hatte nun tödliche Angst. Sie befürchtete, dass ich Informationen über sie an den Vertreter des KGB weitergeben würde. Am nächsten Abend rief mich der KGB-Mann zu sich. Er zeigte mir ein Stück Papier. ‹Das musst du unterschreiben. Jetzt wirst du für uns arbeiten und mir immer Bericht erstatten. Hast du das verstanden?› ‹Natürlich, Genosse.› Und ich habe das Papier leichten Herzens unterschrieben. ‹Das ist gut›, sagte er. ‹Jetzt wirst du einen Tarnnamen (klischka) erhalten: Pilot.›

Jeder Informant des KGB hatte einen solchen Tarnnamen. Nachdem ich das Papier unterschrieben hatte und nun der ‹Pilot› war, ging in der Zone alles zu meiner Zufriedenheit weiter. Niemand störte mich mehr bei meinen Geschäften.

Jeden Abend traf ich mich mit dem KGB-Mann, dem ich Rapport erstatten sollte: über Gefangene, über die Miliz, über Personen, die ich vor meiner Verurteilung gekannt hatte. Das war nun etwas problematisch. Also erzählte ich ihm einige Geschichten, die völlig belanglos waren. Entsprechend unzufrieden war er. ‹Du hast doch so gute Kontakte zur Miliz. Gibt es da

Bestechung?› ‹Nein, nicht so direkt. Aber ich werde mir in den nächsten Tagen Gedanken machen, was ich Ihnen sagen kann, ohne dass mein Leben gefährdet ist.›

Um ihn ruhig zu stellen, habe ich mir einen besonderen Fall ausgedacht.

‹Ich kann Ihnen heute mitteilen, dass die Gefangenen in der Zone acht dabei sind, ein Flugzeug zu stehlen.›

Er war ganz aufgeregt und hat alles brav aufgeschrieben. Als nach 14 Tagen ein erfahrener Vertreter des KGB in die Zone gekommen ist, flog meine Geschichte natürlich auf. Danach waren die vom KGB ziemlich verärgert. Ich sollte ein Papier unterzeichnen, auf dem stand, dass der KGB ab sofort jegliche Zusammenarbeit mit mir beendet. Ich habe das sofort unterschrieben. Diese Nachricht erhielt umgehend das Innenministerium. Aber die von der Miliz glaubten mir nicht. Sie waren der festen Überzeugung, dass ich trotzdem weiter mit dem KGB zusammenarbeite und dass diese Erklärung eine Falle sei. Deshalb behandelten sie mich auch weiterhin zuvorkommend.

Später habe ich über diese Geschichte mit einigen Dissidenten gesprochen. Sie behaupteten, es gäbe kein Dokument, wonach der KGB jegliche Zusammenarbeit mit einem der Informanten beendet. Es war damals für mich wie ein Glücksspiel. Ich finde Glücksspiele ja bis zum heutigen Tag nicht besonders attraktiv, kann damit wenig anfangen. Aber ich bin ein Spieler, der mehr Risiken eingeht, als notwendig sind. Im Gefängnis hat mir diese Einstellung genauso geholfen wie im späteren Leben. Glück und Unglück sind im Gefängnis ein Paar. Und außerhalb der Gefängnismauern auch.»

Ein Mitgefangener erinnert sich

Sein Name ist Jakob Imbrig, 46 Jahre alt. Heute arbeitet er in Kiew, im Unternehmen von Vadim Rabinovich, als sein stellvertretender Direktor. Während eines der Gespräche, die ich mit

Rabinovich in Kiew führte, kam Imbrig in dessen Privatbüro. Als er zu erzählen begann, verließ Rabinovich das Zimmer.

«Vadim hat gesagt, dass ich aufrichtig sein soll. Wir waren bereits als Kinder befreundet, sind zusammen in die Schule gegangen, und unsere Mütter waren befreundet. Beide waren Ärztinnen in Charkow. Nach der Schulzeit haben wir uns aus den Augen verloren. Erst im Gefängnis sind wir uns wieder begegnet. Das war im Jahr 1988. Zweieinhalb Jahre waren wir dann zusammen.

Ich bin ins Arbeitslager gekommen, nachdem bei mir verschiedene Waffen gefunden worden waren. Deshalb wurde ich zu fünf Jahren Lager verurteilt. Um genau zu sein, es waren drei Pistolen. Bei uns war es so, dass bei den Ermittlungen die Verdächtigen im Untersuchungsgefängnis sitzen. Nach dem Urteil kommen sie in das Arbeits- und Erziehungslager. Als ich im Lager war, ist meine Mutter gestorben. Ich hatte keine Möglichkeit, sie vor ihrem Tod anzurufen. Und ich durfte nicht zum Begräbnis gehen. Daraufhin versuchte ich, mir in der Zelle das Leben zu nehmen, indem ich meine Adern am Arm aufschnitt. Das Blut habe ich in eine alte Schüssel rinnen lassen. Und als der Politkommissar, der stellvertretende Leiter des Lagers, zu mir in die Zelle kam, habe ich die Schüssel genommen und ihm ins Gesicht geschüttet. Das hat natürlich wieder Ärger gegeben.

Als ich ins Arbeitslager Charkow kam, war Vadim dort bereits der einflussreichste Mann. Er hatte seine eigene Lebensphilosophie: Versuche zu überleben, lass dich nicht einschüchtern, tue alles, was den anderen etwas bringt, wenn es nur dir Nutzen bringt. Im Lager hatte er bereits gute Geschäfte gemacht und ziemlich viel Geld verdient.

Ein Beispiel möchte ich Ihnen erzählen. In der Zone mit dem verstärkten Regime, der Nummer 18, wo ich und Vadim waren, gab es eine Rüstungsfabrik. Bezahlt wurden wir mit Kopeken. Es war so gut wie nichts, reichte nicht einmal, um etwas Anständiges zum Essen zu kaufen. Viele Gefangene hungerten. Aber Vadim hat Arbeitsplätze geschaffen, und deshalb haben die Gefangenen, die für ihn gearbeitet haben, auch etwas zu essen bekommen. Für einige von ihnen erreichte Vadim sogar, dass sie ein oder zwei Jahre früher aus dem Arbeitslager entlassen wurden. Sie müssen sich das vorstellen. Er war der Einzige unter den 5000 Gefangenen, der, natürlich inoffiziell, zweimal in der Woche das Gefängnis verlassen und nach Hause fahren konnte. Das war ansonsten unmöglich.

Warum er einen derart großen Einfluss hatte? Das war sicher der Tatsache geschuldet, dass er Arbeit besorgen konnte. Man musste natürlich, um im Lager etwas kaufen zu können, über Geld verfügen, Geld, das man wiederum nur im Lager verdienen konnte. Das dringlichste Problem war bei uns der Hunger. Wie ein Tier hat jeder Mensch seine Instinkte. Und der Hauptinstinkt ist, etwas zu essen zu finden. Alles, was wir im Lager hatten, verdankten wir letztlich Vadim. Die Verwandten durften ja nichts mitbringen. Zeitschriften und vielleicht Seife waren das Einzige, das sie manchmal ins Lager bringen durften. Die Angehörigen benötigten ja selbst Hilfe. Es war schrecklich. Den meisten Menschen draußen ging es auch sehr schlecht.

Die Gefangenen kannten ihre Rechte nicht. Vadim hat ihnen geholfen. Er wurde von allen mit seinem Vornamen angeredet, sogar von seinen Bewachern. Die kriminellen Kreise hatten riesigen Respekt vor ihm. Er lebte jedoch nicht nach ihren Regeln und Normen. Sie hatten sich sogar an ihn gewandt, um Rat einzuholen. Das ist normalerweise in diesen Kreisen undenkbar. Ich glaube, Vadim hat die kriminellen Autoritäten neutralisiert.

Nachdem ich entlassen wurde, also nach über fünf Jahren, besaß ich gerade mal umgerechnet zwei Dollar. Als ich verhaftet wurde, hatte man meine Wohnung und mein Auto beschlagnahmt. Mein Vater lebte mit einer anderen Frau zusammen. Ich hatte keinen Platz zum Übernachten. An diesem Tag hat mich Vadim zu sich genommen, und alle Probleme waren erst mal gelöst. Also, lassen Sie es mich so ausdrücken: Er hat von den Gesetzmäßigkeiten im Gefängnis profitiert. Und ich bin ihm dankbar.»

Perestroika und das Ende der Haft

Während Vadim Rabinovich im Arbeitslager saß, brach in der Sowjetunion eine neue Epoche an, die das gesamte alte System massiv erschüttern sollte. Michael Gorbatschow, der 1985 an die Macht gekommen war, unternahm den Versuch, mit Hilfe der Politik der «Perestroika» und «Glasnost» dem heruntergekommenen System neues Leben einzuhauchen. Die Massenmedien begannen, sich von den Fesseln der Zensur zu befreien, und in der Wirtschaft entwickelten sich die ersten Privatinitiativen, die heute als Raubtierkapitalismus bekannt und berüchtigt sind. Aus der sowjetischen Verfassung wurde der Leitsatz über die «führende und lenkende Rolle der KPdSU» gestrichen. In der Sowjetunion herrschte in jeder Hinsicht Aufbruchstimmung.

«In meiner Zeit im Gefängnis», erzählt Vadim Rabinovich, «habe ich natürlich auch die Perestroika erlebt. Für fast alle war sie mit großen Hoffnungen verbunden, obwohl sie anfangs lediglich etwas Abstraktes bedeutete, was die Mächtigen in Moskau da beschlossen hatten. Und über die Revolution in den Köpfen trauten wir uns damals nicht viel zu sagen. Es schien mir jedenfalls so, als sei man von einem fremden Planeten in die normale Welt zurückgekehrt.

Zuerst wurde die Ernährung im Isolator geändert. Von nun an gab es jeden Tag Essen. Die Gefangenen brauchten sich nicht mehr die Kopfhaare abrasieren zu lassen und durften Zivilkleidung tragen. Wir hatten einen neuen Fernseher bekommen, erhielten eine halbe Stunde mehr Freizeit, und es gab jede Menge Zeitungen. Wichtiger für uns war jedoch, dass man nun keine Angst mehr vor den Machtorganen zu haben brauchte. Diese befürchteten nämlich, dass die Medien über die miserablen Zustände in den Gefängnissen, Lagern und Anstalten etwas veröffentlichen würden.

Für mich persönlich hatte Perestroika eine immense Bedeutung. Ohne sie hätte ich noch vier weitere Jahre im Gefängnis verbringen müssen. Aber erst Ende 1989 ist der Vertreter der

Staatsanwaltschaft in unsere Zone gekommen. Er schaute sich meine Unterlagen an und fragte, warum ich nach dem Amnestiegesetz noch nicht freigelassen worden sei. Der Direktor antwortete ihm: ‹Rabinovich war immer renitent und deshalb auch häufig im Isolator. Wir konnten ihn noch nicht auf die Gesellschaft loslassen.›

Die weiteren Ereignisse und die geschäftliche Erfolgsstory von Vadim Rabinovich wurden im Jahr 1990 ganz sicher auch von einem besonderen Vorfall im Arbeitslager geprägt.

«Ein Jahr vor meiner Entlassung kamen neue Offiziere ins Arbeitslager. Sie waren als die ‹Wilden› gefürchtet. Zum Leiter unserer Gruppe wurde Andrej Juriewisch Alioschin, ein junger Offizier, ernannt. Der Befehl, der ihm gegeben wurde, lautete: ‹Du musst Rabinovich zerbrechen.›

Ich weiß von ihm selbst, dass er diesen Befehl erhalten hatte. Als er seine Arbeit begann, las er sorgfältig meine Unterlagen durch. Dann wurde über Mikrophon der Befehl gegeben, dass ich sofort zu ihm zu kommen habe. Ich bin in sein Büro gelaufen, ein kleines Zimmer mit einem dunkelbraunen Holzschreibtisch, an der Wand hing ein Porträt von Gorbatschow. Mir war unheimlich. Schließlich war er Major des Innenministeriums. ‹Nimm bitte Platz.› Ich schaute ihn fragend an. ‹Ich habe den Befehl aus Moskau, dich mit allen Mitteln zu zerquetschen. Aber ich habe nun deine Unterlagen durchgelesen und verstehe überhaupt nicht, warum du im Gefängnis bist. Du hast niemanden getötet, nichts gestohlen. Ich finde, du bist ein guter Mann.› Und dann schlug er zu meiner Überraschung vor: ‹Werden wir gute Freunde nach dem Ende deiner Haftzeit.›

Damals stand mir noch eine mehrjährige Haftzeit bevor, und er wusste genauso wenig wie ich, dass mir die letzten Jahre erlassen werden würden. ‹Wenn du frei bist, können wir gemeinsam Geschäfte machen. Du bist ein prima Unternehmer. Das ist gut für die Zukunft.›

Er hasste das System, und wir wurden bereits im Gefängnis

gute Freunde. Natürlich hat sich unsere Freundschaft auf meine Geschäfte im Lager selbst nicht unvorteilhaft ausgewirkt.

Einige Wochen, bevor ich entlassen wurde, kündigte er im Innenministerium und zog sich ins zivile Leben zurück. Er sitzt übrigens im Nebenraum, denn heute ist er mein erster Stellvertreter.»

Ein Besuch in Kiew

Ende Juni 2000 werde ich von Vadim Rabinovich eingeladen, nach Kiew zu kommen. Das im Sommer 1999 gegen ihn verhängte fünfjährige Einreiseverbot besteht nicht mehr. Mir ist das ein Rätsel. Aber vielleicht haben sich inzwischen die politischen Konflikte gelegt, und der Ärger mit dem Sicherheitsdienst SBU hat ein Ende gefunden.

Ein normaler Sterblicher kann die Ukraine ohne gültiges Visum nicht betreten, und ich hatte keins. Aber Vadim Rabinovich erklärte mir am Telefon, ich brauche mir überhaupt keine Sorgen zu machen. Am Flughafen würde ich erwartet und dort mein Visum erhalten.

An Bord der Lufthansa-Maschine befinden sich auffällig viele amerikanische Touristen. Und einige deutsche Geschäftsleute. Die LH 3372 landet pünktlich um die Mittagszeit auf dem Flughafen Kiew-Borispol. Im Flugzeug hatte ich noch den Vortrag von Rainer Lindner aus dem Fachbereich Geschichte und Soziologie an der Universität Konstanz gelesen. «Nach einem Jahrhundert der verhinderten Staats- und gebrochenen Nationsbildung, nach traumatischen Erfahrungen der Vernichtung und existenzieller Abhängigkeit einer sowjetischen Peripherie steht das Land heute im zehnten Jahr seiner Unabhängigkeit. Ein selbständiges Land, aber noch kein gefestigter Staat, ein Volk mit reicher historischer und kultureller Tradition, aber noch keine Nation. Das Land hat sich verändert, ist offener geworden – offen zu sich selbst, offener gegenüber seinen Nachbarn und den Institutionen der (bisherigen) westlichen Welt. Die Staatsführung der Ukraine möchte lieber heute als morgen den politischen, wirtschaftlichen und Sicherheitsstrukturen beitreten, einschließlich der Nato. Dieser Weg nach Westen ist lang – sein Ziel ist keineswegs unumstritten.»

Mit einem gewissen Bangen verlasse ich das Flugzeug. Am Gate erwarten mich eine Vertraute von Vadim Rabinovich sowie ein Beamter des Zolls. Er trägt die charakteristische große grüne Schildmütze, ein strahlend weißes Nylonhemd und eine schwarze Hose mit Bügelfalte. Ich muss mich glücklicherweise nicht in die endlose Schlange der Mitreisenden und anderen Passagiere einreihen, die einige Minuten zuvor angekommen sind und die sich träge in Richtung der Passkontrolle bewegen. Bei der gemächlichen Arbeitsweise der Beamten werden sie wahrscheinlich eine halbe Stunde und länger warten dürfen, um abgefertigt zu werden. Ganz zu schweigen von den nervtötenden Zollformalitäten. Wir gehen zu einem Sonderschalter des Außenministeriums. Dort wartet bereits ein Beamter auf mich. Ich fülle einen Fragebogen aus, gebe mein Passfoto ab, und nach fünf Minuten habe ich ein Visum. Dem immer noch freundlich lächelnden Zollbeamten gebe ich mein Flugticket. Er will wissen, wie mein Gepäck aussieht, und verschwindet. Mit Rabinovichs Dolmetscherin und einer neu hinzugekommenen jungen Frau gehe ich auf das Flughafenvorfeld. Dort wartet ein Minibus auf uns. Ich weiß nicht, was los ist. Dann fahren wir über das Flughafengelände zu einem speziellen Gebäude, dem VIP-Terminal C. Während im normalen Flughafengebäude keine Klimaanlage funktioniert, sofern überhaupt eine vorhanden ist, ist hier alles neu, gekühlt, im Empfangsraum stehen Ledersesselgarnituren. Höfliche junge Damen fragen, ob wir etwas zu trinken wünschen. Nach einer kurzen Verschnaufpause werden wir einen Stock höher geführt, in eine Suite gebeten, ausgestattet mit einem Fernsehapparat und allen modernen Telekommunikationseinrichtungen. Wir warten eine Weile, trinken eine

Cola. Dann ist es so weit. «Wir gehen», sagt einer von Vadim Rabinovichs Bodyguards. An einem Schalter wird kurz mein Pass kontrolliert, außerordentlich zuvorkommend, und wir verlassen den VIP-Terminal.

Vor der Tür parkt eine Armada schwarzer Fahrzeuge: Mercedes, Range Rover, alles vom Feinsten, bewacht von jungen Männern in schwarzen Anzügen mit Sonnenbrillen. Mein Koffer befindet sich bereits in einem großen schwarzen Mercedes, der uns nach Kiew bringen wird. Als wir abfahren, setzt sich hinter uns ein Range Rover in Bewegung. Die Bewachungsmannschaft. Wir rasen aus dem Flughafengelände, fahren auf die Autobahn, und ab geht es in Richtung Kiew. Durch die getönten dunklen Scheiben sieht alles verschwommen aus, als würde ein Filter Armut und Alltag absorbieren. Ich sehe riesige Reklametafeln. «Das ist eines der Geschäfte von Vadim», erklärt mir Irina. Auf der Autobahn ist ein Sonderstreifen eingezeichnet, reserviert für die alte und neue Elite. Ein Relikt aus der Zeit der UdSSR, als die Nomenklatura Vorfahrt hatte. Seltsamerweise hält sich jeder an die alten Regeln. Unsere Eskorte nutzt selbstverständlich diesen Sonderstreifen. Dann überqueren wir den Dnjepr, einen breiten, bedächtig fließenden Fluss, und nach wenigen Minuten sind wir bereits im Zentrum von Kiew, dem Jerusalem des Ostens. Kiews Wahrzeichen sind die goldenen Kuppeln der orthodoxen Kirchen.

Geschwindigkeitsbegrenzungen, rote Ampeln, Stau – das werde ich später mit klammheimlicher Freude feststellen – scheinen für unseren Fahrer und die Begleitmannschaft nicht zu gelten. Nach einigen weiteren Minuten halten wir in der Mechnikowastraße vor einem großen roten Gebäude. Diesem ist ein Parkplatz für die Allgemeinheit vorgelagert. Männer, die stark nach Spähern aussehen, schlendern herum. Wir passieren, von gut ausgebildeten Männern bewacht, eine Schranke und parken am Hintereingang. Hier stehen weitere fünf gepflegte schwarze Luxuslimousinen. Wüsste ich nicht, dass wir das zentrale Bürogebäude von Vadim Rabinovich vor uns haben, ja, genau so hätte ich mir ein Hauptquartier der russischen Mafiya vorgestellt.

In einem Aufzug fahren wir ins dritte Stockwerk, laufen an verschiedenen Büroräumen vorbei, auf denen in kyrillischer Schrift etwas steht, was ich leider nicht entziffern kann. Endlich betreten wir Vadim Rabinovichs «Nervenzentrum». Er ist kurz vor mir aus Tel Aviv angekommen. In der Mitte seiner Büroflucht befindet sich das Sekretariat, voll gestopft mit Akten und zwei Schreibtischen, ganz gewöhnlich. Rechts davon ist ein recht aufwendig gestylter, etwa 80 qm großer Raum mit schwarzen Ledergarnituren und eigener Toilette. Und links grenzt das Arbeitszimmer von Vadim Rabinovich an. Der sitzt am Schreibtisch und freut sich, mich begrüßen zu können. Ein typisches Arbeitszimmer, nichts Besonderes, denke ich. Neben der Tür ein Aquarium, das ist die einzige Auffälligkeit: Ein kleiner Wasserfall endet in ihm. An den Wänden hängen Auszeichnungen, und auf einem einfachen Bücherregal stehen eingerahmte Fotos. Es sind Fotos, die für Vadim Rabinovich wichtig sind, unter anderem die Aufnahme mit Bill Clinton und dessen Vize Al Gore. In einem größeren Silberrahmen steckt ein Foto von Rabinovichs jüngster Tochter. Sein Schreibtisch ist mit Unterlagen beladen. Und ständig klingelt entweder sein Handy oder das schon etwas älter aussehende Tischtelefon. Außerdem entdecke ich noch einen kleinen Wintergarten und ein Zimmer, in dem viele Akten herumliegen.

Wir setzen uns auf gelbbraune Ledersessel und besprechen kurz, wie wir in der nächsten Zeit verfahren werden, damit ich nun endlich diesen, wie mir scheint, wichtigsten Teil seiner Lebensgeschichte erfahre, die Episode, die nach dem Gefängnisaufenthalt im Jahr 1991 beginnt. Die Planung zieht sich eine Stunde lang hin. Dann werde ich ins Hotel Natsionalny chauffiert. Rabinovich und einer seiner Geschäftspartner begleiten mich. Es ist ein zwölfstöckiger wuchtiger Kasten und liegt im Nobelviertel Kiews, in Pechersk, an der Lypskastraße. Ein staatliches Traditionshotel, berühmt dafür, dass hier ausländische

Gäste und Delegationen, die vom Parlament, dem Präsidenten der Ukraine oder von den Ministern eingeladen werden, angemessene Unterkunft finden. Gemeinsam gehen wir durch die riesige Halle aus weißem und braunem Marmor. Ein riesiger Kristalllüster spendet Licht. Trotzdem wirkt es unheimlich und düster. An der Rezeption sitzen zwei ältere, mürrisch blickende Frauen, weiße Bluse, schwarzer Rock.

«Hier hat vor ein paar Tagen euer Außenminister Fischer übernachtet», plaudert Vadim Rabinovich, als wir an der Rezeption stehen und ich meinen Pass abgebe.

Die Leblosigkeit in der Eingangshalle löst bei mir eine seltsame Beklemmung aus.

«Ich weiß», beruhigt mich Michael, ein Freund und Geschäftspartner von Vadim Rabinovich, «der Service hier ist katastrophal, aber die Zimmer sind die besten in ganz Kiew.» Und er hat Recht. Die Suite im zehnten Stock ist gediegener Luxus: breite rote Sesselgarnituren, ein gemusterter weicher roter Teppichboden, helle Täfelung, zwei Fernseher, einer im Wohnraum, der andere im Schlafzimmer, ein Whirlpool im Badezimmer, der allerdings nicht funktioniert. Später erfahre ich, dass die Zimmer im Hotel verwanzt sind. Der Geheimdienst SBU möchte zu gerne wissen, worüber sich die Gäste unterhalten. Als «Ausgleich» dafür liegen viele Notizblöcke herum. Unverfängliches wird laut gesprochen, wichtige Informationen unterdessen schriftlich notiert und dem Gesprächspartner überreicht. Mit einer Videoüberwachung rechne ich natürlich nicht. Jetzt fällt mir der Brief eines befreundeten Journalisten ein, den er mir kurz vor meiner Abreise nach Kiew geschrieben hatte.

«Hallo. Ich war in der letzten Woche vier Tage in Kiew und wurde ständig von zwei verschiedenen Autos begleitet. Durch meine Kontakte fand ich heraus, dass sie dem SBU gehören. Die Leute waren nicht besonders diskret. Deshalb war es einfach, sie abzuschütteln, indem ich das Taxi wechselte und durch kleine Straßen und über Hinterhöfe gelaufen bin. Nach meinen Treffen mit verschiedenen Leuten standen die Wagen wieder vor meiner Wohnung. In dieser Zeit haben sie, wie mir ein Nachbar erzählte, mein Appartement besucht. Der Nachbar dachte, es seien meine Freunde. Nichts fehlte, nichts wurde anscheinend angerührt. Aber sie hatten vergessen, meine Badezimmertür zu schließen, etwas, was ich prinzipiell tue. Fuck them. Wenn sie diskret gewesen wären, hätte ich tatsächlich ein Problem. Ich schätze aber, dass sie mich nur verunsichern wollten.»

Nachdem Vadim Rabinovich und seine Begleiter mich zur Suite geleitet haben, verabschieden wir uns. In einer Stunde sollte ich wieder abgeholt werden. Pünktlich steht ein Wagen vor der Tür, um mich in Rabinovichs Büro zu bringen. Ich stelle ein Tonband an, und Vadim Rabinovich beginnt zu erzählen. Gegen 19 Uhr lädt er mich zum Essen ein. Wie immer, wenn er eine Entscheidung getroffen hat, muss es besonders fix gehen. Wieder steige ich in den gepanzerten Mercedes 600 ein, wieder folgt uns ein Range Rover mit Bodyguards. Vadim Rabinovich fährt selbst, und zwar wie ein Teufel durch die Stadt, außerordentlich geschickt. «Einen Unfall hatte er noch nie, bis auf das eine Mal, im Winter», beruhigt mich die ihn begleitende Sekretärin. «Da war die Straße eisig, und um einer Passantin auszuweichen, ist er gegen einen Baum gefahren. Der Wagen ist gepanzert, daher ist kein großer Schaden entstanden, vom Baum einmal abgesehen.»

Kein Verkehrsschild ist es wert, beachtet zu werden. «Das Lokal ist eines der besten in Kiew», erzählt Vadim Rabinovich, während er mit einer Geschwindigkeit von 100 km/h wieder einmal an einer roten Ampel vorbeifährt. Einen besonders vornehmen Eindruck macht das Lokal nicht, obwohl nur schwere Limousinen auf dem Parkplatz stehen. Einer der Leibwächter geht voraus. Das Restaurant ist zweigeteilt: Ein Teil ist bestückt mit Relikten aus der Sowjetzeit. Bilder von Lenin, Büsten von Stalin, rote Fahnen, Fotos von jungen Pionieren. Der andere Teil des Restaurants ist der Zarenzeit gewidmet. Die Tische sind alle besetzt. Auf der gegenüberliegenden Seite des Lokals steht übrigens das Lawra-Kloster. Ein magnetischer Anziehungspunkt vieler gläubiger Ukrainer. Fürst Wladimir Swjatoslawitsch bekehrte im Jahre 988 die Bürger Kiews zum Christentum. Seine Mönche gruben sich in die Erde ein. Die Katakomben und Höhlengänge unter dem Lawra-Kloster entwickelten sich im Laufe der Jahrhunderte zu einer eigenen kleinen Stadt und reichen angeblich bis nach Smolensk, 500 Kilometer weit. Pro Quadratmeter dürften hier mehr Heilige als sonst irgendwo in der Welt begraben sein. Denn die Mönche bestatteten in dem Labyrinth ihre Toten, und wer sich lebendig einmauern ließ, wurde automatisch heilig gesprochen. Jeden Tag stehen lange Menschenschlangen vor den Toren des Klosters, um die Heiligen zu ehren.

Wir fahren weiter, diesmal direkt an den Dnjepr. Am Ufer liegt ein mächtiges Hausboot, das zu einem Restaurant im Blockhausstil umgebaut wurde. «Der Tisch muss beladen sein, das ist ein Zeichen unserer Gastfreundschaft», klärt mich Vadim Rabinovich auf und bestellt vorneweg roten und grünen Borschtsch mit saurer Sahne, eine traditionelle Gemüsesuppe, sowie Platten mit Salzgurken, Hering im Apfel, rotem Rogen von Regenbogenforellen, eingelegten Tomaten und einer Unzahl anderer Vorspeisen. Als Hauptspeise gibt es Räucherlachs, russische Ravioli, gefüllt mit Räucherlachs und verschiedenen Braten, so viel, dass mehr als die Hälfte übrig bleibt. Von den Nachspeisen, flambierte Erdbeeren mit Rum und ein fetter Kuchen, bleibt das meiste stehen. «Kennen Sie diesen Witz»?, fragt mich Vadim Rabinovich. «Ein Russe, der im Geld schwimmt, hat sein neues Auto zu Schrott gefahren. ‹Oh, mein Mercedes, mein armer Mercedes›, jammert er. Einer, der zufällig vorbeikommt, bemerkt, dass dem Mercedes-Fahrer ein Arm fehlt: ‹Was jammerst du über dein Auto, schau dich mal an, du hast bei dem Unfall einen Arm verloren.› Der Neureiche blickt an sich herab und fängt an zu stöhnen: ‹Oh, meine Rolex, meine Rolex.›

Ich bin inzwischen todmüde, Michael Jurtschenko, mein Übersetzer, ein junger Student, ebenfalls. In einer Pause zwischen Essen und Trinken hat er mir erzählt, dass er im vorigen

Jahr in Frankfurt an der Oder war, mit dem Zug dorthin 36 Stunden gefahren sei, was ihn nicht weiter störte. Übel stieß ihm jedoch die Ausländerfeindlichkeit auf, die er erlebte, und das nur, weil er Russisch sprach.

Am nächsten Morgen suche ich den riesigen, aber leeren Frühstückssaal meines Hotels auf. Die Bedienung, eine finster dreinschauende Frau in weißer Bluse, schwarzem Rock und hochgesteckten Haaren erinnert mich an eine Domina für altgediente Parteimitglieder. Kein Lächeln. Als sei man ein Störenfried. Die Bedienung ist König und Gast ein Schimpfwort. Man kann also froh sein, überhaupt bedient zu werden.

Vor dem Eingang des Hotels, das immer noch wie ausgestorben wirkt, wartet bereits der Chauffeur von Vadim Rabinovich auf mich. Bevor Rabinovich in seinem Büro weitererzählt, zeigt er mir, im Schlepptau einen Leibwächter, die verschiedenen Abteilungen des Gebäudekomplexes in der Mechnikowastraße. Im obersten Stockwerk befinden sich die Büros der All-Ukrainischen Jüdischen Gemeinde samt Bibliothek. Ein Stockwerk tiefer sind die Redaktionsräume einer seiner Zeitungen. Vadim Rabinovich stellt mir Wladimir Katsman, den Chefredakteur seiner Wochenzeitung VEK, vor. Er ist gerade dabei, einen Artikel über die kommerziellen Aktivitäten der orthodoxen Kirche in Russland und der Ukraine zu redigieren. «Wir haben Ermittlungen in den GUS-Staaten über die kommerziellen Aktivitäten der orthodoxen Kirche angestellt. In der Ukraine gibt es zwei orthodoxe Kirchen. Die eine gehört zum Patriarchat von Moskau, die andere ist unabhängig. Das Ergebnis unserer Untersuchungen ist, dass die Kirche über eine Reihe von wirtschaftlichen Unternehmungen verfügt. Ihr Privileg ist es, wenig Steuern zu zahlen. Aber einige ihrer Wirtschaftsunternehmen handeln nicht im Rahmen des Gesetzes. Zu Zeiten der Sowjetunion wurde die Kirche streng vom KGB kontrolliert und vom Dienst zu verschiedenen Zwecken benutzt. Entsprechend verzweigt waren ihre wirtschaftlichen Tätigkeiten. Und die gibt es bis heute. Für uns ist das natürlich ein heikles Thema. Wenn wir darüber schreiben, behaupten unsere Gegner, wir würden die Religionsfreiheit verletzen. In der Ukraine gibt es die Orthodoxen, Juden und römische Katholiken, die recht harmonisch zusammenleben. Wenn dieser Artikel erscheint, wird es allerlei Probleme geben.

Jetzt möchte ich Ihnen noch etwas über einen anderen Bericht erzählen, den wir über Korruption in Russland veröffentlicht haben. Es handelt sich um die Primadonna des russischen Business, eine bekannte Geschäftsfrau aus Russland, die häufig im westlichen Fernsehen gezeigt wurde. Sie haben sie vielleicht auch einmal gesehen, mit ihrem wallenden strohblonden Haar und stark geschminkten Gesicht. Sie hatte gute Beziehungen im russischen Showbusiness, vor allem zu den Stars des Balletts. Diese Branche bietet die Möglichkeit, viel Geld zu investieren, viele illegale Geschäfte durchzuführen, viel Geld zu waschen. Zum Beispiel hatte sie Flugzeuge und Weltraumtechnologie in die Schweiz und in die USA verkauft. Vielleicht waren diese Geschäfte auch mit Waffenlieferungen verbunden, nicht mit Maschinenpistolen, sondern mit richtigen Militärsystemen. Aber das konnten wir nicht herausfinden, weil wir keinen Zugang zu den Archiven erhielten. Einmal nahm sie sogar an den Duma-Wahlen teil. Diese Frau hatte Verbindungen zu den höchsten Ebenen der politischen Macht, zum ehemaligen Premierminister Viktor Tschernomyrdin und zur Präsidentenverwaltung. So gelang es ihr, ein gewaltiges Vermögen anzuhäufen. Sie gründete zahlreiche Tarngesellschaften und hat viele Menschen, auch hier in der Ukraine, betrogen. Recherchiert haben wir jedenfalls ihre Verbindungen zu ukrainischen Fluglinien.

Das Luftfahrtwesen ist bei uns auf einem niedrigen Entwicklungsniveau, obwohl nach dem Zusammenbruch der UdSSR eine große Zahl von Flugzeugen im Land geblieben ist. In den Jahren 1991 bis 1993 verkauften bestimmte Leute aus der Verwaltung die wichtigsten Flugrouten für viel zu wenig Geld an Firmen, die wiederum dankbar waren, das heißt, sie haben die

Verantwortlichen der Verwaltung bestochen. Heute ist es so, dass die ukrainische Fluggesellschaft keine direkten Flüge beispielsweise nach New York anbietet. Stattdessen fliegen die Maschinen, die einer Firma in Tadschikistan gehören, nach Kiew, und von Kiew aus werden die Passagiere nach New York geflogen. Und nur deshalb, weil die lukrativen Flugverbindungen an ausländische Firmen verkauft wurden.»

Nachdem mir Wladimir Katsman noch erzählt hat, wie schwierig sich die Recherchen in solchen Fällen der Korruption gestalten, gehen Vadim Rabinovich und ich weiter. Dann folgt ein immer gleiches Ritual: klopfen, hineingehen, vorstellen, kurzer Rundblick, weitergehen. So erhalte ich einen gewissen Einblick in sein jetziges Imperium: eine Werbeagentur (die bei den letzten Parlamentswahlen der Grünen Partei erhebliche Rabatte für Werbung einräumte), einen Verlag, eine Investment-Consultingfirma, eine Getränkefirma, eine Versicherungsgesellschaft, das Unternehmen Prestige Card, ein Vertriebsunternehmen für Kosmetikprodukte und noch einige andere, an die ich mich kaum noch erinnern kann. «Das ist ein Teil meiner RC-Capital-Group.» Vadim Rabinovich ist sichtlich stolz auf seine Leistung.

Am Abend fahren wir in seine Datscha. Sie liegt direkt am Dnjepr. In bester Lage sind hier in den letzten Jahren Prachtbauten für die neuen Reichen entstanden. Der sandige, mit Schlaglöchern übersäte Weg zu seiner Datscha führt an kleinen, mickrigen Häusern vorbei. An das Vorbeihuschen der Luxuslimousinen werden die Menschen sich wohl längst gewöhnt haben. Rabinovichs Datscha, ein repräsentativer weiß getünchter Bau mit rotem Ziegeldach, ist von einer hohen Mauer umgeben. Das Stahltor am Eingang öffnet sich automatisch. An der Mauer, hinter der ein schmaler Weg am Dnjepr entlangführt, steht ein mit kugelsicherem grünen Glas verkleidetes Häuschen. Die das Gelände bewachenden Videokameras werden von hier aus kontrolliert. Männer in Tarnanzügen patrouillieren, während im Garten ein junger starker Hund, ein Mastino, herumtrabt. In der

Küche haben zwei Haushälterinnen das Abendessen zubereitet. Aber noch warten wir auf Gäste, auf einen jungen Politiker und Unternehmer und seine Ehefrau. Dann fährt er endlich vor. Es ist Andrej Derkatsch, der Sohn von Leonid Derkatsch, des mächtigen und einflussreichen Chefs des ukrainischen Sicherheitsdienstes SBU. Derkatsch junior, ich schätze ihn auf 35 Jahre, ist unter anderem Besitzer einer Zeitung und einer Fernsehstation.

Seine Ausbildung habe er beim KGB in Moskau genossen, auf der dortigen Hochschule des KGB, sechs Jahre lang, erzählt er mir, während seine bildhübsche Frau sich mit der Köchin unterhält. Derkatsch verteidigt vehement den KGB. Rabinovich lächelt ihn dabei milde an. Auf meine Frage, warum der Sicherheitsdienst SBU Vadim Rabinovich im letzten Sommer außer Landes verwiesen hat, beschuldigt er Wladimir Garbulin, den Leiter des Rats der Nationalen Sicherheit, übler Machenschaften. «Aber der ist ja jetzt abgelöst worden, und Vadim, mein Freund, kann sich wieder ruhig und unbesorgt in der Ukraine aufhalten.» Irgendwann dreht sich das Gespräch um den jetzigen Präsidenten Kutschma, der von beiden, Andrej Derkatsch und Vadim Rabinovich, in Schutz genommen wird. Rabinovich meint, dass es keine politische Alternative zu ihm gäbe. Schließlich habe er für einigermaßen sichere wirtschaftliche und politische Verhältnisse gesorgt. «Alles ist schlecht», befindet Vadim Rabinovich, «aber Leonid Kutschma ist der einzige Garant des Erfolgs für die Wirtschaft der Ukraine.» Andrej Derkatsch unterstützt ihn. «Er ist tatsächlich der Einzige, dem es gelingen kann, für stabile Verhältnisse in der Ukraine zu sorgen.» «Gut», wende ich ein, «aber so sauber ist er ja nun auch wieder nicht», und spiele auf seine Tochter an, die mit dem bekannten Oligarchen Pinchuk eng verbunden ist. «Das ist vielleicht seine Umgebung. Aber er sorgt Schritt für Schritt dafür, dass sich an den korrupten Verhältnissen etwas ändert.» Dann kommen wir, ich kann es einfach nicht lassen, auf die Mafiya, die kriminellen Organisationen in der Ukraine, zu sprechen. Ich müsse doch sehen, versucht mich Derkatsch junior zu überzeugen, dass die meisten kriminellen Autoritäten im Gefängnis sitzen. Er will mir damit wohl zu verstehen geben, das alles sei gar nicht so schlimm. Dabei hatte doch, soweit ich mich erinnern konnte, Mykola Dzhyha, der stellvertretende Innenminister, auf einer Pressekonferenz in Kiew erst kürzlich erklärt, dass in der Ukraine 200 einflussreiche kriminelle Banden operierten, die ihre eigenen Bestrafungsabteilungen hätten und vielfach mit den lokalen Regierungsstrukturen verbandelt seien.

Während unserer Diskussion ist aufgetischt worden, und der himmlisch samtig schmeckende Wodka, Marke Hetman, wirkt bedrohlich schnell. Die Flasche ist auch ohne Inhalt ein kleines Juwel: milchweißes Glas, auf dem rechts und links in Gold je ein kampfesmutiger Reiter, ein Hataman, eingebrannt ist. Er hält einen langen Speer in der Hand und sitzt auf einem die Vorderhufe in die Luft reckenden Steppenpferd, das mit dicken Decken gepanzert ist. Hinter den Reitern tauchen leicht verschwommen zwei orthodoxe Kirchen auf. In der Mitte der Flasche ist ein zirka zehn Zentimeter großer Ausschnitt, hinter dem, wie im Vergrößerungsglas, der ukrainische Regent (Hetman) Zinoviy Boghdan Khmelnytsky mit Pelzhut und zwei Federbüschen zu sehen ist. Der Name erinnert an die ukrainische Geschichte. Im 17. Jahrhundert wurde die Ukraine von polnischen Invasoren unterdrückt. Und der Befreiungskrieg in den Jahren 1648–1652 wurde von Zinoviy Boghdan Khmelnytsky angeführt. Der Krieg endete jedoch mit einer bitteren Niederlage. Die Flasche und der Wodka haben mich in ihren Bann gezogen. Deshalb kann und will ich auf Derkatsch juniors Behauptung, die kriminellen Autoritäten in der Ukraine seien allesamt inhaftiert, nichts mehr erwidern.

Am nächsten Vormittag wird mir Rabinovich bzw. sein Übersetzer mehr über sein Leben, vor allem die letzten Jahre, berichten. Nur ein kurzes Mittagessen unterbricht unsere Arbeit. Abends ist ein Besuch bei einem seiner Freunde fällig, der 30 km außerhalb von Kiew in einem kleinen Dorf lebt. Sein Name ist Oleg Taranow. Taranow sei nicht nur ein erfolgreicher Unternehmer, sondern bis vor kurzem auch Minister für die Privatisierung von Staatsbetrieben gewesen. «Sofort nachdem die Ukraine unabhängig wurde, hat er die ukrainisch-sibirische Handelskammer gegründet, in zwei Jahren zwei Millionen Dollar verdient und sich dann erst einmal zurückgezogen», erläutert mir Rabinovich während der Fahrt. «Ein hochintelligenter Mann, der ganz sicher nicht korrupt ist.» So einen Gutmenschen im ukrainischen Sumpf möchte ich tatsächlich einmal kennen lernen.

Auf der Hinfahrt kauft Rabinovich Kuchen und für die kleine Tochter von Oleg Taranow ein Geschenk, ein Plüschtier. Dann fahren wir an der US-Botschaft in der Straße Yuriya Kotsubinskoho vorbei, dem einstigen Hauptquartier der Kommunistischen Partei, die, wie mir Rabinovich erklärt, 1991 für illegal erklärt und das Gebäude daraufhin neuen Mietern angeboten wurde. Freunde hat er in diesem Bau nicht, im Gegenteil. Beamte der Botschaft waren beim Präsidenten Kutschma vorstellig, um zu erfahren, warum Rabinovichs Einreiseverbot aufgehoben worden sei. Offenbar wäre es ihnen lieber, wenn das Verbot weiterbestünde. Bei Rabinovichs Haus machen wir noch einmal eine kurze Rast. Er will sich umziehen, und das Auto muss gewechselt werden. Mit dem schweren Mercedes sei die letzte Strecke nicht zu bewältigen, erklärt er mir.

Als Rabinovich wiederkommt, trägt er Jeans und ein hellblaues T-Shirt. Ich spüre, dass er plötzlich gelassen, nicht mehr so hektisch ist wie in den Stunden zuvor. Er freut sich offensichtlich auf das Abendessen mit seinem Freund Oleg und besonders auf die Banja, die traditionelle russische Sauna.

Wir fahren in seinem Range Rover an riesigen Weizenfeldern und Birkenwäldern vorbei, bis wir nach einer halben Stunde in einem kleinen Dorf ankommen. Auf den Bäumen haben Weißstörche wagenradgroße runde Nester gebaut. Das Haus von Oleg Taranow sticht von den anderen ab. Hinter einer weiß getünchten Backsteinmauer, die weniger dem Schutz als der Abgrenzung dient, erhebt sich ein neu errichtetes einstöckiges, ebenfalls weißes Haus. Es ist durchaus nicht protzig. In Europa würde es wie ein ganz normales Einfamilienhaus wirken. Im weitläufigen Garten steht ein kleines Nebengebäude, in dem der Weinkeller und die Banja untergebracht sind. Ein Leibwächter hat bereits eingeheizt. Es duftet würzig nach Kiefernholz. Ich soll mit in die Banja, fordert mich Rabinovich auf. Dankend lehne ich ab. Mir bekäme die Hitze nicht. Dabei denke ich an die diversen Videos, die in Moskau herumgereicht wurden, auf denen Politiker sich mit jungen drallen Frauen in der Banja amüsieren; Frauen, die von kriminellen Autoritäten für ihre Dienste bezahlt wurden. Deshalb verspüre ich keine Lust auf die intime Nähe in einer Banja, was wahrscheinlich Blödsinn ist.

Im Garten ist bereits unter einem weißen Zelt der Tisch gedeckt. Zwei große Eimer stehen am Boden, in ihnen liegen eingelegte Flusskrebse, die zuvor mit dem Geigerzähler auf Radioaktivität überprüft wurden. Tschernobyl ist gerade mal 80 km weit entfernt. Während Rabinovich und sein Freund noch in der Banja schwitzen, beginnen wir bereits, die Krebse zu knacken. Über uns fliegen einige Störche hinweg. Gerötet und prustend setzen sich nach einer halben Stunde Rabinovich und Taranow zu uns an den Tisch. Inzwischen ist das Schaschlik fertig gebraten. Auf riesigen, armlangen, fingerdicken Spießen stecken die Fleischstücke.

Oleg Taranow, ein kräftiger rothaariger Mann, erzählt, dass er einst im Kabinett Kutschma für die Privatisierung von Staatsbetrieben verantwortlich war. Bei seinen Besuchen in den Staatsbetrieben sei er entsetzt gewesen, weil die meisten der Arbeitsdirektoren kriminell und korrupt gewesen seien. Ich habe die Worte von ukrainischen Journalisten im Ohr, die mir sagten, dass derselbe Taranow bei den Privatisierungsprojekten dafür verantwortlich gewesen sein soll, dass nur die «richtigen Leute» die lukrativen Objekte bekamen.

«Unsinn», entgegnet Taranov. «Ich bin ja zurückgetreten,

nachdem ich das alles nicht mehr mitansehen konnte und bei der Privatisierung großer Staatsbetriebe nicht die Wünsche einiger Oligarchen akzeptiert hatte.» Vadim Rabinovich unterbricht ihn. «Mein Freund war einer der ersten Geschäftsleute in der jungen Republik Ukraine. Er hat die ukrainisch-sibirische Handelskammer gegründet, wurde danach Volksabgeordneter im Parlament, und vor kurzem rief er das ‹Institut für die Analyse der strategischen Probleme der Wirtschaft› ins Leben, an dessen Spitze er steht. Er ist kein Milliardär, sondern hat sogar all seine Einnahmen deklariert, bevor er ins Parlament gegangen ist. Das haben die wenigsten Abgeordneten getan. Und die wissen wohl, warum. Jeden Abend sehe ich die Parlamentarier in den teuersten Restaurants verkehren. Und was verdienen die als Abgeordnete? 200 Dollar im Monat. Denken Sie darüber, was Sie wollen. Ich verstehe das nicht.

Mein Freund versuchte, die Privatisierung in einer bestimmten Phase zu stoppen, weil es inzwischen ein Menge von Kriminellen in diesem Bereich gegeben hat. Stattdessen hat er, als er im Ministerrang war, vorgeschlagen, dass man eine Kontrolle durch das Volk oder durch seine Abgeordneten bei der Privatisierung einführen müsse. Denn was passiert jetzt? Nehmen wir als Beispiel Stahl. Der Staat hat vierzig Prozent Anteil an den Stahlwerken und die Privatpersonen sechzig. Die Privaten machen in den Betrieben, was sie wollen, und der Staat bekommt für seinen Anteil überhaupt nichts. Wenn der Staat seinen Anteil faktisch erhielte, würde er keine ausländischen Kredite benötigen. Aber das passiert nicht. Oleg hatte einen entsprechenden Vorschlag gemacht – und was geschah? Er wurde sofort aus der Regierung geworfen.»

Nach einer Pause fragt Rabinovich: «Wir haben einen hervorragenden Wein von der Krim, einen aus dem Jahr 1955. Wollen wir einmal versuchen, ob er genießbar ist?»

Die Flasche ist verstaubt, der Wein fließt wie Öl. Ich bin leicht benebelt. Ein Gewitter kündigt sich mit starkem Wind und dunklen Wolken an, verzieht sich jedoch glücklicherweise. Vom

Kuchen, dicke bunte Sahnestücke, die Rabinovich mitgebracht hat, rühre ich nichts mehr an.

Am nächsten Tag, im Gepäck eine Wodkaflasche Hetman, fliege ich wieder nach Frankfurt zurück, betreut vom VIP-Service bis zum Eingang der Lufthansa-Maschine. Die Normalität hat mich wieder.

Der unaufhaltsame Aufstieg des Vadim Rabinovich

> «Tatarski hatte die Sowjetunion gehasst, und zwar so ziemlich in allen Existenzformen, dennoch war er sich nicht sicher, ob sich der ganze Aufwand gelohnt hatte: das Imperium des Bösen abzuschaffen, damit aus ihm eine Bananenrepublik des Bösen wird, die noch dazu Bananen aus Finnland importiert.»
> *Viktor Pelewin,* Generation P

«Wie ging es weiter, als ich erfuhr, dass meine Zeit im Arbeitslager abgelaufen war und eine neue Zeit anbrechen sollte?», holt Vadim Rabinovich Erinnerungen in die Gegenwart zurück. Seine Entlassung aus dem Gefängnis stand bevor. Am 20. Juli 1991 sollte er wieder frei sein.

«Normalerweise wurden die Gefangenen morgens, um neun Uhr, entlassen. Bei mir war es nicht der Fall. Mir sagte der Gefängnisdirektor: ‹Wenn es 24 Uhr in der Nacht ist, keine Minute früher und keine Minute später, will ich dich nicht mehr sehen.› Es war wahrscheinlich das einzige Mal, dass ein Gefangener um Mitternacht in die Freiheit entlassen wurde. Vor dem Tor des Arbeitslagers erwartete mich nicht, wie Sie vielleicht denken, eine der kriminellen Autoritäten, sondern Marina, meine Frau. Ich umarmte sie, wollte sie nicht wieder loslassen. Dann riefen wir ein Taxi und fuhren nach Hause. Der erste Tag und die erste Nacht in Freiheit. Keiner, der je in einem Arbeits- und Straflager gesessen hat, wird mir glauben, dass ich am nächsten Morgen bereits alles vergessen hatte.»

Vadim Rabinovich betrat eine neue Welt, wurde mit einer

neuen Zeitrechnung konfrontiert. Der Raubritterkapitalismus hatte Einzug genommen, die Privatisierung des Staatseigentums trieb bereits wilde Sumpfblüten. Jeder habe unbegrenzte Möglichkeiten, verkündeten die Boten der neuen Zeit. Es waren Männer der alten Nomenklatura.

«Na gut, ich hatte ja bereits im Arbeitslager gemerkt, wie der Wind wehen würde, kein Sturm, aber ein laues Lüftchen, etwas, was meinen Ideen und Vorstellungen durchaus entgegenkam. Sie müssen sich ein Segelboot vorstellen. Bis in die letzten Jahre im Arbeitslager hatte ich nur starken Gegenwind, danach, trotz Arbeitslager, beflügelte der neue Wind bereits meinen Geschäftssinn, und vielleicht wird jetzt eine steife Brise kommen und meine geschäftlichen Ideen in unbekannte Dimensionen vorantreiben.» Einige Tage nach seiner Entlassung aus dem Straflager traf Rabinovich einen alten Bekannten wieder, Andrej Juriewisch Alioschin. Beide erinnerten sich an das Versprechen, gemeinsam ein Unternehmen aufzubauen, sobald Vadim wieder in Freiheit sein sollte. Das Einzige, was der ehemalige Offizier im Straflager besaß, war ein Moskwitsch, eine Mischung aus PKW und Kleinlastwagen. Und Rabinovich hatte 100 Rubel in der Tasche. Das war ihr Startkapital. Eine Woche später hatten sie bereits ihr erstes Unternehmen gegründet.

«Wir haben es in Charkow eintragen lassen und als Stammkapital sein Auto und mein Geld, die 100 Rubel, angegeben. Das Unternehmen hieß ‹Pinta›. Warum Pinta? Im Gefängnis hatte ich ein Buch über China gelesen. Da wurde über Süßigkeiten geschrieben, über Pinta. Das sind Früchte, die auf einen kleinen Holzstab gespießt und dann mit Eis überzogen werden. Ich war voller Energie, wollte etwas nach meiner Entlassung unternehmen und dachte, wir könnten doch so etwas auch bei uns in Charkow produzieren, das würde sich gut verkaufen. Doch es war eine Fehlentscheidung. Danach habe ich mich nach anderen Möglichkeiten umgesehen und wollte das tun, was in dieser neuen Aufbruchzeit alle taten: etwas kaufen und mit satten Gewinnen wieder verkaufen. Die freie Marktwirtschaft sollte ja allen Bürgern Reichtum und Erfolg bringen. Irgendetwas hielt mich aber davon ab. Denn in der Vergangenheit führten meine geschäftlichen Unternehmungen früher oder später in eine Katastrophe.»

Deshalb beschloss Rabinovich, ein Möbelgeschäft in Charkow zu eröffnen. Auslöser für diese Entscheidung war, dass er im Winter 1990 den Vertreter einer kleinen italienischen Möbelfirma kennen lernte. Das Unternehmen wollte eine Filiale in Charkow eröffnen, denn in der Zentrale in Mailand spekulierte man darauf, dass italienische Möbel bei den Menschen, die keinen Luxus kannten, reißenden Absatz finden müssten. Rabinovich kaufte ein Ladenlokal, und die Firma übergab ihm, in Kommission, italienische Stilmöbel. Sein Plan schien anfangs Erfolg zu haben. Viele Besucher kamen und bewunderten die Möbel. So viel Luxus sahen sie zum ersten Mal. «Leider musste ich wenig später das Geschäft aufgeben. Denn mich besuchten viele meiner Freunde. Sie kauften Möbel, wollten jedoch erst später bezahlen. Am Ende stand ich ohne Möbel und ohne Geld da. Jetzt hatte ich obendrein noch zusätzliche Schulden.»

Erneut versuchte er, Millionär zu werden. Diesmal lernte Rabinovich einen Vertreter aus Großbritannien für Kosmetikartikel kennen. Der drückte ihm Kataloge in die Hand, und Rabinovich orderte einige Kosmetikartikel in der Hoffnung, dass sie großen Absatz finden. «Dummerweise machte ich einen Fehler. Ich suchte Artikel aus, die auf den Fotos besonders schön ausgesehen hatten. Es waren Rasiercremes. Sie haben mir dann große Packungen geliefert. Innerhalb von drei Monaten versuchte ich, sie zu verkaufen. Leider klappte es nicht mit dem Verkauf, weil die Männer in Charkow nicht das Geld dafür hatten, und ich war wieder einmal pleite.»

Das alles geschah im Sommer 1991, einige Tage nachdem in Moskau im August 1991 eine Gruppe von starrhalsigen alten Politikern einen Putsch angezettelt hatte mit dem Ziel, die alte kommunistische Ordnung wieder zu installieren. In Moskau marschierten Truppen ein, und Rabinovich hockte vor dem Fernseher, verfolgte gebannt das Geschehen. Der Umsturzversuch scheiterte am Widerstand der Bevölkerung und der Uneinigkeit der Putschisten selbst. Das war nun das Ende der 74-jährigen kommunistischen Herrschaft. Boris Jelzin kam an die Macht.

«Über ihn wusste ich überhaupt nichts, und eigentlich interessierte ich mich damals auch nicht besonders für Politik. Mein Sinn stand nach etwas anderem. Nachdem ich begriffen hatte, dass das Verkaufen von Möbeln oder Kosmetikartikeln nicht unbedingt meine Stärke ist, hatte ich das Glück, einen Akademiker kennen zu lernen, Alex Rodensky. Er sagte mir, dass die besten Geschäfte mit einem besonderen Stoff, mit Metall, zu machen seien. Die Ukraine habe ein großes Potenzial, und die wichtigsten Dinge, die man mit einer schönen Gewinnspanne ins Ausland verkaufen könne, seien Metallprodukte. Ich fand die Idee nicht schlecht.

‹Komm. Fahren wir jetzt zu einem Metallurgiekombinat, dem Metallurgiekombinat Altschewsk›, sagte er zu mir. ‹Ich werde dich mit dem Direktor bekannt machen.›

Alles lief gut. Wir verstanden uns gleich. Und ich unterbreitete dem Direktor des Kombinats ein Angebot.

‹Ich brauche quadratische Metallblöcke.› Ich wusste inzwischen, dass sie die in den Westen nicht verkaufen konnten, weil sie bisher nicht richtig verpackt und transportiert werden konnten. Mein Angebot lautete daher: ‹Ich kann die Verpackungen und den Transport erledigen.› Zur gleichen Zeit hatte ich Michael Lobel, einen israelischen Geschäftsmann, kennen gelernt, dem ich über meine Verhandlungen mit dem Metallurgiekombinat berichtete.

‹Okay, wir können das gemeinsam machen›, sagte er mir.

Das erste große Geschäft verlief für Vadim Rabinovich erfolgreich. Er verdiente auf einen Schlag 750 000 US-Dollar. Die Betriebsdirektion war glücklich, einen seriösen Partner gefunden zu haben, da zur damaligen Zeit bereits das große Abzocken und Betrug an der Tagesordnung waren. ‹Ich habe das nicht gemacht. Ich habe den Verkaufserlös an den Fabrikdirektor ausbezahlt und begonnen, mit ihm auf einer langfristigen Basis zu arbeiten.»

Rabinovich hatte über die 750 000 US-Dollar hinaus weitere 1,3 Millionen US-Dollar verdient. «Auf diese 1,3 Millionen Dollar warte ich bis zum heutigen Tag. Damals hatte ich kein Konto im Westen. Als ich zu meinem israelischen Geschäftspartner Lobel kam, um meinen Anteil, eben die 1,3 Millionen Dollar, abzuholen, sagte er mir ins Gesicht: ‹Nein, ich gebe dir kein Geld. Du hast keine Ahnung vom internationalen Geschäft. Du hast mit mir keinen Vertrag abgeschlossen. Daher wirst du von mir auch kein Geld bekommen.› Michael Lobel wurde mir über die Tochter der bekannten sowjetischen Schauspielerin Karniewskij vermittelt. Sie erzählte mir, dass Lobel von der Polizei in mehreren Ländern gesucht werde. Sie selbst kam aus Moskau, lebte damals jedoch bereits in Israel. Sie soll mit Tschetschenen dubiose Geschäfte mit Wodka gemacht haben. Und sie antwortete mir lapidar, nachdem ich sie auf meine Außenstände bei Lobel angesprochen hatte: ‹Michael wird dir kein Geld geben. Was willst du überhaupt? Das ist der westliche Markt. Man muss Verträge machen, sonst wird man betrogen.›

Aus dieser Erfahrung habe ich wieder einmal etwas fürs Leben gelernt. Nun begann ich, unsere geschäftlichen Aktivitäten auszuweiten. Mein Partner und ich fuhren zu anderen großen Metallurgiekombinaten in der Ukraine. Inzwischen hatten wir einige Kenntnisse über den Metallmarkt und die Probleme, die diese Firmen hatten, gesammelt. Das größte Problem bestand darin, dass es eine lange Kette von Vermittlern im Metallgeschäft gab. Wir dachten, das sei eigentlich unnötig.»

In den Jahren 1992 und 1993 wurden sowohl in Russland wie in der Ukraine entschlossenere Maßnahmen zur Liberalisierung der Wirtschaft eingeleitet, der freie Handel erlaubt und das Staatseigentum privatisiert. Für Vadim Rabinovich herrschten so gesehen paradiesische Verhältnisse. «Wir hatten inzwischen gehört, dass es in Hongkong eines der größten Unternehmen für Geschäfte mit Metall geben sollte. Dieses Unternehmen kontaktierten wir, boten unsere Dienste an. Das Ergebnis war, dass wir jetzt eine direkte Verbindung zu einem Produzenten von Metallprodukten und zu einem Endabnehmer in Hongkong hatten. Wir waren die einzigen Vermittler und konnten die Waren direkt liefern, ohne die vielen anderen Relais, von denen ja jeder eine Provision kassierte. In zwei Jahren verdienten wir ziemlich viel. Doch dann wurde es gefährlich. Viele Fabriken wurden von den verschiedensten kriminellen Gruppen aufgekauft oder erpresst, und die Macht der kriminellen Gruppen konnte unbequem werden. Wer sich ihnen in den Weg stellte, der wurde kurzerhand erschossen. Deshalb trafen wir den Entschluss, uns aus diesem Geschäft zurückzuziehen. Das war so gegen Ende 1992.»

Ein Angebot, das man nur schwer ablehnen kann

Hier kommt nun ein russischer Konzern ins Spiel, der bis zum heutigen Tag für Schlagzeilen sorgt. Anfang der neunziger Jahre war es der größte russische Konzern in Europa. Auch heute noch ist er ein Partner vieler namhafter europäischer Firmen. In der Vergangenheit war das Unternehmen gleichzeitig Objekt internationaler polizeilicher Ermittlungen, die bislang zu keinem brauchbaren Ergebnis führten. Für Vadim Rabinovich sollte der intime geschäftliche Kontakt mit diesem Konzern sowohl viele Vorteile als auch einige Unannehmlichkeiten mit sich bringen.

«Damals lernte ich, als ich mich in Kiew aufhielt, einen Geschäftsmann kennen. Der schlug mir vor, seine Waren zu verkaufen. Er sagte mir, dass er in einem österreichischen Unternehmen arbeitete. Es handelte sich um Nordex. Wir haben zwei Container, vorwiegend Schuhe und Bekleidungsartikel, von ihm entgegengenommen, haben die Waren verkauft und ihn entsprechend bezahlt. Ich habe die Geschichte sofort vergessen.

Einige Wochen später klingelte bei mir in Charkow das Telefon. Der Anrufer, ein flüchtiger Bekannter aus Moskau, eröffnete mir: ‹Wir bringen dich nach Moskau, besorgen dir dort ein Visum, und dann wirst du nach Zürich kommen. Mit dir will Loutchansky sprechen, der Präsident des Unternehmens Nordex.› Ich war gespannt auf diesen russischen Unternehmer, der anscheinend im Westen erheblichen Einfluss besaß. In Zürich lernte ich ihn kennen, den berühmten Grigori Loutchansky. Ich habe vielleicht fünf Minuten mit ihm gesprochen, und zwar nicht in seinem Büro, sondern in einem Restaurant an der Bahnhofsstraße. Er hat mir gesagt: ‹Sie sind ein guter Geschäftsmann. Wir möchten mit Ihnen Kontakte pflegen.›

Das war's, und ich flog zurück in die Ukraine.»

Seinerzeit lebte Rabinovich ohne Schwierigkeiten in Charkow, hatte inzwischen reichlich Geld verdient. Jetzt sollte sein Schicksal eine entscheidende Wende nehmen. Wieder erhielt er einen Telefonanruf, und wieder sollte er dringend nach Moskau kommen. Dort würde bereits ein Flugzeug auf ihn warten, um ihn nach Österreich zu bringen. Grigori Loutchansky wollte erneut mit ihm sprechen.

«So bin ich zum ersten Mal in meinem Leben nach Wien geflogen. Am Flughafen Schwechat wartete bereits eine lange amerikanische Limousine auf mich. Wir fuhren in die Stadt, und die Fahrt endete vor einem prächtigen Palast in der Prinz-Eugen-Straße, gegenüber dem Schloss Belvedere. Wir haben die Straße später übrigens Nordexstraße genannt. Hunderte Leute liefen im Palais herum, prominente Männer aus Moskau, unter anderem Viktor Tschernomyrdin oder der Bürgermeister von Moskau, Juri Luschkow, aber auch österreichische Politiker. Ich habe gleich begriffen, dass das hier ein Zentrum für weltweite Geschäfte ist.»

Grigori Loutchansky – das ist in der Tat eine imposante Persönlichkeit. Er sollte für Vadim Rabinovich zu einer Bürde werden.

Ich wusste schon einiges über diesen Loutchansky. Er galt bereits Anfang der neunziger Jahre als Russlands erfolgreichster Unternehmer im Westen. Seine Firma Nordex setzte mit 8000 Beschäftigten in aller Welt an die fünf Milliarden Mark im Handel mit Rohstoffen um, vor allem mit Öl, Gas und Düngemitteln aus den GUS-Staaten. Seine Erfolgsgeschichte: Mit 29 Jahren war er, zu Zeiten der Sowjetunion, angesehener Prorektor einer Hochschule in Riga. Freunde nannten ihn ein «Wirtschaftsgenie». Deshalb wurde er, so verbreitet Loutchansky selbst, Zielscheibe und Opfer einer politischen Intrige, eingefädelt vom damaligen Chef der lettischen Staatssicherheit, Boris Pugo, dem späteren Innenminister der UdSSR. Als man in Loutchanskys Buchhaltung eine Unstimmigkeit in Höhe von 2000 Rubeln endeckte, wurde er angeklagt und erhielt neun Jahre Haft. Zwei Jahre davon musste er absitzen. Danach gründete er, am 14. Dezember 1989, die Firma Nordex. Unklar ist, ob er nun der Initiator der umstrittenen Unternehmensgruppe Nordex war. Seine Anwälte in Wien legen Wert auf die Feststellung, dass Nordex auf Initiative von Loutchansky gegründet wurde. Gegenüber einem britischen Gericht stellte er das später wiederum kategorisch in Abrede und behauptete, dass Nordex ein Joint Venture zwischen seinem damaligen Chef in Lettland und zwei Schweizer Firmen sei und er, Loutchansky, nicht hinter der Gründungsidee gestanden habe. Seine Befürworter lobten ihn in höchsten Tönen: Nicht die schnelle Mark sei für Loutchansky die Triebfeder seines Handelns, sondern der Bau eines großen, stabilen Hauses, das man nicht mehr verlässt, sondern in dem man arbeitet und lebt. Er sah (und sieht heute noch) sich dabei in der Pflicht zu helfen, die Staatswirtschaft in den Ländern der ehemaligen Sowjetunion in die westliche Marktwirtschaft zu überführen. Die Nordex-Gruppe sei auf einem einfachen Prinzip aufgebaut: Ein Produzent aus den GUS-Staaten, der sich im Westen etablieren will, geht mit Nordex eine Kooperation ein. Nordex hilft bei der Vermeidung bestehender spezifisch sowjetischer bzw. russischer Probleme wie Preismanipulationen, Gewinnunterschlagung etc. bei der Vermarktung der Produkte im Westen ohne Einschaltung eines Vermittlers. Die Firma Nordex über sich selbst: «Die westlichen Unternehmen, die sich auf eine Zusammenarbeit mit Nordex einlassen, wissen, dass Loutchansky mit seiner Gruppe nicht nur Kontakte herstellt, sondern auch die großen Hürden überwindet, die im Handel mit dem Osten bestehen: den riesigen Behördenapparat, die sich ständig ändernde Gesetzgebung und die barbarischen Zustände des Transportsystems. Die russischen Mitarbeiter von Nordex brauchen nicht wie westliche Unternehmen die Probleme der GUS-Partner verstehen zu lernen. Sie kennen diese Probleme besser als jeder andere und sind deshalb leichter in der Lage, diese zu meistern, als westliche Unternehmer.» So weit das Selbstverständnis des Unternehmens.

Der Erfolg von Loutchansky und seiner Nordex-Gruppe schien in der Tat überwältigend. Schon nach wenigen Monaten gehörten zu seinen Partnern bedeutende russische Unternehmen wie das Magnitogorsk Eisenhüttenkombinat, Kupferhütten im Ural, Raffinerien in Sibirien. Weltweit baute er Unternehmen auf. Grigori Loutchansky selbst wurde Gesprächspartner einer Vielzahl einflussreicher Politiker und Unternehmer sowohl aus dem Osten wie aus dem Westen. Er pflegte gute Beziehungen zum ehemaligen ukrainischen Staatspräsidenten Leonid Krawtschuk wie zum noch heute herrschenden Präsidenten Kasachstans, Nursultan Nasarbaijew, oder dem ehemaligen russischen Premierminister Viktor Tschernomyrdin.

Von besonderem Interesse waren für mich jene Spuren, die nach Deutschland führten. Grigori Loutchansky war laut dem «Amt für Einwohnerwesen von Düsseldorf» von 1991 bis 1996 polizeilich in Düsseldorf gemeldet. In seinem Antrag auf Erteilung einer Aufenthaltserlaubnis, er datiert vom 27. Juni 1991, schrieb er unter Punkt 14 (Haben Sie sich bereits früher in Deutschland aufgehalten?): «many times for business». Und unter Punkt 24 (Aus welchen Mitteln wird der Lebensunterhalt bestritten?): «von Sozialhilfe». Merkwürdig. Nicht einmal zwei

Jahre später brachte er ein Geschäft mit einem Umfang von 250 Millionen US-Dollar in russischem Öl, ukrainischen landwirtschaftlichen Produkten und deutschen Produkten der Schwerindustrie zu Wege. Im Dezember 1993 verfasste die russische Wochenzeitschrift *Nowoje Wremja* (Neue Zeit) einen freundlichen Artikel über ihn. «3000 Rubel persönliche Schulden – so ist die finanzielle Lage des heutigen Präsidenten der Nordex gewesen, als er vor drei Jahren nach Wien aus der UdSSR gekommen ist. 1,7 Milliarden US-Dollar, so ist der jetzige Umsatz von Nordex, einer der größten Firmen in Österreich und ganz Europa, die vom ehemaligen Staatsbürger der UdSSR Grigori Loutchansky geschaffen worden ist und geleitet wird.»

Wie wird man innerhalb von nicht einmal zwei Jahren zu einem milliardenschweren Unternehmer? Bislang konnten ihm keinerlei ungesetzliche Aktivitäten juristisch nachgewiesen werden. Warum wird der erfolgreiche Unternehmer bis heute in diversen Polizeiunterlagen registriert? Selbst die Interpol-Zentrale im französischen Lyon beschäftigte sich seit dem 26. Juli 1995 in einer besonderen Arbeitsgruppe mit der Bezeichnung «Projekt Admiral» intensiv mit dieser Symbolfigur des modernen Wirtschaftsmagnaten, der in seiner Biografie zumindest in einem Punkt Vadim Rabinovich ähnelt: Beide saßen in einem sowjetischen Gefängnis. In der Interpol-Arbeitsgruppe waren Vertreter aus Österreich, Belgien, Kanada, Deutschland, Italien, den Niederlanden, der Russischen Föderation, England und den USA damit beschäftigt, Material zu sammeln und auszuwerten. Im Februar 1997 wurde von der Interpol-Zentrale ein 46-seitiger Bericht verfasst. In der Einleitung wird die Hypothese aufgestellt: «Das Projekt wurde deshalb initiiert, um Loutchansky vor Gericht zu bringen und die illegalen Aktivitäten von Nordex zu stoppen.» Durch den Bericht zieht sich der Vorwurf der Geldwäsche wie ein roter Faden. Er soll, so die Hypothese der Interpol-Zentrale, auch Geld der alten Nomenklatura gewaschen haben. Der Bericht endet mit der Empfehlung: «Länder, in denen Nordex aktiv ist, sollen sofort Untersuchungen durchführen, mit dem Ziel der Anklage gegen die Personen, die in der Studie aufgeführt worden sind.» Herausgekommen ist bis zum heutigen Tag – nichts.

Vielleicht hängen diese Verdächtigungen gegen Loutchansky auch mit dem Faktor Zeit zusammen. Anfang der neunziger Jahre weiß im Westen niemand, welches Potenzial an Finanzmacht sich in den postkommunistischen Ländern entwickelt hat. Denn als wäre der Pfropfen auf einem Vulkan geplatzt, wurden urplötzlich wirtschaftliche Kräfte und Energien freigesetzt, die fast jeden im Westen überraschten. Das könne alles nicht mit rechten Dingen zugegangen sein, vermutete man nicht zu Unrecht. In dieser Zeit war in Europa erstmals von der «Russischen organisierten Kriminalität», auch Mafiya genannt, die Rede. Mafiya, das ist das Ergebnis des Systemwandels in den postkommunistischen Ländern vom planwirtschaftlichen Einparteiensystem mit kommunistischen Besitzverhältnissen zu einem anarchistisch-kapitalistischen Wirtschaftssystem mit dünner Rechtsgrundlage und noch nicht gefestigten demokratischen Strukturen. Personell rekrutierten sich die Mitglieder dieser Mafiya fast durchweg aus der ehemaligen roten Bourgeoisie der Sowjetunion. Es war jenes privilegierte Bürokratenmilieu, das mit dem Zerfall der alten Strukturen in die Lage versetzt wurde, das riesige Imperium zu privatisieren. Dabei war es keiner rechtlichen Kontrolle unterworfen. Dieser Privatisierungsprozess wurde in der Regel mit Gewaltanwendung (u. a. Erpressung), Korruption wirtschaftlicher Entscheidungsträger, der Justiz und Polizei, durchgesetzt. Hinzu kamen noch Steuerhinterziehung, Aktenfälschung, Veruntreuung und Betrug. Unterstützt wurde dieser Prozess von außen, d. h. vom Westen, und zwar durch die Bannerträger des Neoliberalismus. Die jubelten, weil es neue Märkte zu erobern galt, und sie kooperierten skrupellos mit den neuen Machthabern.

Nicht weniger bedeutsam war, dass das Riesenvermögen der KPdSU und des ehemaligen KGB im Westen gewinnbringend angelegt wurde. Dabei entstanden enge Verbindungen zwischen staatlichen und kriminellen Strukturen. In dieser gesellschaftlichen und sozialen Umbruchphase übernahm die Mafiya teilweise das staatliche Gewaltmonopol; sie beutete ungehindert die Rohstoffe der einstigen Supermacht aus, während die Ex-UdSSR wirtschaftlich und sozial ausblutete. Ein Zustand, an dem sich bis zum heutigen Tag nichts geändert hat und in absehbarer Zeit auch nichts ändern wird. Für die Bürger der Ex-UdSSR sind die Folgen dieser Plünderung katastrophal. Heute lebt die Hälfte der Menschen in Russland und der Ukraine unterhalb der offiziellen Armutsgrenze. Dieses soziale Desaster wiederum behindert zwangsläufig jegliche demokratischen Entwicklungsmöglichkeiten. Ein Teufelskreis.

Ich erinnere mich an die Aussage des ehemaligen Untersuchungsrichters Telman Gdlyan, der mir bei meinem ersten Besuch in Moskau 1995 Folgendes erzählte: «Ich bedaure sehr, aber ich kann Ihnen keinen Ort, keine Oase in der ehemaligen Sowjetunion zeigen, wo die Mafiya nicht regiert. Heute ist die gesamte Wirtschaft von dieser Pest infiziert. Seitdem die wirtschaftliche und politische Macht der ehemaligen UdSSR gebrochen ist, nicht mehr funktioniert, seitdem funktioniert wenigstens eines perfekt, die Mafiya. Sie hat ihre Organisation auf das gesamte Territorium der ehemaligen Sowjetunion ausgebreitet.»

Genau in dieser Umbruchperiode erschien im Januar 1994 ein aufsehenerregender Bericht des Moskauer «Zentrums für Sozial- und Wirtschaftspolitik», bekannt unter dem Namen Filippov-Report. Er zeichnete ein alarmierendes Bild von der Penetration des organisierten Verbrechens in die legale Wirtschaft. Schutzgeldzahlungen seien an der Tagesordnung, das organisierte Verbrechen kontrolliere alle Arten von wirtschaftlichen Aktivitäten, die Polizei sei korrupt. Ob in Moskau oder Sibirien, überall bildeten kriminelle Syndikate die wahren Machtfaktoren.

Die Steuerzahlungen an die Gangster führten zu Preiserhöhungen zwischen 20 und 30 Prozent, während der Lebensstan-

Vadim Rabinovich (links) im Gespräch mit Ex-Bundespräsident Roman Herzog

Dialog über den Glauben mit Kardinal Arinse vom Vatikan in Amman (Jordanien)

Frühjahr 1998 zu Besuch in Liberia

Dieses Foto sorgte für helle Aufregung nicht nur in den USA

Noch sind sie gute Freunde – Leonid Kutschma, umstrittener Präsident der Ukraine

Militärische Würden, überreicht von General Moskalenko, dem stellvertretenden Verteidigungsminister der Ukraine

Josef Kobson – im Verdacht, ein Bankier der russischen Mafiya zu sein

Bosis Beresowskij – der Rasputin der Oligarchen im Sommer 1999 zu Besuch bei Vadim Rabinovich in Kiew

Die goldene Menora, Symbol des jüdischen Volkes, ist eine Million US-Dollar wert – eine Spende von Vadim Rabinovich für Israel

Über Grigori Surkis, der heute in der Ukraine Milliardär sein dürfte, wollte Vadim Rabinovich partout nicht sprechen

dard der Bevölkerung proportional zurückgehe. Weil bis zu 80 Prozent an den Staat abgeführt werden müssen, würden Unternehmer zwangsläufig ihre Gewinne verschleiern oder auf ausländischen Konten anlegen. Über ihre Agenten in diesen Betrieben würden die Gangstergruppen von den Aktivitäten erfahren und den Unternehmer vor die Wahl stellen: Entweder sie zahlen ihren Tribut an die kriminellen Gangs, oder sie werden der Steuerpolizei gemeldet. Die Unternehmer würden aus verständlichen Gründen in einem solchen Fall lieber die Gangster bezahlen, das sei sicherer und profitabler für sie. Und so ist es wenig verwunderlich, dass im Jahr 1995 bereits 80 Prozent der privaten Unternehmen und 70 Prozent aller Banken von kriminellen Organisationen kontrolliert wurden. Andere Studien gehen davon aus, dass bereits Mitte der neunziger Jahre das organisierte Verbrechen 55 Prozent des Bruttosozialprodukts in Russland erwirtschaftete. Wie gesagt, das war die Situation Mitte der neunziger Jahre, und der Westen wurde von dieser unerwarteten Entwicklung überrollt. Die kalten Krieger im Westen projizierten ihr neues Feindbild auf jene Protagonisten, die aus der ehemaligen Sowjetunion kamen und denen das Geld aus allen Taschen floss. Dementsprechend wurde alles, was mit den neuen Kapitalisten aus dem Osten zu tun hatte, in einem Topf mit der so genannten Russenmafiya geworfen. Grigori Loutchansky und sein Konzern Nordex waren anscheinend eine solche Projektion. In einem Artikel einer Moskauer Zeitung wird er mit den weisen Worten zitiert: «Ich forderte von meinen Mitarbeitern keine Kenntnisse im Schachspiel. Doch im übertragenen Sinne lehre ich sie Schwarz und Weiß gleichzeitig zu spielen. Ich tue es selbst ständig.»

Journalisten in Russland, Europa (ich gehörte dazu) und den Vereinigten Staaten haben in der Vergangenheit viel über Loutchansky geschrieben, als Quellen dienten ihnen einzig Berichte internationaler Polizeibehörden oder von Nachrichtendiensten. Ich erinnere mich an einen Bericht, den das österreichische Innenministerium 1997 über Loutchansky verfasst hat. Ohne diesen Bericht verifizieren zu können, ist es trotzdem aufschlussreich zu erfahren, was dort an unbewiesenen Vorwürfen notiert wurde: «Gegen die Nordex-Group, bzw. die mit ihr durch verschiedenste Arten der Verflechtung in Verbindung stehenden Firmen, wird mittlerweile weltweit u. a. wegen Verdachtes der Geldwäsche in großem Ausmaß ermittelt. Die Palette der Aktivitäten soll sich allerdings, abgesehen von der Geldwäsche, auch über den internationalen Waffen- und Drogenhandel erstrecken. Die Verdachtsmomente stimmen, international gesehen, weitgehend überein. Allerdings konnte bis dato von keinem der diesbezüglich ermittelnden Länder ein konkretes, zielführendes Verfahren eingeleitet bzw. geführt werden.» Starke Geschütze, wird man sagen – und bis heute fehlt die Munition, das zu beweisen, was in dem Report behauptet wurde.

Loutchansky selbst wehrte sich bislang erfolgreich gegen solche Vorwürfe. In einem Zeitungsinterview sagte er einmal, was er davon hält: «Mein Erfolg weckt bei manchem Neidgefühle und Widerstand, insbesondere bei der noch immer existierenden alten kommunistischen Garde, die nicht wahrhaben will, dass das kommunistische System mit seiner Staatswirtschaft am Ende ist. Immer wieder werden von diesen Ewiggestrigen Gerüchte gestreut, meine Firma sei eine kriminelle Struktur, die mit Hilfe von KPdSU-Geldern gegründet worden sei. Immer wieder gibt es Journalisten, die diese Gerüchte ungeprüft übernehmen und im Brustton der Überzeugung weiter verbreiten, statt an die Quellen zu gehen und die Fakten zu recherchieren.»

Tief muss den Unternehmer daher ein anderer Bericht des österreichischen Innenministeriums getroffen haben. Da wurde tatsächlich Folgendes in die Welt gesetzt: «Für den österreichischen Staat stellt das Unternehmen insofern eine konkrete Gefahr dar, als die hier etablierten, mit der Nordex in Verbindung stehenden Firmen und das ihnen zur Verfügung stehende Kapital einen enormen, immer stärker werdenden Wirtschaftsfaktor darstellen. Diese Wirtschaftsmacht weist aber keinerlei Stabilität, eher einen destruktiven Charakter auf. Durch die willkürlich geführten Geschäfte, bei denen zum Teil Dollarbeträge in mehrstelliger Millionenhöhe über Anweisung von Einzelpersonen transferiert werden, kann dem Staat innerhalb kürzester Zeit ein enormer wirtschaftlicher Schaden zugefügt werden. Weiter besteht durchaus die Gefahr, dass diese ‹Businessmen›, haben sie sich erst einmal im Wirtschaftsbereich situiert, in weiterer Folge ihre eigenen Interessen auf ihre eigene, hinlänglich bekannte Art durchsetzen werden. Der Kontakt mit Fachpersonal dieses Zuschnitts ist bekannt und nachvollziehbar.»

Was von all diesen Vorwürfen zu halten ist, darüber wollte mich Vadim Rabinovich, einst zweitmächtigster Mann von Nordex, aufklären. Das hatte er mir bereits beim ersten Gespräch im Hotel Beau Rivage in Genf versprochen.

«Für Geschäftsleute wie mich, die aus der ehemaligen Sowjetunion stammen, war das, was ich bei Nordex erlebte, ein unvorstellbares Erlebnis und hinterließ bei mir einen großen Eindruck. Da stand ich in Wien vor einem prächtigen alten Gebäude, einem riesigen Unternehmen, das viele Bereiche in Österreich kontrollierte, unter anderem den Autohandel, und sah, wie Gäste und Kundschaft von Nordex verwöhnt wurden. Abends wurde in den Restaurants für bis zu vierzig Personen zum Dinner eingeladen. Ich fand es phantastisch.»

Phantastisch war sicher auch, in welch hohen Sphären von Politik und Wirtschaft sich Loutchansky und jetzt auch Vadim Rabinovich bewegen sollten.

«Damals, also Mitte 1993, bin ich in Loutchanskys Büro gekommen, und er eröffnete mir: ‹In zwei Stunden kommen Vertreter der ukrainischen Regierung zu mir.›

Er hatte ihnen versprochen, zwei Millionen Tonnen Erdöl zu verkaufen. Denn die Ukraine hatte damals kein Geld, war dringend auf Erdöl angewiesen, und die russische Regierung weigerte sich wegen eines Streits um die Schwarzmeerflotte, weiter Erdöl in die Ukraine zu pumpen. Loutchansky schlug deshalb vor, dass seine Firma als Vermittler eingesetzt werde. Man sei bereit, das Geld für das Erdöl, das Russland in die Ukraine liefert, an die russische Regierung zu zahlen. Die Ukraine sollte dafür Waren an Nordex liefern wie Zucker, Getreide und andere Naturalien. Das war der Deal.»

Tatsächlich drohte der Ukraine, die sich zwei Jahre zuvor in einem Referendum aus dem sowjetischen Staatenblock gelöst und die Unabhängigkeit ausgerufen hatte, 1993 ein Katastrophenwinter. Ursache dafür war ein Ölembargo Russlands, da die ukrainischen Schulden gegenüber Russland für Energielieferungen inzwischen auf 1,55 Milliarden Mark angestiegen waren. Der Lieferstopp drohte die bislang dahinvegetierende ukrainische Wirtschaft endgültig zu ersticken. Doch jetzt schaltete sich als Helfer in höchster Not Grigori Loutchansky ein. Er selbst erinnert sich an den Moment, als er von der desaströsen Lage in der Ukraine erfuhr: «Die ganze Nacht blieb ich wach. Früh am Morgen konnte ich einen der engsten Mitarbeiter des Präsidenten Leonid Krawtschuk erreichen und sagte ihm Folgendes: ‹Ich werde russisches Erdöl kaufen und an die Ukraine weiterverkaufen. Dazu werde ich 100 Millionen Dollar auftreiben. Doch ich brauche Ihre Garantien.› ‹Was für Garantien?› ‹Das Wort des Präsidenten der Ukraine.› Wenige Tage später, so die Geschichte, traf er sich mit dem verzweifelten Leonid Krawtschuk. Der war mit der Idee und vorgeschlagenen Vorgehensweise einverstanden. Und so wurden im Herbst 1993 von Russland an die Ukraine 2,3 Millionen Tonnen Erdöl geliefert, bezahlt von der Firma Nordex.

Loutchansky äußerte sich später zu diesem Geschäft in einem Zeitungsinterview:

«Es war keine Philantropie, nur ein realistisches Kalkül. Ich nenne das strategisches Business. Heute bringt das keinen Gewinn. Aber es verspricht für morgen kolossale Vorteile. Und zwar nicht nur mir.»

«Sein Problem bestand jedoch in jener Zeit darin», erinnert sich Vadim Rabinovich heute, «dass er in der Ukraine weder Freunde noch geschäftliche Strukturen hatte. Also forderte er mich auf: ‹Nimm deine Leute. Organisier das. Bau für uns Strukturen auf. Wir ernennen dich zum Vertreter der Firma Nordex in der Ukraine. Du wirst die Waren besorgen.› Loutchansky fragte mich: ‹Kannst du nach Kiew umziehen?› ‹Ich muss mal sehen. Bislang habe ich nie etwas mit Erdöl zu tun gehabt.› ‹Das hat nichts mit Erdöl zu tun. Du musst mir nur helfen›, fiel er mir ins Wort. Ich erhielt danach eine Visitenkarte, die mich als Vertreter von Nordex in Kiew auswies. Grigori Loutchansky hatte anfangs natürlich kein absolutes Vertrauen mir gegenüber. Deshalb stellte er Arnold Shternberg, den Vertreter von Nordex in Moskau, und einen seiner bisherigen Stellvertreter an die Spitze des neuen Unternehmens in der Ukraine. Shternberg pendelte von nun an zwischen Moskau und Kiew. Aber nach zwei Wochen unserer Zusammenarbeit muss Shternberg irgendetwas falsch gemacht haben, und das führte zu einem Konflikt mit Loutchansky. Daraufhin hat ihm Loutchansky gesagt: ‹Ich kündige dir und ernenne Vadim Rabinovich zum Vizepräsidenten der Nordex.›

Sie müssen sich das vorstellen. Ich war bislang nur ein einziges Mal im Wiener Hauptbüro gewesen und sollte plötzlich Vizepräsident von Nordex werden. Deshalb wollte ich zuvor von Loutchansky wissen: ‹Machen wir auch alles korrekt?› ‹Warum fragst du?› ‹Ich will niemals mehr Schwierigkeiten bekommen.› Loutchansky lachte und beruhigte mich.

Nun hatte ich ein Schreiben in der Hand, unterschrieben von Loutchansky, in dem bestätigt wurde, dass ich, Vadim Rabinovich, offiziell zum Vizepräsidenten von Nordex ernannt wurde. Loutchansky sagte mir danach: ‹Okay. Treffen wir uns in zwei Tagen in Kiew.› Zum Schluss, daran kann ich mich gut erinnern, stellte er mir noch eine Kreditkarte zur Verfügung. Bislang wusste ich überhaupt nicht, was das eigentlich war. ‹Was soll ich mit dieser Karte machen?›

‹Du kannst mit dieser Karte fliegen, in Restaurants bezahlen und dir in den Duty-Free-Shops kaufen, was du willst, egal, wie hoch die Summe ist.›

Von diesem Tag an bin ich nur noch 1. Klasse geflogen, logierte nur noch in Luxushotels. Für mich bedeutete diese Kreditkarte, dass es sich nicht um irgendeine private Kreditkarte handelte, sondern um eine, die mir gleichsam die Regierung zur Verfügung gestellt hat. Später habe ich erfahren, dass 200 solcher Kreditkarten ausgegeben worden sind. Mich wunderte, dass niemand kontrollierte, wessen Geld ich verschwendet habe. Ich habe natürlich nicht eruiert, was mit den anderen Kreditkarten geschehen ist. Aber ich habe mit meinen eigenen Augen gesehen, dass bekannte Männer, Politiker und Unternehmer aus Moldawien, aus Kasachstan, aus Moskau und manchmal aus Wien, in das Büro von Loutchansky gekommen sind. Sie haben ihm angeboten zusammenzuarbeiten, und viele erhielten daraufhin sofort eine Kreditkarte. Sie sind wie ich nur 1. Klasse geflogen, haben sich zugelegt, was immer sie wollten, haben in den besten Restaurants gespeist und in den teuersten Hotels gewohnt.

Diese Großzügigkeit war der Beginn der Legende, die im Westen über Nordex kursierte. Kaum einer, der in der Sowjetunion aufgewachsen ist, wusste damals, wie man ein Konto im Ausland eröffnet, wie man mit ausländischen Firmen zusammenarbeitet. Und Loutchansky war einer der wenigen, die diese Mechanismen sofort begriffen hatten. Damit komme ich auf seine gigantischen Einnahmen zu sprechen, die sich im Westen niemand erklären konnte und bis heute nicht erklären kann.

Ich weiß, dass er aufgrund der großen Preisunterschiede enorme Profite mit Erdöl und chemischen Stoffen gemacht hat. Ganz normal, ohne irgendwelche kriminellen Machenschaften. Das war damals doch einfach. Ich kaufe billig Erdöl in russischen Raffinerien ein, zu Preisen, die Anfang der neunziger Jahre weit unter dem Weltmarkt lagen, sie waren ja häufig subventioniert, und ich verkaufe dieses Erdöl dann zu den üblichen

Weltmarktpreisen oder ein wenig darunter an Unternehmen im Westen. Da hat er zum Beispiel mit einem einzigen Geschäft 150 Millionen Dollar verdient. Und er hat viele dieser Geschäfte gemacht.»

Vadim Rabinovich lernte bei Nordex einflussreiche Politiker und Unternehmer aus der Ukraine kennen, die er bislang allenfalls vom Namen her kannte. Dazu gehörte Alexander Kawalka, der Vorsitzende des «Komitees für die Bewirtschaftung von Erdöl und Gas». Ein anderer war Wladimir Fjodorowitsch Bortnik, Direktor eines staatlichen agrotechnischen Kombinats der Ukraine und Abgeordneter im Parlament.

Zur Abwechslung ein Attentat

Auf Wladimir Bortnik wird später, es war der 30. Mai 1994, in Kiew ein Attentat verübt. Er wurde durch Pistolenschüsse in Kopf und Brust getroffen, als er am frühen Morgen sein Haus verlassen wollte. Nach dem Mordanschlag rief der amtierende ukrainische Ministerpräsident Jefim Swjagilski zum Kampf gegen die Mafiya auf: «Die bisherige Straflosigkeit gegenüber den staatsfeindlichen Mafiya-Gruppierungen darf nicht andauern. Denn dies gefährdet die nationale Sicherheit der Ukraine und die Lebensinteressen unserer Bürger.» Swjagilski zufolge bekämpfte Bortnik Versuche, die Ukraine zu plündern, indem er sich weigerte, Erdöl- und landwirtschaftliche Produkte zu den von der Mafiya festgesetzten Preisen zu kaufen.

Nordex flog den schwer verletzten Politiker nach Österreich aus, um sein Überleben zu sichern. Als er in Wien auf dem Flughafen ankam, waren seine ersten Worte: «Wo ist Wodka?» Wladimir Bortnik, das weiß Vadim Rabinovich vermutlich nicht, wurde wenig später in Wien von der Polizei vernommen. «Ich hörte die Leute schreien. Anschließend nahm ich ein Taschentuch heraus und versuchte damit, die Löcher in meinem

Kopf zu stopfen. Ich spürte unter meinen Händen Blut. Dann wurde ich in ein Auto verladen und verlor wieder das Bewusstsein.»

Auf die Frage, welche Pläne er an diesem Tag hatte, antwortete Bortnik den Vernehmungsbeamten: «Loutchansky sollte mit dem Flugzeug kommen. Die Woche davor war ich in Wien. Es ging um einen Vertrag mit Nordex, es ging um Erdöl. Wahrscheinlich hat das einige Herren verärgert. Die Firma Central hat versucht, Metall zu stehlen. Ich glaube, die sind in Ungarn registriert. Sie haben Dokumente gefälscht. Die Firma Galaxie hat uns zu betrügen versucht, und zwar mit dem Akkreditiv einer fremden Bank. Galaxie ist eine italienische Firma, die unter anderem von Leonid Minin geleitet wird.» Leonid Minin wird später, im Zusammenhang mit Diamanten und Ölgeschäften, nochmal auftauchen.

Und auf die Erklärung der vernehmenden Beamten, dass nach dem gegen ihn gerichteten Attentat in der ukrainischen Region Donetzk mehrere Geschäftsleute erschossen wurden, antwortete Bortnik: «Ich verbinde das mit Erdölgeschäften, so wie meine Geschichte.»

Vadim Rabinovich über seine Verbindungen zu Bortnik und Nordex: «Gemeinsam bereiteten wir damals den Vertrag zwischen Russland und der Ukraine in Bezug auf Erdöllieferungen und die Kompensation durch Warengeschäfte vor. Am 11. September 1993 wurde dieser Vertrag unterzeichnet, und zwar einmal von Herrn Loutchansky und zum anderen von Leonid Krawtschuk persönlich, dem damaligen Präsidenten der Ukraine. Für die Vermittlungsarbeit, die ja dem ukrainischen Volk geholfen hat, weil sie die drohende Energiekrise verhinderte, forderten ich und meine Freunde drei Millionen Dollar. Ich glaube, dass wir erfolgreich gearbeitet hatten.

Als ich wieder in die Ukraine zurückkehrte, weihte ich meine Freunde aus Charkow in das Projekt ein. Nun begannen wir gemeinsam, Nordex in der Ukraine aufzubauen. Wir mussten in

Kiew ein Büro eröffnen, fanden dort jedoch keinerlei Räume. Glücklicherweise wurde uns dann die Regierungsresidenz im Zentrum von Kiew zur Verfügung gestellt. Dort habe ich die ganze Zeit gewohnt, bis der damalige Präsident Leonid Krawtschuk die Präsidentschaftswahlen verloren hatte.»

Im Juli 1994 siedelte Nordex – wie auch das Unternehmen Ukragrotech-Service – in die Mechnikowastraße um, in der bis heute das Firmenkonglomerat von Vadim Rabinovich ansässig ist.

Die Geschäfte liefen laut Rabinovich blendend, «denn wir haben die entsprechenden Waren zur Verfügung gestellt, als Kompensation für das Erdölgeschäft. Im Wesentlichen waren das Metall, Zucker, Weizen und Spirituosen.» Diese Aussagen von ihm lassen sich alle belegen, und zwar anhand der Buchhaltungsunterlagen der Firma Nordex in Wien, die mir seit geraumer Zeit zur Verfügung gestanden haben. Da wurden noch im November 1994, unter dem Stichwort «Lieferung von Kompensationswaren und direkte Zahlungen», von der Firma Ukragrotech-Service an Nordex in Kiew unter anderem geliefert: Fleisch, Butter, Zucker, Sonnenblumenkerne, Sonnenblumenöl und Spirituosen. Gesamtpreis der Kompensationswaren: knapp 209 Millionen US-Dollar. Nach Angaben von Interpol Kiew (Aktenzeichen 3790/OC/Bll/95/INTP) wird in diesem Zusammenhang von Steuerhinterziehung gesprochen. Doch es kam nie zu irgendeinem Gerichtsverfahren gegen die Beteiligten.

«Die ganze Zeit, während ich nun in Kiew für Nordex tätig war, ist meine Familie, ich hatte inzwischen zwei Kinder, in Charkow geblieben. Während der Woche arbeitete ich in Kiew. Am Freitagabend setzte ich mich ins Auto und fuhr nach Hause, nach Charkow. Am Montagmorgen bin ich wieder nach Kiew zurückgefahren. Inzwischen forderte Loutchansky, dass ich häufiger nach Österreich kommen sollte. ‹Das geht leider nicht so häufig, denn ich habe meine Familie ja noch in Charkow.› ‹Du brauchst für den Weg von Charkow nach Kiew fünf Stunden. Für den Flug nach Wien benötigt man anderthalb Stunden. Es wäre besser, wenn du deine Familie in Wien unterbringst. Wir helfen dir bei der Wohnungssuche.›

Ich war damit einverstanden, und tatsächlich hat Nordex in Wien eine Wohnung für mich und meine Familie beschafft und sie mir natürlich bezahlt. Allerdings hat sie mir nicht gefallen, und ich suchte selbst eine Wohnung.»

Nordex hatte zur damaligen Zeit hochfliegende Pläne. Eines Tages, am 20. Januar 1994, setzte sich in Wien ein so genanntes Projekt-Team zusammen. Da ging es um den Bau von Firmen in Lettland, um den Bau einer Raffinerie in Ventspils, die Beteiligung an der Flugzeuggesellschaft «Fenix» und die Beteiligung an einem Fernsehkanal. In Sibirien, in Tjumen, sollte sich Nordex an der Neftechimbank beteiligen. In Korea sollte der Hafen Radshin umgebaut, und es sollten dort Grundstücke gekauft werden sowie eine Raffinerie.

«Wir planten den Einstieg in die Telekommunikation in Lettland, der Ukraine und in Sibirien. Dann war noch die Übernahme eines Kohlekombinats, ein Kaufhaus, die Kooperation im Metallurgiebereich in Krivorog und eine Metallbörse in Wien geplant. Diskutiert wurde des Weiteren über eine Versicherungsgesellschaft, ein Unternehmen Media-Investment und einen Verlag in Russland. In Wien sollte ein Trainingsprogramm für osteuropäische Manager eröffnet werden. Das waren zukunftsweisende Projekte. Das Unternehmen Nordex hat unheimlich viel Geld für Konsumgüter verschwendet. Das habe ich ja mit meinen eigenen Augen sehen können. Jede ausländische Delegation, die zu uns in das Hauptquartier nach Wien gekommen ist, wurde in Luxushotels untergebracht. Man stellte ihnen die komfortabelsten Fahrzeuge zur Verfügung. Es wurde viel gegessen und viel getrunken. Man ist extrem verschwenderisch mit dem Geld umgegangen. Nordex verfügte über einen privaten Jet mit einer österreichischen Crew. Ich kann mir also gut vorstellen, dass all das die westlichen Nachrichtendienste sehr beunruhigt haben muss. Die verstanden nichts.»

Bevorzugt wurden die noblen Wiener Hotels Plaza, Pullman und Hilton. Akkurat führte die Buchhaltungsabteilung von Nordex auf, wer zu Gast und wie hoch die Hotelrechnung war. Viele Gäste kamen aus Aserbaidschan, Tschetschenien und aus Kasachstan. Und es taucht in diesen Listen auch Vadim Rabinovich auf, zum Beispiel im Hilton in der Zeit vom 17. bis 21. Juni 1992.

Nordex wurden bei den Nobelherbergen Rabatte gewährt: im Intercontinental 35 Prozent auf Telefon und Hotelreinigung, 20 Prozent auf die Minibar, und die Zimmerrate durfte maximal 1500 Schilling pro Nacht nicht übersteigen; für die Suiten war Nordex bereit, 2000 Schilling zu bezahlen, aber jede 20. Nacht musste umsonst sein.

«Ich bin davon überzeugt, dass der ganze Spuk, der im Westen über Nordex verbreitet wurde, in Wirklichkeit ein Mythos ist. Ich weiß nicht, ob in Unternehmen von Nordex die russische Mafiya tätig war. Und ich weiß nicht, wer die Gelder von Nordex kontrolliert hat. Als sein ehemaliger Partner ausbezahlt wurde, da nahm Loutchansky einen israelischen Geschäftsmann, einen ehemaligen Minister, zu sich. Das war ein sehr respektabler Mann, und ich bin sicher, dass er niemals irgendwelche schmutzigen Geschäfte mitgemacht hätte, vielmehr sofort ausgestiegen wäre, wenn Loutchansky irgendetwas Illegales gefordert hätte. Wenn Loutchansky so genannte schmutzige Geschäfte hätte machen wollen, dann hätte er andere Möglichkeiten gehabt. Loutchansky war jedoch in meinen Augen ein sehr begabter Geschäftsmann, der strategisch denken konnte. Ich würde ihn als hervorragenden Theoretiker bezeichnen, nicht so sehr als guten Praktiker. Loutchansky wollte wissen, wie der Kreislauf des Geldes funktioniert, wollte verstehen, wie und wo man Geld einsetzen kann. Tatsächlich verfügten wir ja über unglaubliche Summen.»

Vadim Rabinovich zufolge muss das viele Geld jedoch plötzlich verschwunden sein. Seiner Meinung nach wurde Nordex durch das ukrainische Geschäft ruiniert. «In der Ukraine musste Loutchansky einen wichtigen Teil des Geldes verdienen, um die Rechnungen für das russische Erdöl zu bezahlen, das der Ukraine geliefert wurde. Er hat das Geld, Milliarden, tatsächlich an Russland ausbezahlt. Und wir, das heißt die Ukraine, haben ja auch die entsprechenden Waren geliefert. Aber leider mit Verspätung. Diese Verzögerung unterbrach den Fluss des Geldkreislaufs. Plötzlich entdeckte man, dass der König, also die Firma Nordex, nackt war.»

Für Rabinovich stellte sich die Situation so dar, dass Loutchansky und die Firma Nordex zu wenig Eigenkapital zur Verfügung hatten. «Vieles war gemietet worden. Und das hat schließlich zu einer Krise geführt. Trotzdem kann ich sagen, dass es heute all seinen ehemaligen Mitarbeitern wirklich gut geht. Die meisten haben die Firma inzwischen verlassen. Aber alle stimmen darin überein, dass Nordex eine gute Idee war.»

Aber zurück zu den Vorwürfen gegenüber Nordex:

«Zum Beispiel soll Nordex Waffen nach Nordkorea geschmuggelt haben und in Drogengeschäfte verwickelt gewesen sein. Das sind dumme Gerüchte. In den USA wurde behauptet, dass Loutchansky Waffen über Bulgarien verkauft haben soll, und zwar mit einem Transportflugzeug, einer Antonov 124, das er in der Ukraine gekauft haben soll. Aber weder Nordex noch Loutchansky hatten irgendwas mit diesem Vorgang zu tun.»

Von Nachrichtendiensten wurde kolportiert: Mit der Antonov 124 sollten Scud-Raketen an Saddam Hussein geliefert worden sein. Und die Frage war, ob gleichzeitig nukleares Material aus russischen Laboratorien in den Iran und nach Nordkorea geliefert wurde. Ende 1993, Anfang 1994 soll jedenfalls die amerikanische National Security Agency, NSA, Hinweise erhalten haben, dass Nordex an einem solchen Deal beteiligt war. «Es gibt keinen Zweifel daran», behauptete ein Mitarbeiter der US-Administration gegenüber einer amerikanischen Wochenzeitschrift.

«Das ist Unsinn», sagt Vadim Rabinovich, der es besser wissen dürfte. «Wer damals überhaupt in der Ukraine Beziehungen hatte, das waren Wladimir Bortnik und ich.»

In internen Firmenunterlagen liest sich der Vorgang folgendermaßen:

«Im August ging es darum, ein Joint Venture für Luftfracht mit Sitz in Tunesien aufzubauen. Dazu sollte eine Antonov 124 zum Preis von 20 Millionen US-Dollar gekauft werden. Nordex würde dann das Flugzeug kaufen und in das gemeinsame Joint-Venture-Unternehmen einbringen. Die Partnerfirma würde daraufhin 60 Prozent des Kaufpreises an Nordex bezahlen.»

Vadim Rabinovich sagt dazu: «Bortnik hatte damals vorgeschlagen, eine bestimmte Summe an eine Flugzeugfirma zu zahlen. Aber der Direktor der Firma Aerotrek hatte angeboten, ein Flugzeug, eine Antonov 124-100, die von dem Unternehmen Kiew Aircraft gebaut wurde, zu kaufen. Es sollte 25 Millionen US-Dollar kosten. Danach wurden nochmals fünf Millionen US-Dollar gezahlt. Wir rechneten mit einem monatlichen Nettoeinkommen für die Benutzung der Frachtmaschine in Höhe von 500 000 US-Dollar. Wladimir Bortnik unterbreitete Loutchansky ein Angebot: ‹Wir zahlen unsere bestehenden Schulden an die Flugzeugfirma, und du zahlst uns fünf Millionen Dollar. Dann bekommst du das Flugzeug.› Als Vermittler dieses Geschäfts fungierte ein bekannter ukrainischer Militärfonds. Nachdem alles vorbereitet war, erklärte Loutchansky jedoch: ‹Ich brauche dieses Flugzeug doch überhaupt nicht.› Daraufhin antwortete Bortnik: ‹Dann nehme ich es, und ich werde dir eine monatliche Miete von 40 000 Dollar zahlen. Ich kann Fracht für das Flugzeug organisieren.› Der Vertrag wurde unterzeichnet und die Frachtmaschine an das ukrainische Unternehmen Aerotrek verkauft. Anderthalb Jahre später ist Boris Soldatenko, der Direktor von Aerotrek, zu mir gekommen: ‹Wir haben ein Problem. Ich habe die Maschine an die Fluggesellschaft Air-Sofia in Bulgarien vermietet. Und jetzt wurden einige Bulgaren verhaftet, als sie mit diesem Flugzeug Waffen schmuggeln wollten. Ich weiß nicht, für wen die Waffen bestimmt waren.› Ich antwortete ihm: ‹Dafür bist du doch nicht verantwortlich. Du warst nicht dabei.› ‹Ja, das ist wahr. Aber für mich ist das trotzdem ein Problem.›

Nicht nur für ihn wurde dieser Vorfall zum Problem, sondern auch für Nordex und Rabinovich. «Man wusste, dass das Flugzeug bei den Bulgaren war. Aber Loutchansky hatte damit nichts mehr zu tun, zumal das Flugzeug bis heute nicht wieder aufgetaucht ist. Und ich weiß, dass Loutchansky später nach China geflogen ist. Dabei gab es eine Zwischenlandung in Pjöngjang, Nordkorea. In Nordkorea ging es unter anderem um die Wiederherstellung des Eisenbahnnetzes und um die Errichtung einer nordkoreanisch-russischen Firma in Österreich. Und so wurden zwei Geschichten zusammengerührt, die mit den Waffen und die mit der Zwischenlandung in Nordkorea. Ich kenne die Leute und kann nur sagen, dass diese Geschichte erlogen ist.»

Was Vadim Rabinovich eigentlich sagen will, ist Folgendes: Mit seinen Milliardengeschäften, seinen Beziehungen, insbesondere in Ländern der ehemaligen Sowjetunion, habe Grigori Loutchansky große Aufmerksamkeit auf sich gezogen. Und da er häufig Besuch von hohen osteuropäischen Politikern empfing, glaubten die westlichen Geheimdienste und Polizeidienststellen, in ihm einen Drahtzieher zu umstrittenen Personen gefunden zu haben.

«Die heikelste Angelegenheit für Loutchansky war die, dass damals, es war, glaube ich, im Sommer 1994, ein führender Aktivist der Demokratischen Partei der USA, Sam Domb, in die Ukraine gekommen ist. Sam Domb war ein bekannter amerikanischer Geschäftsmann, Berater von Bill Clinton und zugleich Mitglied der Handelskammer. Sam Domb schätzte Nordex und Loutchansky außerordentlich, lobte ihn als ersten Russen, der in der Welt des freien Unternehmertums richtig Erfolg hatte. Und er lud Loutchansky in die USA ein. Loutchansky hatte tatsächlich ein kurzes Treffen mit Bill Clinton im Oktober 1994.

Bei dieser Zusammenkunft überreichte ihm der amerikanische Präsident ein Schreiben, das für den damaligen ukrainischen Präsidenten Krawtschuk bestimmt war. In diesem Schreiben ging es um die Vernichtung der in der Ukraine befindlichen Atomwaffen. Das hat aber so ausgesehen, als hätte Loutchansky dabei irgendwie mitgeholfen, und führte dazu, dass Loutchansky vorgeworfen wurde, er habe etwas erreicht, was selbst dem Geheimdienst der USA bislang nicht gelungen sei. Deshalb bekam Loutchansky Schwierigkeiten.»

Dieser simple Vorgang, wie ihn Vadim Rabinovich beschreibt, wird später in den USA für politische Kontroversen sorgen. Im Frühjahr 1995 erhielt Grigori Loutchansky erneut eine Einladung, diesmal zu einem Dinner mit dem US-Präsidenten. «Lieber Mister Loutchansky», lautete der Brief des Konvents der Demokratischen Partei in Washington. «Ich lade Sie herzlichst ein, am Dienstag, dem 11. Juli 1995, im Hay Adams Hotel in Washington D. C. mit Präsident Clinton das Abendessen einzunehmen.» Diese Einladung lehnte Loutchansky jedoch ab. Ans Licht der amerikanischen Öffentlichkeit kam das Ereignis erst drei Jahre später, nachdem die National Security Agency (NSA) das Telefon von Loutchansky angezapft und die Informationen dem Weißen Haus bzw. dem Demokratischen Nationalen Komitee (DNC) mitgeteilt hatte. Darüber berichtete die *Washington Post*. Wie kam es dazu? Nach heftiger öffentlicher Kritik der rechten Republikaner an der Spendenpraxis einiger ausländischer Wirtschaftsmagnaten für die Demokraten wollte das Weiße Haus einige Spender genauer unter die Lupe nehmen. Der Sprecher des Demokratischen Nationalen Konvents erklärte, dass die Demokratische Partei zwar ein Einladungsschreiben an Grigori Loutchansky geschickt habe, nachdem man aber einiges Unerfreuliche glaubte entdeckt zu haben, «ließen wir ihn wissen, dass er nicht länger eingeladen ist». Auch der New Yorker Unternehmer Sam Domb meldete sich nun zu Wort. Er erklärte gegenüber einer amerikanischen Zeitung, dass er keine Ahnung gehabt habe, wer Herr Loutchansky überhaupt sei. Er hätte ihn zum ersten Mal während des Dinners getroffen, was nach den Aussagen von Vadim Rabinovich unzutreffend ist. Dann meldete die Nachrichtenagentur AP, Republikaner und ein ehemaliger CIA-Direktor hätten die Einladung an Loutchansky scharf kritisiert. Sie stellten Loutchansky als eine dubiose Person dar. Während einer Anhörung vor dem US-Kongress wurde schließlich behauptet, dass Loutchansky und die Firma Nordex mit russischen kriminellen Aktivitäten verbunden seien.

Entsprechende Vorwürfe kommentierte Loutchansky gegenüber einem israelischen Journalisten folgendermaßen: «Die gesamte Angelegenheit der Russenmafiya ist eine Verschwörung der USA. Israelische Bürger sind Geiseln der US-Politik, um Russland zu zerstören. Ich sage nicht, dass es keine Kriminellen in Russland gibt. Es sind Gangster wie überall. Aber ich möchte nicht das Kind mit dem Bad ausschütten und sagen, dass es sich dabei um die Mafiya handelt …»

All diese wilden Beschuldigungen, Mutmaßungen und Halbwahrheiten führen nach Meinung von Vadim Rabinovich zum Kern der Vorwürfe, die sowohl gegen Loutchansky wie auch gegen ihn selbst erhoben werden: «Ich sage noch einmal, dass es keine Beweise gegen die Leute gibt, die bei Nordex gearbeitet hatten. Man behauptet lediglich, dass sie in einer Verbrecherorganisation mitgewirkt hatten. Aber warum, welche Fakten dafür sprechen, das kann mir bis zum heutigen Tag niemand sagen. Vielleicht glauben einige Dienststellen die Geschichte mit den Tschetschenen? Tatsächlich waren Tschetschenen sehr häufig bei ihm. Aber sie spielten keine besondere Rolle im Geschäftsleben, waren vielmehr seine Leibwächter, die mit Loutchansky überall hingeflogen sind. Man könnte sagen, sie bildeten so etwas wie die Kryscha, das Dach.»

Mit dieser Aussage relativiert Rabinovich Ermittlungen der

Interpol-Arbeitsgruppe in Lyon, die sich mit Loutchansky beschäftigte: ‹Wir wissen, dass sich Loutchansky regelmäßig, teilweise einmal in der Woche, in einem Wiener Lokal mit Personen trifft, die der kriminellen tschetschenischen Szene angehören. Während dieser Treffen wird das Restaurant für andere Gäste geschlossen, und die sehr speziellen Gäste werden entweder von der Frau des Besitzers oder dem Manager persönlich bedient.» Diese Aussagen der Interpol-Zentrale Lyon stützen sich auf Ermittlungen österreichischer Polizeibeamter. Fakt ist jedenfalls, dass zu jener Zeit, als Vadim Rabinovich noch dabei war, in Charkow Millionär zu werden, es in Deutschland einen Vorfall gab, der mit Tschetschenen und dem Unternehmen Nordex in Verbindung gebracht wurde.

Am 3. Juni 1992 wurden auf dem Flughafen München drei polizeibekannte Tschetschenen festgenommen. Sie waren von Wien kommend, so glaubt die Polizei zu wissen, mit einem Firmenfahrzeug von Nordex über den Autobahngrenzübergang Walserberg nach Deutschland eingereist. Diese Erkenntnisse treffen zu, denn sie werden von einem Nordex-Angestellten bestätigt, der als Gästebetreuer bei Nordex angestellt war. Ihm waren auch die drei Tschetschenen wohl bekannt, hatte er sie doch zuvor häufiger in Wien und im Salzburger Land begleitet. Diesmal sollte er die drei Tschetschenen, die im Wiener Plaza logierten, zum Flughafen München fahren. Von München aus wollten die drei Tschetschenen nach Berlin fliegen. Bei der Sicherheitskontrolle im Münchner Flughafen wurde bei einem der Reisenden ein Totschläger gefunden. Zwei Messer, die er ebenfalls bei sich trug, hatte er bereits abgegeben. Und sie hatten 220 000 US-Dollar bei sich, bestimmt zum Kauf von Medikamenten, sowie von zwei PKWs der Oberklasse. Das Geld habe er, so gab einer der Festgenommenen zu Protokoll, als Geschäftsprovision von Nordex erhalten. Ob das nur eine Schutzbehauptung war, konnte die Polizei bis heute nicht ermitteln. Es kann durchaus so gewesen sein. Ermittelt wurde jedoch später einiges über deren weiteres bzw. auch vergangenes Wirken.

Nach Angaben von Interpol Moskau war einer der drei Festgenommenen in die Ermordung von sieben Personen verstrickt, die am 4. März 1994 in Moskau erschossen wurden. Ein anderer der Festgenommenen soll, so Interpol Wiesbaden, bereits 1990 in einen Mordanschlag gegen einen Geschäftsmann verwickelt gewesen sein. Dubiose Tschetschenen jedenfalls waren in Wien häufiger zu Gast bei Nordex. Der für die Gästebetreuung zuständige Nordex-Mann erinnert sich daran, dass sogar der damalige tschetschenische Präsident Dschochar Dudajev häufig Gast bei Nordex war. Als er, es war im Sommer 1993, mit seiner Privatmaschine in Wien landete, hatte er siebzehn bewaffnete Soldaten mit an Bord. Wildromantisch hatten sie ihre Patronengurte um sich gehängt und wollten so ins Plaza-Hotel fahren. Die Beamten am Flughafen konnten sie davon überzeugen, dass eine Pistole ausreichend sei, um ihren Chef zu schützen. Dem und seinen Anhängern wurde von Polizeibehörden in Moskau vorgeworfen, in Tschetschenien eine starke Mafiya installiert zu haben.

Merkwürdige Freunde und dubiose Verbindungen

Mitte 1994 hielt sich Rabinovich mit seiner Familie noch in Wien auf. Er wird wahrscheinlich nicht mitbekommen haben, dass führende österreichische Politiker gute Beziehungen zur Nordex unterhalten haben. Nicht nur der Exinnenminister Karl Blecha, der nach Auskunft des Sicherheitsdienstes von Nordex dort ein- und ausgegangen sei. Blecha war nie zimperlich, wenn es dazu diente, Kontakte zu osteuropäischen Geschäftsleuten zu knüpfen. Bekannt geworden ist er in Österreich dadurch, dass er kurzfristig an einer Firma beteiligt war, an der auch ein georgischer Pate Teilhaber war. Michael Sika, der angesehene und kompetente Exgeneraldirektor für öffentliche Sicherheit, schreibt in seinem Buch *Mein Protokoll* über österreichische Politiker und deren Beziehungen zur Russenmafiya: «Dass Politiker der zweiten und dritten Ebene sich auf krumme Touren mit der Ostmafia eingelassen haben, ist für mich keine Frage … Für Blecha habe ich immer ins Treffen geführt, dass er ein Krösus sein müsse, wenn er tatsächlich, wie man ihm hartnäckig unterstellte, mit der Mafia Geschäfte machte. Nun war aber seine nicht immer rosige finanzielle Lage allgemein bekannt.» Das beantwortet die Frage nach den geldwerten Vorteilen von Beziehungen, nicht die der Skrupel oder Skrupellosigkeit als ethische Dimension. Was eigentlich niemanden erstaunt. Aufgrund dieser Gemengelage warnte das österreichische Innenministerium bereits 1996 vor dem Einfluss von Mafiyagrößen auf österreichische Politiker: «Die Kontakte zu hohen politischen Persönlichkeiten sind beweisbar und bekannt.» Geschäftlichen Erfolg versprach sich wohl auch ein bekannter österreichischer Bauunternehmer, der ebenfalls häufig bei Nordex gesehen wurde. Pikant dabei ist, dass dieser Bauunternehmer Schutzgeld an den georgischen Mafiyapaten überwies, und zwar auf ein Konto in Liechtenstein. In dieser Runde konnte Peter Marizzi, der Bundesgeschäftsführer der SPÖ und Nationalratsabgeordnete, nicht fehlen. Marizzi habe sich, erzählten mir freimütig ehemalige Nordex-Mitarbeiter, mit Personen aus dem Umkreis des Präsidenten von Weißrussland, Lukaschenko, getroffen. Besonders ein Treffen im Wiener City-Club wird kolportiert. Während eines Trinkgelages auf Kosten von Nordex habe der SPÖ-Politiker den Mitarbeitern des diktatorisch agierenden Lukaschenko dargelegt, wie man einen erfolgreichen Wahlkampf führen muss.

Rabinovich weiß jedoch ganz andere, weitaus brisantere Dinge zu erzählen: im Sommer 1994, in Wien hat es mir nicht mehr gefallen, bin ich mit meiner Familie nach Israel umgezogen. In jener Zeit wollte sich Loutchansky mit Boris Birshtein in Tel Aviv treffen. Das hat er mir selbst erzählt, und ich war ja auch anwesend.»

Zum Hintergrund: Als mir Vadim Rabinovich ein Foto zeigte, auf dem er mit dem russischen Abgeordneten Josef Kobson zu sehen ist, fiel es mir wieder ein. «An den kann ich mich erinnern», sagte ich zu ihm. Im Januar 1996 gab es in Israel einen Skandal, weil man diesem Josef Kobson die Einreise verweigert hat. Auf Intervention des russischen Botschafters in Tel Aviv konnte er dann doch noch nach Israel einreisen. Über diesen Kobson schreibt Bernd Knabe vom Bundesinstitut für ostwissenschaftliche und internationale Studien: «Die Verdächtigungen gegenüber der Person Kobsons als ‹Bankier der russischen Mafiya› haben mit seiner Funktion als Präsident des ominösen Schattenimperiums ‹Assoziation XXI. Jahrhundert› zu tun, die er bis 1994/95 innehatte. Über die Struktur und Ziele dieser Organisation ist nahezu nichts bekannt … Als er sich im August 1995 mit seiner Familie in Israel aufhielt, wurde er von einer dort erscheinenden Zeitung als ‹Außenminister der russischen Mafiya› bezeichnet; in einer mehrstündigen Pressekonferenz hat er versucht, die gegen ihn erhobenen Vorwürfe zurückzuweisen. Außer den USA haben danach auch andere Länder Kobson keine Einreisevisa mehr ausgestellt.»

Im Frühjahr 1998 startete er als Duma-Abgeordneter eine Initiative, um ein «Gesetz zur Verteidigung der Ehre und Würde der Staatsbürger Russlands» beschließen zu lassen. Dieses richtete sich vor allein gegen eine «Schwarze Liste», die 1997 in den USA erstellt worden ist. Sie enthält die Namen früherer sowjetischer Staatsbürger, die nicht in die USA einreisen dürfen. Und ich erinnerte mich an einen Bericht, den die israelische Polizei verfasst hatte. In diesem Bericht wurde behauptet, dass es in Tel Aviv im November 1994 ein Treffen gegeben habe, an dem neben Kobson auch Loutchansky und Rabinovich sowie einige andere mächtige Männer teilgenommen hatten. Mit einiger Mühe kann ich dieses Dokument besorgen, lese es durch und schüttele dabei immer wieder den Kopf. Das darf doch nicht wahr sein.

«Tagungsthema war die Aufteilung des ukrainischen Energiemarktes», steht in dem Bericht der israelischen Polizei vom

April 1996 mit dem Titel «International Organized Crime. Yosef Kobzon. Intelligence Summary». Und dann werden schwere Vorwürfe erhoben: ‹Jeder der Anwesenden war mächtig genug, um alleine den ukrainischen Energiemarkt zu beherrschen. Um jedoch eventuelle Konflikte zwischen den Beteiligten zu lösen und ihre unterschiedlichen Interessen zu koordinieren, sollte ein Abkommen geschlossen werden.» Diesen Zweck hatte das Meeting im Hilton-Hotel in Tel Aviv. Einer der illustren Teilnehmer war tatsächlich Josef Kobson, der populäre Volkssänger, der anscheinend ein gutes Verhältnis zu Vadim Rabinovich hatte. Er traf bereits am 1. November 1994 mit Flug 4301 aus Moskau kommend in Tel Aviv ein.

«Kobsons Anwesenheit», vermutete zumindest die israelische Polizei, «war vermutlich wegen der Investition großer Geldmengen, die er verwaltet, sowie wegen seiner Fähigkeit, als Vermittler zwischen eventuellen Konkurrenten zu agieren, notwendig.» Ob diese Einschätzung der israelischen Polizei stimmt, steht auf einem anderen Blatt. Andererseits unterstützte er sowohl in Russland wie in Israel arme Kinder durch großzügige Spenden. Kobson stritt seinerseits jegliche Beziehungen zur Mafiya ab. In russischen Zeitungen wurde er jedoch mit den Worten zitiert: «In der gegenwärtigen Situation in Russland gibt es keine Existenzmöglichkeiten, wenn man nicht mit dem verbunden ist, was russische Mafiya genannt wird.»

Ein weiterer Gast war Sergej Anatolevitsch Michailow, Chef der mächtigsten traditionellen russischen Gangsterorganisation, der Solnzevskaja. An seiner Seite saß Viktor Averine. Er galt als Michailows Stellvertreter in der Solnzevskaja. An diesem Tag im November 1994 ahnte Michailow nicht, dass er zwei Jahre später, im Oktober 1996, in Genf verhaftet werden und über zwei Jahre in der Zelle eines Untersuchungsgefängnisses darben sollte. Der Vorwurf der Genfer Staatsanwaltschaft gegen ihn: «Mitgliedschaft in einer kriminellen Vereinigung». Das Gericht sprach ihn jedoch im Dezember 1998 wieder frei. Darüber später mehr.

Ein anderer Teilnehmer war Anton Viktorowich Malewski, alias Ismailowskij. Er gilt heute in Russland als einer der wichtigsten Männer der russischen Aluminiumindustrie. Eine anstrengende Reise hatte er nicht auf sich nehmen müssen, da er in Tel Aviv lebte, natürlich im vornehmsten Bezirk der Stadt, in Ramat-Aviv Guimel. Der am 27. Februar 1967 geborene Russe gilt bei der Polizei als Kopf der Ismailowska-Bande. Angaben des FBI zufolge wirkte er in Moskau als unabhängiger Agent, der über aserbaidschanische Syndikate Kokain geschmuggelt haben soll. Da es daraufhin zu Konflikten mit russischen kriminellen Organisationen kam, sollte er von Führern der Solnzevskaja ermordet werden. Dafür, so das FBI, habe es Zeugen gegeben. 1994 wanderte er nach Israel aus und gründete dort mehrere Diamanten- und Nahrungsmittelfirmen. Seitdem würde er gegen entsprechende Bezahlung an die Solnzevskaja Schutz genießen. Das fällt genau in jene Zeit, als er in Tel Aviv an dem Treffen mit Rabinovich und Birshtein teilgenommen hatte. So weit die Thesen der israelischen Polizei.

Die israelische Staatsanwaltschaft behauptete später, er habe die israelische Staatsbürgerschaft mit seiner Erklärung erworben, Enkel eines Juden zu sein, nie ein Verbrechen begangen zu haben und in keinem Land gesucht zu werden. Das betont bei jeder Gelegenheit auch sein Rechtsanwalt Yoram Sheftel, insbesondere nachdem die israelischen Behörden versuchten, Malewski die israelische Staatsbürgerschaft wieder zu entziehen. Mit Sheftel gewann Malewski übrigens einen erfahrenen Rechtsvertreter. Sheftel vertrat als junger Rechtsanwalt in den frühen siebziger Jahren den Gottvater der jüdischen Mafia in den USA, Meyer Lansky.

Auch ein Gregorij Lerner soll nicht gefehlt haben, wenn man dem Polizeibericht Glauben schenken möchte. Gregorij Lerner zog 1989 von Moskau nach Israel und legte sich den hebräischen Namen Zvi Ben-Ari zu. Russischen Immigranten in Israel gegenüber zeigte er sich äußerst zuvorkommend. Dem Multimillionär gehörten sowohl in Moskau wie in Zypern eine Bank und verschiedene andere Unternehmen. Innerhalb kürzester Zeit wurde er einer der reichsten Männer Israels. Den plötzlichen Reichtum schrieb er selbst seiner harten Arbeit zu.

Später, Jahre nach diesem Treffen, wird sich herausstellen, dass es sein Ziel gewesen sein soll, politische Macht in Israel zu erlangen. Abgehörten Telefongesprächen zufolge plante er, die Likud-Partei mit erheblichen Geldmitteln zu unterstützen, um bei den nächsten Wahlen Abgeordneter und Minister zu werden. Im Mai 1998, dreieinhalb Jahre nach der so genannten Energiekonferenz in Tel Aviv, wurde er im Flughafen Tel Aviv verhaftet, als er gerade in die USA fliegen wollte. In seinem Besitz waren 50 000 US-Dollar in bar und zwei Satellitentelefone. Weitere 500 000 US-Dollar, zwei gefälschte Pässe und neun Computer fand die Polizei in seiner Villa. Angeklagt wurde er schließlich wegen Betrugs und Korruption. In Moskau wurde er darüber hinaus wegen Mordes an einem russischen Bankier und mehrerer Mordversuche und wegen Betruges in Höhe von 85 Millionen US-Dollar gesucht.

Vier Jahre nach dem ominösen Treffen in Tel Aviv verurteilte ihn ein Gericht in Tel Aviv zu sechs Jahren Gefängnis. In seinem Urteilsspruch erklärte Richter Ezra Kama: «Er hat seine kriminellen Fangarme nach Russland, Zypern, Panama und Luxemburg ausgestreckt.»

An dieser Runde nahmen – und das ist noch interessanter – äußerst angesehene Wirtschaftsmagnaten teil. Neben Rabinovich war es Boris Birshtein, eine schillernde Persönlichkeit. Und dann, welch ein Zufall, soll Grigori Loutchansky dabei gewesen sein.

Ist das purer Zufall gewesen? Hat man es im Big Business der Ex-UdSSR quasi automatisch mit Personen zu tun, die mafios und kriminell agieren? Kann man ihrem Einfluss überhaupt nicht mehr entkommen?

Im israelischen Polizeireport wird sogar die These aufgestellt, dass auch ein Vertreter des damaligen Präsidenten Leonid Krawtschuk anwesend gewesen sein soll. Zitat aus dem Polizeibericht: «Die Verbindungen sind indirekt. Sie kamen durch einen seiner Repräsentanten zustande, der am Treffen im November 1994 teilnahm. Die Präsenz des Repräsentanten des ukrainischen Präsidenten ist ein Beweis für die Verstrickung der politischen Klasse (wissentlich oder unwissentlich) in die Aktivitäten der kriminellen Organisationen am Beispiel der Ukraine.»

Eine Unterstellung der Polizei? Man darf spekulieren.

Vadim Rabinovich bestätigte mir gegenüber ohne Zögern, dass dieses von der Polizei observierte Treffen in Tel Aviv tatsächlich stattgefunden hat.

«Klar, an das Treffen im Hilton kann ich mich gut erinnern. Grigori Loutchansky, Boris Birshtein und einige andere waren dabei. Das ist richtig.»

Über den Verlauf der Tagung und die Anwesenheit bestimmter anderer Personen weiß er jedoch ganz anders als die israelische Polizei zu berichten. Und das, was er erzählt, dürfte viele internationale Polizeidienststellen brennend interessieren, nicht nur, weil Fehlinformationen gerade gerückt werden.

«Das war so. Gekommen ist Boris Birshtein mit vielen seiner Gefolgsleute. Dann war Grigori Loutchansky samt Sekretär und Tschetschenen als Personenschutz da. Und ich als sein Stellvertreter und Direktor der Ukrainian Chemical. Boris Birshtein und Grigori Loutchansky hatten in einem Zimmer, hinter verschlossenen Türen, eine Besprechung. In den Raum, in dem beide verhandelten, durfte niemand eintreten. Insgesamt dauerte das Gespräch zirka drei Stunden. Als wir danach in die Lobby des Hotels gegangen sind, machten sie den Eindruck, als habe es nach einigen ernsthaften Problemen eine gütliche Vereinbarung gegeben. Wir sind dann aus dem Hotel hinaus und in ein um die Ecke liegendes Restaurant gegangen. Das Schaschlik, das wir gegessen haben, war übrigens phantastisch.

Was nun aber die anderen Personen angeht, die nach Meinung

der israelischen Polizei dabei gewesen sein sollen, da kann ich nur das sagen: Vielleicht war Viktor Averine dabei, daran kann ich mich nicht erinnern. Josef Kobson kenne ich natürlich persönlich. Ja, er war da. Lerner habe ich nie gesehen, und ich weiß nicht einmal, wer das ist. Das ist eine Lüge, was die israelische Polizei in diesem Zusammenhang behauptet. Richtig ist wiederum, dass Anton Malewskij und Sergej Anatolevitsch Michailow anwesend waren. Damals habe ich sie alle zum ersten Mal gesehen. Anton Malewskij habe ich nur an diesem Tag gesehen, später nie mehr. Sergej Anatolevitsch Michailow bin ich zum ersten Mal begegnet. Danach habe ich mich mit ihm ein paar Mal getroffen. Sie gehörten allesamt zum Tross von Boris Birshtein. Ihn selbst habe ich auch zum ersten Mal gesehen, wobei Boris Birshtein damals auf mich einen guten Eindruck gemacht hatte. Er ist ein kluger Mann.

Und was das Ziel des Treffens anging? Im Wesentlichen ging es bei den Verhandlungen zwischen Birshtein und Loutchansky um Geschäfte mit chemischen Stoffen. Von anderen Geschäften, wie der Aufteilung des ukrainischen Energiemarkts, war nicht die Rede. Es war auch kein Vertreter des ukrainischen Präsidenten da. Das ist ein Wahnsinn, was von der Polizei behauptet wird. Gut, hier waren viele Russen zusammen, vielleicht auch Leute, die mit der russischen Mafiya etwas zu tun haben. Aber das wusste ich damals noch nicht. Von einer wichtigen Versammlung Top-Krimineller zu reden ist Bullshit. Der Besuch im Restaurant war eine private Zusammenkunft.

Am Ende haben Loutchansky, Birshtein und ich ein weiteres Treffen vereinbart. Wir fuhren zu Boris Birshtein nach Kishinew, der Hauptstadt von Moldawien. Wissen Sie, was mir dort aufgefallen ist? Er wurde dort als eine Art Gott angesehen. Als wir mit ihm zusammen im Auto fuhren, erhielten wir Geleitschutz. Die Polizei stand an den Straßenrändern und grüßte ihn. Auf dem Dach des größten Hotels in Moldawien stand der Name seiner Firma, Seabeco.»

Ein Mann, mit dem man sich nicht anlegen sollte

Der einflussreiche Boris Birshtein, von dem Vadim Rabinovich heute sagt, er sei ebenso intelligent wie undurchsichtig, um nicht zu sagen gefährlich, agiert seit Jahren sowohl mit führenden Politikern im Kreml wie mit Dunkelmännern berüchtigter Syndikate. Und er fährt häufig vollkommen ungehindert in die USA, hält Kontakt im Westen, mit wem er will. Birshtein scheint den russischen Raubritterkapitalismus zu personifizieren. Allein deshalb möchte ich etwas ausführlicher auf ihn zu sprechen kommen.

Ort der Handlung ist Moskau, anderthalb Jahre vor dem denkwürdigen Treffen in Tel Aviv. Damals hatte Wiktor Pawlowitsch Barannikow, ein ehemaliger Armeegeneral, der 1990 zum Minister für Staatssicherheit ernannt wurde und damit zuständig für die Bekämpfung der organisierten Kriminalität und Korruption war, Präsident Boris Jelzin in seine Datscha eingeladen. Als Jelzin dort eintraf, wurde ihm ein älterer Mann vorgestellt, Boris Birshtein. Beim abendlichen Dinner lobte Barannikow seinen «Freund Birshtein» als außerordentlich erfolgreichen Unternehmer, der bereits viel Gutes für Russland getan habe. In einem seiner Tagebücher notierte Boris Jelzin später: «Die mysteriöse Begegnung mit Birshtein brachte mich ins Grübeln. Später erfuhr ich mehr über Birshtein und den Konzern Seabeco.»

Zum Beispiel, dass Birshtein die Ehefrauen des ihm wohlgesinnten Sicherheitsministers und des stellvertretenden russischen Innenministers nach Zürich eingeladen hatte. Dort durften die beiden Damen auf Einkaufstour gehen. Sie nutzten die Gunst der Stunde und hinterließen eine Rechnung von 350 000 US-Dollar für Schmuck, Kosmetik und Bekleidung.

Birshtein war damals bereits ziemlich mächtig, unter anderem war er wirtschaftlicher Berater des kirgisischen Präsidenten. Schweizer Polizeidienststellen mutmaßten, dass er 1993 sage und schreibe 1,6 Tonnen Gold aus Kirgistan in die Schweiz transportiert haben soll. Bei bestimmten Politikern in Moskau wurde er geschätzt, nachdem er im Auftrag der KPdSU Anfang der neunziger Jahre einen Teil des Parteivermögens erfolgreich nach Westeuropa transferiert haben soll. Belege dafür gibt es jedoch nicht.

Knapp zehn Jahre später erzählte mir ein Ermittler in Brüssel: «Boris Birshtein ist so etwas wie eine Brücke zwischen Politik, Nachrichtendiensten und Kriminalität. Er hat sowohl für die ehemalige KPdSU Geld gewaschen wie für kriminelle Organisationen.» Schwerwiegende Vorwürfe, die bis zum heutigen Tag zu keinem Gerichtsverfahren geführt haben. Anscheinend reichen die Beweise nicht aus.

Birshteins Unternehmen Seabeco residierte in den neunziger Jahren in Zürich und scheint ein Musterbeispiel dafür gewesen zu sein, wie KGB und KPdSU Firmen im Ausland aufbauten, um ihre Gelder zu deponieren. Dafür spricht nicht zuletzt die Geschichte von Seabeco. Das Unternehmen hatte zwei geistige Gründungsväter: zum einen den 1979 mittellos aus der UdSSR nach Israel ausgewanderten Boris Birshtein. Israel sollte er nach zehn Monaten verlassen. Als Nächstes ging er in die Schweiz. Als er dort keine Aufenthaltsbewilligung erhielt, wanderte er nach Kanada aus. Hier ließ er sich einbürgern und zeichnete seit 1991 als «Vorsitzender des Komitees für Wiederaufbau und Entwicklung» der Republik Kirgistan. Als zweiter Gründer von Seabeco wird der ehemalige KGB-Oberst und KP-Schatzmeister Leonid Weselowski genannt. In den siebziger und achtziger Jahren diente Weselowski im 1. Direktorat des KGB, galt als Experte für die Führung ausländischer KGB-Tarnfirmen. 1991 waren seine Kenntnisse und reichen Erfahrungen im Zentralkomitee der KPdSU gefragt. Deshalb setzte er sich im Herbst 1991 in die Schweiz ab, um eine neue Finanz- und Firmenstruktur für die außer Landes geschleusten Parteifinanzen im Westen aufzubauen. Nach Schätzungen des Moskauer Staatsanwalts Sergej Aristow sollen auf diese Weise etwa 600 Unternehmen außerhalb der GUS neu entstanden sein. Einer, der damals dabei war, der Ex-KGB-Agent Juri V. Shvets, wusste darüber, nachdem er vereidigt worden war, vor dem US-Distriktgericht in Alexandria unter anderem Folgendes zu berichten: «Major Weselowski hat Dollars in großen Koffern von Russland auf Schweizer Bankkonten geschmuggelt. Er schmuggelte mehrere Koffer voll, und der KGB partizipierte daran. Manchmal holte er die Koffer in den KGB-Residenzen ab und brachte sie außer Landes.»

Die Seabeco spielte übrigens eine ominöse Rolle in einem Deal, in den der spätere Oktoberputschist und Jelzin-Widersacher General Alexander Ruzkoj verstrickt sein sollte. Im Spätherbst 1991 benötigte die Stadtregierung von Moskau zusätzliche Lebensmittel, um die Bevölkerung mit Nahrungsmitteln zu versorgen. Sie beauftragte daher ein ehemaliges sowjetisches Agrarkombinat, Agrochim, mit der Beschaffung und zahlte dafür 13,5 Millionen Dollar. Agrochim überwies diese Summe auf ein Konto einer Züricher Bank, Kontoinhaber: Seabeco-Trade. Wenig später wurde das Geld weitertransferiert, zuerst auf ein Konto bei einer anderen Züricher Bank, und von dort sollen drei Millionen Dollar auf ein Konto zugunsten von General Ruzkoj und seiner Familie gewandert sein. Das schien nicht weiter schlimm gewesen zu sein, wurde jedoch zur politischen Waffe, und zwar nach dem Putsch gegen Boris Jelzin im Oktober 1993. Jelzins bisheriger Vizepräsident, besagter General Alexander Ruzkoj, ernannte sich selbst zum neuen Präsidenten. Am 3. Oktober 1993 überfielen bewaffnete Anhänger Ruzkojs bekanntlich das Moskauer Weiße Haus und besetzten die Fernsehstation Ostankino. Dreiundzwanzig Personen starben bei den blutigen Auseinandersetzungen. Das russische Parlament, in dem sich Ruzkoj und seine Anhänger eingenistet hatten, wurde von Panzern eingekreist, und schließlich kamen loyale Truppeneinheiten dem Präsidenten zur Hilfe. Das Gebäude – die Bilder gingen um die Welt – wurde, weil sich die Besetzer nicht ergeben wollten, unter Feuer genommen. Über 100 Menschen kamen dabei ums Leben. Ruzkoj gab auf und wurde verhaftet. Erst danach wurde gegen ihn ermittelt, was auch in den europäischen Medien entsprechend verbreitet wurde.

Mir liegt ein Brief des Generaldirektors der Contitrade AG (die zum Nordex-Konzern gehört) aus Zürich vor. Der datiert vom 31. Januar 1994. Darin wird darauf hingewiesen, dass die Contitrade AG mit Untersuchungen in Russland gegen den Politiker Ruzkoj und mit Zahlungen, die über Seabeco gelaufen sind, in Verbindung gebracht wurde. «Wir fühlen uns beunruhigt, weil es dazu dienen kann, den Ruf von Contitrade AG insbesondere in der Schweiz und in anderen westlichen und östlichen Staaten zu diskreditieren. Wir legen daher Wert auf die Feststellung, dass das Geld, 13 Millionen US-Dollar, vollständig für die Finanzierung einer Bierbrauerei in Moskau eingesetzt wurde. 500 000 Dollar wurden zum Kauf von Neujahrsgeschenken für Kinder in der ehemaligen UdSSR ausgegeben.» Was war geschehen? Nach einem kritischen Zeitungsartikel in der Schweizer *Weltwoche* mit der Überschrift «Führt die Spur des verschwundenen Millionenvermögens der KPdSU zur Züricher Handelsgesellschaft Seabeco?» wurde von der Bezirksanwaltschaft des Kantons Zürich im Juli 1994 ein Verfahren wegen Geldwäsche gegen Birshtein eingeleitet. Grundlage für dieses Strafverfahren bildeten unter anderem zahlreiche Rechtshilfeersuchen aus Russland. Das Strafverfahren wurde danach nicht nur wegen Geldwäsche, sondern auch wegen «Mitgliedschaft in einer kriminellen Vereinigung» in Zürich geführt. Ab dem Jahr 1995 bestand in Moskau auf einmal kein Interesse mehr an einer Strafverfolgung, und das Verfahren gegen Birshtein wurde eingestellt.

Ende der neunziger Jahre wurde ein neuer Verdacht laut, diesmal ausgelöst durch eine rege Presseberichterstattung. Es ging um dubiose Finanztransaktionen zwischen Russland und der Schweiz, bei denen über die Seabeco-Gruppe Geld an Firmen geflossen ist, die im Nahbereich der kriminellen Organisation Solnzevskaja angesiedelt wurden. Nach Erkenntnissen der österreichischen Polizei benutzten deren Bosse sogar ein Flugzeug der Seabeco AG und bezogen Hotelsuiten in der Schweiz, die von der Seabeco angemietet wurden. Es soll um große Summen bei den geplanten Transaktionen zwischen Boris Birshtein und Sergej Anatolevitsch Michailow gegangen sein. Die Genfer Staatsanwaltschaft hatte den Verdacht, dass Birshtein über 150 Millionen Dollar für Michailow gewaschen habe, konnte diesen Vorwurf jedoch nie beweisen.

Boris Birshtein, Doktor der Philosophie, tut nicht nur Ministern und deren Gattinnen Gutes. In einer Selbstdarstellung, die als Werbebeilage in der *Washington Times* am 22. April 1999 abgedruckt wurde, lobte er Moldawien, das auch «Land der Spielcasinos» genannt wird, als «das fortschrittlichste Land der ehemaligen Sowjetunion». Wahrscheinlich wegen dieser Spielcasinos und weil er in Moldawien einer der wichtigsten politischen und wirtschaftlichen Drahtzieher ist, der einzige Oligarch im Land. Schon früh, so wird über ihn geschrieben, erkannte er das wirtschaftliche Potenzial des kleinen Landes und investierte ganz generös mehrere Millionen US-Dollar in ein Hotel, das Holly Alon, und zwar zu einer Zeit, als Moldawien noch Teil der Sowjetunion war. Woher das Geld stammte, wird dummerweise nicht erwähnt.

Nach der Unabhängigkeit Moldawiens im Jahr 1991 war dieses Hotel das erste Privatisierungsobjekt. Seitdem schätzt sich Birshtein glücklich über die intakte Partnerschaft zwischen dem privaten Sektor und der Regierung Moldawiens. Im Jahr 1994 eröffnete er in Kishinew, der Hauptstadt Moldawiens, die Bank Comerciale pe Actuni sowie die Versicherungsgesellschaft EXIM Asint. 1998 verkaufte er seine Anteile an Bank, Versicherung und Hotel an eine Unternehmensgruppe in New York, behielt jedoch eine Kontrollmehrheit am Aktienkapital. Damit nicht genug. In Moldawien investierte er weiter in ein Mediennetzwerk, zu dem die Fernsehstation NIT, die Radiostation Delta, eine Nachrichtenagentur und eine wöchentlich erscheinende Wirtschaftszeitung gehören. Schließlich hatte er noch Zeit, ein Buch zu schreiben über die «Reform-Probleme der Marktwirtschaft», und, was nicht vergessen werden darf, er zeigte sich äußerst spendabel, wenn es darum ging, kranken Kindern die notwendige ärztliche Versorgung zu garantieren. Weltmännisch eben. Birshtein hatte sich sicher etwas gedacht, als er in Tel Aviv am Treffen mit Grigori Loutchansky und Vadim Rabinovich teilgenommen hat.

Was nun verbindet Birshtein und Loutchansky? Einen Hinweis findet man, wenn man sich ein wenig in Kanada unter neu eingereisten Russen umschaut. Die Idee hatte übrigens auch die kanadische Polizei. Und sie stieß, als Nordex plante, sich in Kanada niederzulassen, auf manche Ungereimtheiten. Die führten letztlich dazu, dass Loutchansky Einreiseverbot nach Kanada erhielt, was dieser nun gar nicht verstehen wollte. Ein bestimmter Kontakt in Kanada hat die Polizei anscheinend gestört, nämlich zu Dmitri Jakubowskij, einem jungen russischen Unternehmer. Der habe, so Interpol Lyon, Verbindungen zur Solnzevskaja.

Der junge russische Neubürger, 29 Jahre alt, kaufte sich in Toronto für fünf Millionen Dollar eine Luxuswohnung, zahlte cash. Sein Haus war mit Sturmgewehren, Pistolen und Revolvern voll gestopft. Beim Verlassen seines Hauses begleiteten ihn Bodyguards. Er schien sich nicht sicher zu fühlen.

Kanada entwickelte sich, übrigens ähnlich wie Deutschland, Anfang der neunziger Jahre zu einem beliebten Tummelplatz krimineller Organisationen aus der Ex-UdSSR. In einem Bericht der Royal Canadian Mountain Police, RCMP, heißt es: «Hier gibt es mindestens 19 verschiedene Organisationen. Es gibt die Podolskaja, Mazutkinskaja, Tambovskaja und Ismailovskaja-Bande mit Verbindungen zu den ‹Dieben im Gesetz›. Und es gibt tschetschenische, georgische, armenische und aserbaidschanische Clans. Außerdem kriminelle Gruppen aus Litauen, Polen, Kroatien, Serbien, Ungarn und Rumänien. Sie arbeiten oft zusammen, aber die wichtigsten Gruppen sind die Ismailovskaja und die Mogilevich-Gruppe.»

Bevor der junge Unternehmer nach Kanada auswanderte, war er stellvertretender Direktor von Birshteins Firma Seabeco in Zürich. Und er war gleichzeitig dem KGB zu Diensten. Kanadischen Journalisten versuchte er weiszumachen, dass er seinen Job bei Birshtein aufgegeben habe und nun eng mit der russischen Regierung zusammenarbeiten würde. Und zwar wegen illegalen Transfers von staatlichem Vermögen ins Ausland. In dem bereits erwähnten Report der Interpol-Zentrale über das Projekt Admiral wird Folgendes behauptet: «Nach Angaben von Interpol Ottawa hatte sich Loutchansky in Toronto mit Dmitri Jakubowskij getroffen, der sich selbst als einflussreiche Person in der Finanzwelt von Toronto bezeichnete. In dieser Zeit befanden sich Jakubowskij und Birshtein in einem heftigen Konflikt. Nach Angaben von Interpol Brüssel (GN26/8475/93/1721 vom 26. Februar 1992) habe Birshtein einen britischen Pass gefälscht, um die kanadische Staatsbürgerschaft zu erhalten.» Loutchansky selbst gibt als Grund dafür an, dass er nicht nach Kanada einreisen darf: «Russische Einwanderer wollten uns erpressen. Einer von ihnen, ein Mann, der in Israel und Kanada sehr bekannt ist, aber dessen Namen ich hier nicht erwähnen möchte, verbreitete das Gerücht, ich sei ein Doppelagent, der gleichzeitig für den KGB, den Mossad und die kanadischen Sicherheitsdienste arbeiten würde.» Er wird wahrscheinlich Boris Birshtein gemeint haben. Für einen Artikel in einer Moskauer Tageszeitung wählte Loutchansky für das erlittene Ungemach in Kanada im April 1994 die folgende Version: «Er (Loutchansky, d. Autor) sieht einen direkten Zusammenhang zwischen der Kampagne in den Medien gegen ihn und der für das Unternehmen Seabeco traurigen Tatsache der Verdrängung von den Märkten der ehemaligen Sowjetunion. Und dort, wo es um Seabeco geht, geht es auch um lebenswichtige Interessen vieler Personen und Organisationen, deren Namen in den Medien zu finden waren.»

Wie ging nun, nach Einschätzung von Vadim Rabinovich, die Geschichte mit Nordex weiter? «Ich habe darüber meine eigene Meinung. Ich denke, dass Loutchansky benutzt wurde. Loutchansky war der Erste, der es geschafft hatte, der nach vorne gekommen ist. Er hat viel geredet. Am Ende hat er sich auf strategische Beziehungen zwischen der Ukraine und Russland eingelassen, und die Russen haben vorrangig die Entscheidung getroffen, dass man ihn stoppen muss. Der ehemalige Innenminister Russlands ist meiner Erinnerung nach extra in die USA geflogen, um dort über die Firma Nordex Gespräche zu führen, um Nordex als Verbrecherorganisation zu diffamieren, so als würde Nordex von Tschetschenen geführt werden. Ich muss allerdings einräumen, dass ich keinerlei Informationen über die Geschäfte von Nordex in Russland oder Kasachstan habe. Ich habe sie jedoch in der Ukraine geleitet und gehe daher davon aus, dass sowohl in Russland und in Kasachstan wie in der Ukraine alles in Ordnung war. Alle Präsidenten und Ministerpräsidenten aus der ehemaligen Sowjetunion, mit denen Nordex bzw. Loutchansky zusammengearbeitet hatte, waren seit langer Zeit seine persönlichen Freunde. Ich jedoch nie. Und da ich keine persönlichen Beziehungen mit ihm hatte, war es leicht, die Verbindungen aufzulösen, gegen Ende 1995, als wirklich ernste Probleme aus meiner Sicht auftraten.»

Dieser Konflikt wird von Vadim Rabinovich folgendermaßen beschrieben:

«Im Winter 1995 haben ich und mein Partner Loutchansky aufgefordert, uns das Geld zu zahlen, das er uns noch schuldig war. Bei Nordex habe ich ja im Wesentlichen deshalb mitgearbeitet, weil ich die drei Millionen Dollar verdienen wollte, die er mir zugesagt hatte. Doch er weigerte sich. Ich fragte ihn deshalb: ‹Warum werde ich nicht ausbezahlt?› Seine lapidare Antwort lautete: ‹Wir sind in einer Sackgasse, wir haben kein Geld mehr.› Ich war natürlich verärgert. ‹Das passt mir alles nicht. Ich werde Nordex verlassen. Du hast mir dieses Geld versprochen. Alle haben das gehört.›

Nach diesem Schock habe ich mit meinen Freunden die neue Situation besprochen. Und ich unterbreitete Loutchansky einen Vorschlag, wobei die ganze Affäre ziemlich kompliziert war:

‹Vor kurzem haben wir eine Lieferung mit Metallen durchgeführt. Der Wert war drei Millionen. Wir behalten diese Ware als Ausgleich für das, was du uns schuldest.› Und so geschah es. Im Rückblick kann ich sagen, dass die Zusammenarbeit mit Nordex für mich und meine Freunde sicher nicht verlustbringend war.

Ich hatte vor diesem Vorfall, im Sommer 1995, bereits das Unternehmen Ostex AG in Genf gegründet, an dem ich mit 50 Prozent beteiligt war, während die Nordex Group Holding mit Sitz in Zug die anderen 50 Prozent hielt. Mir ging es nun darum, die Ostex AG für mich alleine zu haben. Ich wollte keine Beziehungen mehr zu Nordex unterhalten. Deshalb traf ich mit Loutchansky die Vereinbarung, dass ich ihm seine Anteile in Höhe von 500 000 Dollar ausbezahle. Hier, schauen Sie, hier habe ich den unterschriebenen Vertrag vom 8. August 1995. Ich habe ihm 250 000 Dollar ausbezahlt, später, im März 1996, die restlichen 250 000 Dollar an seinen Schweizer Rechtsanwalt Iso Lenzlinger in Zug. Und danach war meine Verbindung mit Nordex und Loutchansky definitiv beendet.»

War nun Nordex der Grundstein des Erfolges von Rabinovich?

«Ja und nein. Natürlich hatte ich vorher auch schon viel Geld verdient und danach erst recht. Bei Nordex konnte ich viele Erfahrungen sammeln, habe viele Persönlichkeiten kennen gelernt, und das war für meine späteren ausländischen Beziehungen außerordentlich wichtig. Die Erfahrungen bei Nordex haben mir erlaubt, die Geschäftspraxis aus einer anderen Perspektive zu betrachten: Wie führt man internationale Verhandlungen, wie läuft der internationale Zahlungsverkehr mit Banken? Und wegen meiner Beziehungen zu Nordex hatte ich meinen Sitz von Charkow nach Kiew verlagert. So gesehen ist Nordex tatsächlich sehr wichtig für mich gewesen.»

Umgekehrt scheint Grigori Loutchansky heute nicht besonders gut auf Vadim Rabinovich zu sprechen zu sein. Nach Angaben des Brüsseler Polizeibeamten Pierre Delilez traf er sich mit Loutchansky im Sommer 1999 in Paris. Dort erzählte Loutchansky ihm, dass er inzwischen gute Beziehungen zum bundesdeutschen BND unterhielte. Und er wolle, dass er, der belgische Polizeibeamte, auf keinen Fall mit Vadim Rabinovich in Kontakt trete. Warum eigentlich? Weil Vadim Rabinovich keine Probleme hat, mit Polizeibeamten zu sprechen?

«Nein», sagt Vadim Rabinovich, «das ist sicher nicht das Motiv. Persönliche Gründe dürften da eine Rolle spielen. Denn der Erste, der die Firma Nordex verlassen hatte, war ich. Danach sind auch viele andere gegangen. Loutchansky glaubt wahrscheinlich, dass mein Ausscheiden aus Nordex der Auslöser für die anderen war, und er kann nicht akzeptieren, dass Nordex dadurch massive Schwierigkeiten bekommen hat. Er glaubt ja sogar, dass das Geschäft mit der Ukraine wesentlich zum Niedergang von Nordex geführt hat.»

Nach den Jahren im ruhmreichen Unternehmen Nordex machte sich Rabinovich, wie gesagt, daran, einen eigenen Konzern aufzubauen. Dessen Struktur sollte ähnlich erfolgreich sein wie Nordex.

«Ich hatte viele Ideen, was ich und meine Freunde machen könnten. Auf jeden Fall nichts mehr mit Rohstoffen wie bei Nordex. Eines Tages saß ich mit meinem Rechtsanwalt zusammen, und wir überlegten – diese Anekdote kennen Sie bereits –, welchen Namen wir dem neuen Unternehmen geben sollen. Nimm den Namen Rico, sagte er. Das bedeutet Rabinovich und Company. Und so kam es zu der Namensgleichheit mit dem amerikanischen Gesetz RICO zur Bekämpfung der organisierten Kriminalität. Unsinn, was die Amerikaner daraus gemacht haben: Verhöhnung der Polizei durch die Mafiya und so. So hatte ich also die Gesellschaft RICO in Genf gegründet. Zusammen mit meinem Freund Michael Johnson, der seit Jahren in den USA lebte, begannen wir mit Investmentbanking.»

Rabinovich und sein Partner gingen davon aus, dass es auf der einen Seite den ukrainischen Markt und auf der anderen Seite das westliche Kapital gibt. «Aber», so erkannte Rabinovich, «das waren zwei unterschiedliche Welten. Es gab keine gemeinsame Sprache, keine gemeinsame geschäftlich-wirtschaftliche Weltanschauung. Deshalb haben wir erst mal damit begonnen, Dienstleistungen zu verkaufen.»

Sein neues Geschäftsprinzip war durchaus clever und spiegelte die gewonnenen Erfahrungen bei Nordex wider. Die meisten europäischen und US-amerikanischen Investoren hatten massive Schwierigkeiten, die Eigenheiten des östlichen Markts zu durchschauen. Beispielsweise um Lizenzen zu bekommen, um ein Hotel zu kaufen. Das war ohne einen Partner, der sich im bürokratischen Filz Moskaus oder Kiews auskannte, fast unmöglich. Und, was vielleicht am wichtigsten war, die westlichen Unternehmer hatten noch keine Beziehungen zu den maßgeblichen Entscheidungsträgern in den Schaltzentralen der Macht.

«Wir kauften zum Beispiel in Moskau ein Hotel. Nachdem wir alle bürokratischen Dinge erledigt hatten, verkauften wir es an einen ausländischen Investor. Erst erarbeiteten wir Projekte, und dann verkauften wir sie. Manchmal haben wir uns einen Anteil an dem Projekt überschreiben lassen, aber das war die Ausnahme.»

Mitte 1995 lernte Rabinovich Bennett LeBow kennen, den Präsidenten der amerikanischen Liggett-Gruppe, der sich gerade in der Ukraine aufhielt. Rabinovichs Partner kannte ihn bereits aus den USA. Gemeinsam beschlossen sie, zwei Gesellschaften zu gründen, um ein ertragreiches Projekt zu realisieren. Es ging darum, Gebäude für Botschaften und ein Luxushotel in Kiew zu errichten.

«Irgendwann einmal, ich glaube, es war Mitte September 1995, hielten wir uns in Miami auf. Bennett LeBow hatte von einer Sitzung der Demokratischen Partei erfahren. ‹Wenn ihr wollt, habt ihr die Möglichkeit, Clinton zu sehen.› Natürlich nahmen wir das Angebot an. Die Veranstaltung, ein Empfang samt Dinner für spendierfreudige Geschäftsleute, fand in einem großen Saal statt. Bill Clinton, sein Vize Al Gore und ihre Leute waren bereits anwesend. Vor ihnen stand eine Schlange von Menschen, ich schätze 150 Leute. Jeder konnte zu Clinton und Al Gore hingehen, einmal Hände drücken und ein Foto machen lassen. Das dauerte gerade mal zehn Sekunden. Dann ging man wieder weg. Zuerst mussten wir jedoch einen Sicherheitscheck durchlaufen. Ein Sicherheitsbeamter stoppte Michael, der mein Dolmetscher war. ‹Er ist nicht in der Liste eingetragen.› Ich versuchte ihnen zu erklären, dass ich kaum etwas verstehen würde. Mein Englisch war damals noch katastrophaler als heute. ‹Wir möchten Mr. Präsident Bill Clinton nur die Hand schütteln. Wir sind Geschäftsleute aus der Ukraine›, sagte ich. Daraufhin konnten wir passieren. Ich wurde zu Clinton und Al Gore geführt. Clinton wandte sich mir zu und sagte etwas, was ich nicht verstand. Ich habe zum amerikanischen Präsidenten gesagt: ‹Sie sind die Nummer eins in der Welt.› Clinton und Al Gore haben sich fast totgelacht. Wir haben für ein Foto posiert – das war alles. Danach kamen bereits die Nächsten dran. Und am Dinner, ein riesiges Buffet, haben wir gar nicht mehr teilgenommen. Sie werden es nicht glauben, aber dieses Foto hat einen gewaltigen Wirbel ausgelöst.»

Damit hat Rabinovich nicht übertrieben. Tatsächlich führte dieses Ereignis sogar zu einer Nachfrage im US-Kongress. Abgeordnete der Republikaner wollten, nachdem US-Zeitungen über die Teilnahme von Vadim Rabinovich an der Veranstaltung mit dem Präsidenten berichtet hatten, wissen, wie es zu diesem Treffen kommen konnte. Vorgeworfen wurde Rabinovich, dass er Geschäftspartner von Nordex gewesen sei.

«Danach habe ich Unvorstellbares in den Zeitungen gelesen: dass ich illegal in das Territorium der Demokratischen Partei eingedrungen sei, 20 Millionen Dollar bezahlt habe, um ein Foto mit Clinton zu bekommen. Ich soll einen Platz auf dem Friedhof von Arlington gekauft haben, den mir Clinton vorgeschlagen hätte, und ähnlicher Blödsinn. Ich konnte lesen, dass dieses

Foto Bill Clinton mit einem Mafioso zeigen würde, dass Rabinovich zweifellos sein Foto überall herumzeige, um seine guten Verbindungen zu dokumentieren, die besten Verbindungen hätte ich allerdings zu Kriminellen. Die Amerikaner halten den Präsidenten wohl für eine heilige Kuh, und sie dachten wahrscheinlich, dass mein Auftritt eine Art Attentat der Mafiya auf den Präsidenten gewesen sei.» Rabinovich lacht herzlich auf. «In der *Washington Times* lautete die Überschrift: ‹Verbrecher im White House – russischer Mob traf sich mit Clinton.› Und sie unterstellten, dass es Clinton gleichgültig sei, dass sein Freund und reicher jüdischer Anhänger, Vadim Rabinovich, sogar Beziehungen zur Mafiya habe. Außerdem schrieben sie, dass das Fehlen eines Visums für die russische Mafiya kein Hindernis gewesen sei, sich mit dem US-Präsidenten Bill Clinton zu treffen. Andere haben kolportiert, dass ich vor einigen Jahren Millionen Dollar an Bill Clinton gezahlt, ihm das Geld sogar bereits 1980 gegeben hätte. Damals war ich im Gefängnis. Unglaublicher Unsinn wurde verbreitet. Aber einige glaubten es doch, und das lässt mich manchmal am Verstand der Menschen verzweifeln, auch am Verstand der Journalisten, die Derartiges verfassen.»

Ähnliche Gerüchte über Rabinovich wurden in Israel verbreitet. Als man ihm eine Auszeichnung in Natania überreichen wollte, wo Rabinovich eine Synagoge finanziert hatte, bekamen es die Behörden mit der Angst zu tun. «Ginge es nach der israelischen Polizei oder dem israelischen Innenministerium, dürfte ich mit Israel keine Geschäfte machen. Das Außenministerium in Tel Aviv hingegen schickt mir regelmäßig interne Unterlagen über Israels Außenpolitik. Solche Dokumente erhalte ich jede Woche, denn sie möchten meine Meinung über die Entwicklung der Innen- und Außenpolitik von Israel wissen. Hier, schauen Sie, geht es zum Beispiel um das Wye-River-Memorandum über Fragen, die Israel und die Palästinenser betreffen. Das sind streng vertrauliche Informationen. Einerseits bin ich also in einer Liste bei der Polizei registriert als gefährlicher Mafioso. Andererseits erhalte ich vom Außenministerium vertrauliche Dokumente, gelte als vertrauenswürdiger Mann. Für mich ist das ein absoluter Widerspruch. Aber vielleicht macht das die Demokratie im Westen aus.»

Zwangsläufig stellt sich an dieser Stelle die Frage, wann und vor allem weshalb der Mafiyaverdacht gegen Vadim Rabinovich auftauchte, der zum Stigma geworden ist und ihm das Leben schwer macht.

«Das begann im Jahr 1996. Ich stand zwar bis zu diesem Zeitpunkt unter einem gewissen Verdacht, allein weil ich aus der Sowjetunion stammte. Hinzu kam, dass ich im Gefängnis war und Kontakte zu verdächtigen Personen unterhielt. Trotzdem galt ich bis dahin nicht als Mafioso. Nach der Geschichte mit Nordex allerdings fingen diese Unterstellungen internationaler Nachrichtendienste an.»

Darauf werde ich später noch ausführlicher eingehen.

Der Kampf um die Medien

Heute ist Vadim Rabinovich zweifellos einer der wichtigsten Medienmogule in der Ukraine. Insbesondere das Fernsehen ist ein lukratives Geschäft, und viele Bewerber haben in der Vergangenheit versucht, Sendezeit in den staatlichen Fernsehanstalten der Ukraine zu kaufen oder neue TV-Anstalten zu gründen. Die ukrainischen Oligarchen folgten damit dem Beispiel ihrer Kollegen in Russland und begannen, mächtige Medienimperien aufzubauen, um ihre politischen Interessen durchzusetzen. «Die Geschäftselite, die einen harten Kampf um politischen Einfluss führt, hat die immense Bedeutung der Medien dafür, dass die von ihnen favorisierten Parteien in zukünftigen Wahlen gute Ergebnisse einfahren, erkannt», schreibt der Journalist Alexander Lewschin aus Kiew. Um die vom Staat erteilten Sendelizenzen zu erhalten, war es wichtig, gute Beziehungen zum Präsidenten zu haben. Und Rabinovich hatte diese Beziehungen.

«Nach der Nordex-Episode, im Jahr 1995, sind zwei Männer zu mir gekommen: Boris Fuchsmann und Alexander Rodnyansky. Rodnyansky, ein Cousin von Fuchsmann und Journalist und Filmemacher, war Gründer der Gesellschaft Studio 1+1, einer Fernsehstation in Kiew.»

Boris Fuchsmann ist in Deutschland kein Unbekannter. Seine Innova-Film GmbH ist in Düsseldorf eingetragen.

Er, der lange Zeit in Deutschland lebte, hat inzwischen ein beträchtliches Vermögen erwirtschaftet. Dazu gehört das TV-Geschäft in der Ukraine.

«In den Jahren 1995 und 1996 begann in der Ukraine die Lizenzierung für private Fernsehkanäle bzw. für Sendezeiten in den beiden staatlichen Fernsehprogrammen. Ich habe Alexander Rodnyansky zugetraut, die technischen Fragen klären zu können. Ich selbst hatte alle finanziellen Angelegenheiten unter meiner Kontrolle. Außerdem haben wir eine Werbefirma gegründet. Damals schlug uns der amerikanische Geschäftsmann Ronald Lauder in New York vor, mit 50 Prozent in die Gesellschaft Studio 1+1 einzusteigen.»

Ronald Lauder war ehemaliger Botschafter der USA in Österreich, hatte viel Erfolg mit Kosmetikartikeln, war Kandidat für den Bürgermeisterposten von New York und Vorsitzender des Museums für moderne Kunst in New York. Seine Firma Central European Media Enterprises (CME) wurde 1992 gegründet, um in den ehemaligen sowjetischen Republiken Fuß zu fassen. Er besaß bereits in Tschechien, in der Slowakei, in Rumänien und Ungarn Firmen, und die Ukraine war natürlich ein wichtiger Markt für sein Medienimperium.

«Wir haben lange diskutiert. Dann haben wir einen Vertrag abgeschlossen, wonach Ronald Lauder 50 Prozent an unserer Gesellschaft erwirbt. Und hier beginnt es. Seit diesem Tag bin ich ein Mitglied der russischen Mafiya. Der Grund? Genau kann ich es nicht sagen. Bevor wir in das neue und erfolgreiche TV-Business aktiv eingestiegen sind, bemühte sich für den nationalen Kanal UT-1 noch eine weitere Firma um eine Lizenz. Sie wurde von David Stewart geleitet. Wie ich weiß, ist er einmal im Libanon wegen Spionage verhaftet worden. Die anderen Beteiligten im Kampf um die Lizenzen waren, im Gegensatz zu uns, ebenfalls im Nachrichtendienstgeschäft tätig. Ich glaube, dass mir die Zugehörigkeit zur Mafiya nachgesagt wird, hängt mit diesem britischen Medienunternehmer David Stewart und seinem Partner zusammen. Mit denen hatte ich mich in Amsterdam getroffen.

Stewart kämpfte ebenfalls um eine Lizenz, war also unser Konkurrent. Er richtete schwere Vorwürfe wegen unserer Zusammenarbeit mit Ronald Lauder gegen uns. Und er sagte mir, es sei meine Schuld, dass er und seine Freunde in der Ukraine keine Lizenz erhalten hätten. Ich müsse dafür zahlen. Hinzu kam, dass ich bessere Beziehungen zur Regierung hatte als er, und die Regierung war für die Lizenzvergabe zuständig. Sein Ultimatum mir gegenüber: Entweder er erhält die Lizenz, oder ‹wir machen aus dir ein Mitglied der russischen Mafiya›.

Sie drohten, in amerikanischen Zeitungen, in der *New York Times*, Artikel über mich zu lancieren, die mich als Mafioso outen. Außerdem würden sie das Außenministerium mit entsprechenden Informationen versorgen. Und ich würde in England und die USA nicht mehr einreisen können.

‹Ihr Idioten›, dachte ich. Bis ich erkannte, dass David Stewart die Wahrheit gesagt hat. Zwei Wochen nach dieser Erpressung, anders kann ich es nicht nennen, erschien in der *New York Times* ein Artikel, wonach Ronald Lauder Verbindungen zur russischen Mafiya unterhielte. Und das würde gegen alle gesetzlichen Bestimmungen, die für ein amerikanisches Unternehmen gelten, verstoßen. Ich habe keine Beweise, dass dieser Artikel auftragsgemäß veröffentlicht wurde. Auffällig ist jedenfalls, dass genau das eingetreten ist, was mir David Stewart angedroht hatte. Danach habe ich für die USA kein Visum mehr erhalten, und die Schwierigkeiten begannen.»

Tatsächlich erschien in der *New York Times* am 5. April 1997 ein Artikel. Darin stand: «Die Geschäftsverbindung zwischen Rabinovich und Ronald Lauder wirft viele Fragen auf. Sowohl aktive wie ehemalige Beamte der US-Botschaft in Kiew teilten mit, dass sie vor dem Deal mit Rabinovich nicht befragt worden seien. Ein europäischer Diplomat sagte, sein Land habe die Unternehmen davor gewarnt, Geschäfte mit Rabinovich zu tätigen.» In einem anderen Artikel in der Zeitschrift *USA Today*, der im Sommer 1997 erschien, wird berichtet, dass der Kosmetiktycoon Ronald Lauder mit einer Klage in Höhe von 750 Millionen Dollar rechnen müsse, weil seine europäische Mediengesellschaft «kriminelle Verbindungen und korrupte Methoden» eingesetzt habe, um die Kontrolle über den einzigen kommerziellen Fernsehkanal in der Ukraine zu erlangen. Die Klage wurde von dem Medienunternehmen Perekhid eingereicht, hinter dem David Stewart steht, der Mann, der Rabinovich gedroht hatte. In dem Artikel wird erneut der Vorwurf erhoben, Rabinovich arbeite für Nordex, und diese Firma sei bekanntlich während einer Anhörung vor dem US-Kongress vom ehemaligen CIA-Direktor John Deutch als «Unternehmen mit Beziehungen zu russischen kriminellen Aktivitäten» bezeichnet worden. Außerdem wurde nicht vergessen zu erwähnen, dass Vadim Rabinovich acht Jahre in einem Gefängnis gesessen habe.

«Von diesem Zeitpunkt an wurde ich von Nachrichtendiensten beobachtet, jedoch nicht besonders intensiv. Bedrohlicher fand ich, dass auf einmal überall mein Name auftauchte. Was wiederum dazu führte, dass Ronald Lauder um sein Unternehmen CME zu zittern begann. In Interviews gab CME vor, nichts über meinen Gefängnisaufenthalt gewusst zu haben, nur über meine guten Verbindungen zur Regierung. Und Lauder selbst ließ verlautbaren, dass er keinerlei Einfluss auf den Erwerb des

Fernsehsenders gehabt habe: ‹Ich habe nichts damit zu tun gehabt, dass Vadim Rabinovich als Partner in der Ukraine ausgewählt wurde.›»

Der Geschäftsführer von CME behauptete wiederum: «Wir haben uns bei der amerikanischen Botschaft über Rabinovich informiert, aber dort haben wir nichts Nachteiliges gehört.» Also wieder einmal viele widersprüchliche Aussagen.

«Wegen dieser Vorgänge sind natürlich meine Beziehungen zur CME problematischer geworden. Lauders Einstellung konnte ich nicht akzeptieren, weil ich eigentlich nur wegen meiner einstigen Mitarbeit bei Nordex Probleme bekommen hatte. ‹Du musst uns verstehen, du warst bei Nordex beschäftigt. Das ist schlimm›, sagten sie mir. Dabei haben sie die meisten Kontakte mit Herrn Fuchsmann gepflegt. Meinen Sie, das hätte die gestört? Fuchsmann hat ja eine Geschichte. Denken Sie an Taiwanchek.»

Was genau weiß Vadim Rabinovich über ihn?

«An dieser Stelle sage ich nicht mehr als das: Ich habe Taiwanchek niemals getroffen.» Die Probleme seien gelöst worden. Da Rabinovich über Taiwanchek nichts weiter sagen kann oder will, stöberte ich in meinen alten Akten. Und siehe da, bereits 1993 taucht Taiwanchek in Polizeiberichten auf.

Im Jahr 1989 ließ er sich, aus Moskau kommend, in Köln nieder. Obwohl er keiner geregelten Arbeit nachging, konnte er sich eine Luxuswohnung leisten. «Ach, was wollt ihr denn», antwortete er Beamten des BKA, die ihn einmal aufsuchten. «Ich finanziere mein Leben durch Spenden von Landsleuten.»

Erwähnt wird er in einem BKA-Bericht aus dem Jahr 1993 über «Osteuropäische Organisierte Kriminalität», übrigens der einzige und letzte ausführliche Bericht über Kriminelle aus der Ex-UdSSR, die in Deutschland aktiv sind. In den Augen des BKA galt Taiwanchek als «Kontakt und Anlaufstelle krimineller Landsleute und soll über ausgezeichnete Kontakte zu Politikern, Geschäftsleuten und kriminellen Gruppierungen in der ehemaligen UdSSR verfügen». Und in einem Bericht des FBI vom 25. Mai 1995 lese ich ähnlich klingende Verdächtigungen: «Taiwanchek ist in Köln ein mächtiger krimineller Führer. Er unterhält dort Kontakte mit anderen kriminellen Führern und russischen Kriminellen, die neu in Deutschland angekommen sind. Im April 1993 verließ er Köln und zog nach Paris um, wo er ein Appartement kaufte. Man geht davon aus, dass er Deutschland verlassen hat, weil die Kölner Kriminalpolizei begann, gegen ihn zu ermitteln. Im August 1993 wurde ihm die Einreise in die USA verweigert, als er eine Einladung von einem amerikanisch-russischen Unternehmen erhalten hatte. Es bestehen Verbindungen zur Westgruppe der sowjetischen Armee und dem russischen Verteidigungsminister.» Es ist sicher kein Zufall, dass Taiwanchek auch mit dem Paten von Budapest, Semion Mogilevich, Umgang pflegte, wie auch mit dem mutmaßlichen Paten der Solnzevskaja, Sergej Anatolevitsch Michailow.

Derweil, so finde ich noch heraus, glaubt auch die französische Polizei einige Erkenntnisse über ihn gewonnen zu haben: «Erkundigungen zufolge ist Monsieur Taiwanchek der Kopf einer Bande russischer Verbrecher, die auf deutschem Boden tätig sind. Er gilt als Spezialist für Entführungen und Lösegelderpressungen von im Ausland lebenden russischen Geschäftsleuten.» In einem Polizeibericht aus der Schweiz kann man lesen: «Taiwanchek ist bekannt als Chef einer kriminellen Organisation und hat Kontakte zu großen Bossen der russischen organisierten Kriminalität. Er habe Verbindungen zu einem Reisebüro im kleinen idyllischen Villars-sur-Ollon, das mehr oder weniger kriminellen Autoritäten ihre Reisen organisiert.» Und im Zeitungsarchiv stoße ich auf einen Artikel aus der französischen Tageszeitung *Le Monde* vom 12. Oktober 1999. Der Journalist Erich Inciyan zitiert französische Dienststellen mit den Worten: «Er ist eine historische Mafiyafigur, der seine Gewinne dadurch macht, dass er als Vermittler eine wichtige Rolle spielte.»

Heute ist Taiwanchek in Paris übrigens Präsident einer Import-Export-Firma, die, ganz bieder, Fleisch und Hähnchen in den Osten exportiert. Gutbürgerlich scheint er demnach geworden zu sein.

«Aber lassen Sie uns wieder auf das Geschäftliche in Zusammenhang mit dem Studio 1+1 zu sprechen kommen. Die Geschäftsstruktur war ja nicht schlecht aufgebaut, mit vielen Tochterfirmen. Sie müssen sich das so vorstellen: Die CME Ukraine Holding GmbH mit Sitz in Österreich ist zu jeweils 50 Prozent an der Ukraine Advertising Holding (Niederlande) und an der Innova-Film GmbH in Düsseldorf beteiligt. Über die Intermedia in der Ukraine, an der Innova zu 100 Prozent beteiligt war, gab es eine 30-prozentige Beteiligung an Studio 1+1 in Kiew. Dann gab es noch Querverbindungen zwischen der Innova-Film Deutschland und dem International Media Service auf den Bermudas, und die Firma ist wiederum an International Teleservices Limited in Belize beteiligt.

Also eine gute Konstruktion, auch und gerade hinsichtlich des Transfers von Gewinnen und der Einsparung von Steuern. Sie können davon ausgehen, dass die wichtigsten finanziellen Aktivitäten in Bezug auf Studio 1+1 von Deutschland aus durchgeführt wurden. Und zwar durch meinen ehemaligen Freund und Geschäftspartner Boris Fuchsmann. Seine Geschäftsmethoden haben mir von einem gewissen Zeitpunkt an jedoch nicht mehr gefallen. Ich habe deshalb an den Vorstand von CME in London einen Brief geschrieben, worin ich erklärte, dass ich dagegen sei, wie die Geschäfte geführt werden. Mich störten zum Beispiel die Gehälter, die Boris Fuchsmann angeboten wurden. Mir wurde das auch angeboten. Ich zeige Ihnen gerne den entsprechenden Brief. Und ich zeige Ihnen jetzt alle Dokumente, die ich habe, unter anderem Abrechnungen von Kreditkarten. Fuchsmann hatte eine solche Karte bekommen. Ich habe niemals diese Karten gesehen, obwohl ich ein Partner der Gesellschaft war. Er hat immer in Luxussuiten übernachtet und in den teuersten Restaurants getafelt. Hier, schauen Sie: Restaurant, Restaurant, Restaurant, das ist verrückt.

Es ist doch eine amerikanische Aktiengesellschaft. Und da wurde das Geld der Aktionäre zum Fenster rausgeworfen. Vermutlich zieht er diese Ausgaben noch von den Steuern in Deutschland ab.

1998 begann mein Krieg gegen Fuchsmann und Rodnyansky. Dahinter stand ja immer, dass ich derjenige war, der die guten politischen Beziehungen hatte, erst zum Präsidenten Krawtschuk, jetzt zum neuen Präsidenten Kutschma. Am Ende dieses langen Krieges habe ich schließlich die Entscheidung getroffen, meinen Aktienanteil zu verkaufen. Ich war mit 25 Prozent an Studio 1+1 beteiligt und verkaufte meinen Anteil für 2,5 Millionen Dollar. Fuchsmann hatte nur einen 10-prozentigen Anteil, soll ihn jedoch meines Wissens für 5 Millionen Dollar verkauft haben. Insgesamt dürfte er aus Geschäften von Studio 1+1 10 Millionen Dollar eingenommen haben. Ob er dafür in Deutschland Steuern bezahlt, weiß ich nicht. Doch das ist nicht mein Problem. Muss er dieses Geld in Deutschland überhaupt versteuern? Ende 1998 ist meine Zusammenarbeit mit dem Studio 1+1 zu Ende gegangen. Immerhin hatte ich reichlich Geld verdient. Es war zumindest ein gutes Geschäft.» Soweit Rabinovichs Erzählung.

Studio 1+1 ist heute neben dem ersten Nationalen Programm die größte landesweit ausstrahlende Fernsehstation in der Ukraine, hat sich mit einem weltweiten Netz kommerzieller Fernsehstationen zusammengeschlossen und ein gemeinsames Nachrichtenprojekt mit dem amerikanischen Fernsehsender CNN gegründet. Allgemein wird dem TV-Sender eine «relative Unabhängigkeit» von den ukrainischen Machthabern bescheinigt. «Wir versuchen, uns in die internationalen Strukturen zu integrieren, sodass es schwieriger wird, Druck auf uns auszuüben», sagt der Gründer und ehemalige Geschäftspartner von Rabinovich, Alexander Rodnyansky.

Der kritische Moment

Irgendwann einmal, dachte ich mir, muss ich mit Vadim Rabinovich über ein Dokument aus der Ukraine sprechen, das mir zugespielt wurde. Wahrscheinlich stammte es von einem seiner ehemaligen Geschäftspartner. Ich habe das Dokument lange zurückgehalten, weil ich ahnte, dass die Anschuldigungen, die dort gegen Rabinovich erhoben werden, unsere bisher so harmonische Kooperation zerstören könnten. Andererseits konnte ich nicht länger so tun, als gäbe es diese schweren Vorwürfe nicht.

Kurzum: Er wird beschuldigt, mit den höchsten Spitzen krimineller Autoritäten sowohl in der Ukraine wie in Russland eng verbunden zu sein. Er fungiere als Brücke zwischen der kriminellen und politischen Welt. In der kriminellen Welt würde er sich als wichtiger und politisch einflussreicher Spieler präsentieren, der in der Lage sei, die kriminellen Strukturen so zu unterstützen, dass sich die Geschäfte in Ruhe entfalten können. Auf der anderen Seite würde er dafür sorgen, dass Entscheidungsträger in der Politik mit kriminellen Syndikaten zusammenarbeiten, und er würde verschiedene Dienstleistungen übernehmen: Schutz, Auftragsmorde, Schlichtungen. Namen fallen, viele Namen. Ein Name fällt häufig: Leonid Wolf.

Als ich ihm eine Zusammenfassung der seitenlangen Beschuldigungen zu lesen gebe, erstarrt sein Gesicht, dann wirft er das Papier wütend zur Seite. «Das ist alles Lüge. Ich weiß ja, woher das kommt. Der Mann, der das geschrieben hat, wagt sich nur mit acht bis zehn Bodyguards auf die Straße. Der ist total verrückt.» Und dann zählt er auf, was alles falsch sei. Zum Beispiel die Beschuldigung, dass es eine Verbindung zwischen ihm und der Beltech-Export in Weißrussland geben würde, die im Waffenhandel tätig sei und Verbindungen nach Deutschland habe. «Ich habe nie etwas von dieser Firma gehört. Fuchsmann hat dort eine Schnapsfabrik gebaut. Eine Menge von Lastwagen aus Deutschland kamen dorthin. Diese LKWs haben deutschen Schnaps in die GUS-Staaten geliefert, und er hat diesen

Schnaps dort verkauft. Aber von dieser Beltech habe ich nie etwas gehört. Ein einziges Mal war ich in Weißrussland, im Jahr 1978. Danach nie mehr.»

Was ist Beltech? Zufällig habe ich Prospekte des Rüstungsunternehmens Beltech in meinem Archiv gefunden. Sie wurden mir vor einigen Jahren bereits von einem ehemaligen Prokuristen der Firma Innova in Düsseldorf zur Verfügung gestellt. Hinweise auf Vadim Rabinovich finden sich in dem dazugehörigen Schriftwechsel jedenfalls nicht. Hingegen der Hinweis, dass seine deutsche Firma versuchte, mit ihr in Geschäftsbeziehungen zu treten.

Dann geht Vadim Rabinovich auf den häufig genannten Leonid Wolf ein. «Ich erzähle Ihnen einmal am Beispiel dieses Leonid Wolf, wie Legenden entstehen. Nach der Ermordung des Unternehmers Arkady Tabachnik aus Odessa ist Leonid Wolf ganz aufgeregt zu mir gekommen: ‹Man hat mir 250 000 Dollar geboten, wenn ich dich umbringe.› ‹Ist das alles?›, habe ich ihm geantwortet. ‹Nein, die gleiche Summe ist mir zugesagt worden, sollte ich den Auftrag erfolgreich erledigen.› Dann hat er mir die Namen der Auftraggeber verraten. Zu denen bin ich später gefahren. Als ich sie mit den Anschuldigungen von Leonid Wolf konfrontiert habe, dementierten sie. Sie wären doch nicht verrückt, mich ermorden zu lassen, meinten sie. Bis heute weiß ich nicht, wer die Wahrheit gesagt hat. Doch weil ich bislang keinen Grund hatte, Wolf nicht zu vertrauen, glaubte ich ihm. Später ist er mit seinem Partner Schulmann zu mir gekommen. Sie haben mir angeboten, gemeinsam Stahlgeschäfte zu machen. Sie hätten inzwischen in Israel eine Fluggesellschaft und ein Touristikunternehmen gekauft. Dann kam es zu Konflikten zwischen Schulmann und Wolf. Daraufhin hat Wolf mich wieder aufgesucht und mir erzählt, dass Schulmann ein Attentat auf bestimmte Leute vorbereiten würde. Mir stand das jetzt bis zum Hals. Deshalb rief ich bei der Miliz an und bat sie, mit Wolf zu sprechen, was auch geschah. Vor kurzem erschien Wolf wieder bei mir. ‹Ich brauche deine Hilfe wegen Schulmann›, sagte er mir. ‹Gut›, antwortete ich ihm. ‹Wir geben dir die Möglichkeit, über deine Probleme in der Zeitung zu berichten. Da kannst du alles sagen.› Wolf wollte anscheinend etwas anderes. ‹Ich habe dich durchschaut», griff er mich an. ‹Du steckst mit Schulmann unter einer Decke.› Dann ist er gegangen. Überall kursiert trotzdem das Gerücht, dass ich mit Wolf zusammenarbeiten würde. Ich weiß, dass Wolf, der inzwischen in Israel verhaftet wurde, der Polizei dort sagte, dass ich Morde in Auftrag gegeben hätte. Er erzählt der Polizei, was ihn entlastet, und die nehmen das in Israel begierig auf. Inzwischen ist erwiesen, dass von den insgesamt sieben Morden, die ich nach seinen Worten in Auftrag gegeben haben soll, keiner mit mir in Verbindung steht. Das haben die ukrainischen Behörden der israelischen Polizei mitgeteilt. Aber die Beschuldigungen bleiben trotzdem erst einmal an mir hängen.»

In dem mir überlassenen Dokument wurde auch behauptet, dass Vadim Rabinovich in direktem Kontakt zu einem Leonid Jefimowitsch stünde. Mit ihm sei er immer noch im Waffengeschäft tätig, und sie seien sogar mehrmals gemeinsam nach Liberia geflogen, wo sie sich mit Präsident Charles Taylor und einem Berater des Präsidenten getroffen haben sollen. Auf diese Vorwürfe und den Leonid Jefimowitsch lohnt es sich, näher einzugehen. Schon allein deshalb, weil es nicht die gebetsmühlenartige Wiederholung von Geschichten über Drogen und Geldwäsche ist.

Diamanten, schwarzes Öl und Leonid Jefimowitsch

In Sierra Leone wütet seit Jahren ein brutaler Krieg, angezettelt und immer von neuem geschürt durch die RUF, die «Revolutionäre Einheitsfront» des notorischen Killers und Kriminellen Foday Sankoh. Es geht einzig und allein darum, wer seine gierigen Hände über die Diamantenminen in der Region Kono halten darf. Selbst Kinder werden eingesetzt, nicht nur, um nach Diamanten zu schürfen, sondern auch, um zu kämpfen. Diese Kindersoldaten, teilweise unter Drogen gesetzt, sind durch ihren Fanatismus in die traurige Geschichte der Menschenrechtsverletzungen eingegangen. Menschen werden verstümmelt, Mädchen als Sexsklavinnen bis zur Geschlechtsreife von den Rebellen gefangen gehalten, um dann den Soldaten zur «Frau» gegeben zu werden. Der Westen schaut seit Jahren zu. Täglich werden in Kono Diamanten im Wert von ca. 2,5 Millionen Dollar geborgen, Diamanten, die unter anderem in Antwerpen illegal verkauft werden. Die Waffen werden mit Diamanten aus Sierra Leones Sklavenminen bezahlt. Skrupellose Geschäftemacher, die ein internationales Netzwerk aufgebaut haben, kaufen diese Diamanten den Rebellenführern ab. Als Gegenleistung schmuggeln sie Waffen für die Schlächter in Sierra Leone ein. Unterstützung finden sie beim Präsidenten Liberias, Charles Taylor, der vor einigen Jahren einen nicht weniger blutigen Bürgerkrieg gewonnen hat.

Das Netzwerk der verantwortlichen kriminellen Organisationen reicht von geheimen Landebahnen in den Vereinigten Arabischen Emiraten bis zu Waffenfabriken in Bulgarien und der Ukraine, von den Präsidentenpalästen in Liberia, Burkina Faso und Togo bis in die Büros der Diamantenhändler in Johannesburg, Antwerpen, Monrovia und Tel Aviv. Und dabei spielte der Ukrainer Leonid Jefimowitsch mit seinen Firmen eine entscheidende Rolle.

Im August 2000 beschwerte sich Richard Holbrooke, US-Botschafter bei den Vereinten Nationen, darüber, dass Bulgarien und die Ukraine die wichtigsten Waffenlieferanten für die Rebellen in Sierra Leone seien. Inzwischen hätten, so Holbrooke, die beiden Regierungen versprochen, Schritte zu unternehmen, um diese Waffenlieferungen zu unterbinden. Konkreter wurde der in London lebende Patrick Smith, Experte für Afrika und Waffenhandel, gegenüber Radio Free Europe. Demzufolge lieferte ein ukrainischer Geschäftsmann über die Firma Exotic Tropical Timber Enterprise große Mengen von Waffen an die Rebellen der Revolutionären Einheitsfront (RUF). So seien im März 1999 insgesamt 68 Tonnen Kriegsmaterial durch eine in der Ukraine registrierte Frachtmaschine mit Enduser-Zertifikat für Burkina Faso zuerst nach Liberia und danach an die Rebellen in Sierra Leone geliefert worden. Aussteller des Enduser-Zertifikats sei das ukrainische Staatsunternehmen Ukrspetexport gewesen. Weitere Hinweise darauf, dass es einen Zusammenhang zwischen der Ukraine und Sierra Leone gibt, lieferte die *Frankfurter Allgemeine Zeitung*. Udo Ulfkotte schrieb über den ukrainischen Geschäftsmann Leonid Jefimowitsch: «Er soll in Kiew mehrere Regierungsmitglieder zu seinen Freunden zählen und in Liberia ein Tropenholz-Exportgeschäft betreiben und nach Angaben der *Washington Post* in den Waffen- und Diamantenhandel verwickelt sein. Die dem Ukrainer Leonid Jefimowitsch gehörende und in Monrovia ansässige ‹Exotic Tropical Timber Enterprise› soll nach diesen Angaben den Tropenholzhandel nur zum Vorwand nehmen, um mit den Lastwagen ungestört die sierra-leonischen Rebellen mit Waffen beliefern zu können.» Ulfkotte bezog sich auf einen Bericht in der *Washington Post* vom 16. Oktober 1999. Er berief sich wiederum auf einen offiziellen Vertreter der UN-Friedenstruppen in Sierra Leone. An keiner Stelle wird erwähnt, dass eine weitere Firma von Leonid Jefimowitsch, die Global Risk Holding, in Monrovia (Liberia) gegründet wurde, um Söldner für den Krieg um die Diamanten anzuwerben.

Der ehemalige Partner von Vadim Rabinovich, Boris Fuchsmann, scheint Leonid Jefimowitsch einmal begegnet zu sein, und das sogar in Deutschland. Nach dieser Begegnung hätten sie sich wieder aus dem Auge verloren. Diese Angaben werden von dem zuständigen Sachbearbeiter im Schweizer Bundesamt für Polizeiwesen bestätigt. «Deutschland war sicher zuerst so etwas wie sein Ausgangspunkt, so etwas wie ein relativ sicherer Hafen, von dem aus die Geschäfte weiter ausgebaut werden konnten.»

Wie sahen denn nun wirklich Rabinovichs Verbindungen zu Leonid Jefimowitsch aus?

«Leonid Jefimowitsch und ich haben uns in Kiew 1993 kennen gelernt. Er hat viel über seine Tätigkeiten erzählt, über seine Geschäfte in Afrika und China. Er beschäftigte sich mit Tropenholz und transportierte das nach China. Er sprach über die großartigen Perspektiven solcher Geschäfte. Vorher besaß ich keine Vorstellungen und Informationen über Jefimowitsch. Ich bin tatsächlich mit ihm nach Liberia geflogen, in ein zerstörtes, aber trotzdem irgendwie phantastisches Land. Es war grausam. Der Dreck überall, verlauste Hotelzimmer, man konnte keinem über den Weg trauen. Überall sah man junge Männer in blauen Uniformen. Das waren, wie ich später erfuhr, die ‹tie-dye›, Mitglieder einer Sondereinheit des Präsidenten, dafür bekannt, Menschen auszurauben und mehr. Ich wusste natürlich, dass im benachbarten Sierra Leone ein brutaler Bürgerkrieg herrschte. Im Hafen von Monrovia sind mir die riesigen Erzberge aufgefallen. Damit könnte man eigentlich gute Geschäfte machen, dachte ich. Wir verhandelten mit Ministern und dem Präsidenten Charles Taylor, und sie signalisierten Interesse an ausländischen, an ukrainischen Investitionen. Ich muss noch feststellen, dass ich mit einer ganzen Delegation ukrainischer Beamter nach Liberia gekommen bin, denen ich zeigen wollte, dass Liberia trotz des Bürgerkriegs sehr viele Möglichkeiten für gute Geschäfte bietet. Dass wir hier beispielsweise unsere Verarbeitungstechniken einsetzen oder Medikamente, die wir im Westen nicht mehr verkaufen können, vertreiben könnten. Als bereits alle geschäftlichen Fragen geklärt waren, fragte mich Jefimowitsch plötzlich, welche Summe ich an seine Firma in Monrovia überweisen werde für die Geschäfte, die ich in Liberia machen wolle. Er hat mir damit zu verstehen gegeben, dass im Falle einer Ablehnung kein einziger Mensch in Liberia ein Geschäft mit mir abschließen werde. Er verfügte über die besten Verbindungen zum Präsidenten Taylor und zur Regierung, da hätte ich ansonsten keine Chancen.

Ich habe ihn zurückgefragt: ‹Was meinst du mit Geld? Willst du mein Partner werden?› Das sah nach richtiger Erpressung aus. Ich habe seinen Vorschlag also abgelehnt. Aber Jefimowitsch hatte Wort gehalten. Noch am selben Tag haben Präsident Charles Taylor und seine Regierung jegliche Beziehungen mit uns abgebrochen und auf unsere Investitionsvorschläge nicht mehr geantwortet. Wir mussten blitzartig das Land verlassen. Selbst das Flugbenzin wollten sie uns nicht geben. Heute kann ich sagen, das war mein Glück. Ich habe Leonid Jefimowitsch nie mehr gesehen. Auf mich hat er einen kranken Eindruck gemacht, ein Mann, der psychiatrische Behandlung benötigt. Ich verstehe nicht, warum die Polizei ihn nicht aus dem Verkehr zieht. Sie braucht doch nur einmal seinen Privatjet mit dem Kennzeichen VR-CIL zu durchsuchen. Da findet sie sicher einige Mengen Kokain, das er auch zum Eigenverbrauch dringend benötigt.»

Leonid Jefimowitsch wurde am 14. Dezember 1947 in Odessa geboren und lebte mit der Witwe eines bekannten russischen Mafioso in Rom zusammen. Man bleibt also in der Familie unter seinesgleichen. Nach den Angaben von Interpol Rom wohnte er bereits 1976 in Rom unter dem Namen Leonid Bordsky. 1978 wurde er in Deutschland kurz festgenommen, wegen Ikonengeschäften. 1992 wurde er wegen Raubes erkennungsdienstlich behandelt, und 1995 ermittelte das BKA wegen Drogenhandels. Zwei Jahre später wurde Jefimowitsch in Nizza wegen Kokainbesitzes zu einer Haftstrafe von acht Monaten auf Bewährung verurteilt.

Während des NATO-Luftangriffs gegen Jugoslawien soll Jefimowitsch Öl nach Belgrad geliefert haben, obwohl ein Lieferboykott bestand. Das Öl wurde in Tankschiffen ins Donau-Delta transportiert, dann in kleine Transportschiffe umgeladen, die es schließlich nach Serbien brachten. Allein mit diesem Geschäft soll er knapp 800 Millionen Dollar verdient haben. Das haben allerdings viele andere auch getan und ist inzwischen längst vergessen.

Der Leser wird feststellen, dass das Wörtchen «soll» außerordentlich häufig vorkommt. Leonid Jefimowitsch «soll» dieses und jenes getan haben. Zu mehr reicht es bei den Polizeibehörden im Westen nicht, das heißt, es gibt Verdachtsmomente, die bis heute jedoch nicht bewiesen werden konnten. Ist das Objekt intelligenter als die Kripo? Erwarten Sie keine Antwort von mir. Auf meine Anfrage bei Leonid Jefimowitsch, welcher Art seine Verbindungen zu Vadim Rabinovich seien, ob er Waffen für die Rebellen in Sierra Leone besorgt und als Bezahlung Diamanten erhalten habe, erhielt ich jedenfalls keine Antwort. Natürlich nicht.

Also greife ich auf einen vierhundert Seiten langen Bericht des französischen Innenministers Jean-Pierre Chevenement zurück. Der befasste sich 1998 mit der Infiltration Frankreichs durch kriminelle Syndikate aus der ehemaligen UdSSR. Damals wurde Jefimowitsch von den französischen Behörden sogar zur «persona non grata» erklärt, galt als «Gefahr für die französische Sicherheit».

Seit 1997 ermittelte auch die italienische Polizei gegen Jefimowitsch. Ihr Vorwurf: Mit Angehörigen russischer Krimineller soll er in den internationalen Waffen- und Drogenhandel, in Geldwäsche, Erpressung und andere Delikte verwickelt sein. «Seine Bedeutung und seine Aktivitäten stellen eine extreme Gefahr für die Gesellschaft dar», steht in einem Report der italienischen Polizia di Stato.

Warum konnte Jefimowitsch trotzdem so lange ein freier Mann bleiben? Er ist ein machthungriger Geschäftsmann an der Spitze eines internationalen Finanzimperiums, das aus verschiedenen Gesellschaften besteht, die fast alle im Ölhandel tätig sind. Seit Jahren jettet er zwischen Paris, London, Monte

Carlo, Wien, Genf, Tel Aviv, Odessa und Berlin hin und her. Leonid Jefimowitsch stellt sich jedenfalls nicht dumm an, das bescheinigt ihm sogar die Polizei: «Zu dem konspirativen Verhalten von Leonid Jefimowitsch gehörte insbesondere sein Bemühen, mit allen Mitteln zu verschleiern, wer wirklicher Eigentümer und Kapitalgeber seiner vielen Firmen ist.» Und er wird als äußerst misstrauischer Mann beschrieben, der stets darauf bedacht ist, mit seinen Partnern so zu kommunizieren, dass ihm die Polizei nichts Kriminelles nachweisen kann. «Die Aufträge werden nicht schriftlich erteilt», erklärt mir Vinzenz Schnell vom Schweizer Bundesamt für Polizeiwesen. «Jefimowitsch ist bekannt dafür, dass er beispielsweise sehr vorsichtig ist beim Gebrauch des Telefons.» Bei einer Hausdurchsuchung in der Wohnung eines Mitglieds seiner Organisation fand die Polizei in Brüssel hochwertige elektronische Geräte, mit denen Gespräche verschlüsselt werden können. Und sie fand Scanner, die es erlaubten, die Frequenzen der Polizei abzuhören. Wenn Jefimowitsch einmal «ungesichert» telefonierte, benutzte er bei internationalen Geschäften nur Code-Wörter. Lauscher der Polizei wissen deshalb nicht, über welche konkreten Geschäfte gesprochen wird. Das behauptet die belgische Polizei zumindest.

Warum interessiert sich die belgische Polizei für ihn? Sie stieß auf seinen Namen im Zusammenhang mit einer Mafiaorganisation in Brabant, die mit Drogen und Diamanten dealte. Doch das interessierte die belgische Polizei nur sekundär. Vor allem versucht sie seit Jahren herauszufinden, wer am 18. Dezember 1994 einen russischen Geschäftsmann in Belgien erschoss. Sowohl Mörder wie Auftraggeber sind bis heute auf freiem Fuß. Bevor dieser Mann aus der Ölbranche 1990 nach Belgien kam und sesshaft wurde, war er in Russland als ein berüchtigter Gangsterboss einschlägig zu Ehren gekommen. Nach seinem gewaltsamen Tod suchten die Fahnder aus Belgien sowohl im Umfeld des Ermordeten wie in Moskau nach Motiven für den Mord. Sie erfuhren von ihren Kollegen aus Moskau, dass Dutzende

Morde mit diesem Ölunternehmer in Verbindung gebracht wurden. Er selbst sei ein Killer gewesen, und er habe die Erdölgesellschaft in Samara, die Netsam, um einige hundert Millionen Dollar betrogen. Das ist, als würde man Russisch Roulette mit einem Revolver spielen, in dem keine Patrone fehlt.

«Er war immer besessen vom Geld, aber immer gutherzig, immer großzügig», erinnerte sich einer seiner ehemaligen Geschäftsfreunde. «Und er war brutal. Hat ihm ein Gesicht nicht gefallen, hat er den Auftrag für einen Mord erteilt.» Dieser ermordete Geschäftsmann rühmte sich seiner Beziehungen zum Kreml. In Moskau wurde er, trotz oder gerade wegen seiner kriminellen Energie, wie ein Staatsgast behandelt, erhielt sogar Polizeieskorte. Bei einem Empfang zu seinen Ehren, weiß einer seiner Freunde, «waren als geladene Gäste ehemalige Parteisekretäre der mittleren und höheren Nomenklatura anwesend».

Kaum traf er 1990 in Brüssel ein, kaufte er einige Prachtbauten im Wert von umgerechnet zehn Millionen Mark. Nun tauchte auch Leonid Jefimowitsch auf, mit dem er gemeinsame Ölgeschäfte getätigt hat. Ihre Kontakte waren so intensiv, dass Jefimowitsch sogar von Zeit zu Zeit seinen Privatjet zur Verfügung stellte.

Im Herbst des Jahres 1994 muss es zwischen den beiden zu einer der in diesem Geschäft üblichen Auseinandersetzungen ums Geld gekommen sein. Der russische Geschäftsmann hatte angeblich einen Deal, bei dem es um anderthalb Millionen Liter Heizöl ging, nicht korrekt abgerechnet. «Er sollte 10 bis 15 Prozent abgeben», erzählte ein Eingeweihter. «Wenn jemand sich einbildet, er könne Abmahnungen ignorieren, dann wird gehandelt.» Wladimir Missiurin, so hieß der Ölunternehmer, wurde am 18. Dezember 1994 erschossen. Die Mafiya, genauer gesagt die Neftemafiya, die so genannte Ölmafiya, hatte ein Urteil gesprochen und vollstreckt.

Die italienische Polizia di Stato ermittelte seit 1997 gegen die Neftemafiya und stieß auf Kontakte zwischen Leonid Jefimowitsch und einem in Berlin lebenden Russen. Ihre Erkenntnisse haben die Polizeibeamten aus einem abgehörten Telefongespräch gewonnen. Voller Aufregung erwähnte der Partner einen Zeitungsartikel aus der italienischen Zeitung *La Stampa*. Er bestätigte seine Verbindungen zu Jefimowitsch und klagte darüber, dass er nun befürchten müsse, selbst Gegenstand von Ermittlungen zu werden. Der Zeitungsartikel erschien am 19. März 1997 und bezog sich auf eine Razzia im noblen Winterkurort Madonna di Campiglio in den Dolomiten. Die Aktion lief bei der Polizei unter dem Stichwort «Shakh i Mat» (Schachmatt). Mehrere Mitglieder der Russenmafiya, angeführt von einem Mann namens Jurij Essine, einer kriminellen Autorität aus Wladiwostok, wurden dabei verhaftet. Kurz zuvor hatte dieser noch schnell ein besonders profitables Geschäft abgewickelt: den Verkauf von 240 000 Tonnen Rohöl zum Preis von 300 Millionen Dollar. Reingewinn: 30 Millionen Dollar. Jurij Essine galt als ein führendes Mitglied der Solnzevskaja-Organisation und wurde auserwählt, die wirtschaftlichen Interessen der Organisation in Italien durchzusetzen.

Aufschlussreich ist in diesem Zusammenhang ein Telefongespräch von Jurij Essine mit einem Abgeordneten der russischen Duma: «Alberto kommt am Sonntag in Moskau an. Behandle ihn gut, gehe mit ihm in die besten Restaurants essen, selbstverständlich Champagner. Er bekommt Leibwächter und ein Mädchen für die Nacht.» Bei dem umsorgten Alberto handelte es sich um Alberto Grotti, Exvizepräsident der staatlichen italienischen Petroleumfabrik ENI. Hinter alledem aber steckt Leonid Jefimowitsch, der, so der Zeitungsbericht in *La Stampa*, gestohlenes Geld in die Ölfirma seines Berliner Partners investiert habe. Verständlich, dass danach in Berlin Aufregung herrschte. Die war allerdings unnötig, denn die Berliner Polizei konnte nichts Belastendes gegen den Unternehmer finden – der sich übrigens wiederholt in Mailand mit einem der Paten im kriminellen Business trifft und derzeit unbehelligt in Paris lebt. Wer das ist? Der bereits ausführlich vorgestellte Taiwanchek. So schließen sich die Kreise bzw. Netzwerke.

«Stimmt es», fragte ich im Oktober 2000 im Schweizer Bundesamt für Polizeiwesen, «dass Leonid Jefimowitsch in Deutschland, insbesondere in Düsseldorf und Berlin, über Netzwerke verfügt?» «Diese Erkenntnis können wir bestätigen.»

Hauptstadt Berlin und die «Diebe im Gesetz»

Sowohl Leonid Jefimowitsch wie seine mehr oder weniger ehrenwerten Geschäftspartner haben Berlin kennen und lieben gelernt. Gerne erinnern sie sich an den Beginn der neunziger Jahre, als im Osten Deutschlands noch die sowjetischen, später die russischen Streitkräfte stationiert waren. Da wurde gestohlen, betrogen, geschoben und gemauschelt, da waren die für Berlin und Brandenburg zuständigen Garnisonen und Militärflughäfen Groß Dölln, Sperenberg, Ribnitz-Damgarten und Oranienburg zentrale Stützpunkte für Schmuggeltransporte von und nach Deutschland. Eigentlich sollten ja mit den Militärmaschinen die in den Garnisonen lagernden Rüstungsmaterialien in Richtung Russland ausgeflogen werden. Sie wurden in der Regel jedoch verschrottet, einfach liegen gelassen, eingegraben oder privat verkauft. Noch heute werden Millionen Schuss Munition gesucht, die eigentlich hätten ausgeflogen werden sollen. Zuschauer dieser kriminellen Aktivitäten waren Bundeswehroffiziere, die den gesamten Flugverkehr seit 1990 überprüften und überwachten. Da es sich jedoch um exterritoriales Gebiet handelte, hatten sie keine Möglichkeiten, etwas dagegen zu unternehmen. Gestohlene Luxusfahrzeuge, Hausrat und Elektronikartikel wurden unmittelbar nach dem Diebstahl auf das Gelände der Militärflughäfen gebracht und ausgeflogen. Eingeflogen wurden Zigaretten, Antiquitäten (Ikonen) und zunehmend Drogen. Chef dieser profitablen Aktivitäten auf Seiten der russischen Truppen war General Matwei Burlakow, der nach seiner Dienstzeit in Deutschland vom russischen Präsidenten Boris Jelzin zum stellvertretenden Verteidigungsminister ernannt wurde. Heute ist er Direktor einer Moskauer Großbank. Damals verbündete sich die erste Generation russischer Geschäftsleute, die seit Mitte der siebziger Jahre in Westberlin lebte, mit dem Oberkommando der Weststreitkräfte. Der Handel mit minderwertigen Waren zu absolut überteuerten Preisen, Scheingeschäfte mit Alkohol, Diesel, Benzin und Zigaretten durch fiktive Ausfuhr, all das erbrachte riesige Gewinne. Den teilten sich die cleveren Berliner Geschäftsleute und die korrupten russischen Offiziere und Generäle. «Wir konnten das Geld gar nicht so schnell wegschaffen, wie wir es verdient hatten», erinnerte sich einer der beteiligten Unternehmer an die goldenen Zeiten. Viele ehemalige Offiziere und Generäle der Westtruppe haben sich mit ihrem betrügerischen Vermögen, so das Berliner Landeskriminalamt (LKA), «weltweit zurückgezogen oder arbeiten jetzt in lukrativen Jobs, zum Beispiel bei führenden deutschen Unternehmen».

Nicht nur sie, sondern die neu hinzugekommenen Kriminellen aus der Ex-UdSSR wissen, dass es sich auch heute in der Bundeshauptstadt leicht leben lässt. Polizei und Justiz sind überfordert: Die lokalen Politiker freuen sich über die neuen Investoren. In der Schicki-Micki-Society sind die neuen Reichen aus dem Osten für ihre Großherzigkeit beliebt. Denn Berlin ist magnetischer Anziehungspunkt für Bürger aus der Ex-UdSSR. Wie viele es sind, weiß niemand genau. Offiziell waren 1998 insgesamt 25 264 Russen gemeldet. Ob in dieser Statistik auch Ukrainer, Weißrussen, Kaukasier, Georgier etc. erfasst sind, entzieht sich der Kenntnis der Polizei. Geschätzt wird, dass zusammen mit den illegal in Berlin lebenden Menschen aus der Ex-UdSSR mindestens 150 000 russischsprachige Personen in und um Berlin leben.

Im Russischen Kammertheater wird «Im Irrgarten der russischen Seele» gespielt, im Café Hegel am Savignyplatz singen

Künstler Lieder über die alte Heimat, und im Fitnesscenter im Westin-Grand-Hotel in der Friedrichstraße stählen junge russische Geschäftsmänner ihren Körper zusammen mit Bundestagsabgeordneten und Wirtschaftsbossen. Sowohl zahlreiche kulturelle Einrichtungen, Restaurants und Hotels sind fest in russischer Hand wie auch mindestens 240 Export-Import-Firmen. Nicht alle in Berlin lebenden Russen sind in kriminelle Machenschaften verwickelt, allenfalls zehn Prozent, wird geschätzt. Doch für diese zehn Prozent von Kriminellen sind Raub, Menschenhandel, Prostitution und Schmuggel besonders einträgliche Geschäftsbereiche geworden.

Tatsache ist, dass die wichtigen kriminellen Organisationen aus der Ex-UdSSR ihre Statthalter in Berlin sitzen haben. Die berüchtigte Solnzevskaja gehört dazu, deren Führer Sergej Michailow Berlin schätzen gelernt hatte, sodass er sogar deutscher Staatsbürger werden wollte. Der Pate Semion Mogilevich war ebenfalls häufiger zu sehen. Die Organisation Dolgoprudenskaja spielt eine Rolle in Berlin sowie die Choroschevskaja (Die Gute) oder die Sportsmeny (Russische Liga der Sportler), um nur einige zu nennen. Nicht weniger stark vertreten ist die tschetschenische Mafiya (Nazranowskaja und Magobek-Gruppe) und die Litauer Brigade. Deren Führer, der «Dieb im Gesetz» Vitali I., hat sich inzwischen von Berlin nach Spanien abgesetzt, wo er an einem Radiosender beteiligt ist. Seine rechte Hand, Boris G. aus St. Petersburg, ist seitdem sein Vertreter in Berlin. Seit Oktober 1998 ist die Luganskaja-Organisation in Aktion. Sie schleust Bürger aus der ehemaligen Sowjetunion in den Großraum Berlin und vermittelt sie als Arbeitskräfte. Deren Lohn wird direkt an diese Organisation abgeführt. Nach Abzug der Schleuserkosten sowie der Übernachtungs- und Verpflegungskosten bleibt den illegalen Arbeitern kaum etwas zum Leben übrig. Das erleichtert es, sie danach für kriminelle Aktionen einzusetzen. Für die kriminellen Organisationen aus der Ex-UdSSR in Berlin und Umgebung gilt: Ihre Repräsentanten in Berlin stehen miteinander in Verbindung. Längst ist das eingetroffen, was der Direktor von Europol, Jürgen Storbeck, im Jahr 1998 befürchtet hatte: «Als wirtschaftliche und politische Metropole kann Berlin auf kriminelle Vereinigungen eine große Anziehungskraft ausüben. Die organisierte Kriminalität könnte versuchen, in dem neuen politischen Klima Fuß zu fassen, um damit so früh wie möglich Informationen zu wirtschaftlichen Entscheidungen und Gesetzesvorhaben zu bekommen.»

Tatsache ist, dass führende «Diebe im Gesetz», also die höchsten kriminellen Autoritäten, sich nicht nur in Berlin aufhalten, sondern einige von ihnen hier unbehindert leben und dabei noch beste Verbindungen in politische Kreise hinein unterhalten.

In einem Dokument des Berliner Landeskriminalamtes, LKA, wird folgende Erkenntnis zusammengefasst: «Die in Berlin lebenden ‹Diebe im Gesetz› haben sich fest etabliert und genießen zum Teil hohes gesellschaftliches Ansehen.» Das Berliner LKA geht davon aus, dass sie «durch nicht nachvollziehbare hohe Geldmengen, höchsten technischen Standard, politische und wirtschaftliche Beziehungen ihre kriminellen Aktivitäten durchführen». Das BKA glaubt das übrigens nicht.

Ein bekannter «Dieb im Gesetz» war Piotr K. von der Kuntsevskaja-Organisation aus Moskau. Er versuchte im Jahr 1998 in Berlin eine Basis aufzubauen. Seine «Vertraute» hatte bereits ein Büro angemietet und Telefone bestellt. Weil er unter allen Umständen vermeiden wollte, mit anderen in Berlin bereits lebenden «Dieben im Gesetz» Probleme zu bekommen, traf er sich mit ihnen in einem Berliner Hotel. Seine Gesprächspartner waren die «Diebe im Gesetz» Anatolij R., Alexei P. und Kheidar. Sie gelten als angesehene Geschäftsleute, zählen zu den Spitzen der Berliner Gesellschaft, und sie wissen, wie man sich schützt. Dazu das Berliner Landeskriminalamt: «Bei den in Berlin bekannten ‹Dieben im Gesetz› wurde mehrfach festgestellt, dass sie von einem Ort zu einem bestimmten anderen Ort nie dieselbe Wegstrecke benutzen. Sie werden durch Leibwächter und oft durch Begleitfahrzeuge geschützt. Wir beobachteten, dass durch

Begleitfahrzeuge ‹Schleusen› aufgebaut und sie per Handy über die sie verfolgenden Fahrzeuge der Polizei informiert werden.» Durch Telefonüberwachung konnten die Beamten sogar verfolgen, wie einem «Dieb im Gesetz» die Kennzeichen und Fahrzeugtypen eines mobilen Einsatzkommandos durchgegeben wurden und wie er vor den Observationsfahrzeugen der Polizei gewarnt wurde. Ein anderes Beispiel für die Selbstherrlichkeit dieser Top-Ganoven: Bei der Observation eines Treffpunkts der führenden russischen kriminellen Szene auf dem Kurfürstendamm kamen die Leibwächter der kriminellen Autoritäten aus dem Lokal und verklebten mit Klebeband alle Öffnungen eines Toilettenhäuschens, das von der Polizei zur Observation eingerichtet worden war. «Die Stelle war langfristig und bestens vorbereitet worden, und eine Polizeiobservation konnte eigentlich nicht vermutet werden», beklagten sich die Beamten nach diesem Vorfall.

Manchmal erfahren die für die Russenmafiya zuständigen Beamten im LKA doch noch, was sich in Berlins krimineller Szene abspielt, spätestens dann, wenn es wieder einmal einen Toten gegeben hat. Wie im August 1996, als in einer Tiefgarage in Berlin-Wilmersdorf der georgische Geschäftsmann Shakro Kakhachia in seinem Mercedes erschossen wurde. Bis heute ist die Bevölkerung nicht darüber aufgeklärt worden, was es mit diesem Geschäftsmann und «Dieb im Gesetz» auf sich hatte. Das soll hier nachgeholt werden.

Die Beamten fanden heraus, dass jeder in Berlin lebende Geschäftsmann, der aus der ehemaligen Sowjetunion stammte, Schutzgeld an ihn zahlen musste. Die Beträge waren gestaffelt und begannen bei 150 DM. Gezahlt haben alle: die Blumenfrau, der Souvenirverkäufer, die Zahn- und Praktischen Ärzte, Besitzer von Lokalen, Eigentümer von Spielsalons und von Im-und-Export-Geschäften. Allein für den Nahbereich des Kurfürstendamms, errechneten die Beamten, seien das 30 000 DM im Monat gewesen. «In ganz Berlin dürfte er durch diese ‹Schutzgeldeinnahmen› pro Monat über 100 000 DM eingenommen haben. Er stellte somit das ‹Dach› für diesen Personenkreis dar.» Bis heute ist das Motiv für die Ermordung von Kakhachia unklar. Informationen aus der Szene zufolge soll er sich als Verwalter der «Diebeskasse» georgischer Banden daraus unberechtigt bedient haben, sodass ein anderer «Dieb im Gesetz» aus Berlin seine Hinrichtung anordnete.

Doch wieder zurück zu Leonid Jefimowitsch, der zu dieser Berliner Szene beste Verbindungen unterhalten haben dürfte.

Und weil so häufig im Zusammenhang mit Leonid Jefimowitsch neben Berlin auch von Odessa die Rede ist, lohnt es, sozusagen als kurzen Abstecher Odessa am Schwarzen Meer zu besuchen, um ein wenig mehr über den politischen und wirtschaftlichen Hintergrund Jefimowitschs und der Ölmafiya zu erfahren.

Eine Reise nach Odessa

Odessa, altehrwürdige Schwarzmeermetropole, auch Venedig des Ostens genannt, ist seit dem 18. Jahrhundert ein bedeutender Anziehungspunkt für Kaufleute, Händler, Adelige und Schmuggler aus ganz Europa gewesen. «Hier atmet Europa», schrieb einst der russische Dichter Alexander Puschkin, der 1823 vom Zaren nach Odessa verbannt wurde. Hier atmet vielleicht die Zukunft Europas, könnte man heute sagen. Denn die Mehrheit dieser Millionenstadt lebt heute in Armut, während die übrigen Bürger Neureiche geworden sind. Letztere sieht man beispielsweise in den Szenecafés an der Flaniermeile Deribassowskala. Junge Männer mit gestählten Körpern führen ihre metallic-glänzenden Limousinen, made in Germany, auf den Boulevards aus. Die Zweiteilung der neuen Welt ist offenkundig: die Dummen und die Gewitzten, die normalen Bürger also und die Kriminellen.

Am besten, man hält sich nicht vor der Karavel-Bar auf, heißt es in Odessa. Da wurden kürzlich drei Männer von einer gegnerischen Bande niedergeschossen. Als das Shoot-out zu Ende war, zählte die Polizei über 100 Patronenhülsen. Die Toten gehörten zur Stojanow-Bande. Die wiederum hatte zuvor einige ihrer bedeutsamsten Konkurrenten von der Angert-Gruppe abgeknallt. Mit dieser Organisation war Leonid Jefimowitsch eng liiert, bis dessen Kokainsucht ihn bei dem prüden Boss der Mafiyagruppe Angert diskreditierte. Wer so viel schnupft, kann nicht bei Sinnen sein, um komplizierte Verhandlungen im Ölgeschäft zu führen. Und das ist das Kerngeschäft der Neftemafiya, der Ölmafiya.

Wer versuchen will, hinter die Kulissen der plötzlich zu Reichtum gelangten Ukrainer zu blicken, der lebt nicht ungefährlich. Am 11. August 1997 wurde beispielsweise Boris Derewjanko, Chefredakteur der populären ukrainischen Zeitung *Wetschernaja odessa,* durch einen Kopfschuss tödlich verletzt. Er plante, eine Artikelserie über die Mafiya in Odessa zu veröffentlichen. Auch andere Redakteure dieses Blattes waren bereits Ziel von Mordanschlägen, insbesondere weil sie in Opposition zum korrupten Bürgermeister von Odessa standen. Auch dem ehemaligen Vizebürgermeister von Odessa hatten private Firmen hohe Geldsummen bezahlt. Ein Unternehmen beispielsweise «sponserte» seiner Familie einen Volvo 740 und eine Reise in die Vereinigten Arabischen Emirate. Eine andere Firma zahlte 130 000 US-Dollar, um das Appartement des Vizebürgermeisters zu renovieren. Als Gegenleistung erhielten die Spender beste Grundstücke in der Stadt und Schutz bei deren Geschäften. In der Ukraine die Wahrheit zu sagen ist häufig nicht nur schmerzlich, sondern kann manchmal tödlich enden.

Immerhin war es eine Zeitung von Vadim Rabinovich, die im Frühjahr 2000 mehrere Artikel über Korruption in der Ukraine veröffentlichte, eher ungewöhnlich in der Ukraine. Was die Journalisten schrieben, schreiben durften, verdient höchste Anerkennung. Die Finanziers von Zeitungen in den Ländern der Ex-UdSSR (häufig Oligarchen) haben normalerweise kein Interesse, kritische unabhängige Berichte zu publizieren. Eine Kugel kann ein probates Mittel sein, derartige Enthüllungen für die Zukunft zu vermeiden.

Odessa ist im Osten einer der wichtigsten Umschlaghäfen für Erdöl, das unter anderem in Sibirien gefördert und nach Europa weitertransportiert wird. Öl ist der Lebenssaft und Energiestoff, der die moderne Industriegesellschaft antreibt. Das gilt natürlich auch für Russland wie für die Ukraine. In den letzten Jahren war die Ukraine auf russisches Öl angewiesen. Noch heute erinnert man sich in Kiew an das Jahr 1993, jenes Jahr, in dem durch Intervention Vadim Rabinovichs und des Unternehmens Nordex gerade noch ein Katastrophenwinter verhindert werden konnte.

Um diese Abhängigkeit von russischen Exporten zu beenden, versuchte die ukrainische Regierung, einen Transport-Korridor für Öl mit eigenen Pipelines aufzubauen. Gleichzeitig entstanden in Odessa neue Ölterminals, um Rohöl selbst weiterzuverarbeiten und raffiniert in den Westen zu verkaufen. Politisch und wirtschaftlich war das durchaus sinnvoll.

Heute werden vom Hafen Odessa aus jährlich rund 13 Millionen Tonnen Öl in den Westen exportiert. Der Gewinn für die Öl exportierenden Firmen liegt dabei zwischen sechs und sieben US-Dollar pro Tonne Öl. Ein Riesengeschäft. Ganz legal. Kriminell wird es zum Beispiel dadurch, dass das staatlich subventionierte Öl aus Sibirien, Aserbaidschan oder anderen Regionen der ehemaligen UdSSR illegal in den Westen transportiert wird, wo es zu den weitaus höheren Weltmarktpreisen verkauft wird. Dafür muss man lediglich die Entscheidungsträger, die für die Genehmigungen zuständig sind, bestechen oder erschießen. Einen dritten Weg gibt es nicht.

Die andere – illegale – Möglichkeit, um saftige Gewinne einzufahren, bietet der Re-Import des Erdöls bzw. von Erdölprodukten in die Ukraine, ohne irgendwelche Importzölle zu bezahlen, um es danach wieder teuer zu verkaufen. Von diesen

Geschäften profitieren einerseits Syndikate, die den Ölhandel kontrollieren, und andererseits Staatsbedienstete und Politiker. Letztere erhalten Provisionen, die sie auf Konten in Europa deponieren. Leicht kommen da ein paar Millionen Dollar zusammen, wie wir noch sehen werden.

Eine internationale Arbeitsgruppe zur Bekämpfung der ukrainischen Ölmafiya stellte bei einem Treffen im Herbst 1998 fest: «Hinter den russischen Erdölgeschäften steht mit einem Anteil von 67 Prozent das organisierte Verbrechen. Das Problem für die europäischen Staaten besteht darin, dass in den Joint Ventures zwischen westlichen und den überwiegend kriminellen russischen und ukrainischen Firmen, die auf dem Ölmarkt aktiv sind, Letztere die Oberhand gewinnen und sie die westlichen Firmen zwangsläufig in die kriminellen Strukturen einbinden.»

Allein in der russischen Ölindustrie gibt es derzeit über vierzig dieser Joint Ventures, die mit westlichen Staaten kooperieren. «Die überwiegende Mehrzahl von ihnen ist in illegale Aktivitäten verwickelt», weiß die italienische Polizia di Stato, die intensiv gegen die Ölmafiya ermittelt. «Ihre unglaublichen Profite, die Verbindungen mit der Schattenwirtschaft und dem organisierten Verbrechen, die gewalttätigen Methoden, ihre Verbindungen mit westlichen Ländern durch den Ölverkauf, die es ermöglichen, unkontrolliert riesige Summen zu transferieren – das ist die Ölmafiya, die inzwischen die russischen und ukrainischen Grenzen überschritten und die westeuropäischen Länder erreicht hat.»

Die europäischen Sicherheitsbehörden glauben inzwischen die Kerngruppen der Neftemafiya in Odessa identifiziert zu haben: Das seien die Karabasowski-Gruppe und die Stojanowski-Gruppe, die Angert-Gruppe fungiere als Zentrale der Neftemafiya. Es handelt sich um kriminelle Banden, die einerseits auf lokaler Ebene aktiv sind und gleichzeitig die Regierungsinstitutionen infiltriert haben. Alle Banden sind auf die eine oder andere Weise miteinander verbunden, eine Organisation, ein Netzwerk.

Erste Erkenntnis: Die Organizatsiya arbeitet eng mit der lokalen Polizei und Teilen des ukrainischen Geheimdienstes zusammen. Die Folgen: Leonid Jefimowitsch und seine Freunde wurden zunächst nicht zur primären Zielscheibe polizeilicher oder staatsanwaltlicher Ermittlungen.

Zweite Erkenntnis: Werden die wirtschaftlichen Interessen der Organizatsiya gefährdet, greift sie zu Einschüchterung und Gewalt. Die Organizatsiya verfügt über ein Waffenarsenal mit Maschinengewehren, Handgranaten und Sprengstoff. Es soll sogar Planungen gegeben haben, Politiker zu ermorden, die nicht bereit waren, mit der Organizatsiya zusammenzuarbeiten.

Die Struktur der Organizatsiya scheint streng hierarchisch gegliedert zu sein: Soldaten auf der untersten Ebene, Leutnants auf der mittleren Ebene und einige Bosse an der Spitze. Soldaten dienen quasi als Exekutive, sie begehen Raub, Erpressung, Mord und Diebstahl. Die Leutnants sind in den jeweiligen Stadtteilen u.a. für die Koordinierung dieser Aktivitäten verantwortlich. Sie zahlen Bestechungsgelder an die Polizei, Justiz und an die Beamten der Stadtverwaltung. Die Bosse haben die Kontrolle über das gesamte Kriminalitätsgeschehen. Darüber hinaus üben sie Einfluss aus auf politische Entscheidungen auf Gemeindeebene oder in Kiew auf Landesebene. Dazu gehört, dass sie dafür sorgen, dass bestimmte Gesetze in ihrem Sinn erlassen werden.

Um wieder auf Leonid Jefimowitsch zurückzukommen: Aus einem kleinen Gangster, der in Deutschland seinen Aufstieg begann, wurde durch die enorme Schubkraft neuer Märkte (Energieversorgung) in der ehemaligen UdSSR ein einflussreicher Unternehmer, der sich bei entsprechender Geschicklichkeit der Strafverfolgung entziehen kann. Nur Dummheit bringt ihn wie andere Mafiosi zu Fall. Denn, so die Erkenntnis der Ermittler: «Diese Unternehmer benutzen die Dienstleistungen der kriminellen Organisationen. Aber das läuft nicht direkt von Führer zu Führer, sondern über verschiedene Stufen mit entsprechenden Mittelsmännern. Es ist sehr schwierig, Leute zu finden, die Aussagen machen. Die riskieren dabei ihr Leben. Wir haben da ja entsprechende Beispiele. Man müsste gegen Leonid Jefimowitsch wegen Wirtschaftskriminalität vorgehen, aber da sind die Verfahren äußerst aufwendig.»

Vadim Rabinovich, der mir erzählte, Leonid Jefimowitsch sei am Ende und habe sein Beziehungsnetz in Odessa verloren, sollte Recht bekommen: Anfang August 2000 wurde Jefimowitsch in einem Mailänder Hotel verhaftet, mit einer hübschen Nutte im Bett, einigen Diamanten und zu viel Kokain im Gepäck. Inzwischen ist er wegen des Kokainbesitzes zu zwei Jahren Gefängnis verurteilt worden.

Ganz normale Bürger – zum Beispiel Semion Mogilevich

Nun würde mich noch interessieren, wie seine Verbindungen zu Sergej Anatolevitsch Michailow und Semion Mogilevich sind. Vadim Rabinovich antwortet offen und ohne lange zu zögern:

«Mogilevich und Michailow habe ich vielleicht drei-, viermal getroffen. Sie werden es nicht glauben, aber ich werde mich sicher wieder mit ihnen treffen, so wie mit vielen anderen auch. Sind Sie entsetzt? Warum eigentlich? Beide tragen kein Schild auf der Brust, und keine Glühbirne klebt auf ihrer Stirn, die signalisieren, dass sie gute oder schlechte Menschen sind. Sie spazieren frei herum, warum sollte ich nicht mit ihnen reden? Die beiden sind für mich erst einmal ganz normale Bürger. Sie haben die Möglichkeit, in westliche Länder zu reisen, haben legale Arbeitsplätze. Täuschen Sie sich nicht – ich ziehe keinerlei Parallelen zwischen diesen beiden Herren und mir. Übrigens lese ich keine Berichte von Journalisten mehr über sie, nachdem ich selbst erfahren habe, wie falsch über mich geschrieben wurde. Aufgrund meiner eigenen Erfahrungen lehne ich es ab, Menschen danach zu beurteilen, was in irgendwelchen Zeitungsartikeln über sie geschrieben wurde.»

Wer eigentlich ist dieser Semion Mogilevich, der Mann, der überhaupt Anlass für meinen ersten Kontakt zu Vadim Rabinovich war? Damals wollte ich wissen, ob er diesen Mogilevich kannte. Semion Judkowitsch Mogilevich, Inhaber des israelischen Passes Nr. 4745426, lebte bis Ende Juli 1999 in Budapest. Sein Stammsitz war eine prächtige zweistöckige Villa, nicht weit von der russischen Botschaft entfernt. Bewacht wurde sie von schwarz gekleideten jungen Männern mit durchtrainierten Körpern und ausdruckslosen Gesichtern. «Wer in die Villa will, wird von den Bodyguards begleitet», erzählte mir ein Nachbar.

In Budapest gab es einen Unternehmer, der einiges über Semion Mogilevich zu erzählen wusste. Tamas Boros war im Erdölgeschäft erfolgreich tätig. Bis zum 2. Juli 1998. An jenem Tag explodierte eine Bombe unter seinem Auto. Monate zuvor kontaktierte er die ungarische Polizei, nachdem bereits mehrere Anschläge auf ihn verübt worden waren. Sein Fehler war, dass er über die lokale und internationale Mafiya auspackte, die von Ungarn aus operierte. Die Videokassette mit Boros' Aussage ist bis heute unter Verschluss, gilt als «streng geheim» bei den Behörden. Ungarische Journalisten, die im Besitz dieser Videokassette sind, denken nicht daran, sie öffentlich zu machen. Zum einen würden damit ungarische Gesetze verletzt werden, zum anderen fürchten sie um ihr Leben. Boros hatte insbesondere über den illegalen Ölhandel und eine Person, nämlich Semion Mogilevich, ausgesagt: «Ein Mann namens Sewa begann mit diesen Geschäften. Sewa ist sein Spitzname. Sein wahrer Name ist Semion Mogilevich, der hier die russische Mafiya repräsentiert. Sie kontrolliert die ungarischen Gangster und fordert Geld von ihnen. Wer nicht über das Netzwerk von Sewa sein Öl importierte, der wurde terrorisiert und erpresst. Kuriere bringen täglich 150 bis 200 Millionen Forint in eine bestimmte Firma in Miskolec», weiß die ungarische Polizei seitdem. Die Stadt Miskolec ist Sitz eines Rüstungsunternehmens, das Semion Mogilevich gehört.

Völlig unerwartet für Mogilevich durchsuchte die ungarische Steuerpolizei Ende Juli 1999 sein Anwesen und seine Firmen. Zornig kehrte er daraufhin Ungarn den Rücken, einem Land, dessen Politiker und Polizei ihn bislang hatten gewähren lassen. Der heutige Innenminister Sandor Pinter, einst Präsident des Landespolizeiamtes in Ungarn, galt, wie es ungarische Kripobeamte freundlich ausdrücken, nicht als ein Mann, der es darauf anlegte, es sich mit dem Multimillionär Semion Mogilevich zu verderben.

Ich schätze Semion Mogilevich als einen der Mächtigen in der so genannten Russenmafiya ein. Meiner Meinung nach dürfte er der «Kopf» in der berüchtigten und weltweit agierenden kriminellen Organisation Solnzevskaja sein. Das ist kein regionaler russischer Kraftsportverein mit halb debilen Räubern und verschlagenen Erpressern, sondern das intelligenteste kriminelle Syndikat in der ehemaligen UdSSR mit besten Beziehungen zur herrschenden politischen Klasse in Moskau. Ich ahnte allerdings nicht, dass die Solnzevskaja auch zum neuen Regierungsapparat des russischen Präsidenten Wladimir Putin gute Beziehungen unterhalten soll.

Semion Mogilevich verlangt einem eigentlich Respekt ab. Eine seiner Inszenierungen war besonders gelungen. Top secret, von der Außenwelt abgeschirmt, fand im Mai 1997 in Budapest eine dreitägige Konferenz statt. In einer alten Kaserne, dem heutigen Ausbildungszentrum des FBI für ungarische Polizeibeamte, trafen sich FBI-Beamte mit hochkarätigen Kriminalisten verschiedener europäischer Polizeidienststellen. Gegenstand der Tagung war ein Mann – Semion Mogilevich. Kaum begann die Konferenz, da übergab Semion Mogilevichs Sekretärin einem der höchsten Polizeibeamten Ungarns einen Ordner. «Darin», erinnert sich Lajos Liktor vom ungarischen Landespolizeihauptkommissariat, «lagen hochbrisante Unterlagen über Mogilevich.» Sie stammten aus Moskau, von der Zentrale für

Organisiertes Verbrechen. «Wenn schon über mich gesprochen wird», habe Mogilevich gesagt, «dann müssen die Konferenzteilnehmer richtig über mich informiert sein.» Das nennt man Chuzpe. «Da er nur wenig Ungarisch spricht, stehen ihm zwei Dolmetscher 24 Stunden am Tag zur Verfügung», schrieb das Bundeskriminalamt über ihn. «Er hat ein recht kultiviertes Aussehen, ist ein Mensch mit hoher Intelligenz und ausgeprägtem Geschäftssinn, der sehr darauf achtet, in Ungarn noch nicht einmal in ein Verfahren wegen Ordnungswidrigkeiten verwickelt zu werden.»

Nach Angaben des BKA sollen seine wichtigsten Betätigungsfelder «Geldwäsche, verschiedene Geschäftsinvestitionen, vor allem in der Unterhaltungsbranche, Mädchenhandel, Veranlassung zur Prostitution, Erpressung» gewesen sein. «Wer nicht zahlte», ergänzten Beamte des Budapester Polizeipräsidiums, «mit dem rechneten die ‹Vollstrecker› der Organisation unbarmherzig ab.»

Gefügig gemacht wurden auch deutsche Unternehmer. Einer von ihnen, Andreas N., war Beauftragter der Hamburger Firma Reemtsma für die Zigarettengeschäfte in Russland und in den baltischen Staaten. Um dieses lukrative Geschäft zu übernehmen, habe ihn die Mogilevich-Gruppe massiv bedroht, berichtete der Unternehmer. Ein Dutzend seiner Mitarbeiter seien deshalb in Russland im Konkurrenzkampf sogar ermordet worden. Andreas N. traf Mogilevich mehrmals in Moskau. Sein Eindruck: «Das ist ein ganz primitiver Typ, der mit seinen Leibwächtern und guten Beziehungen zum Kreml protzte.» Aufgrund seiner Aussagen gegen Mogilevich bzw. wegen der dadurch entstandenen Gefährdung wurde der Unternehmer sogar ins Zeugenschutzprogramm aufgenommen.

Nicht nur durch Erpressung und Mädchenhandel erwirtschaftetes Geld dürfte bereits Anfang der neunziger Jahre in internationalen Firmen gewaschen worden sein. Mogilevich war auch in ganz legalen Geschäften erfolgreich, wie es in diesen Kreisen üblich ist. Doch welche Anteile hatten diese innerhalb seines Imperiums? Ein bedeutendes Unternehmen von Mogilevich, so das FBI, sei die Firma Magnex, am Rande von Budapest gelegen. Offiziell produziert das Unternehmen mit Vertretungen in Kanada und den USA Magnete. Im Frühjahr 1996 wird das eine Milliarde US-Dollar schwere Unternehmen an der Börse im kanadischen Toronto gehandelt. Bis zum 13. Mai 1998. An diesem Tag durchsuchte die Polizei das Hauptquartier von Magnex in Newton, Pennsylvania, und beschlagnahmte alle Unterlagen. Daraufhin wurde der Börsenhandel mit den Aktien des Unternehmens eingestellt. Für die Aktionäre war es ein herber Verlust. 412 Millionen US-Dollar durften sie abschreiben. Magnex dürfte aber nicht das einzige Unternehmen von Mogilevich in den USA sein. Seine Organisation in New York soll einen weiteren grandiosen Deal abgeschlossen haben: Partner waren diesmal Angehörige der italienischen Mafiafamilie Genovese, die in Manhattan über ein intaktes logistisches System verfügt und einen großen Anteil der Abfallwirtschaft kontrolliert. Hochgiftiger Sondermüll sollte ausgerechnet in die Gegend von Tschernobyl verfrachtet werden. Was aus dem Geschäftsvorhaben geworden ist, kann keiner genau sagen.

1995 verfasste die britische National Crime Squad einen Bericht über Semion Mogilevich. Die Ermittlungen in London gegen ihn und seine Organisation liefen unter dem Code «Operation Schwert». «Das Ergebnis war», so berichtet die britische Polizei, «dass Semion Mogilevich über einen Anwalt innerhalb von drei Jahren 50 Millionen US-Dollar gewaschen haben soll.» Inzwischen darf Mogilevich weder nach Großbritannien noch in die USA einreisen. Für Michael Sika, den ehemaligen Generaldirektor für öffentliche Sicherheit im Wiener Innenministerium, «ist er der Prototyp des Mannes, dem heute nichts mehr nachzuweisen ist. Das heißt, die Infiltration der Wirtschaft hat stattgefunden. Und er ist ein Schulbeispiel dafür, wie organisierte Kriminalität vorgeht.»

Zweifellos hat Mogilevich ausgezeichnete Verbindungen zu den Topmafiosi der ehemaligen UdSSR. Die lesen sich wie das

Who is Who russischer Verbrechersyndikate. Gleichzeitig hat er, entsprechend seiner Bedeutung, viele politische Bekannte, etwa den rechtsradikalen russischen Politiker Wladimir Schirinowski. Mogilevich selbst beschrieb einmal seine Laufbahn zum erfolgreichen Unternehmer folgendermaßen: «Meine Jugend verbrachte ich in der Unterwelt von Kiew. Jetzt mache ich nur noch legale Geschäfte. Ich habe mich von der Unterwelt zurückgezogen. In Moskau besitze ich sechs Fabriken, außerdem Geschäfte auf Flugplätzen und auf Bahnhöfen. Ich habe auch eine Firma in England und zwei in den USA.» Dann wieder, zuletzt gegenüber einem ukrainischen Journalisten, philosophierte er: «Jeder ist mehr oder weniger ein Gauner. Einige kommen mit einem blauen Auge davon, andere sitzen im Gefängnis. Ich habe kein Glück gehabt. Aber seit 22 Jahren habe ich in dieser Hinsicht zumindest keine Probleme mehr.» Und auf die Frage, ob er Leute aus der russischen Mafiya kenne, antwortete er, während er genüsslich eine seiner geliebten Davidoff-Zigarren schmauchte: «Russische und ukrainische Autoritäten sind mir unbekannt.»

Als die Polizei in Philadelphia, USA, im Frühsommer 2000 auf neue Verbindungen von Mogilevich, diesmal nach München, stieß, durchsuchte das LKA Bayern auftragsgemäß die beschuldigte Firma und beschlagnahmte zahlreiche Unterlagen. Doch als die Beamten des LKA die amerikanischen Kollegen aufforderten, nach Deutschland zu kommen, um die Dokumente (in russischer und englischer Sprache) zu sichten, mussten sie sich sagen lassen, dass dafür kein Geld zur Verfügung stünde. Inzwischen darf Semion Mogilevich auch wieder nach Frankreich einreisen. Ein seit vier Jahre bestehendes Einreiseverbot gegen ihn wurde per Gerichtsbeschluss aufgehoben. Der Grund: Das Justizministerium in Paris hatte es versäumt, ausreichende Beweise zu liefern, die das Einreiseverbot hätten begründen können. Das war also die Geschichte von Semion Mogilevich, den Rabinovich erst einmal für einen ganz normalen Bürger hält und bestimmt weiterhin treffen wird. Nicht weniger interessant ist die Geschichte von Sergej Anatolevitsch Michailow.

Warum Sergej Anatolevitsch Michailow freigesprochen wurde

Vadim Rabinovich hat Sergej Anatolevitsch Michailow gegenüber ein bemerkenswert ambivalentes Verhältnis. «Wir haben in der Vergangenheit viele Gruselgeschichten über verschiedene Mafiosi gelesen. Und was davon war wahr?», fragt mich Vadim Rabinovich, als ich ihn auf diesen mutmaßlichen Topmafioso anspreche. «Wahrheit, Realität, Gerüchte und Desinformationen sind wahrscheinlich schwer auseinander zu halten», antworte ich ihm. Rabinovich lässt das nicht gelten: «Welche Vorwürfe gegen Mogilevich oder Michailow konnten eigentlich bestätigt werden? Sagen Sie es mir. Sie können es nicht. Deshalb betrachte ich all diese Dinge mit großer Skepsis. Gleichzeitig habe natürlich auch ich meine Zweifel über bestimmte Persönlichkeiten. Wir müssen einmal etwas klarstellen: Wann ist jemand ein Krimineller? Wenn er von einem Gericht verurteilt wurde! Wenn nicht und wir verurteilen ihn trotzdem, befinden wir uns in einem totalitären System, wo jeder willkürlich als Krimineller gebrandmarkt werden kann.»

Ich hätte Rabinovich in dem Moment gerne etwas über den Prozess in Genf gegen Sergej Anatolevitsch Michailow erzählt, einen Prozess, den ich selbst verfolgt hatte. Meines Erachtens war das Verfahren gegen Michailow ein Beleg für eine unfähige Justiz und dafür, dass ein gerichtliches Urteil, in diesem Fall ein Freispruch, auf das Vadim Rabinovich so viel Wert legte, bei bestimmten Personen ziemlich irreführend sein kann. Hier also meine Beobachtung der Vorgänge.

Im Oktober 1996 wurde Michailow in Genf festgenommen. Er galt damals als einer der Führer des russischen Solnzevskaja-Syndikats. In den letzten Jahren hat sich dieses Syndikat wie ein Krake nach Europa und in die USA ausgebreitet. Seine Mitgliederzahl wird auf über 5000 geschätzt. Ob klassischer Drogen- oder Waffenhandel, Geschäfte mit Plutonium, Anlagebetrug, Geldwäsche oder Erpressung – nichts fehlt im traditionellen Betätigungsfeld krimineller Organisationen. Nicht weniger erfolgreich ist die Solnzevskaja im legalen Wirtschaftsbereich. Ob Öl oder Erdgas, Partner von Tarnkonzernen der Solnzevskaja sind inzwischen honorige europäische, auch deutsche und österreichische, Energieversorgungsunternehmen. Michailow selbst gründete bereits 1988 eine «Brigade zum Schutz von Privatunternehmen», die danach als Solnzevskaja bekannt wurde. Er war Mitglied eines «Föderalen Untersuchungsbüros», das ihm Ausweise zum Betreten des Kreml ausstellte. «Gleichzeitig sorgte eine im Auftrag eines hohen Mitarbeiters des Innenministeriums zusammengestellte Gruppe von Mitarbeitern der Rechtsschutzorgane und der Justiz dafür, dass gegen Mitglieder der Solnzevskaja begonnene Untersuchungen ergebnislos verliefen. Im Zusammenhang mit der Ermordung des Kasino-Besitzers W. Wlasow wurde Michailow Ende 1993 verhaftet, wegen fehlender Beweise aber freigelassen.» (Bernd Knabe, *Berichte des Bundesinstituts für ostwissenschaftliche und internationale Studien,* 1998)

Beschuldigt wurde Michailow von der Genfer Staatsanwaltschaft der Mitgliedschaft in einer kriminellen Organisation und der Geldwäsche. Letzterer Vorwurf wurde aus unerfindlichen Gründen wenig später fallen gelassen. Michailow bestritt alle Anschuldigungen und behauptete, er sei allein aufgrund von Kolportagen und Medienberichten verhaftet worden. Das war kühn.

Wegen der Gefahr der Beweisverdunkelung schränkte die Genfer Justiz das Akteneinsichtsrecht und das Verteidigungsrecht erheblich ein, ein ungewöhnlicher Vorgang. Die nächste Instanz akzeptierte dieses Vorgehen und verweigerte die Akteneinsicht bis Anfang März 1997. Die Einschränkung von Verteidigerrechten während einer gewissen Zeitdauer ist nach Schweizer Gesetzen nur bei gravierenden Tatvorwürfen und einem konkreten Risiko der Beweisverdunkelung zulässig. Beide Voraussetzungen waren laut dem von Michailows Staranwälten angerufenen Schweizer Bundesgericht gegeben: Die Anschuldigungen seien gravierend, weil sich die Solnzevskaja mit

Drogenhandel, Erpressung und Prostitution bereichern und selbst vor Ermordungen nicht zurückschrecken würde. Die drei Bundesrichter verwiesen auf ein Fax des russischen Innenministeriums vom 12. Dezember 1996. Demnach sei Michailow zusammen mit anderen Tatverdächtigen in Moskau festgenommen worden. «Eine Strafverfolgung hat sich aber als unmöglich erwiesen, da die angeblichen Erpressungsopfer und Zeugen aus Furcht vor den Drohungen der Beschuldigten auf belastende Aussagen verzichteten. Die Anklagekammer musste deshalb befürchten, dass Michailow mit den künftigen Zeugen entsprechende Kontakte aufnehmen würde. Außerdem dürfte sie auch ihre Schlüsse aus dem anfänglichen Schweigen und den späteren ausweichenden Antworten Michailows ziehen.» (Urteil des Schweizer Bundesgerichts vom 14. 4. 1997)

Unter ungewöhnlichen Sicherheitsmaßnahmen begann dann Anfang Dezember 1998 endlich der Prozess gegen Michailow im Genfer Palais de Justice. Kronzeugen der Staatsanwaltschaft wurden geschützt, indem sie per Video in den Gerichtssaal geschaltet wurden, wobei ihre Gesichter nicht zu erkennen waren. Jedoch wurden von der vollkommen überforderten Dolmetscherin nur Teile der Aussagen vom Russischen ins Französische übersetzt. Beim Prozess anwesende Journalisten aus Moskau mussten den Staatsanwalt darauf aufmerksam machen, wie unsachgemäß übersetzt wurde. Aufschlussreich wären die Aussagen eines in die Schweiz geflüchteten hohen Moskauer Polizeibeamten gewesen. Wegen seiner Ermittlungen gegen Michailow und gegen die Solnzevskaja in Moskau stand er auf deren Abschussliste. Detailliert berichtete er Interna über das Syndikat. Er hätte die Bürde nicht auf sich nehmen müssen. Wegen der katastrophalen Übersetzung blieben seine Erklärungen sowohl für die Geschworenen wie für die Prozessbeobachter unverständlich. Einzig der Angeklagte und seine Verteidiger konnten seine Aussage genau verfolgen. Die hatten ihren eigenen Übersetzer. «Wo haben Sie denn Unterlagen der Miliz oder Generalstaatsanwaltschaft gegen mich oder die Solnzevskaja?», fragte Sergej Michailow süffisant den Exbeamten. Als der antwortete, «wegen der Korruption innerhalb des Polizeiapparates sind die verschwunden», lächelte Michailow, und seine Anwälte und die Geschworenen nickten voller Verständnis. Morde an unbequemen Zeugen, die Angst, gegen Mafiyabosse auszusagen – nichts davon wurde thematisiert. Ohne ersichtlichen Grund wurde ein ehemaliger Fahrer und Bodyguard von Michailow aus Wien nicht vor Gericht gehört. Lediglich seine gegenüber der Polizei gemachten Aussagen über dubiose Geldtransaktionen (wöchentlich in Höhe von fünf Millionen Mark in Wien) wurden verlesen. Die Verteidiger lehnten seine persönliche Vernehmung ab, obwohl er zu einer Aussage zur Verfügung stand. Der Staatsanwalt gab sich damit zufrieden. Andere belastende Telefonmitschnitte brauchten sich die Geschworenen ebenfalls nicht zu Gemüte zu führen. Der Staatsanwalt hielt es nicht für angemessen, sie in das Verfahren einzubeziehen.

Ebenso fahrlässig war die Äußerung des Staatsanwalts, dass inzwischen jeder Idiot wissen müsse, wie mächtig der Einfluss des organisierten Verbrechens in Russland sei. Die sechs Geschworenen, per Losverfahren ausgewählte Genfer Bürger, verstanden in Wirklichkeit so viel davon wie jeder Normalverbraucher – kaum etwas. Kein Osteuropaexperte war geladen, der fachkundig die verfilzten Strukturen zwischen politischer Elite und kriminellen Autoritäten hätte aufzeigen können. Bei den sich bis in die späten Nachtstunden erstreckenden Verhandlungen waren die Geschworenen überfordert. Müde und das Ende der Sitzung herbeisehnend saßen sie im juristischen Ring. Daher fiel es Michailow bzw. seinen Anwälten leicht, sie davon zu überzeugen, dass er unschuldig sei, da ja in Russland überhaupt nicht gegen ihn ermittelt werde, nichts gegen ihn und die so genannte Organisation Solnzevskaja in Russland vorliege und deshalb die Aussage eines einzelnen Expolizeibeamten vollkommen irrelevant sei. Und der Tonbandmitschnitt wurde einfach angezweifelt.

Prozessbeobachter reagierten mit Unverständnis, dass die Staatsanwaltschaft sich nicht zu dem politischen Skandal äußerte, dass in Moskau alle Ermittlungsergebnisse gegen Sergej Anatolevitsch Michailow sowohl von der Generalstaatsanwaltschaft wie der Miliz blockiert wurden. Informationen über die Solnzevskaja, die in Moskau jedes Kind kennt, waren aus dem Computer der Moskauer Miliz gelöscht worden. Dabei hatte die Genfer Staatsanwaltschaft detaillierte Kenntnisse über die Verbindung von Michailow zum russischen Innenministerium, dem Außenministerium und der Moskauer Generalstaatsanwaltschaft. Michailow und seinen Kumpanen wurden sogar beste Beziehungen in den Präsidentenpalast nachgesagt, was nicht nur auf eine Spende für den Wahlkampf Jelzins 1996 zurückzuführen sein dürfte. Auffällig ist in diesem Zusammenhang, was Schweizer Mitgesellschafter einer seiner Firmen notiert hatten. Es handelt sich um ein vertrauliches Schreiben der Firma S.C.E.I.-Holding aus Lausanne. Sie hatte mit Michailow zusammengearbeitet. Das Schreiben datiert vom 19. Oktober 1996 und ist an einen der Genfer Rechtsanwälte von Michailow gerichtet. Diesem Schreiben ist zu entnehmen, wie prominent ihr russischer Geschäftspartner Michailow in Russland gewesen sein muss. «Als wir in Moskau ankamen, wurden wir von Polizeifahrzeugen mit Blaulicht und Sirenen durch die Stadt eskortiert. Wir wurden vom Moskauer Vizeminister Evtouschenkow empfangen. All diese Dinge bewiesen uns die Bedeutung von Michailow, der eng mit dem herrschenden politischen Milieu unter Präsident Jelzin verbunden war.»

Mit diesem Schreiben wollten Michailows Geschäftspartner kundtun, dass er kein Krimineller sein kann, vielmehr ein äußerst angesehener Unternehmer, der noch kurz vor seiner Verhaftung am Genfer Flughafen einen Millionenkredit von der Bank Société Générale in Paris erhalten sollte.

Wegen der offensichtlichen politischen Rückendeckung aus Moskau für Michailow war die Genfer Staatsanwaltschaft auf die Aussage von Robert Levinson, einem ehemaligen FBI-Beamten, angewiesen. Vier Jahre hatte er in den USA die russische Mafiya verfolgt. Er sagte zwar über seine Ermittlungen aus, die er gegen die Solnzevskaja führte, nämlich dass Michailow zwei so genannte Kampfbrigaden, also Liquidationskommandos, kontrollieren würde. Seine Aussagen wurden jedoch als nicht besonders überzeugend eingestuft.

Schwerer wog, dass die Genfer Staatsanwaltschaft vom FBI, genauer dem US-Justizministerium, keinerlei Unterstützung erhalten hatte, «aus unverständlichen politischen Opportunitätsgründen», wie ein Genfer Beamter in einem Privatgespräch missmutig erklärte. Dabei hatte das FBI in der Vergangenheit zahllose Berichte über Sergej Anatolevitsch Michailow und die Organisation Solnzevskaja verfasst, in denen es behauptete, Michailow habe versucht, «die totale Kontrolle über die kriminellen Aktivitäten der Russenmafiya zu erlangen». «Das ist ein totaler Boykott gewesen», klagte ein ermittelnder Genfer Polizeibeamter, der mit seinen Kollegen zusammen knapp zwei Jahre lang die Spuren von Michailow verfolgte. Michailow, wer mag es ihm verübeln, fühlte sich während des Prozesses ziemlich sicher. Unverfroren sagte er vor dem Genfer Gericht aus, dass es «eigentlich überhaupt keine Mafiya in Russland gibt» und er von einer Organisation Solnzevskaja nichts gehört habe, außer Gerüchten. Dass er in einem der mitgeschnittenen Telefongespräche in seiner Villa am Genfer See selbst behauptete, er sei «die Nummer eins der Solnzevskaja», konnte die Geschworenen ebenso wenig überzeugen wie die Aussage eines russischen Unternehmers, der von der Solnzevskaja erpresst wurde. Michailow konterte: «Zeigen Sie mir schriftliche Unterlagen, die belegen, dass das die Solnzevskaja war.» Glück für Michailow war außerdem, dass ein weiterer Zeuge der Staatsanwaltschaft, der Unternehmer Rosenbaum, der seit 1994 in den Niederlanden gelebt hatte, nicht mehr vor Gericht erscheinen konnte. Er wurde am 31. Juli 1997 ermordet. Rosenbaum sollte darüber aussagen, ob und wie ihn Michailow in Moskau erpresst hatte.

In dem Schlussplädoyer vor den Geschworenen konnten Michailows Anwälte daher darlegen, dass es keinen einzigen konkreten Beweis dafür gäbe, dass Michailow ein Mitglied, geschweige denn der Boss der Mafiya in Russland sei. Und: «Das Fehlen jeglicher Beweise ist doch der Grund, weshalb unser Mandant in keinem anderen Land je zuvor angeklagt worden ist und Russland nicht seine Auslieferung verlangt hat.» Die Geschworenen folgten ihrem Plädoyer bedingungslos. Und der Staatsanwalt schien auch nicht unglücklich über das Urteil.

«Ich liebe die Schweizer, hier herrschen Gerechtigkeit und Gleichheit. Mein Herz ist voller Dankbarkeit», sprach der strahlende russische Geschäftsmann Michailow am Ende des Verfahrens in der Nacht des 11. Dezember 1998. Die sechs Geschworenen des Genfer Gerichts hatten ihn nach der 14-tägigen Marathonverhandlung vom Vorwurf der Mitgliedschaft in einer kriminellen Vereinigung (StGB Art. 260) sowie der Urkundenfälschung freigesprochen.

«Jedem von Ihnen werde ich noch einen persönlichen Brief schreiben», versprach Michailow nach dem Freispruch den Geschworenen und wurde am nächsten Tag nach Moskau abgeschoben.

Im Schweizer Staatsschutzbericht 1999, der unter www.bupo.admin.ch von der Bundespolizei Bern ins Internet gestellt wurde, wird, trotz der Unschuld Michailows, nochmals auf seinen Fall eingegangen.

«Der Prozess gegen Sergej Anatolevitsch Michailow hat insofern Beispielcharakter, als in Genf erstmals europaweit ein mutmaßliches Mitglied einer kriminellen Organisation mit Sitz in Russland vor Gericht stand. Obwohl es nicht zu einer Verurteilung kam, hat das Gerichtsverfahren die Bedeutung der organisierten Kriminalität für die sicherheitspolitische Lage westeuropäischer Staaten unterstrichen.»

Siebzig Kilometer von Moskau entfernt hat Michailow inzwischen eine prächtige Datscha bezogen, mit einem Tenniscourt, Schwimmbad, Billardsaal und Fitnessstudio. Manchmal besucht er die kleine Privatkapelle, die ihm seine Frau geschenkt hat. Wenn er nach Moskau hineinfährt, rast seine gepanzerte Mercedeslimousine durch die Stadt. Er ist eben ein bedeutender Unternehmer. Am 17. August 1999 meldete die lettische Abendzeitung *Rigas Balss,* unter Berufung auf ungenannte, aber kompetente Quellen in Sicherheitsbehörden: «Der Sonderberater des ehemaligen lettischen Innenministers soll Ende Juli dieses Jahres für mehrere Tage den zu Besuch eingetroffenen Sergej Anatolevitsch Michailow aus Moskau beherbergt haben.» Bei den Duma-Wahlen am 19. November 1999 kandidierte Michailow in der südrussischen Stadt Taganrog für die Liberaldemokratische Partei Russlands des rechtsradikalen Wladimir Schirinowski. Michailow war nicht der einzige Oligarch, der in die Duma drängte, um in den Genuss der Immunität und anderer Privilegien zu gelangen. Boris Beresowskij, ein Vertrauter der Jelzin-Familie und übrigens ein Freund von Vadim Rabinovich, hat es auch versucht. In den Bewerbungsunterlagen für die Wahl bezeichnete sich Beresowskij, dessen Vermögen auf mehr als drei Milliarden Dollar geschätzt wird, als «derzeit beschäftigungslos». Doch dazu später mehr. Ähnlich arm muss Michailow inzwischen geworden sein. Vor den Duma-Wahlen am 15. 12. 1999 schrieb die vornehm zurückhaltende *Neue Zürcher Zeitung:* «Geradezu Mitleid erregt der Fall des Kandidaten Sergej Anatolevitsch Michailow, alias Michas, der in Russland auch nach seinem Freispruch im Genfer Mafiya-Prozess im Ruf steht, das Solnzevskaja-Verbrechersyndikat zu leiten. Er wies für 1998 nur ein Jahreseinkommen von 1389 Rubeln aus (nach hiesigem Kurs 80 Franken). Immerhin gelang es ihm, das 60-fache dieses Betrags aufzubringen, um sein Wahlpfand zu hinterlegen. Eine solche Geldzahlung müssen jene Bewerber leisten, die nicht genügend Unterschriften für ihre Kandidatur sammeln.» Für die erlittene Haft im Genfer Gefängnis Champ-Dollon hat Michailow eine Entschädigung erhalten: knapp eine Million Mark. Duma-Abgeordneter wurde er übrigens doch nicht.

Diese Erfahrungen aus der Schweiz werde ich einmal Vadim Rabinovich mitteilen, zumal sein Unternehmen RC-Group ja in Genf seinen juristischen Sitz hat. Vielleicht ändert das seine Einstellung. Erst drängt es mich jedoch, ihn nach seinen geschäftlichen Beziehungen mit Sergej Anatolevitsch Michailow und Semion Mogilevich zu fragen.

«Nein, ich mache und machte mit ihnen keine Geschäfte. Zweimal waren wir zusammen im Restaurant. Beim ersten Mal haben sie bezahlt. Beim nächsten Mal war ich vorsichtig und habe selbst die Rechnung übernommen. Also, es gab keine Geschäfte, keine gegenseitigen Hilfen, nichts. Ich habe Michailow und Mogilevich ja auch nicht in jener Zeit kennen gelernt, als die Medien über sie berichtet hatten, sondern erst danach. Mit Michailow hatte ich mich kurz getroffen, nachdem er aus dem Schweizer Gefängnis entlassen worden war. Wenn ich sonst nichts über ihn wüsste, würde ich voller Überzeugung sagen: Er ist ein anständiger Mensch. Aber im Unterbewusstsein regen sich bei mir immer Zweifel. Glauben Sie mir, das alles ist ziemlich kompliziert. Wenn im Westen jemand verhaftet wird, werden die Menschen aus seiner Umgebung nicht gleich für Verbrecher erklärt. Bei uns schon. Weil behauptet wird, Nordex gehöre zur Mafiya, bin ich automatisch ein Mafioso. Alle Präsidenten und Verwaltungsratsmitglieder von Nordex haben jetzt die gleichen Probleme wie ich.»

Ist es nicht ein riesiger Unterschied, wende ich ein, ob man von Nordex oder von der Mafiyaorganisation Solnzevskaja spricht?

«Warum?», will Rabinovich von mir wissen.

«Die Solnzevskaja ist eine kriminelle Organisation und Nordex, wie Sie selbst sagen, ein ganz normales Wirtschaftsunternehmen», erkläre ich.

«Ich lese das aber anders. In einigen westlichen Ländern wird Nordex als die Nummer eins krimineller Organisationen angesehen und für wichtiger als die Solnzevskaja gehalten.»

«Solnzevskaja ist eine kriminelle Organisation, daran gibt es ja keine Zweifel», betone ich.

«Weder ein Gericht in Russland noch das in der Schweiz konnten beweisen, dass Michailow kriminell ist. Welches Recht habe ich oder haben Sie zu behaupten, er sei kriminell?»

«Im Falle Michailows gibt es aufgezeichnete Telefongespräche, in denen er selbst sagt, er sei der Kopf der Solnzevskaja. In anderen abgehörten Telefonaten ist von Geldwäsche die Rede», wende ich ein. Es überzeugt ihn nicht.

Verschiedene Arten, Geschäfte zu machen

«Schauen Sie bitte, in welcher Situation ich mich befinde. Verstehen Sie doch endlich einmal, um was es wirklich geht. Auf der einen Schulter hocken der amerikanische und der ukrainische Sicherheitsdienst sowie wirtschaftliche Konkurrenten. Auf der anderen Schulter gibt es eine Menge Banditen, Kriminelle. Ich muss versuchen, mich mit beiden Seiten zu arrangieren, um meine Geschäfte machen, letztlich am Leben bleiben zu können. Damit mir das gelingt, muss ich Beziehungen zu all diesen Kräften haben, ob es mir passt oder nicht. Ich helfe den Banditen nicht bei ihren Deals und der Geldwäsche. Ich mache mit ihnen überhaupt keine Geschäfte. Also, wenn ich beispielsweise in Israel in ein Restaurant gehe, wo einer dieser so genannten Gangster sitzt, dann setze ich mich zu ihm und spreche ganz normal mit ihm, gleichgültig, was in den Zeitungen geschrieben steht. Ich sage ihm nicht: ‹In den Zeitungen heißt es, dass du ein Krimineller bist›, und gehe dann wieder weg. Ich mache mir meine eigenen Gedanken. Wenn ich diesen Menschen ins Gesicht spucke, hilft das auch niemandem. Selbstverständlich gibt es extreme Fälle, Mörder, zu denen ich keinen Kontakt aufnehme. Ansonsten unterhalte ich ganz normale Beziehungen zu all diesen Leuten. Schon allein deshalb, um hier in der Ukraine in Ruhe arbeiten und leben zu können. Ich behaupte ja auch nicht, dass ich besonders moralisch sei. Einen Kompromiss – das ist meine Lebenserfahrung – muss man in bestimmten Fällen eingehen. Und wer ist denn schon ein Mafioso? Wissen Sie es?»

Deutlich wird ein gespaltenes Verhältnis gegenüber Männern wie Michailow. Kann man tatsächlich zur gleichen Zeit Freund und Feind sein? Verlässt sich Rabinovich noch auf den Ehrenkodex aus seiner Haftzeit? Sicher ist, dass er niemanden denunzieren will. Das hatte er sich bereits geschworen, als er im Straflager Charkow war. Sein durchaus ambivalentes Verhalten könnte lebensgefährlich werden. Sich mit beiden Welten einzulassen – der kriminellen und der vorgeblich seriösen – erfordert eiserne Disziplin, um nicht auf der einen oder anderen Seite einzuknicken. Darunter sind viele andere Männer bereits zerbrochen.

«Lassen Sie uns doch bitte wieder zu mir, zu meinen Geschäften zurückkommen. In der Zwischenzeit, die Beteiligung an der Fernsehstation Studio 1+1 war ja nur ein Teil meiner Geschäftstätigkeit, hatte ich meinen Konzern zwar erfolgreich aufgebaut, aber die Verdächtigungen wurden immer schlimmer. Als ich zum Beispiel eine beträchtliche Summe für den Bau einer neuen Synagoge hier in Kiew gespendet hatte, erschienen mehrere Artikel, in denen stand, dass die russische Mafiya auf diesem Wege ihr Geld waschen würde. Ähnlich erging es mir auch in Israel. Als der Politiker Scharanskij zum Beispiel gefragt wurde, ob er mich kennt, antwortete er:

‹Ja. Rabinovich hat an dubiosen Verhandlungen teilgenommen, dabei sogar eine wichtige Rolle gespielt, als es darum ging, ob die Ukraine Nuklearmaterial an den Iran liefert.›

Als er das gesagt hat, schrien die Leute hier in Kiew auf. Ein solches Geschäft war tatsächlich geplant, aber es wurde nie durchgeführt. Richtig war: Ich habe an Verhandlungen über Atomreaktoren teilgenommen. Die Ukraine hatte keine Atomwaffen verkauft. Sie plante vielmehr, eine Anlage zum Bau eines Atomreaktors zu kaufen. Viele in Israel waren dagegen. Aber hatte ich damit zu tun? Es wurde behauptet, ich sei ein Agent des israelischen Geheimdienstes Mossad. Sie sehen, wie da plötzlich immer neue Verleumdungen entstanden sind.»

Trotz all dieser Beschuldigungen scheint Rabinovich recht gelassen zu sein. Der Grund dürfte darin liegen, dass er selbst davon überzeugt ist, nur normale legale Geschäfte zu tätigen. Er habe nicht betrogen, nicht geraubt, nicht gemordet – nichts Kriminelles getan. «Deshalb kann ich ruhig schlafen.»

Tatsächlich haben wie in anderen Ländern des gesamten Ostblocks auch in der Ukraine die berüchtigten betrügerischen Pyramidengeschäfte einigen wenigen Hasardeuren enorme Profite eingebracht. Bauern, Handwerkern und Angestellten wurde von Banken oder Stiftungen vorgegaukelt, dass ihre kümmerlichen Ersparnisse eines Tages riesige Gewinne abwerfen. Hunderttausende hofften, ähnlich schnell reich werden zu können wie die, deren Geld sich wundersam vermehrte, bis die Pyramide zusammenbrach und die Bank oder die Stiftung aufgelöst wurde.

«Ich kann mich nur wiederholen, aber viele glauben trotzdem, dass ich etwas mit Kriminalität, mit der Mafiya zu tun habe. Sie verstehen nicht, was wir eigentlich tun. Alle Unternehmer kaufen und verkaufen etwas, die einen haben Zugang zu Rohstoffen, die anderen zu staatlichen Ressourcen oder zu Ölraffinerien. Unter den dreißig reichsten Leute in der Ukraine gibt es keinen, der nicht im Big Business mit Öl, Gas oder Metallen seine Gewinne macht. Von meinem Unternehmen hier in Kiew abgesehen. Ölgeschäfte waren und sind natürlich besonders lukrativ. Vor einigen Jahren haben wir zum Beispiel Rohöl für neun Dollar in Sibirien eingekauft und danach in den USA mit einem Aufschlag von bis zu 50 Prozent wieder verkauft. Heutzutage ist es hingegen viel günstiger, Öl vor Ort zu verarbeiten. Benzin und Diesel werden dann hier im Land und die anderen Ölprodukte in den Westen verkauft. Noch bessere Geschäfte werden jedoch gemacht, indem vermeintlich oder tatsächlich unrentable staatliche Betriebe aufgekauft werden. Deren Betriebsdirektoren kaufen nämlich Energie und Rohstoffe für ihr Unternehmen zu überteuerten Preisen ein. Ihre Produkte werden dadurch immer teurer und letztlich unverkäuflich, aber das interessiert sie nicht, weil sie in der Zwischenzeit genug Geld aus dem Betrieb herausgenommen und in den Westen transferiert haben. Und was in meinen Augen das Schlimmste ist, sie kümmern sich nicht um die gesellschaftliche, um die soziale und kulturelle Situation in ihrer Heimat. Die Armut schert sie einen Dreck. Wer in diesem Spiel nicht mitmacht, wie ich, über den wird spekuliert: Rabinovich verdient sein Geld auf kriminelle Art und Weise. Deshalb ist er ein Mafioso. Wir sind im Gegenteil die Einzigen, die etwas anderes als die anderen Unternehmer gewagt haben. Dabei ist es so einfach und im Westen weit verbreitet. Zum Beispiel verdiene ich mit einer Rabattkarte im Jahr fünf Millionen Dollar, ganz legal. Ich spreche von meinem Unternehmen Prestige Card. Für Russland, Zypern, Israel und die Ukraine haben wir diese Card entwickelt. Das war eine enorme Arbeit. Wir haben Tausende Geschäfte und Restaurants besucht und selbst in kleinen Städten erreicht, dass unsere Prestige Card akzeptiert wurde. Derjenige, der diese Rabattkarte erwirbt, erhält in den vier Ländern einen Rabatt von 2 bis 20 Prozent auf sämtliche Produkte, die er in den Geschäften, die mit uns kooperieren, einkauft. Damit erzielen wir jetzt einen hohen Gewinn, denn wir sind auf diesem Feld ohne jede Konkurrenz.

Wir waren die Ersten, die Pager und Telefone in der Ukraine vertrieben und die entsprechende infrastrukturelle Versorgung organisiert haben. Das ist ein riesiger Markt, und damit kann man sehr viel Geld verdienen. Wir haben das gemacht.

Die meisten, wie gesagt, kaufen und verkaufen Rohstoffe, verkaufen Fabriken, denken nur in diese Richtung. Sie wollen nicht begreifen, dass zum Beispiel jede Haltestelle 10 000 Dollar pro Jahr einbringt, alleine durch die Vermietung der Werbeflächen. Wir gründeten auch die erste internationale Versicherungsgesellschaft, die ukrainische Fluglinien versicherte. Das war ein hohes Risiko. Mit einer anderen Versicherungsgesellschaft habe ich sehr viel Geld verdient, indem ich sie weiterverkauft habe. Unser Geschäft ist es, Ideen und Unternehmen zu verkaufen.»

Szenenwechsel – kurze Einblicke in ein düsteres Milieu

> «Ich nenne Lüge: etwas nicht sehen wollen, das man sieht, etwas nicht so sehen wollen, wie man es sieht: ob die Lüge vor Zeugen oder ohne Zeugen statthat, kommt nicht in Betracht. Die gewöhnlichste Lüge ist die, mit der man sich selbst belügt; das Belügen anderer ist relativ der Ausnahmefall. Nun ist dies Nicht-sehen-Wollen, was man sieht, beinahe die erste Bedingung für alle, die Partei sind, in irgendwelchem Sinne: der Parteimensch wird mit Notwendigkeit Lügner.»
>
> *Friedrich Nietzsche, zitiert nach Ursula Michels-Wenz,* Nietzsche. Wie man wird, was man ist – Ermutigungen zum kritischen Denken, *Frankfurt am Main 2000, S. 41.*

Alle wissen es, doch kein Politiker im Westen spricht es offen aus: In der Sowjetunion herrschte eine korrupte Nomenklatura. Daran hat sich bis zum heutigen Tag wenig geändert. Dieses System ist zugleich der Kosmos, in dem Vadim Rabinovich agiert wie auch alle anderen Oligarchen. An dieser Stelle möchte ich nur einen kurzen Einblick in ein Szenario gewähren, das Rabinovich später näher erläutern wird.

Mit tatkräftiger Hilfe skrupelloser Geschäftemacher und politischer Entscheidungsträger nicht nur in der Ex-UdSSR, sondern auch in Europa und den USA wurden und werden die Reichtümer der Ex-UdSSR verscherbelt. Die ehemalige Sowjetunion ist vermutlich weltweit die zurzeit größte staatliche Räuberhöhle, in der Oligarchen und Mafiyakapitalisten im Verbund mit den Politikern den Ton angeben. Korruption in allen Macht- und Verwaltungsorganen, hatte einst der russische Präsident

Boris Jelzin getönt, zerfresse den Staatskörper von oben nach unten. In den Ländern der Ex-UdSSR finden seit Jahren erbitterte Machtkämpfe um die vielen Pfründen statt, wobei die vom Westen verbal herbeigesehnte Demokratie und Rechtsstaatlichkeit auf der Strecke bleiben. Leidtragende sind zig Millionen Bürger. Begünstigt wurden durch die staatliche Korruption, zumindest aus dem westlichen Blickwinkel, mafiose Strukturen, ob in Russland, der Ukraine oder den anderen Ländern der ehemaligen UdSSR. Kaum ein Bereich des staatlichen und wirtschaftlichen Lebens ist davon verschont geblieben. Wie konnte das passieren? Der russische Verfassungsrichter Wladimir Olejnik antwortet auf diese Frage:

«Überall heißt es hier, das organisierte Verbrechen bedrohe die Gesellschaft. Da wird so getan, als ob es sich um Banden, um lauter kleine Al Capones handele. Natürlich gibt es solche Kriminalität, wie in anderen Ländern auch, und das ist schlimm genug. Doch was hier als organisiertes Verbrechen bezeichnet wird, stützt sich in Wirklichkeit auf die Verwaltung, nährt sich von der Schattenwirtschaft und schafft sie zugleich – und mit ihr die Korruption. Das organisierte Verbrechen hat es konkret auf die Macht abgesehen, die Geld bringt und mit der sich dann weitere Macht erobern lässt. Das alles wird inszeniert, als ob es sich auf dem Boden der Gesetze abspielt. In Wirklichkeit läuft das Schema des Personalverbandes von Geld und Macht auf die Kriminalisierung der gesamten Staatsstrukturen hinaus. Die Korruption führt zur Erosion der immerhin noch gewählten Macht. Sie bedroht die Verfassung und die menschliche Gemeinschaft.»

Sicher war es ein Irrglaube, dass in den Staaten, in denen Wirtschaftstätigkeit und Unternehmertum «frei» sind, das organisierte Verbrechen hauptsächlich die «Sünden» bedienen würde: Rauschgift, Prostitution, Waffenhandel. Der nicht weniger bedeutsame Bereich der Wirtschaftskriminalität wurde bzw. wird als Kavaliersdelikt betrachtet. Der ehemalige Bundeskanzler Helmut Schmidt hat diese Situation in Russland in seinem Buch «Die Selbstbehauptung Europas» folgendermaßen beschrieben: «Als Gorbatschow in den späten achtziger Jahren die Perestroika ins Werk zu setzen versuchte, gab es weder Unternehmer noch Gewerkschaften, die den Namen verdient hätten, kein funktionierendes Steuersystem ... Die überhastete Privatisierung musste in dieser Lage schief gehen. Es gab keine Kapitalisten oder Personen mit privatem Vermögen, die einen Staatsbetrieb hätten kaufen können; stattdessen gab es reihenweise Wirtschaftsfunktionäre, die sich auf illegitime Weise gegenseitig ganze Konzerne zuschanzten und sich jetzt als Großunternehmer fühlten. Törichte Ratschläge westlicher Regierungen und des IMF sorgten dafür, dass die Grenzen für westliche private Kredite geöffnet wurden, welche sogleich in die Hände der neuen Privatunternehmen kamen. So entstand zwangsläufig die schmale neue Oberschicht der ‹Oligarchen› und die ‹russische Mafia›.»

In der Ukraine ist es nicht viel besser als in Russland. Die Ukraine, das Land, in dem Vadim Rabinovich so viel Fortüne hatte, ist ein Land, von dem mancher westliche Beobachter sich mit Grausen abwendet. Andererseits verkündet der neue und in jeder Beziehung unbelastete Premierminister Wolodymyr Juschtschenko die Aktion «Saubere Hände». Er und die neue Regierung wollen die Ukraine in eine moderne Wirtschaftsdemokratie verwandeln. Nichts als Worthülsen. Potemkinsche Dörfer, meinen Kritiker über diese Ankündigungen. Denn der Eindruck, dass der Übergang zu einem liberalen, demokratischen Kapitalismus vorläufig gescheitert ist, bleibt bestehen. Nach Auffassung vieler Beobachter hat sich in der Amtszeit des gegenwärtigen Präsidenten Leonid Kutschma die wirtschaftliche Lage verschlechtert, während gleichzeitig die Korruption auf Regierungsebene und im präsidialen Umkreis sogar in einem bis dahin unbekannten Maße um sich gegriffen hat. «Als Folge zeigte sich, dass die einstigen regionalen wirtschaftlichen Interessengruppen, auch Clans genannt, heute von nicht weniger starken informellen Zusammenschlüssen abgelöst wurden. Sie verfügen über ein ausgeprägtes Gruppengefühl, mit klar artikulierten Interessen, einer Führung, der man loyal ergeben ist, wie ein Abhängiger seinem Patron gegenüber. Solch eine Organisationsform und ihr Modus Operandi passen aber besser zur sizilianischen Mafia als zu einer modernen Demokratie mit transparenten Regeln und Normen. Diese Neubelebung patriarchalischer Politikformen hat demokratische Prozesse auf reine Wahlgänge reduziert. Staatliche Einrichtungen und Mittel wurden und werden von den jeweiligen Amtsinhabern als Pfründen missbraucht.» (Pawlo Kutnew, Professor für Soziologie und Politikwissenschaft in Kiew, zitiert nach *Tages Anzeiger,* Zürich, vom 22. 11. 1999)

So kommt es, dass 48 Prozent der Ukrainer einer Umfrage des «Ukrainisch-Amerikanischen Zentrums für Strategische Studien» zufolge glauben, dass das Land von der Mafiya kontrolliert wird. 78,9 Prozent sind gar der Überzeugung, dass ihre Interessen von den derzeitigen Machthabern nicht vertreten werden. Wie beurteilt das alles der Oligarch Vadim Rabinovich?

«Bei uns in der ehemaligen UdSSR besteht ein gewisses Gleichgewicht: Da gibt es die normalen Kriminellen und die Politiker, die das Land ausplündern lassen. Beide sind Verbrecher. Die wahren Verbrecher sind jedoch, heißt es, jene Personen, die morden. Die Personen, die durch Wirtschaftskriminalität stehlen und rauben, die sind angeblich keine Verbrecher, sondern allenfalls Personen, die Gesetze verletzen. In Europa, in Deutschland, wird in der Regel derjenige, der Steuern hinterzieht oder Offshore-Gesellschaften gründet und verschweigt, wie viel Geld er wo deponiert hat, bestraft. Bei uns ist derlei ganz normal. Die einen sind üble Verbrecher, die anderen harmlose Menschen, die lediglich ein Gesetz übertreten haben. Glücklicherweise gibt es Ansätze, wonach erkannt wird, dass Wirtschaftsverbrecher auf der gleichen Ebene wie jene sind, die wild mit der Pistole herumballern. Das ist doch nicht schlecht.

Solange Volksabgeordnete, die nach dem Gesetz 200 Dollar Gehalt monatlich erhalten, in Restaurants sitzen, wo ein Abendessen etwa 100 Dollar kostet, solange sie Häuser besitzen, die mindestens vier Millionen Dollar gekostet haben, und gleichzeitig Steuererklärungen abgeben, wonach sie maximal 11 000 Krema pro Jahr, das sind 4000 Dollar, an Einkommen haben, solange das möglich ist, solange wird es Wirtschaftsverbrechen geben. Oder ist es in Deutschland möglich, dass jemand offiziell ein paar 100 Mark als Einkommen angibt und gleichzeitig in einem marmornen Palast wohnt? In der Ukraine ist das üblich.»

Eigentlich wäre es höchste Zeit, Vadim Rabinovich von seinen idealistischen Vorstellungen über den Westen, über Deutschland, zu befreien. Ganz in der Nähe des Schlosshotels Kronberg, in dem wir uns einmal getroffen haben, könnte ich ihm beim nächsten Mal Paläste zeigen, deren Besitzer nicht mal 100 Mark Einkommensteuer im Jahr an das zuständige Finanzamt abführen.

«Bei uns ist das ein Erbe des sowjetischen Regimes. Alle Direktoren, die jetzt reich geworden sind, waren früher Mitglieder der Kommunistischen Partei. Sie sind von einem Tag auf den anderen umgeschwenkt. Betrug am kleinen Mann gehörte zum Prinzip des ehemaligen Systems, und warum, dachten sie, sollen wir das nicht weiterentwickeln? Die Menschen beneiden die Reichen, weil sie sie für Lebenskünstler halten, statt sie zu verurteilen. Das geht so weit, dass ein Abgeordneter, der bekanntermaßen ein Verbrecher ist, trotzdem vom Volk gewählt wird. Die Leute glauben wohl: Der hat viel Geld verdient, der weiß, wie man zu Geld kommt, der ist schlau. Wir müssen ihn ins Parlament wählen, damit er auch für uns etwas tut. Ein Beispiel will ich Ihnen nennen: Ein Unternehmer hatte hier in Kiew eine Bank gegründet und viel Geld, sechs Millionen, von den einfachen Leuten erhalten. Die Bank ist zusammengebrochen, er hat keinen Pfennig an die Kunden zurückgegeben und ist jetzt

Volksabgeordneter. Jeder weiß, dass er sehr reich ist, und zwar dadurch, dass er die Leute betrogen hatte. Das wird akzeptiert. Aber meine Geschäfte, wie ich wirtschaftliche Projekte umsetze, das ist für dieselben Menschen unverständlich.»

Fazit: Wie überall bereichert sich die politische Kaste hemmungslos auf Kosten der Bürger, die die Banditen und Abzocker in der Regierung sogar ungehindert agieren lassen. Man muss mit der Lupe suchen, um Fälle zu finden, wo ein bedeutender Mafiyaboss verhaftet, ein korrupter Politiker bestraft, ein Auftragsmörder verurteilt wurde. Das trifft sowohl auf die Ukraine als auch auf Russland zu. In Russland, so schreibt der langjährige Spiegel-Korrespondent Jörg Mettke, sei von den «spektakulärsten Auftragsmorden an Hunderten Politikern, Geschäftsleuten, Journalisten bislang nicht ein einziger aufgeklärt.»

In der Ukraine mag die Justiz oder Politik nicht ganz so korrupt sein wie in Russland. Aber wenn es zu entsprechenden Erfolgen der Strafverfolgungsbehörden und gar zu Ermittlungen durch die Staatsanwaltschaft gekommen ist, dann handelte es sich eher um ein taktisches Vorgehen, um politische Rivalen auszuschalten. Davon ist auch Grigori Omeltschenko überzeugt, Vorsitzender eines Parlamentsausschusses in Kiew, der sich mit Korruption im Staatsapparat beschäftigt:

«Die Korruption und die organisierte Kriminalität sowie Amtsmissbrauch der hochrangigen Staatsbeamten bedrohen heute ernsthaft die nationale Sicherheit der Ukraine und sogar die Existenz des ukrainischen Staatswesens. Während fünf Jahren Unabhängigkeit der Ukraine wurde kein hochrangiger Staatsbeamter, ob Minister, stellvertretender Minister, Abgeordneter des Obersten Rates oder Leiter der Gebietsadministration, wegen Überschreitung der Machtbefugnisse, Amtsmissbrauch oder Bestechlichkeit verurteilt bzw. zur Verantwortung gezogen.»

Kurze Zeit, nachdem Omeltschenko diese Kritik äußerte, meldeten ukrainische Zeitungen: «Ein unbekannter Kiewer erteilte den Auftrag, Omeltschenko zu ermorden. Zwei Killergruppen aus Russland seien bereits vorbereitet und warteten nur noch auf den Befehl. Diese Gruppen bestehen aus zwei Scharfschützen, ehemalige Speznaz (russische Elitesoldaten, d. Autor), und zwei bis drei Kriminellen, die mit blanker Waffe ‹arbeiten›. Der Preis des Auftrags für den Mord an Omeltschenko würde 500 000 US-Dollar betragen.»

Omeltschenko selbst schob eigene Erkenntnisse nach. Demnach würde ihn ein führender Offizier der Hauptverwaltung zur Bekämpfung von Korruption und organisierter Kriminalität im Sicherheitsdienst SBU seit Tagen verfolgen, mit dem Ziel herauszufinden, wann er sich wo bewegt. Auftraggeber, vermutete zumindest Omeltschenko, sei ein Alexander Wolkow. Beweisen konnte Omeltschenko das nicht. Und manche zweifeln in Kiew überhaupt daran, dass es diesen Mordauftrag jemals gegeben habe. Omeltschenko lebt noch. Dieser Vorgang zeigt bei allen Widersprüchen nur eines: In der Ukraine wird im politischen Machtkampf, bei dem Korruption eine zentrale Rolle spielt, mit harten Bandagen gekämpft, und von Zeit zu Zeit bleibt einer auf der Strecke. Omeltschenko hatte jedenfalls, bis zu den Präsidentenwahlen im Winter 1999, für seine Ideale weitergekämpft. Am 12. Oktober 1999 stimmten 234 Abgeordnete der ukrainischen Rada, des Parlaments, für eine Resolution an den amerikanischen Senat. Eingebracht wurde sie unter anderem von Omeltschenko. Detailliert wird die These aufgestellt, dass sowohl der amtierende Präsident der Ukraine als auch der Sekretär des Rates für Nationale Sicherheit und Verteidigung, der Chef des Geheimdienstes und insbesondere ein persönlicher Berater von Kutschma, Alexander Wolkow, unrechtmäßig Konten und Immobilien im Ausland besitzen sollen. Vieles davon scheint hypothetisch zu sein. Im Fall von Alexander Wolkow, einem der mächtigsten Männer der Ukraine, dürften die Anschuldigungen zutreffen.

Ein Mann mit Fortüne

Wie Vadim Rabinovich ist Alexander Wolkow ein Oligarch mit besten Beziehungen zum gegenwärtigen Präsidenten Leonid Kutschma. Wolkow selbst möchte die Bezeichnung Oligarch nicht auf sich beziehen. «Ich kenne Boris Beresowskij. Er ist die Nummer eins unter den Oligarchen. Er ist ein sehr distinguierter, gebildeter und talentierter Mann. Ich denke, niemand bei uns in der Ukraine kann mit Beresowskij verglichen werden.»

Alexander Wolkow, Kind einer Arbeiterfamilie in Kiew, nennt sich selbst lieber Selfmademan mit intellektuellem Anspruch. Er ist sogar Autor eines Buches, und zwar über «Politische Ideologie». 1998 wurde er in das ukrainische Parlament gewählt, als Führer der Parlamentsfraktion «Wiedergeburt der Regionen». Heute ist er ein Politiker mit Reputation, der als Berater des Präsidenten Leonid Kutschma manche Fäden im Hintergrund zieht. Von seinen Gegnern wird er gern «opportunistischer Bastard» geschimpft. Der erfolgreiche Politiker und Geschäftsmann tritt unter anderem dafür ein, die Repräsentanten der Schattenwirtschaft zu amnestieren, um sie in die legale Wirtschaft einzugliedern: «Wahrscheinlich arbeiten viele in der Schattenwirtschaft. Ich verurteile diese Personen nicht, noch werde ich sie verteidigen. Aber es sollte eine Amnestie für sie geben.» Unter Umständen hat Wolkow dabei an sich selbst gedacht.

«Ich hatte lange Zeit gute Beziehungen zu Wolkow», sagt Vadim Rabinovich. «Jetzt versuche ich, diesen Namen zu vermeiden. Ansonsten könnte das so interpretiert werden, als ob ich mit ihm eine persönliche Rechnung zu begleichen hätte. Deshalb möchte ich keine Aussagen machen. Ich weiß jedenfalls nicht, welches Einkommen er in seiner Steuererklärung angibt.»

Warum hält er sich so bedeckt? Ein Grund könnte darin liegen, dass Wolkow in Beziehung mit der Fernsehstation Studio 1+1 stand. Der Journalist Alexander Lewschin aus Kiew befasste sich in der Zeitschrift *Wostok* vom Juli 2000 ausführlich mit dem TV-Markt in der Ukraine: «Lange Zeit wusste niemand etwas über das ‹Wer ist wer› auf dem ukrainischen Fernsehmarkt. Wolodymyr Tsendrowski, Vorsitzender der ukrainischen Fernsehgewerkschaft, deckte vor einigen Jahren als Erster die Identität der wichtigsten Akteure auf dem Markt auf. Vier Namen wurden damals genannt. Unter ihnen war Alexander Wolkow, früherer Präsidentenberater, heute einer der Führer des rechten Flügels im Parlament, der den nationalen Kanal ‹UT-1› aufbaute und zusammen mit seinem Partner Vadim Rabinovich, einem ukrainischen Geschäftsmogul, der in Israel lebt, den Fernsehsender ‹UT-1› betrieb.» Stimmt das?

«Er hatte an der Fernsehstation juristisch gesehen keine Beteiligung. Er ist ein Mann, der Geld verdient, der alle Gesetzesnormen erfüllt. Im Übrigen gibt es keinen Menschen, der nicht versucht, Steuern einzubehalten.»

Einige westliche Medien, insbesondere die britische *Financial Times* und die *New York Times*, sehen in Wolkow mehr als das, was Rabinovich bereit ist zuzugeben. Er stehe, so behauptet die *Financial Times*, auf der amerikanischen Liste der am wenigsten erwünschten Personen. Die amerikanische Führung habe dem ukrainischen Präsidenten Leonid Kutschma sogar zu verstehen gegeben, dass er sich von diesem Mann distanzieren müsse, wolle er sich weiter amerikanischer Hilfe und Unterstützung erfreuen.

Ausgangspunkt für die Ablehnung der US-Regierung könnte ein von der belgischen Police Judicaire eingeleitetes Gerichtsverfahren gegen Wolkow sein. Die hatte, nach einem Rechtshilfeersuchen aus der Schweiz, mehrere Millionen US-Dollar von Wolkow auf dessen Bankkonten in Belgien wegen des Verdachts der Geldwäsche beschlagnahmt. Die Ermittler glaubten herausgefunden zu haben, dass in den Jahren 1993/94 insgesamt 6,5 Millionen US-Dollar über seine belgischen Bankkonten geflossen seien. Des Weiteren wurden in Belgien Luxusfahrzeuge, unter anderem ein Rolls-Royce (Wert 262 000 US-Dollar), und Immobilien, die Wolkow gehören sollen, beschlagnahmt. Auf seine privaten Flugzeuge, unter anderem eine Tupolev, hatten die Ermittler keinen Zugriff: Da waren die Besitzverhältnisse zu nebulös.

Im Verlaufe ihrer Ermittlungen stellte die Staatsanwältin in Brüssel fest, dass es Verbindungen zu Personen geben müsse, die mit der Mafiyaorganisation Solnzevskaja zusammenarbeiten. Ausgangspunkt dieser These war, dass im März 1997 der Genfer Untersuchungsrichter Georg Zechin die belgischen Ermittler darüber informierte, dass der mutmaßliche Mafiyapate Sergej Anatolevitsch Michailow 200 000 US-Dollar auf ein Konto von Alexander Wolkow bei der Kredietbank in Belgien überwiesen hatte. Tatsächlich fanden die belgischen Kriminalisten heraus, dass eine solche Transaktion über ein Konto von Evsei Schnaider erfolgte, einem Partner von Boris Birshtein in der Firma ANB International, Antwerpen. Birshtein war wiederum einst Partner von Wolkow. Knapp vier Millionen US-Dollar überwiesen Firmen, die Birshtein zugerechnet werden. Zu Birshtein unterhielt Wolkow zweifellos gute geschäftliche Beziehungen. Ukrainische Journalisten behaupteten sogar, er sei dessen Statthalter in der Ukraine. Wolkow selbst spricht davon, dass seine Beziehungen zu Birshtein 1994 zu Ende gewesen seien, nach einem Geschäft, bei dem es um die Lieferung von Kohle aus der Ukraine nach Moldawien ging. Dieses Kohlegeschäft bzw. die Frage, wer Provisionen kassiert und die Erlöse aus dem Kohlegeschäft erhalten hatte, war übrigens der Anlass dafür, dass die belgische Staatsanwaltschaft gegen Alexander Wolkow wegen Geldwäsche ein Srafverfahren eingeleitet hat. Wolkow selbst bestritt vehement, Konten in Belgien zu führen.

Darüber kann Erik Beckers, der Ermittlungsführer in Brüssel, nur laut lachen und auf die Originalbelege verweisen, die sich in seiner dicken Ermittlungsakte befinden. Um den Fall zu klären, wollte die belgische Untersuchungsrichterin Colette Calewaert von der ukrainischen Generalstaatsanwaltschaft wissen, was es mit diversen Offshore-Gesellschaften von Wolkow auf den Kanalinseln, den Bahamas und in Afrika auf sich habe, wie zum Beispiel die Firmen Universal Marketing Systems (St. Heiler, Jerseyinseln), Grosvenor Consultancy Services (Nassau, Bahamas), Global Marketing Corporation und die Carrington Investment Company (Mahe, Seychellen) oder die Spencer Investments (Port Louis, Mauritius). In dem offiziellen Rechtshilfeersuchen vom 17. Juni 1999, Dossier 63/97, wurden die Erkenntnisse der belgischen Polizei en détail protokolliert. Genannt werden auch Firmen in Belgien, an denen Wolkow beteiligt sein soll, unter anderem die VDS Trading oder die VNV International. Außerdem interessierte die Belgier der Kohlekontrakt zwischen der Ukraine und Moldawien und ob das Geld für die gelieferte ukrainische Kohle wirklich auf Konten des Staates überwiesen wurde oder, wie die Ermittler glaubten, auf Konten bei Wolkow oder Seabeco-Moldova versickert sei. Ihrem Rechtshilfeersuchen legten sie entsprechende Belege bei, die, so der ermittelnde Beamte, zu einem Strafverfahren gegen Alexander Wolkow in der Ukraine ausgereicht hätten. Doch dazu wird es nicht kommen. Denn die Antwort der Generalstaatsanwaltschaft in Kiew vom 4. November 1999 lautete zusammengefasst: Wir haben alles Notwendige getan, um eine Klärung herbeizuführen. Leider waren wir nicht in der Lage, die entsprechenden Dokumente zu finden, auch nicht die über das Kohlegeschäft aus dem Jahre 1993. Informationen über die Offshore-Gesellschaften gäbe es nicht. Und die von den belgischen Behörden geforderten Hausdurchsuchungen bei Alexander Wolkow seien nach den ukrainischen Gesetzen nicht möglich, da in der Ukraine selbst kein Strafverfahren gegen Alexander Wolkow eingeleitet worden sei.

Auf die wesentlichen Punkte des Rechtshilfeersuchens ging die Generalstaatsanwaltschaft überhaupt nicht ein. An Abgeordnete des ukrainischen Parlaments, die ebenfalls in der Angelegenheit Wolkow aktiv waren, schrieb die Generalstaatsanwaltschaft in Kiew: «Zur Einleitung eines Strafverfahrens gegen Wolkow gibt es keine Gründe. Nach dem Strafverfahren hinsichtlich des Faktes der Eröffnung und Nutzung von Währungskonten im Ausland und anderen Missbräuchen durch einige Volksabgeordnete und andere Amtspersonen werden alle nötigen Ermittlungshandlungen durchgeführt.» Die belgischen Ermittler sprechen hingegen von «Obstruktion auf höchster Ebene». Die belgischen Justizbehörden wissen wohl nicht, dass der zuständige Staatsanwalt in Kiew, bevor er Staatsanwalt wurde, als Anwalt für Wolkow tätig war und auf dessen Fürsprache, so munkelt man im Umfeld auch von Vadim Rabinovich, den Posten als Strafverfolger erhalten habe. Immerhin soll nun zumindest in Belgien gegen Alexander Wolkow ein Prozess wegen Geldwäsche eröffnet werden.

Nicht weniger delikat sind die Beziehungen, die das politische Umfeld von Wolkow zu einem Wladimir K. unterhalten haben soll. Traut man den Angaben des ukrainischen Sicherheitsdienstes SBU, arbeitete dieser Wladimir K. bis Anfang 1991 in der «Zentralen Lebensmittelverteilungsstelle» in Kiew. Kurz darauf wurde er wegen Veruntreuung angeklagt, verlor seinen Posten und kam durch eine Amnestie wenig später wieder frei. Danach baute Wladimir K. gute Beziehungen zu den kriminellen Organisationen in Kiew auf, übernahm die Macht und wurde so zu einer der einflussreichsten kriminellen Autoritäten in der Ukraine. Inzwischen scheint sein Sohn in die Fußstapfen des Vaters getreten zu sein. Er gilt jetzt als die kriminelle Autorität in Kiew. Wenn all dies wirklich zutreffen sollte, würde ich auch, wie Vadim Rabinovich, nicht so gerne offen über den Machtfaktor Wolkow sprechen.

In diesem Zusammenhang ist folgendes Ereignis aufschlussreich: Am 16. September 2000 verschwand in Kiew der bekannte Journalist Georgij Gongadze, der eine Internetzeitung herausgab (www.pravda.com.ua). Sein plötzliches Verschwinden führte nicht nur zu massiven Protesten ukrainischer Journalisten, die sich nicht einschüchtern lassen wollten. Sogar Präsident Leonid Kutschma erklärte, dass er persönlich die Untersuchungen verfolgen werde. Dabei wird wahrscheinlich nicht viel herauskommen – ein unaufgeklärter Mord mehr. Der Journalist, so erzählen seine Kollegen, hätte über Oligarchen in der Ukraine recherchiert. Klaus Bachmann schrieb zu dem Vorgang am 2. Oktober 2000 in der *Frankfurter Rundschau* die folgende Geschichte: «Gongadze hatte sich durch Enthüllungen über einen Vertrauten von Staatspräsident Leonid Kutschma, den mächtigen Geschäftsmann Alexander Wolkow, einen Namen gemacht. Da seine Zeitung nur im Internet erscheint, war sie für die sonst in der Ukraine üblichen Schikanen und Repressalien nicht erreichbar: Die Behörden konnten ihr weder über die staatlichen Druckereien noch durch Kündigung der Redaktionsräume beikommen. Zwei Tage vor Gongadzes geheimnisvollem Verschwinden hatte Wolkow, der auch Abgeordneter ist, den Journalisten von seiner Pressekonferenz ausgeschlossen – wegen einer Artikelserie über Wolkows Verbindungen zur Unterwelt und seine schillernde Vergangenheit.» Einen Tag nach dem spurlosen Verschwinden des aus Georgien stammenden Gongadze rief ein anonymer Anrufer die georgische Botschaft in Kiew an. Er berichtete über die Zusammenhänge zwischen der journalistischen Tätigkeit von Gongadze und seinem mysteriösen Verschwinden. Als Drahtzieher der Tat wurde Wolkow beschuldigt. Wolkow selbst bestreitet das und behauptet, Gongadze sei aus politischen Gründen verschwunden, was immer das heißen soll. An dieser Stelle lohnt ein Rückblick auf die Vorbemerkung des Autors.

Weniger zurückhaltend ist Rabinovich bei der Beschreibung des real existierenden Systems der Korruption in allen postkommunistischen Staaten, auch der Ukraine: «Natürlich gibt es Korruption, und das auf einer hohen Ebene. Aber wer besticht denn eigentlich die ukrainischen Behörden, die zuständigen politischen Entscheidungsträger? Mir fällt es schwer zu glauben, dass es ein kleiner ukrainischer Geschäftsmann sein soll, der 1000 Dollar im Monat einnimmt. Schauen Sie sich lieber die vielen ausländischen Firmen an, die unter der Ägide des einen oder anderen Premierministers entstanden sind. Ich denke, dass nicht nur die ukrainische Seite angeklagt werden muss, sondern genauso die ausländischen Gesellschaften, die korrumpieren, um investieren zu können. Es sind ja häufig ausländische Investoren, die Bestechungsgelder an die jeweiligen Machthaber zahlen. Einer dieser Machthaber war ganz sicher Pawel Lasarenko. Der ehemalige Premier war einer der wichtigsten Politmanager in diesem Land. Er ließ das gesamte politische System für sein Wohl, aber nicht für das Wohl des Landes arbeiten. Mit Hilfe des stellvertretenden Vorsitzenden der Nationalbank wurden Kredite vergeben. Viele dieser Kredite versickerten in zypriotischen Offshore-Gesellschaften. Es ging um Milliardenbeträge. Da gibt es zum Beispiel den prominenten Politiker Alexander Moroz. Als Vorsitzender des ukrainischen Parlaments genehmigte er der ‹Gemeinschaft der Blinden› einen Kredit in Höhe von 30 Millionen US-Dollar. Das Geld verschwand. Moroz, der die Dokumente unterschrieben hatte, behauptete, dass er mit alledem nichts zu tun habe. Oder nehmen Sie die Prominvestbank. Sie gehörte dem Staat. Dann wurde sie privatisiert. Wie üblich bekam der Staat keinen Pfennig beim Verkauf. Und das Kapital samt den Immobilien besitzt nun ein einziger Mann, der eben gute Beziehungen hatte.»

Über diese Machenschaften kann sich Vadim Rabinovich am meisten aufregen. Wenn über Korruption und Raub von Volkseigentum gesprochen wird, stimmen die Verhältnisse nicht, meint er: «Wenn jemandem 100 Dollar aus der Tasche gestohlen werden, wird ‹Haltet den Dieb› gerufen, und man versucht, ihn zu fangen und zu verurteilen. Wenn der Staat ausgeraubt wird – da geht es um Hunderte Millionen Dollar –, bleibt es ruhig. Und manchmal werden diese Diebe sogar politisch hoffähig. Diebe, die eine Kuh gestohlen haben, im Wert von vielleicht 200 Dollar, landen im Gefängnis. Aber die großen Räuber finden Sie dort nicht. Schauen Sie doch einmal genau hin. Wie viele Millionen wurden an ein südkoreanisches Riesenunternehmen gezahlt?

Man redet bei uns offen davon, dass es mindestens 50 Millionen US-Dollar gewesen sein sollen, die im Staatsapparat versickerten, damit das Unternehmen in der Ukraine geschäftlich agieren konnte. Wer hat denn wen bestochen?»

Richtig, es gibt immer zwei Seiten. Amerikanische, asiatische und europäische Konzerne, die mit vollen Händen bestechen, und ukrainische oder russische Politiker, Beamte und Angestellte, die sich bestechen lassen. Wer der größere Verbrecher ist, das sei einmal dahingestellt. Jene westlichen Konzerne argumentieren auf die immer gleiche Weise: Wenn wir nicht bezahlen, dann können wir nicht investieren, und das kostet Arbeitsplätze im Westen. Von diesem goldenen Westen möchten nun die ehemals kommunistischen Staatsdiener profitieren. 4000 US-Dollar Jahresgehalt als Abgeordneter lässt tatsächlich zu wünschen übrig, wobei ein Lehrer oder Arzt nicht einmal ein Viertel dieser Summe verdient. Zum Beispiel der Bezirk Donetsk: Dort sind die Beträge, mit denen Polizisten und Richter wohlgefällig gestimmt wurden, als allgemein gültige Beispiele für die Ukraine in einem Bulletin der US-Botschaft Kiew veröffentlicht worden:

«– Begleitung eines betrunkenen Autofahrers nach Hause, ohne einen Bericht zu schreiben: 40–200 US-Dollar
– Zurückweisung einer Anklage wegen einer kriminellen Tat für weitere Untersuchungen: 1000–7000 US-Dollar
– Urteil, um einen Anklagten für nicht schuldig zu erklären: 1000–10 000 US-Dollar
– Veränderung der Anklage: 500 US-Dollar.»

Nun wäre es in der Tat vermessen, die Ukraine oder Russland alleine an den Pranger zu stellen. In Europa, auch in Deutschland, ließe sich gleichfalls eine Liste über Bestechungs-, auch Spendengelder genannt, anfertigen. Es wäre blanker Hohn, wenn Deutschland sich zur staatsmoralischen Instanz erheben würde, während Parteispendenaffären zum tagespolitischen

Geschäft gehören und ohne Unterlass die Öffentlichkeit beschäftigen. Ein schönes Beispiel dafür ist nicht nur die Schmiergeldaffäre um den Komplex des französischen Erdölgiganten Elf Aquitane, der deutsche Politiker mit mehreren Millionen Mark bestochen hat. Eine noch höhere Summe war es dem Thyssen-Konzern wert, 37 Panzer nach Saudi-Arabien zu verkaufen. 220 Millionen Mark Schmiergelder bezahlte er. Ein Teilbetrag davon ist an hohe deutsche CDU-Politiker zurückgeflossen. Und was in der Ukraine undenkbar wäre: Diese Schmiergelder konnten sogar noch von der Steuer abgesetzt werden.

«Was ist denn schon Korruption? Ehrlich, ich habe eigentlich überhaupt kein Bedürfnis, über Korruption zu reden, geschweige, sie zu bekämpfen. Mich stört etwas ganz anderes. Mir gefällt es nicht, dass es so viele Leute gibt, die verbrannte Erde hinterlassen. Die nehmen andere aus und sind nicht daran interessiert, was mit ihrem Land geschieht. Ich habe etliche solcher Leute kennen gelernt. Ich bin überzeugt, dass sie mit dieser Art, Geschäfte zu machen, keine Zukunft haben. Ich nehme auch zehn Prozent bei meinen Geschäften. Dabei denke ich aber immer daran, wie es dem Land, wie es der Ukraine geht. Die anderen Unternehmer, nennen Sie sie meinetwegen Oligarchen, sie denken nicht darüber nach. Sie verstehen nicht die Gefahr. Wenn sie alles gestohlen haben, könnten ja eines Tages die Bürger einen Aufstand entfesseln und dann die Häuser und Autos der Reichen verbrennen.»

Die Gasmafiya

Ungeachtet seiner eigenen Widersprüche kann Vadim Rabinovich durchaus diplomatisch argumentieren, vielleicht muss er es sogar. Er klagt vehement den ehemaligen Premierminister Pawel Lasarenko an, ein wahres Genie beim Ausplündern der Staatskasse. Über den Präsidenten Leonid Kutschma verliert er dagegen kein einziges kritisches Wort. Der Fall Lasarenko jedenfalls steht symptomatisch für das politische System der Ukraine. Nach eigener Auskunft gegenüber der Steuerbehörde belief sich sein Jahreseinkommen 1996 und 1997 auf etwa 3000 US-Dollar. Er besaß darüber hinaus keinerlei andere Einkommen, kein Haus, keine Datscha, sondern nur einen klapprigen Lada, war also ein armer Tropf. Im Juli 1997 trat Lasarenko von seinem Regierungsamt zurück. Da bezahlte er 6,7 Millionen Dollar in bar für eine Villa in Kalifornien. Der Palast hatte 41 Zimmer, einen Ballraum, fünf Swimmingpools, zwei Helikopterlandeplätze und goldene Türknöpfe. Dem Zauberkünstler, der es vom Kolchos-Fahrer zum Gebietschef der Stahl- und Rüstungshochburg Dnjepropetrowsk gebracht hatte, wurde zwei Jahre nach seinem Rücktritt vorgeworfen, Millionen Dollar in die eigene Tasche gewirtschaftet zu haben. Tatsächlich gelang es ihm in seinem Amt als Energieminister, vom Kauf und Verkauf von Gasverträgen in den Jahren 1994 und 1997 knapp eine Milliarde Dollar beiseite zu schaffen, d. h. auf über achtzig Bankkonten nach Europa und in die USA zu transferieren. Ob er für einige Auftragsmorde verantwortlich ist, wird derzeit noch untersucht.

Anfang November 1998 wurde Lasarenko offiziell von der ukrainischen Generalstaatsanwalt beschuldigt, Staatsgelder in Höhe von 20 Millionen US-Dollar veruntreut und in die Schweiz verschoben zu haben. Im Vergleich zu der Milliarde US-Dollar, die er beiseite geschafft haben soll, wie die Genfer Staatsanwaltschaft glaubt, eine mickrige Summe. Seitdem gingen diesbezüglich nicht weniger als 20 Rechtshilfeersuchen aus der Ukraine beim Bundesamt für Polizeiwesen in Bern ein. Aufgrund dieser Ersuchen wurden bei mehreren Schweizer Banken Konten in Höhe von 40 Millionen Dollar gesperrt. Insgesamt sollen zum Beispiel während seiner einjährigen Amtszeit als Premierminister 200 Millionen Dollar über die Nummernkonten «5383 Carpo» und «Nihpro 21678Ret» bei einer Genfer Bank versickert sein. Keine kleinen Beträge zur Altersversicherung des hohen Politikers in Kiew. Lasarenko selbst bestätigte zwar, dass er in der Schweiz verschiedene Bankkonten besäße, insistierte jedoch darauf, dass er nichts Illegales getan habe. Im Gegenteil. Die gesamten dubiosen Finanzoperationen seien von anderen Regierungsmitgliedern angeordnet und ohne seine Kenntnis durchgeführt worden.

Am 2. Dezember 1998 wurde Lasarenko, von Deutschland kommend, in Basel verhaftet, als er einen panamaischen Pass zückte. Zwei Tage später lernte er das Genfer Untersuchungsgefängnis Champs Dollon von innen kennen. Frank Herold von der *Berliner Zeitung* interpretierte die Hintergründe folgendermaßen: «Auf den ersten Blick schien es, als erfülle sich mit dem Verfahren gegen Lasarenko ein Traum des ukrainischen Präsidenten Leonid Kutschma. Der führt seit einem Jahr einen regelrechten Krieg gegen seinen früheren Freund. Beide streiten sich unter anderem um die Einkünfte aus dem Handel mit Erdgas. Doch ein Prozess gegen Lasarenko außerhalb ukrainischer Kontrolle hätte nach Ansicht der Kiewer Zeitung *Serkalo Nedeli* Kutschma selbst gefährlich werden können. Und außerdem mindestens zehn Ministern der gegenwärtigen Regierung, rechnet der frühere Generalstaatsanwalt Oleg Litwak.»

Nachdem Lasarenko einige Tage in Untersuchungshaft verbracht hatte, musste er wieder freigelassen werden, gegen eine Kaution in Höhe von drei Millionen US-Dollar. Er versuchte daraufhin, in den USA Asyl zu bekommen, vergeblich. Wegen eines internationalen Haftbefehls wurde er vielmehr festgenommen und kam in Untersuchungshaft. Die US-Behörden werfen ihm vor, über verschiedene US-Banken insgesamt 114 Millionen US-Dollar gewaschen zu haben.

Lasarenko, der sich für unschuldig erklärt, klagte aus der Ferne seinerseits die Regierung in Kiew schwerster Übeltaten an. So sei ein Kredit des Internationalen Währungsfonds, IMF, in Höhe von 613 Millionen US-Dollar, der im Dezember 1997 der Regierung in Kiew überwiesen wurde, in spekulative Regierungsbeteiligungen investiert worden. Diese Finanzoperation habe einen Gewinn von 200 Millionen US-Dollar ergeben, der an Personen aus dem Umfeld des Präsidenten ging. Als der Vorwurf in Kiew überprüft wurde, stellte sich jedoch – in diesem Fall – heraus, dass seine Beschuldigungen aus der Luft gegriffen waren.

Wer nun glaubt, man habe in Kiew endlich begriffen, Korruption und mafiose Strukturen müssen zerschlagen werden, um demokratische Strukturen aufbauen zu können, der ist ein unverbesserlicher Optimist. Pech für Lasarenko war nicht so sehr, dass er korrupt war. Da steht er in einer Tradition mit anderen Ministern und Abgeordneten, die bisher auch nicht belangt wurden. Sein Pech war, dass er erpressbar wurde und im Machtpoker um Öl in der Ukraine störte. Unter diesen Umständen lässt man schon mal die Staatsanwälte von der Kette – aber auch nur dann. Auf der anderen Seite geht das lukrative Geschäft mit der Energie, mit Erdgas und Erdöl, natürlich weiter. Und es ist fraglich, ob Präsident Kutschma wirklich nicht wusste, was sein Premierminister während seiner Regentschaft alles getrieben hatte, oder ob er nicht zumindest von seinen Sicherheitsdiensten informiert wurde. Denn wer im Gasgeschäft tätig sein will, der muss sich in der Nähe des Präsidenten aufhalten.

Mit anderen Worten: Weil Pawel Lasarenko vermessen genug war, dem Staatspräsidenten Leonid Kutschma politisch Konkurrenz zu machen, griff die Generalstaatsanwaltschaft in Kiew ein. Und am 29. Juni 2000 meldete die Nachrichtenagentur AP: «Der ehemalige Ministerpräsident der Ukraine, Pawel Lasarenko, ist vom Genfer Polizeigericht zu 18 Monaten Haft auf Bewährung verurteilt worden. Das Gericht sprach den in den USA inhaftierten Ukrainer in dem am Donnerstag veröffentlichten schriftlichen Urteil der Geldwäsche schuldig. Das Verfahren gegen Lasarenko fand in Abwesenheit des Beklagten statt. Lasarenko sitzt in San Francisco wegen Verdachts auf mehrere Fälle von Geldwäsche in Untersuchungshaft.»

Vadim Rabinovich hat seine eigene Version. «Ich sage Ihnen, das alles ist für die Ukraine ein sehr schmerzhafter Prozess. Personen aus dem Umfeld von Lasarenko wurden verhaftet. Doch bis jetzt gab es keine konkreten Beweise, was deren Mittäterschaft im Falle Lasarenkos angeht. Frau Timoschenko ist zum Beispiel Vorsitzende einer der größten Fraktionen im Parlament, und jetzt werden Leute aus ihrer Umgebung verhaftet. Früher waren diese Personen immun. Da hat sich also doch etwas verändert. Außerdem verfügt Frau Timoschenko über eine Reihe von Anwälten auch im Westen. Und man darf sie nicht verurteilen, wenn die Beschuldigungen nicht bewiesen werden können. Ich sage Ihnen, auch diese Frau wird irgendwann vor ein Gericht bei uns kommen, wenn ihr etwas nachgewiesen werden kann. So etwas dauert lange, aber dann wird es passieren. Bedenken Sie, dass sogar der Anhänger von Lasarenko, der Abgeordnete Mykola Agafonow, verhaftet wurde, nachdem ihm die Immunität als Abgeordneter im Parlament entzogen worden war. Immerhin stimmten dafür 312 Abgeordnete. Er soll Metall und andere Rohstoffe ins Ausland verkauft haben.»

Anstatt mit den erwirtschafteten Gewinnen für einen staatlichen Betrieb Maschinen zu kaufen, verteilte Agafonow das Geld auf Bankkonten von Gesellschaften, die ihm oder seinen Verwandten in den USA, in Kanada, Deutschland, der Schweiz und in Ungarn gehörten. Unterstützt wurde er dabei vom ehemaligen Premierminister Lasarenko.

Vadim Rabinovich hat vielleicht doch Recht. Als er mir sagte, in der Ukraine würde sich etwas bewegen, hielt ich ihn für einen Optimisten. Aber Ende August 2000 wurde beispielsweise in der Ukraine Oleg Timoschenko, der Ehemann der Energieministerin, ein Spitzenmanager des Monopolkonzerns Vereinigte Energienetze der Ukraine (UESU), verhaftet. Und zwar wegen Veruntreuung von Staatsmitteln in Millionenhöhe. Die Staatsanwaltschaft geht davon aus, dass es Verbindungen zum Fall des Expremierministers Pawel Lasarenko gäbe. Seine Ehefrau, die «Gasprinzessin» und Energieministerin, erklärte gegenüber der ukrainischen Presse, die Festnahme ihres Mannes sei eine gegen sie gerichtete politische Aktion. Damit dürfte sie sogar Recht haben.

Im Volksmund wird sie «Sonka» genannt. Sonka war in den zwanziger Jahren in der Ukraine eine populäre Diebin. Die graduierte Julia Timoschenko begann ihre Karriere als Wirtschaftsingenieurin in einem Maschinenbaubetrieb. Mit 35 Jahren saß sie der Finanzgruppe Vereinigte Energienetze der Ukraine (UESU) vor, einem der mächtigsten Geschäftspartner für etwa 2500 ukrainische Unternehmen im Bereich der Energieversorgung. 1996 wurde sie in ihrem Wahlkreis mit 91,3 Prozent der Stimmen zur Abgeordneten gewählt. Später stieg sie zur engsten Mitarbeiterin des Premierministers Pawel Lasarenko auf. Im Kabinett der gegenwärtigen Regierung ist sie für den Erdöl- und Erdgaskomplex verantwortlich. Julia Timoschenko behauptet, sie habe mit den illegalen Machenschaften von Lasarenko nichts zu tun gehabt. Die Genfer Staatsanwaltschaft hingegen verweist darauf, dass bei vielen von Lasarenko unterzeichneten Verträgen die Unterschrift der ukrainischen Gasprinzessin nicht fehlen würde.

Derweil wachsen die Schulden des ukrainischen Staats gegenüber dem russischen Gaslieferanten Gazprom weiter an, obwohl in der Vergangenheit eine Menge Gas illegal aus den Leitungen von Gazprom abgezapft wurde. Ende 1999 lagen die Schulden bei 1,4 Milliarden US-Dollar, wobei die Ukraine einen Teil der Schulden in Form von Jagdflugzeugen und Bombern abbezahlt hatte. Um das drängende Schuldenproblem zu lösen, wurde von der Energieministerin vorgeschlagen, ein Gemeinschaftsunternehmen aus Naftogaz und dem Gazprom nahe stehenden Gasunternehmen ltera zu gründen. Im März 1996 wurde im Zentrum von Kiew der Direktor der Itera-Ukraine erschossen: Seine Gesellschaft ist der größte Rivale des ukrainischen Monopolkonzerns für Gas, UESU. Im Juni 2000 traf Naftogaz tatsächlich eine Übereinkunft mit dem russischen Unternehmen Itera über die Gründung eines Gemeinschaftsunternehmens. Man verständigte sich auch über die notwendigen Änderungen von Regeln für auf dem ukrainischen Markt agierende Gasunternehmen. Nach dem Absichtsprotokoll sollen die Gründer gleiche Anteile an dem neuen Unternehmen haben. Wie die das Projekt initiierende Ministerin Timoschenko geht die ukrainische Regierung davon aus, dass Gas durch die regionalen Gastransportunternehmen an die Verbraucher in den Regionen verkauft wird und nur einige wenige Verbraucher die Möglichkeit haben sollen, Gas auf Auktionen zu kaufen und die Preise selbst zu gestalten. «Es scheint», so schreibt der ukrainische Journalist Alexander Lewschin, «dass Timoschenko in totaler Opposition zu allen Akteuren auf dem Energiemarkt agiert.» In jedem Fall gehört sie zum Klub der einflussreichsten Politiker in der Ukraine.

Und so stößt man zwangsläufig auf einen anderen Oligarchen, Igor Bakai. Auch er ist in den Geschäftsbereichen tätig, über die Vadim Rabinovich nicht viel Gutes sagen konnte. Igor Bakai, 1963 geboren, absolvierte das Beresnjakowski-Forsttechnikum und erhielt ein Forstmeisterdiplom. Er arbeitete in Forstwirtschaften in Sibirien, danach in der Wurstabteilung einer Kooperative in Lwow und leitete die Fußballschule des Klubs SKA Karpati. 1994 trat er plötzlich im Gasgeschäft auf. Schon bald saß er im Chefsessel der größten ukrainischen staatlichen Gasgesellschaft, der Naftogaz, die die staatlichen Interessen im Gas- und Ölgeschäft kontrollierte. Glaubt man Informationen der Zeitung *Moskowski Komsomolez,* baute er sich inzwischen in den USA ein Haus mit 22 Zimmern, 9 Bädern und 3 Kaminen für 2 Millionen US-Dollar. Im Vergleich dazu nimmt sich Rabinovich wie ein Franziskanermönch aus.

Nicht nur in den USA habe Bakai Eigentum, sondern auch in Griechenland, in der Schweiz und in Irland, wird gemutmaßt. Bislang gibt es dafür keine Beweise. Auch nicht dafür, dass er gute Kontakte zu Sergej Anatolevitsch Michailow unterhalten soll, dessen Name wie ein Gespenst umgeht. Bakais Sonderstellung, so verbreiten ukrainische Zeitungen, lässt sich in vielerlei Hinsicht auch dadurch erklären, dass der Öl- und Gaskönig der Ukraine den Wahlkampf des ukrainischen Präsidenten Kutschma gesponsert haben soll.

Auch hier – was noch interessanter ist – bestehen Verbindungen zu dem Gazprom-Tochterunternehmen Itera. Das Unternehmen liefert das Gas an Bakai an der ukrainischen Grenze für 49 bis 57 US-Dollar für 1000 Kubikmeter. Naftogaz verkauft es zu einem Preis zwischen 60 und 83 US-Dollar weiter. Dadurch habe Bakai in den Jahren 1998 und 1999 etwa 250 Millionen US-Dollar verdient. Einen Teil des Gewinns von 40 Millionen US-Dollar soll der ehemalige ukrainische Premierminister Pawel Lasarenko mitgenommen haben. Nicht unerwähnt bleiben dürfen auch die engen Freunde Bakais in Moskau. Es sind der bekannte Oligarch Boris Beresowskij und Roman Abramowitsch sowie der Quasi-Finanzier der Jelzin-Familie, Alexander Mamut. Vieles dreht sich also um Erdgas und um Firmen und Personen, die in diesem Geschäft mitspielen. Im Mittelpunkt steht der Konzern Gazprom.

Gazprom ist ein staatliches Monopolunternehmen und zahlt, weil die Rechnungen für die gelieferten Rohstoffe in der Vergangenheit häufig nicht beglichen wurden, lange Zeit keine Steuern an den russischen Fiskus. Alle Versuche russischer Regierungen, Gazprom zur Zahlung von Steuern in Form von Geld zu bewegen, stießen auf den erbitterten Widerstand des russischen Gaskönigs Rem Wjachirew. Die Begründung: Die Kassen von Gazprom seien leer, eben weil die Abnehmer nicht bezahlen würden.

Das zu glauben fällt einigen Polizeibehörden in Europa schwer. Gazprom habe eine leistungsfähige Tochtergesellschaft gegründet, mit Sitz in den USA, über die die Devisen im Offshore-Bereich abfließen würden. Der Gründer dieser Filiale, ein ehemaliger Radsportmeister und Exmitglied der sowjetischen Radrennnationalmannschaft, befasste sich nach seiner Abkehr vom Sport mit dem Verkauf von Kleidung und Souvenirs. 1992 gründete er eine Firma in den USA und begann, in Moskau mit Lebensmitteln zu handeln: Wurst, Schinken und Konsumgüter. Kurze Zeit später lernte er Wjatscheslaw Kusnezow kennen, den Berater des Vorstandsvorsitzenden von Gazprom. Kusnezow war früher Mitarbeiter im Innenministerium der UdSSR und als Militärberater in Afghanistan tätig. Nach Informationen des Moskauer Wochenblatts *Sowerschenno sekretno* (Streng geheim), dessen Herausgeber in der Zwischenzeit ermordet wurde, war er 1996 direkt an der Finanzierung des Wahlkampfs von Boris Jelzin beteiligt, als dieser für eine zweite Amtszeit als Präsident kandidierte. Ein Teil der Gelder, die in den Wahlkampf von Jelzin 1996 und den Aufbau des regierungsnahen politischen Blocks «Unser Haus Russland» unter Viktor Tschernomyrdin bei den Parlamentswahlen 1995 eingegangen sind, dürften dem Staatshaushalt Russlands entnommen worden sein. Danach sollen sie über gegenseitige Verrechnungen zwischen Gazprom und dem Finanzministerium (damaliger Minister Sergej Dubinin, der übrigens seit 1998 stellvertretender Vorstandsvorsitzender von Gazprom ist) gewaschen worden sein.

Kusnezow gründete für Gazprom eine weitere Tochtergesellschaft, die Gazpron-Investholding, die in Russland wegen ihres skandalösen Umgangs mit Haushaltsgeldern und Mitteln von Gazprom für «persönliche Zwecke», das heißt für die Bestechung von Staatsbediensteten und für Zahlungen an Vertreter von Gruppen aus dem Bereich der organisierten Kriminalität, berühmt wurde. Vor allem an die Vertreter der Solnzevskaja soll Geld geflossen sein. Der Moskauer Journalist Nikolaj Surkow, ein überaus angesehener und couragierter Mann, recherchierte über diese Vorgänge und gelangte zu folgenden Erkenntnissen: «1996 organisierte Kusnezow ein Treffen der Führung des Tochterunternehmens von Gazprom in der Schweiz zwischen Sergej Anatolevitsch Michailow und Boris Birshtein und dem ehemaligen Innenminister der UdSSR, Viktor Barannikow, sowie mit Grigorij Lerner und Wladimir Weselowski, einem Freund Birshteins. Ergebnis dieses Treffens war ein recht aufschlussreiches Kooperationsschema: Turkmenistan verpflichtete sich, an die Ukraine 20 Millionen Kubikmeter Gas jährlich zu liefern. Auf Betreiben von Gazprom wurde als Operator dieser Gaslieferungen die Firma Itera eingesetzt. Die bezahlte Turkmenistan an der Grenze Russland-Kasachstan 57 US-Dollar je Kubikmeter und 20 US-Dollar an Gazprom für den Transport.» Es war für die Beteiligten ein Schnäppchen. In dem Firmengestrüpp taucht nun wiederum Michailow auf, und zwar über das Lausanner Unternehmen SCFI Holding, mit dem sich Michallow bereits 1996 zusammengeschlossen hatte. Nach Informationen der Zeitschrift *Sowerschenno sekretno* soll Michallow die Gesamtkontrolle über das Geschäft für 20 Prozent des Kreditbetrages übernommen haben, was auch der Geschäftsführer der SCH Holding SA in einem vertraulichen Schreiben an Viktor Averine, die rechte Hand von Anatolevitsch Michailow, bestätigte.

Über die Tochtergesellschaft von Gazprom mit Sitz in den USA spekulieren zuständige Sachbearbeiter im Schweizer Bundesamt für Polizeiwesen Folgendes: Gazprom habe in der Vergangenheit für seine Gaslieferungen in die Staaten der ehemaligen UdSSR kein oder kaum Geld bekommen. Die Schulden seien ins Unermessliche gestiegen. Deshalb habe man sich entschlossen, eine Tochtergesellschaft zu gründen, die diese Schuldenfrage klären sollte. Sozusagen eine Geldeintreibungsfirma. Und die Methoden, um dem Unternehmensziel, die ausstehenden Schulden zu kassieren, näher zu kommen, seien durchaus pikant gewesen. Jenen Firmen und staatlichen Einrichtungen aus dem Osten, die nicht bezahlen wollten oder konnten, sei zu verstehen gegeben worden, dass man über außerordentlich gute Beziehungen zu «bestimmten Kreisen» verfügte. Das habe den Ausschlag gegeben, die Kassen von Gazprom bzw. ihrer Tochtergesellschaft ein wenig aufzufüllen. Bestätigt wird diese Spekulation über die Partizipation der Solnzevskaja an dem Gasunternehmen von Felipe Turover, einem ehemaligen Banker, der eng mit Russland zusammengearbeitet hatte und später noch andere aufschlussreiche Aussagen machen wird.

Hierbei dürfte übersehen worden sein, dass es offiziell gar keine «bestimmten Kreise» – gemeint ist die Solnzevskja – gibt, sondern lediglich unorthodoxe Unternehmensstrukturen bzw. Funktionäre, die, selbst wenn sie über eine kriminelle Karriere verfügen, langst rehabilitiert sind. Zum Beispiel Sergej Anatolevitsch Michailow. Heute liegt der jährliche Umsatz der Gazprom-Tochtergesellschaft übrigens bei drei Milliarden US-Dollar, und sämtliche europäischen Energieversorgungsunternehmen pflegen zu Gazprom beste Geschäftsbeziehungen.

Noch ein Oligarch, über den niemand sprechen möchte

Was den Oligarchen Alexander Wolkow angeht, äußerte sich Vadim Rabinovich bereits sehr zurückhaltend. Noch vorsichtiger wurde er, als ich ihn auf einen anderen Oligarchen, auf Grigori Surkis, ansprach. Grigori Surkis, Präsident des kapitalstarken Fußballvereins Dynamo Kiew, gehört zu der Hand voll Glücklicher, die mit unternehmerischer Schaffenskraft Milliarden US-Dollar verdienten. Zwischen 1975 und 1991 arbeitete er in der Bauabteilung der Stadtverwaltung Kiews für geringen Sold. Nach der Unabhängigkeit der Ukraine, im Jahr 1991, nahm seine Karriere eine überraschende Wendung. Mit Geld, woher auch immer es gekommen sein mag, investierte er in Erdöl, Landwirtschaft und Banken. 1996 wurde er Präsident der nationalen Fußballliga der Ukraine, 1998 sogar Mitglied des Olympischen Komitees. Im selben Jahr ließ er sich in das ukrainische Parlament wählen. Grigori Surkis ist heute Mitglied der Sozialdemokratischen Partei, die, wir wissen es, nur dem Namen nach sozialdemokratisch ist. Im Jahr 2000 legte er für den Kauf eines Fernsehsenders 1,5 Millionen US-Dollar hin, ein Schnäppchen, sagen Journalisten in Kiew.

Als ich Vadim Rabinovich mit Surkis konfrontiere, erlebe ich einen der wenigen Momente, wo die Grenze sichtbar wird, mir etwas zu offenbaren. Er erklärt wenigstens, warum:

«Ich möchte, dass Sie das richtig verstehen. Manches muss ich mit großer Vorsicht sagen. Surkis ist eine der mächtigsten Personen im Umkreis des Präsidenten. Wenn ich etwas über ihn behaupte, gibt es Krieg, bei dem unser Präsident sich wahrscheinlich auf die Seite von Surkis stellen würde. Deshalb werde ich vorsichtig sein. So viel kann ich Ihnen jedoch sagen: Ich lernte Surkis kennen, als sich einige Rabbiner an mich gewandt hatten. Wir hatten damals keine jüdische Organisation in der Ukraine, und sie schlugen mir vor, für die Spitze des Jüdischen Nationalen Kongresses zu kandidieren. Ich habe ihren Vorschlag abgelehnt. ‹Gehen Sie zu anderen Leuten, zu Grigori Surkis zum Beispiel.› Nach einer Woche kamen sie wieder. ‹Die anderen hatten alle Angst, sich als Jude zu bekennen. Sie befürchteten, sofort ins Gefängnis geworfen zu werden.› Daraufhin schlug ich vor, die Sache gemeinsam zu betreiben. Wir haben die jüdischen Geschäftsleute zusammengetrommelt, und ich habe mich bereit erklärt, den Posten in der Verwaltung des Jüdischen Kongresses zu übernehmen. Surkis hatte ich als Mitglied im Unterstützungsrat vorgeschlagen, obwohl er meines Wissens bislang kein Geld an die jüdische Gemeinde gestiftet hatte. Seine Zeit und sein Geld widmete er offenbar lieber dem Fußball.»

In Kiew wird mir ein Video über das Umfeld von Grigori Surkis zugespielt. Mit einer versteckten Kamera wurde in der Wohnung einer bekannten kriminellen Autorität deren Gespräch mit einem Politiker aus der Partei von Surkis aufgenommen. Ich war misstrauisch, aber die Aufnahmen waren nicht gestellt. Drei Herren diskutieren lebhaft darüber, wie der Wahlkampf von Surkis unterstützt werden kann. Nach einer geraumen Zeit einigt man sich darauf, dass die kriminelle Autorität den Wahlkampf von Surkis sponsert und dafür Gegenleistungen erhalten wird.

Wahlkampf in der Ukraine oder in Russland, gleich wo, wird

mit schmutzigem Geld finanziert. Die politische Arena verkommt zur Schlangengrube. Die Generalstaatsanwaltschaft Kiews musste im letzten Jahr beispielsweise Ermittlungen führen, nachdem das Leben der Abgeordneten Natalia Witrenko bedroht worden sein soll: Auslöser war ihre Rede im Parlament, der zufolge die Abgeordneten bereit wären, Untersuchungen wegen krimineller Aktivitäten gegen verschiedene Politiker einzuleiten. Dabei erwähnte sie Grigori Surkis und Alexander Wolkow namentlich. Was danach passiert ist, erzählte der Abgeordnete Marschenko, den Surkis in der Parlamentslobby angesprochen habe: «Entweder nimmt sie ihre Worte zurück, oder es wird physische Vergeltung geben.» Nach diesem Vorfall trat Marschenko an das Rednerpult im Plenarsaal: «Ich warne Sie und jeden anderen. Beten Sie zu Gott, dass kein einziges Haar von Natalia Witrenko gekrümmt wird.»

Einer größeren Öffentlichkeit wurde Surkis hingegen erst bekannt, als er 1999 für den Bürgermeisterposten in Kiew kandidierte. Er verlor, trotz massiver Unterstützung. Wahrscheinlich wäre die Wahl ungültig gewesen, hätte er gewonnen. Die für ihn abgegebenen Stimmen wurden später von einem Gericht annulliert, weil er bei seiner Einkommensteuererklärung falsche Angaben gemacht haben soll. Demnach war er arm wie ein Kolchosbauer, besaß weder Versicherungen noch Immobilien, noch verfügte er über Bankkonten.

Der Rasputin der Oligarchen

Das war eine grandiose Inszenierung, die Begeisterungsstürme auslöste, als der Russe Boris Beresowskij Werke von Sergej Rachmaninow, Nikolai Medtner und Maurice Ravel auf dem Klavier darbot.

Gefeiert wurde er im Musikverein von Bamberg. Von dieser fränkischen Stadt wird sein Namensvetter, der andere Boris Beresowskij, wahrscheinlich noch nie etwas gehört haben. Sein

Spitzname ist Boris Oligarchowitsch, und er ist der international bekannteste russische Oligarch, aber sicher nicht der reichste. Das dürfte Michael Friedman sein, der besonders gute Beziehungen zu den «Schneegipfeln» in Lateinamerika unterhält.

Boris Beresowskij hat es von einem mittellosen Mathematiker zum Multimilliardär geschafft. Heute regiert er über ein Dutzend russischer Firmen in den Branchen Transport, Luftfahrt, Öl, Finanzen und Medien. Darunter befinden sich die größte Autohandelsfirma, das größte Aluminiumwerk und der größte Fernsehsender des Landes sowie die nationale Fluggesellschaft Aeroflot. Seine Investitionen in Europa und den USA belaufen sich allein auf mehrere Milliarden Dollar. Das Exmitglied des russischen Sicherheitsrats, Exgeneral Alexander Lebed, damals Gouverneur im fernen Sibirien, hatte sich bereits vor Jahren eine Meinung über Boris Beresowskij gebildet: «Ihm sind bei der Privatisierung Firmenanteile von Aeroflot, Logowas und der Fernsehanstalt ORT zugefallen. Im Tschetschenienkrieg hat er ein gutes Geschäft gemacht. Als stellvertretender Vorsitzender des Sicherheitsrates versucht er jetzt, die Spuren der früheren Blutgeschäfte zu beseitigen und neue Profite einzufahren. In der Ferne schimmert die Ölpipeline vom Kaspischen Meer durch Tschetschenien bis Noworossijsk.» Er scheint ein Glückskind zu sein, dessen Wünschelrute über einer Ölquelle ausgeschlagen hat. Wäre da nicht ein bestimmter Verdacht.

Ende Juli 2000 war Nikolai Wolkow, Vertreter der russischen Generalstaatsanwaltschaft, für einige Tage zu Besuch in Bern. Dort hatten die Schweizer Justizbehörden kistenweise Material gegen Beresowskij gesammelt und übergaben ihm im Rahmen der Rechtshilfe die Dokumente. Zum Beispiel Unterlagen über das Unternehmen Anros, eine kleine Aktiengesellschaft in Lausanne, die nicht einmal im Telefonbuch verzeichnet ist. Vertreten wird sie von einem Treuhänder. Bis Anfang 1998 verfügte sie über ein Aktienkapital von knapp 700 000 DM, im April 1998 wurde das Kapital verzehnfacht. Die Anros pflegt eine auserlesene Kundschaft. Nach Angaben des Bundesamts für Polizeiwesen hat die Firma im November 1998 einen Arkadi P. in die Schweiz eingeladen. Er wird vom Bundesamt für Polizeiwesen als eine «der großen Autoritäten des kriminellen Milieus in Moskau» bezeichnet und sei «eng mit Boris Beresowskij liiert».

Der Vorwurf gegen Beresowskij selbst: Unterschlagung von knapp 600 Millionen US-Dollar. Auf die gegen ihn gerichteten Vorwürfe reagierte Beresowskij noch im Januar 2000: «Wieder nur Gerüchte meiner Gegner. Es wird kein neues Verfahren geben. Es gibt keine Fakten. Es gibt nur einen erbitterten, grausamen Kampf um die Macht.» Ein halbes Jahr später holte Staatsanwalt Nikolai Wolkow in Bern die ihn belastenden Unterlagen ab und brachte sie nach Moskau.

Wolkow war schon einmal in der Schweiz, Anfang September 1999. Bereits damals hatte er Einblick in die Dokumente nehmen können, die von den Schweizer Behörden in Beresowkijs Firmen beschlagnahmt worden sind. Am Abend des 6. September 1999 wurde Wolkow auf dem Weg zu seinem Hotel in Bern in Begleitung eines Schweizer Polizeibeamten von einem Mann angesprochen, von Viktor Stepanow, dem russischen Botschafter in der Schweiz. Er versuchte, Wolkow davon zu überzeugen, seine Ermittlungen abzubrechen. Wenige Monate später, Anfang November 1999, stellte Wolkow das Verfahren gegen Beresowskij tatsächlich ein. Und im Sommer 2000 hielt sich Wolkow erneut in der Schweiz auf. Gegenüber Journalisten tönte er diesmal, dass seine Anwesenheit die Entschlossenheit der neuen russischen Regierung anzeige, die Aeroflot-Affäre endlich aufzuklären. Weder von der Regierung noch von Seiten Beresowskijs, der kurz zuvor sein Mandat in der Duma als Protest gegen Wladimir Putin niedergelegt hatte, werde Druck auf die Ermittler ausgeübt. Und er verkündete stolz: Auch die dem früheren Präsidenten Boris Jelzin und seiner Entourage zugestandene Immunität hemme die Untersuchungen nicht, denn nach russischem Gesetz lasse sich die Immunität ohne große Schwierigkeiten wieder aufheben. Hehre Worte waren das.

Ende August 2000 sah das Szenario schon ganz anders aus. Da meldete Thomas Urban von der *Süddeutschen Zeitung* aus Moskau: «Der russische Staatsanwalt Nikolai Wolkow, der undurchsichtige finanzielle Transaktionen der Fluggesellschaft Aeroflot untersuchte, hat seinen Abschied aus dem Staatsdienst genommen. In mehreren Interviews mit Moskauer Blättern deutete Wolkow an, dass er zum Rücktritt gezwungen worden sei. Damit gilt als sicher, das der Finanzmagnat Boris Beresowskij, der in den Aeroflot-Skandal verwickelt sein soll, vorerst keine weiteren Nachforschungen durch die Behörden mehr zu befürchten hat.»

In der Schweiz, Ausgangspunkt für die Ermittlungen gegen Boris Beresowski, weil er dort verschiedene Firmen unterhielt, sieht man in dem Oligarchen nicht nur einen erfolgreichen russischen Unternehmer: «Wir stellen fest», heißt es in einer Dokumentation des Bundesamts für Polizeiwesen in Bern, «dass Boris Beresowskij sein persönliches Vermögen und sein Wirtschaftsimperium auf einer kriminellen Grundlage erschaffen hat.» In Bern glaubt man zu wissen, dass Beresowskij Anfang der neunziger Jahre dank «direkter Zusammenarbeit mit dem organisierten Verbrechen in Russland Macht gewonnen hätte. Die Verbindungen zu tschetschenischen Mafiyagruppen hätten ihm später «einen entscheidenden Vorteil verschafft, das schmutzige Geld in die legale Wirtschaft zu investieren und so vorzuwaschen». Hatte es wirklich diese Verbindungen zur tschetschenischen Mafiya gegeben? «Ja», meint ein Genfer Staatsanwalt. «Schauen Sie sich einmal Jaboev an, der ist verantwortlich für die Kryscha von Beresowskijs Gesellschaften.»

In der Dokumentation des Bundesamts für Polizeiwesen wird Beresowskij als «König der Intrige» geschildert, der sich der Treue seiner jeweiligen Partner versichere, indem er sie in seine illegalen Geschäfte verwickele. Und es wird für möglich gehalten, dass der frühere Präsident Boris Jelzin und seine Familie von Beresowskij abhängig waren, von seinen Zuschüssen und seinem finanziellen Netzwerk, das der Familie erlaubt habe, auf diskrete Art an große Geldsummen zu kommen.

Die Untersuchungen sowohl gegen Beresowskij wie gegen den Kreml-Clan wurden von der couragierten Schweizer Generalstaatsanwältin Carla Del Ponte in den Jahren 1998 und 1999 massiv vorangetrieben. Das störte anscheinend einflussreiche Wirtschaftskreise in der Schweiz. Auf Intervention des Außenministeriums in Bern wurde sie deshalb, nicht ganz freiwillig, auf den Posten der Chefanklägerin des Kriegsverbrechertribunals in Den Haag «abgeschoben».

Nicht weniger spannend als diese skandalöse Entscheidung in der Schweiz ist das, was der eine Oligarch von dem anderen hält, wie Vadim Rabinovich über Boris Beresowskij denkt.

«Eines Tages hat mich ein Freund angerufen und mir gesagt: ‹Ein Bekannter hat uns zusammen nach Nizza, in die Villa von Beresowskij in Antibes, eingeladen.› Natürlich nahm ich die Einladung an. Während ich meinen besten Anzug und sogar einen Schlips angelegt hatte, empfing uns Beresowskij in kurzen Hosen und Polohemd. Ich habe mit ihm zwei Stunden gesprochen und gefühlt, dass wir gut miteinander auskommen. Er hat auf mich einen guten Eindruck gemacht, weil er die besondere Begabung hat, auf Menschen eingehen zu können. Er sagte ganz offen, dass sein Lebensinhalt Expansion sei und jedes menschliche Wesen nur deshalb lebe, um dem anderen etwas wegzunehmen. Ich denke genauso.»

In einem Interview mit der Schweizer *Weltwoche* interpretierte Beresowskij den Begriff «Expansion»: «Ich teile die Meinung von Andrej Sacharow. Der sagte, dass das Leben Expansion sei. Äußere und innere Expansion. Äußere Expansion bedeutet mehr Häuser, Autos, Flugzeuge – Business im Allgemeinen. Innere Expansion heißt gemäß der Bibel: das innere Gleichgewicht gewinnen. In Einklang mit sich selbst leben.»

Wie ging es nun in den Beziehungen zwischen Boris Beresowskij und Vadim Rabinovich weiter? «Ich war später derjenige, der Beresowskij in die Ukraine gebracht und ihn hier mit allen bekannt gemacht hatte, nachdem ihm die Einreise nach Russland verboten worden war.» Das war im Frühsommer 1999, als der Moskauer Generalstaatsanwalt Jurij Skuratow in Sachen Aeroflot einen Haftbefehl gegen Beresowskij ausgestellt hatte. Kurz zuvor hatte Boris Jelzin bereits seinen Förderer aus dem Amt des «Generalsekretärs der GUS-Staaten» entlassen. Jurij Skuratow, der sich zur Durchsuchung der Geschäftsräume von Beresowskij und zur Ausstellung eines Haftbefehls entschlossen hatte, wurde, wie ein Jahr später Staatsanwalt Wolkow, prompt entlassen. Offizieller Auslöser war ein Video, auf dem der Generalstaatsanwalt in einer Sauna mit hübschen Nutten zu sehen gewesen sein soll.

«Er ist zwei Tage bei mir geblieben. Ich hatte keinerlei Probleme, mit ihm zu reden. Ich habe bisher keinen Menschen kennen gelernt, der wie er politisch und strategisch denken kann. Aber das muss nicht unbedingt ein positives Zeichen sein. Er denkt nur an sich. Als das Wahlergebnis bei den Präsidentenwahlen, das heißt der Sieg von Boris Jelzin, klar war, hat er sein Glas mit Champagner mit so einer Wucht auf den Tisch gestellt, dass es zerbrochen ist. In meinen Augen ist er ein begabter Unternehmer. Die Täuschungen und Illusionen, die er verbreitet, sind einfach unglaublich. Er ist aufrichtig gegenüber seinen Partnern, aber moralisch ist er eher ein Schwein.

Meine Art, Geschäfte zu machen, ist daher auch eine ganz andere als die von Beresowskij, obwohl ich ihn, ich möchte das nochmals betonen, sehr schätze. Er lebt allein dafür, andere Unternehmen zu verschlingen, und fühlt sich nur dann wohl, wenn ihm das gelingt. Wenn mein wichtigstes Ziel gewesen wäre, immer mehr zu besitzen, wenn ich nur Geld im Kopf gehabt hätte, würde ich jetzt hundertfach reicher sein und heute in der Ukraine alles unter meiner Kontrolle haben. Damit keine Missverständnisse entstehen: Natürlich will ich Geld verdienen. Aber ich lege Wert darauf, dass das nicht meine oberste Priorität war und ist. Ich versuche zugleich, etwas Interessantes zu machen, eine Synagoge zu bauen, eine Kirche, eine Mensa für hungrige Menschen, wo sie kostenlos etwas zu essen bekommen. Ich spende für humanitäre Zwecke, beteilige mich an vielen karitativen Einrichtungen. Das ist für mich viel wichtiger. Beresowskijs Philosophie gleicht der von Nietzsche: Nur der Stärkere gewinnt. Der Unterschied zwischen uns liegt also nicht im Geschäft, sondern tief im Herzen. Als die Demokratie bei uns proklamiert wurde, haben die, die schlauer waren, etwas abgekriegt, und der Staat hat sich auf seinen dicken Hintern gesetzt. Jetzt bekommt der Staat von diesen Unternehmern kein Geld mehr, und die schlau waren, besitzen riesige Summen Geld. Warum sagt Beresowskij, dass die bereits verteilten Geschäftsbereiche nicht angetastet werden dürfen? Er weiß genau, dass die Politiker viel Geld von diesen Unternehmern erhalten haben.»

Ich möchte natürlich von Vadim Rabinovich gerne wissen, ob Boris Beresowskij Verbindungen zur Mafiyaorganisation Solnzevskaja hat. Der Hintergrund meiner Frage ist ein Vorgang vom Frühsommer 1999, der am 3. Juni 1999 in der Moskauer Zeitung *Kommersant* erwähnt wurde. Demnach trafen sich in der festungsartigen Villa von Beresowskij in Cap d'Antibes nicht nur die Tochter des damals noch amtierenden Präsidenten Boris Jelzin und der ehemalige Chef der Präsidentenverwaltung, sondern auch Sergej Anatolevitsch Michailow, um gemeinsam die Verteidigungsstrategie für Beresowskij zu diskutieren. Dies wäre ein weiteres Indiz für die Verstrickung von Beresowskij in kriminelle Syndikate.

Doch dazu kann, oder besser gesagt will Rabinovich nichts sagen. Dafür erfahre ich aus anderen Quellen, dass Beresowskij Kontakte zu Anton Malewskij (Führer der Ismailowskaja-Mafiya, d. Autor) unterhalten haben dürfte und er sogar Probleme mit der Solnzeveskaja gehabt haben soll. Aber hierfür gibt es bislang keine Beweise.

Und wie sieht das Verhältnis zwischen Wladimir Putin und Boris Beresowskij nach Meinung von Vadim Rabinovich aus?

«Ich kenne nicht die Wahrheit. Ich kann nur Vermutungen anstellen. Die Wahrheit ist nur einer bestimmten Gruppe bekannt. Zur Zeit, als Beresowskij auf dem Höhepunkt seiner Macht war, wäre ohne Beresowskijs Hilfe Putin nicht Präsident geworden. Zufällig habe ich hier Zeitungsberichte über die geheimen Besuche von Putin im vorigen Jahr in Spanien vorliegen.»

Diesen Berichten zufolge hätte Putin, der damals an der Spitze des Sicherheitsrats von Russland stand, Beresowskij in dessen Haus in Spanien besucht. Er hätte sich bei der Einreise in Spanien nicht registrieren lassen. Putin sei 1999 bis zu fünfmal dort gewesen. Nach Angaben von spanischen Zeitungen soll der britische Geheimdienst MI6 über solche kurzfristigen Besuche von Putin bei Beresowskij informiert gewesen sein, jedoch die spanischen Behörden nicht darüber verständigt haben. Erst als Putin zum Ministerpräsidenten ernannt wurde, hätten die Besuche aufgehört.

Da wir nun bis zu den führenden Politikern Russlands vorgestoßen sind, kann ich ja mal einen Schuss ins Blaue wagen und ihn fragen, ob das Gerücht, dass der jetzige Premierminister Michail Kassjanow Verbindungen zum mutmaßlichen Mafiyaboss Michailow unterhielte, zutreffend sei.

Rabinovich schaut mich entgeistert an und sagt dann kategorisch: «Das werde ich Ihnen nicht beantworten.» Verwundert war er wohl darüber, woher ich diese Gerüchte kannte. Wiederholt verweist er mich auf entsprechende Zeitungsberichte, obwohl er sicher Intimeres wisse. «Ich denke nicht, dass die Solnzevskaja ihren eigenen Ministerpräsidenten ernannt hat. Das ist vielleicht zufällig passiert. Aber dass sie diese Situation für ihre eigenen Zwecke verwenden, daran gibt es für mich überhaupt keine Zweifel.» Auch eine Antwort.

Als ich ihn frage, woher er das wisse, lacht Rabinovich verschmitzt. «Ganz allgemein, weil man darüber gesprochen hat.» Etwa bei einem der Treffen in einem Restaurant, bei dem auch Anatolevitsch Michailow dabei war? Rabinovich ist kein Mann, so mein Eindruck, der zu Übertreibung neigt, nach meiner Erfahrung auch keiner, der irgendwelche Desinformationen verbreitet. Eher schweigt er oder geht mit Nonchalance über meine Fragen hinweg.

Michail Kassjanow genoss im Westen hohes Ansehen, weil er in den letzten Jahren mit den westlichen Gläubigerstaaten und -banken über Umschuldungen für Moskau und mit dem Internationalen Währungsfonds über neue Kredite verhandelte. Ob da alles mit rechten Dingen zuging, ist seit langem fraglich. Tatsache ist, dass am 27. März 2000 in einer russischsprachigen Zeitung in Tel Aviv ein Artikel veröffentlicht wurde, der sich kritisch mit Michail Kassjanow beschäftigte. Demnach habe die Zeitung eine Anfrage an die Präsidentenverwaltung des Kreml geschickt und wissen wollen, welche Art Dokumente Kasjanow mit sich führte, als er im Winter 1996 – damals war er stellvertretender Finanzminister – am Moskauer Flughafen kurzfristig von Zollbeamten festgehalten wurde. «Drei Wochen haben wir keine Antwort aus dem Präsidialamt erhalten. Wir hatten keinen Zweifel, dass wir nie eine Antwort bekommen», schreibt der Journalist. «Deshalb habe ich mich näher mit dieser Geschichte beschäftigt.» Unterdessen hatte ich viele interessante Kleinigkeiten entdeckt. Ich habe mit einem Russen gesprochen, der seit vielen Jahren in den USA lebt. Mein Gesprächspartner hatte mich gebeten, seinen Familiennamen nicht zu nennen. Er hat denselben Vornamen wie Kassjanow: Michail.

Michail war Geschäftspartner von Kassjanow bei Operationen der Schuldenbegleichung. Im vorigen Jahr haben sie sich gestritten, weil Kassjanow diesen Michail auf typisch russische Weise um große Geldsummen betrogen haben soll. Michail hat mir Folgendes erzählt: «Ich kenne Kassjanow seit langem. 1995 hatte er einen bekannten Spitznamen, Michas, Mister zwei Prozent. Er hat mit Russlands Staatsschulden gearbeitet und hat aus der gesamten Summe der unterschriebenen Kreditverträge immer zwei Prozent für sich genommen. Er ist kein armer Mann. Ich habe sein Geld auf verschiedenen Konten angelegt und bestimmte Gerüchte unter westlichen Bankiers verbreitet. Zum

Beispiel darüber, welche Schulden Russland zahlen wird und welche nicht. Ich habe mit den finanziellen Quellen gearbeitet und durch Kassjanow die Bezahlung genau der Kredite gewährleistet, die getilgt werden mussten. Dann hat Kassjanow diese Schulden in die Liste der Prioritätenschulden eingetragen und hat dafür die Dokumente bei Viktor Tschernomyrdin, dem Premierminister, unterschreiben lassen. Die Differenz zwischen dem Originalschuldbetrag und dem Schuldbetrag, den die Regierung zu bezahlen bereit war, verschwand in den Taschen der Vermittler. Dabei ging es ja nicht um zwei Prozent, sondern um zwanzig, dreißig Prozent.»

Der Reporter berichtet im Folgenden über den Winter 1996, als Kassjanow in Moskau festgenommen wurde: «Es gibt zwei Theorien darüber, was er in seinem Koffer gehabt haben könnte. Die erste Variante: In Deutschland gibt es das staatliche Versicherungsunternehmen Hermes. Es versichert die Risiken deutscher Unternehmen und Banken bei Auslandsinvestitionen. Dazu gehört auch Russland. Das Problem war, dass Hermes nur die Verträge und Kredite versicherte, die vom russischen Finanzministerium legalisiert wurden. Diese Dokumente hatte ‹Michas zwei Prozent› vorbereitet. Stellen Sie sich die Größe der Summen vor, wenn Hermes für Hunderte Millionen Mark Verträge versichert. Im Winter 1996 hatte Kassianow Hermes-Verträge mit westlichen Firmen dabei, die im Finanzministerium bestätigt werden mussten. Die Zollbeamten fragten sich, warum er diese Verträge von seiner Dienstreise mitgebracht hatte.

Die zweite Variante: Der Winter 1996 war der Höhepunkt der Zusammenarbeit zwischen dem stellvertretenden Minister Kassjanow und dem Geschäftsmann Alexander Mamut. Kassjanow könnte Mamut Insiderinformationen gegeben haben. Darüber wurde ja viel geschrieben. Das heißt, Kassjanow hat Mamut wissen lassen, welche russischen Schulden bezahlt werden sollten und welche nicht. Auf diese Weise hat er Mamut und seinem Partner Roman Abramowitsch (ebenfalls ein bekannter Oligarch, d. Autor) erlaubt, die russischen Schulden aufzukaufen und mit der Differenz zu spekulieren. Die Gesamtsumme und der Anteil von Kassjanow könnten auf Konten von Offshore-Firmen überwiesen worden sein, unter anderem auf die Bank of New York. Am 18. April 1996 wurden jedenfalls 12,5 Millionen US-Dollar aus der Firma KOPR von Alexander Mamut durch die Bank of New York auf ein Offshore-Konto auf den Bahamas transferiert. Ich kann Ihnen nicht genau sagen, wem dieses Geld gehörte. Aber vielleicht erinnert sich ‹Michas zwei Prozent› an diesen Betrag.

Ich muss die Geheimdienste warnen, die daran interessiert sind, dass mein Zeuge schweigt. Zur Zeit der Veröffentlichung dieser Zeitung ist Michail weit von Russland entfernt. Aber falls Kassjanow ein Gerichtsverfahren eröffnet, ist er bereit, nach Moskau zu fliegen, um als Zeuge auszusagen.» Das war bislang nicht notwendig, erfahre ich bei dem Journalisten in Israel. Es gab keinerlei Dementi auf den Artikel. Der Journalist fragte weiter: «Wer hat nun den Befehl erlassen, damit die Zollbeamten im Moskauer Flughafen den festgenommenen Kassjanow freigelassen haben? Es ist vor kurzem bekannt geworden, dass es Kassjanow gelungen sei, alle Unterlagen zurückzubekommen. Ursache war ein Anruf, der die Zollbeamten aufforderte, Kassjanow sofort freizulassen und die Angelegenheit schleunigst zu vergessen. Denn jeder müsse seine Pflicht erfüllen, um nicht die Arbeit der russischen Regierung zu behindern. Sie, die Zollbeamten, störten mit ihren unbegründeten Fragen. Der Anruf kam aus dem Weißen Haus, genauer aus dem Sekretariat des ehemaligen Ministerpräsidenten Viktor Tschernomyrdin. Erinnern Sie sich daran, dass bei den Schuldenauszahlungen Tschernomyrdin die Dokumente unterschrieb, die Kassjanow vorbereitet hatte.»

«Ist das nicht verrückt?», fragt Rabinovich, als ich ihm von diesen Vorwürfen in der Zeitung erzähle. «Was in Russland passiert, seitdem Putin an die Macht gekommen ist, das ist alles verrückt. Der riesige Staat wurde betrogen. Und man hat, davon bin ich überzeugt, einen äußerst dubiosen Mann zum Ministerpräsidenten ernannt.»

Es ist nicht verrückt, sondern könnte sich so oder zumindest sehr ähnlich abgespielt haben. Denn Hunderte europäischer Gläubiger, Unternehmer, Banken, Regierungen versuchten zur damaligen Zeit – und bis heute – ihre Außenstände in Russland einzufordern, in der Regel vergeblich. Diese Schulden einzutreiben war ein durchaus profitables Geschäft. Die Hälfte des erfolgreich eingetriebenen Geldes ging an die Gläubiger, 15 Prozent an die Bank und der Rest an denjenigen, der vermittelte. Da könnten durchaus einige Prozent bei russischen Ministern und anderen Politikern kleben geblieben sein. Die genauen Vorgänge werden jedoch wohl für immer verborgen bleiben.

Fazit: Zeitungsberichte, zumal über Korruption in Russland, könnten gänzlich stimmen, zum Teil stimmen oder total erfunden sein. Wahrheiten werden wie Dokumente professionell gefälscht, erst recht, wenn der politische Gegner in den Dreck gestoßen werden soll. Und da die meisten Medien in Russland so unabhängig sind wie eine Nutte von ihrem Zuhälter, kann man auch nicht unbedingt dem Namen der Zeitung oder des Journalisten vertrauen. Allerdings hört man bei Nachfrage, zum Beispiel beim ehemaligen Schuldeneintreiber einer Schweizer Bank in Moskau, Felipe Turover, dass er diese Vorwürfe nur bestätigen könne.

Der Internationale Währungsfonds und Kredite für die Oligarchen-Mafiya

> «Das Universum gibt das Gefühl, dass wir hinsichtlich der Moral an Klaustrophobie leiden. Grausamkeit; Gleichgültigkeit und Doppelzüngigkeit sind die Regel.»
> *Franz Kafka*

Im Herbst 1999 meldete das amerikanische FBI, über US-Banken seien mindestens zwölf Milliarden Dollar aus Russland gewaschen worden. US-Regierungsvertreter erklärten im Brustton der Überzeugung: «Es ist die größte Geldwaschangelegenheit, die das FBI je untersuchte.» Deshalb verwundert es kaum, dass wenig später ruchbar wurde, dass höchste politische Kader und Freunde um Boris Jelzin, dem damaligen russischen Präsidenten, auf die eine oder andere Weise in diese Geldwäsche verwickelt wären. Und was ist das bisherige Ermittlungsergebnis dieses grandiosen kriminellen Geldtransfers? Der unheimlich aufgeklärte Westen will von der unappetitlichen Affäre nichts mehr hören, nichts mehr sehen und nicht mehr darüber reden. Insbesondere die US-Regierung lässt keinen Versuch aus, ihre gesammelten Erkenntnisse unter den Teppich zu kehren. Aus außenpolitischen und geostrategischen Gründen, lancieren US-Kongressabgeordnete. Mit anderen Worten: aus Wohlverhalten gegenüber den alten und neuen Herren im Kreml. Und wie macht man das? Dazu kann die Genfer Justiz Nachhilfe geben.

Der Genfer Untersuchungsrichter Laurent Kasper-Ansermet residiert in einem neuen Büro im 3. Stock des Genfer Palais de Justice mit Blick auf die Altstadt. Seit über neun Monaten wartet er nun auf die Beantwortung diverser Rechtshilfeersuchen, die er nach Washington geschickt hatte. «Ich werde blockiert», kommentiert er das Geschehen, aber als gnadenloser Optimist hofft er weiter, dass irgendwie und irgendwann sich etwas bewegt. «Wenn ich keines der zugesagten Dokumente erhalte, bin ich neutralisiert.» Frustriert schaut er dabei auf ein überdimensionales Bild an der weiß gekalkten Wand seines mit Akten voll gestopften Büros: ein Puzzle mit Hunderten von Personen- und Firmennamen, die alle miteinander vebunden sind. Geldströme, schmutziges Geld auf dem langen Weg über Dutzende von Bankkonten (gerne wird eine Frankfurter Bank eingesetzt) hin zu notablen Konzernen und Politikern in Moskau. Es geht um Geldwäsche in Höhe von mehreren Milliarden US-Dollar, Gelder unter anderem des Internationalen Währungsfonds (IMF), deren Zweckbestimmung die Stützung der russischen Wirtschaft war. Versickert sind sie in dunklen Kanälen, auf Konten russischer Oligarchen und korrupter Kremlfürsten.

Im Juni 2000 hatte sich für den Genfer Staatsanwalt Kasper-Ansermet endgültig der Verdacht verdichtet, dass für Russland bestimmte Kredite des IMF nicht an ihrem Ziel ankamen. Tatsächlich wurden am 14. August 1998 4,8 Milliarden US-Dollar, die letzte Tranche eines Gesamtkredits in Höhe von 22,5 Milliarden US-Dollar, an die Moskauer Zentralbank angewiesen. Der Weg des Geldes mutet seltsam an: Vom Konto 9091 der Federal Reserve Bank in New York ging der Betrag auf ein Konto der Ost-West-Handelsbank in Frankfurt am Main. Noch am selben Tag wurden von der Gesamtsumme Teilbeträge auf verschiedene Konten europäischer Banken transferiert. Danach verliert sich die Spur des Geldes. Ein Teil lief über Liechtenstein. Der Innsbrucker Sonderstaatsanwalt Kurt Spitzer versuchte zu ermitteln: «Es handelt sich um Fremdmittel in Höhe von zweistelligen Millionenbeträgen in US-Dollar, die in den letzten beiden Jahren der russischen Regierung zur besseren Bewältigung der wirtschaftlichen Schwierigkeiten vom Ausland zur Verfügung gestellt worden sind und die – missbräuchlich unter dem Vorwand der Finanzierung zweifelhafter und nicht überprüfbarer Projekte – in private Hände geschleust und ins Ausland – darunter auch in das Fürstentum Liechtenstein – verschoben worden sind.» Aus welchen Gründen auch immer wurde ihm untersagt, weiter zu ermitteln. Dabei wäre es durchaus interessant zu erfahren, welche Rolle eine Treuhand-Anstalt in Vaduz dabei spielte. Es besteht der Verdacht, so die Ermittler in Liechtenstein, dass diese Treuhand-Anstalt voll funktionsfähige und bereits mit anonymen – mit Codewörtern versehenen – Kontoverbindungen ausgestattete Aktiengesellschaften russischen Verbindungsleuten zum Kauf anbietet. Den besonderen Erfordernissen des bei Geldwäsche stattfindenden Vermögensumlaufs wird bereits von Anfang an Rechnung getragen.

240 Millionen Dollar, so behauptet nun ein Kronzeuge der Genfer Staatsanwaltschaft, Felipe Turover, seien auf das Konto einer Firma in Australien überwiesen worden, die der Tochter von Boris Jelzin, Tatjana Djatschenko, gehören soll. Turover hat-

te bis 1996 im Auftrag der Gotthard-Bank in Chiasso, Tessin, in Russland für europäische Gläubiger Schulden eingetrieben und vertrat dabei auch namhafte westliche Konzerne. Er gilt bei den Schweizer Ermittlungsbehörden als außerordentlich glaubwürdiger Zeuge. Was nicht heißt, dass er seine eigenen Interessen aus dem Auge verliert, wenn er mit den Ermittlungsbehörden zusammenarbeitet.

Die Affäre um die versickerten Gelder des IMF führt auch wieder zurück zur Entlassung des Moskauer Staatsanwalts Nikolai Wolkow. «Über seinen plötzlichen Rücktritt Ende August 2000 spekulierte die Presse», schrieb Thomas Urban in der *Süddeutschen Zeitung*, «dass Nikolai Wolkow auf Druck von Ministerpräsident Michail Kassjanow seinen Posten räumen musste, weil er die angebliche Unterschlagung von Geldern des Internationalen Währungsfonds (IMF) durchleuchten wollte.» Von Spekulation kann keine Rede sein. In einem Interview mit einem russischen Journalisten antwortete Wolkow auf die Frage, ob er von seinen Vorgesetzten zensiert wurde, als er erklärte, er wolle wegen der geplünderten IMF-Gelder ermitteln: «Natürlich. Meine Schweizer Kollegen gaben mir zahlreiche Unterlagen mit Namen der Banken und Kontennummern. Als ich auf einer Pressekonferenz gefragt wurde, wie Russland darauf reagieren würde, sagte ich, ich werde meine Vorgesetzten über den Vorgang informieren, und sie müssen entscheiden, was zu tun sei. Und sie sind der Meinung, dass ich zu viel gesagt habe. Generalstaatsanwalt Juri Birjukow sagte mir: ‹Ich vertraue dir nicht. Du hast deine Nase in Dinge gesteckt, die dich nichts angehen. Ich schlage daher vor, dass du von dir aus zurücktrittst.›» Sowohl die Moskauer Zentralbank wie der Internationale Währungsfonds bestehen darauf, dass alle Kredite des IMF korrekt überwiesen wurden und es keine Beanstandungen über die Verwendung geben würde. Warum jedoch ermittelt der Genfer Staatsanwalt Kasper-Ansermet weiter?

Anscheinend sind nicht nur Gelder des Internationalen Währungsfonds verschwunden, sondern auch deutsche Hilfskredite an Russland. Zum besseren Verständnis: 1996 wollte der russische Präsident Boris Jelzin wiedergewählt werden. Die Wahlkampfhilfe stammte einerseits von den Oligarchen, andererseits aus den USA und aus Deutschland. Der italienische Journalist Giuletto Chiesa beschreibt in seinem Buch «Lebe wohl, Russland», wie die amerikanische Regierung die Wahlkampagne von Jelzin direkt organisierte. Dazu wurden vier Monate vor den Wahlen vier amerikanische Wahlkampfexperten nach Moskau gebracht. Richard Dresner, einer von ihnen, erklärte zu seiner Arbeit, dass er aus Umfragen wusste, dass Jelzin a) von fünf anderen Kandidaten in allen Ranglisten übertroffen werde, b) nur auf eine Anhängerschaft von sechs Prozent zählen könne und c) von noch weniger Russen als «kompetenter Führer» angesehen werde. «Wären wir in den USA, würde ich einem Typen mit solchen Voraussetzungen empfehlen, den Job zu wechseln.» Aber der Westen setzte auf Boris Jelzin und finanzierte seine Wiederwahl.

Damals, im Frühjahr 1996, wurde dem Kreml in Moskau, offiziell zur Stabilisierung der Demokratie, von den führenden deutschen Großbanken ein so genannter Konsortialkredit in Höhe von vier Milliarden Mark gewährt. «Ein politischer Kredit», nannte ihn ein Sprecher der Deutschen Bank, was eine diplomatische Umschreibung für einen abschreibungsfähigen Kredit ist. Ein paar Milliarden Mark des deutschen Steuerzahlers sollten Jelzins Wahlchancen stützen. Kohls CDU konnte ja auf einschlägige Erfahrungen mit Spendengeldern zurückgreifen.

Felipe Turover glaubt zu wissen, wo zumindest ein Teil des Kredites geblieben ist, der damals von Deutschland nach Moskau transferiert wurde. Der Gesamtbetrag von vier Milliarden Mark soll tatsächlich in Moskau angekommen sein. Der Plan, mit den Krediten wirtschaftliche Investitionen für russische und deutsche Unternehmer zu fördern, schlug fehl. Außerdem sei eine Milliarde Mark wieder nach Deutschland zurückgeflossen, als so genanntes Kick-back, und zwar zur Ost-West-Handelsbank in Frankfurt. Dort wurde das Geld in zwei Teile aufgeteilt.

«900 Millionen Mark gingen an verschiedene russische Bankkonten von Oligarchen in Europa und 100 Millionen an Unternehmen in Liechtenstein, Zürich, Genf und Lugano. Einige dieser Firmen standen der CDU sehr nahe, um es vornehm auszudrücken.» Deshalb sagen die Genfer Staatsanwälte und Turover übereinstimmend: «Eigentlich muss hier die deutsche Staatsanwaltschaft ermitteln, denn das ging alles nicht mit rechten Dingen zu.» Die deutschen Steuerzahler würde es sehr wohl interessieren, was mit den Geldern in Russland wirklich passiert ist und wo die Kick-back-Zahlungen schließlich gelandet sind. Es war übrigens der damalige Finanzchef des Kreml, Pawel Borodin, der den Milliardenmark-Kredit für Moskau einfädelte. Gegen Borodin liegt heute ein internationaler Haftbefehl vor, ausgestellt von der Genfer Justiz. Der Vorwurf: Geldwäsche in Höhe von 56 Millionen Dollar. Und der Verdacht: «Zugehörigkeit zu einer kriminellen Vereinigung», so der Genfer Generalstaatsanwalt Bernard Bertossa. «Pawel Borodin ist der Mann», behauptet Turover, «der mir erzählte, dass der Milliarden-Kredit auf Anweisung des deutschen Bundeskanzlers gewährt wurde und dafür bestimmt war, den Wahlkampf von Präsident Jelzin zu unterstützen.»

Pawel Borodin sollte auch Vadim Rabinovich kennen lernen. Gemeinsam planten sie den Bau eines Hotels in Moskau. «Ich möchte positive Dinge über Borodin sagen. Ich habe mit ihm ein Geschäft gemacht, als ich nach Moskau kam, um ein Hotel zu bauen. Er hat mir bei diesem Projekt sofort geholfen, ohne Geld oder irgendeine andere Entlohnung dafür zu verlangen. Er hat nur gefragt: ‹Habt ihr Arkaden in die Wand gemacht – vielleicht können wir ein Denkmal für den ersten russischen Präsidenten hineinstellen.› Er ist ein fähiger und korrekter Mann. Und glauben Sie mir: Er ist ein Mann, der dafür gesorgt hat, dass ihn niemand antastet, auch der neue russische Präsident Putin nicht.»

Als ich den Einwand wagte, dass man ja in Moskau leicht an einer Herzattacke sterben könne, wenn man unbequem wird, meinte er im Brustton der Überzeugung: «Der hat sich abgesichert.»

Tatsache ist, dass die Bundesregierung, genauer gesagt, die deutschen Steuerzahler, den erhofften Reformkurs in Russland mit 126 Milliarden Mark in den Jahren 1989 bis 1996 unterstützt haben. Zu einem geringen Teil profitierte die normale Bevölkerung, zum überwiegenden Anteil die Oligarchen und ganz direkt auch kriminelle russische Syndikate. Das hatte fatale Konsequenzen, so das Berliner Landeskriminalamt (LKA): «Somit fördern vermutlich die westlichen Staaten die hoch technische Aufrüstung der organisierten Kriminalität (OK). Demgegenüber fehlen der Polizei dringend benötigte Mittel zur Bekämpfung der OK, sodass zum Beispiel in Berlin die Beamten der OK-Dienststellen ihre privaten Computer und Handys auf ihrer Dienststelle verwenden müssen.»

An einem kleinen Beispiel lässt sich demonstrieren, wie in Berlin ansässige Kriminelle in internationale Kredittransfers involviert sind. In einem Berliner Hotel kam es im Mai 1995 zu einer blutigen Auseinandersetzung zwischen einem Russen und einem Tschetschenen. Der Russe wurde durch Messerstiche am Hals lebensgefährlich verletzt. Der Angreifer, ein Tschetschene, wurde wenig später festgenommen. Vordergründig schien es ein Streit um Prostituierte gewesen zu sein. Bei ihren Ermittlungen stießen die Beamten des Berliner Landeskriminalamts jedoch auf Kreditverträge zwischen der Weltbank und Tuva und Altai, zwei kleinen, nach dem Zerfall der UdSSR unabhängig gewordenen Republiken im entfernten Sibirien. Die Weltbank gewährte den Regierungen von Tuva und Altai einen Kredit in Höhe von je einer Milliarde US-Dollar. Der Betrag sollte in 20 Raten in Höhe von je 50 Millionen US-Dollar von der Weltbank über ein Schweizer Konto ausbezahlt werden. Da die erste Rate in Höhe von 50 Millionen US-Dollar bereits bezahlt worden war, versuchte der schwer verletzte Russe für seine kriminelle Organisation, die der Polizei bis zum heutigen Tag nicht bekannt ist, davon einen Anteil von zehn Prozent (fünf Millionen US-Dollar) zu erpressen. Der Tschetschene wiederum arbeitete für eine andere kriminelle Organisation, die dafür sorgte, dass die Hilfsgelder nicht sofort in die beiden Republiken überwiesen wurden. Vielmehr wurde ein Fonds gegründet, der die Aufgabe hatte, mit den Geldern der Weltbank an der Börse zu spekulieren. Danach sollten die Erträge weltweit verschoben werden, um sie zu waschen und verschwinden zu lassen. Vergeblich wurde von deutscher Seite aus versucht, die Zahlungen der Weltbank zu stoppen. Was geschah stattdessen? Der Russe verließ Berlin nach seiner Genesung, und der Tschetschene wurde in Berlin lediglich wegen gefährlicher Körperverletzung zu einer Bewährungsstrafe verurteilt. Er konnte den Richtern glaubhaft machen, dass er aufgrund seiner Spezialausbildung beim Militär und seiner vielen Einsätze in Afghanistan, bei denen er Menschen töten musste, genau abschätzen konnte, wie er das Messer am Hals entlang führen und wie tief er schneiden durfte, um den Russen nicht zu töten, dass er also keine Tötungsabsicht hatte.

Nicht nur in Russland scheint viel Geld internationaler Kreditinstitutionen in dunkle Kanäle verschwunden zu sein. Vadim Rabinovich nennt als Beispiel einen deutschen Kredit an die Ukraine über 200 Millionen Mark, gewährt im Jahr 1995. Der sei doch, stellt Rabinovich fest, bekanntlich vom ehemaligen Sprecher des Parlaments, Alexander Tkatschenko, veruntreut worden. «Aber es gab kein Verfahren gegen ihn. Er hat zweimal riesige Kredite aus Deutschland bekommen unter der Bedingung, sie für den Aufbau der Landwirtschaft, für Zuckerproduktion etc. einzusetzen. Es handelte sich um das bekannte Geschäft ‹Erde und Menschen›. Dieses Geld hat sich buchstäblich in Luft aufgelöst. Da wurde deutsches Geld gestohlen, meiner Meinung nach waren sogar zwei deutsche Unternehmen darin verwickelt. Die Bedingungen für den Kredit waren ziemlich merkwürdig, und merkwürdig ist auch die Kurzsichtigkeit der Deutschen. Obwohl bereits klar war, dass die erste Rate gestohlen worden war, hat man trotzdem die zweite Rate gewährt. Vor drei Jahren wurden bei uns Ermittlungen durchgeführt. Die laufen bis heute. Früher hat Tkatschenko sich mit Kutschma geküsst, jetzt gehört er zur Opposition.»

Rabinovich dürfte diese Geschichte mit dem ehemaligen Parlamentspräsidenten nicht erfunden haben. Er kann die Vorwürfe mit einer Vielzahl von Dokumenten belegen. Unter Umständen hat ja ein deutscher Staatsanwalt Interesse daran, wenigstens diesen Skandal einmal aufzuklären. Oder sind 200 Millionen Mark Peanuts?

Immerhin hat die Parlamentsmehrheit im ukrainischen Parlament Tkatschenko als Parlamentsvorsitzenden abgewählt und gleichzeitig eine Resolution zur Bildung einer Kommission verabschiedet, die umfassend die Tätigkeit von Tkatschenko untersuchen soll.

Die Macht und Ohnmacht der Oligarchen

Die Aktivitäten des Oligarchen Vadim Rabinovich (und wahrscheinlich die aller anderen Oligarchen) sind dadurch geprägt worden, dass in der ehemaligen UdSSR nahezu jede selbständige Wirtschaftstätigkeit ungesetzlich war und jedes Handelsgeschäft mit Gewinn als Verbrechen galt. Heute ist alles halb frei und quasilegal. Diese Unsicherheit führte dazu, dass der Staatsapparat – der bestimmt, was legal und was illegal ist – den Boden für systematische Korruption und mafiose Strukturen bestellte. Wenn der Staatsapparat derart korrumpiert wurde, in welchem Umfang und welcher Form war (und ist) dann politische Macht käuflich? Warum sollten die Oligarchen diese Gelegenheit der Plünderung des Staats nicht nutzen? Sind sie nicht eigentlich die größere Macht? Und was unterscheidet sie von ihren westlichen Vorbildern?

Inzwischen dürften die russischen Oligarchen bis zu 90 Prozent der russischen Wirtschaft kontrollieren: Boris Beresowskij ist einer davon. Dazu gehören aber auch Michael Friedman von der Alfa-Gruppe, Alexander Smolenski von der SBS-Agro-Bank, Rem Wjachirew von Gazprom oder Wladimir Gusinski von der Most-Bank mit seinem Medienimperium sowie der neue Star Kacha Bendu-Kidze.

Der Aufstieg dieser Hand voll mächtiger Männer, die meisten waren einst kleine Komsomolzen, vollzog sich relativ einfach. Während der Perestroika gründeten sie in der Regel mit Parteigeldern Privatbanken oder übernahmen privatisierte Teile der Staatsbanken. Danach wurden ihnen günstige Staatskredite gewährt, mit denen sie sich während der Hyperinflation Anfang 1990 ihre ersten Dollarmillionen zusammenspekulieren konnten. In der Folgezeit erwarben die Oligarchen über ihre Banken – fast immer weit unter Marktwert – nach und nach Industriebeteiligungen, vor allem im Rohstoffsektor. «Die Liberalisierungs- und Privatisierungsmaßnamen sowie das Prinzip völlig ungehemmter Marktfreiheit haben zu einer fortschreitenden Kriminalisierung der Wirtschaft und zur Bereicherung einer verschwindend kleinen Minderheit von Raubrittern und Halsabschneidern geführt», beklagt sich zu Recht Frédéric Clairmont in *Le Monde diplomatique.* Sie alle genossen den Segen der USA, der Weltbank und des Internationalen Währungsfonds.

Den größten Coup ermöglichte ihnen 1995 der damalige Privatisierungschef Anatoli Tschubais mit Hilfe des so genannten «Aktien gegen Kredit»-Privatisierungsprogramms. Damit wurden besonders profitable Schlüsselindustrien «privatisiert». Oneximbankchef Wladimir Potanin organisierte im Namen einiger Oligarchen unter Ausschaltung jeglichen Wettbewerbs einen Kredit in Höhe von zwei Milliarden Dollar im Austausch gegen die Aktien der zu privatisierenden Betriebe. Beresowskij und Smolenski erlangten auf diese Weise den Mehrheitsanteil von Russlands größter Ölgesellschaft Sibneft. Nach der Durchführung dieses Privatisierungsprogramms gehörte ein Löwenanteil der Firmen den beiden Oligarchen.

Auf der anderen Seite leben heute in Russland nach Angaben des Moskauer «Zentrums für die Untersuchung des Lebensstandards» 79 Millionen Russen, also 53 Prozent der Bevölkerung, unterhalb der Armutsschwelle, und ihre Zahl nimmt ständig zu. 57 Prozent der Reichtümer des Landes befinden sich in der Hand von nur zwei Prozent der Bevölkerung. Und was sind die Wurzeln dieser Missstände? Igor Afanassjew, Absolvent einer amerikanischen Business-School, schätzt die Situation folgendermaßen ein: «Der Kern des Problems besteht nicht in der mangelnden Integrität oder der moralischen Haltlosigkeit der Einzelpersonen. Unsere Erfahrung beweist, dass das System selbst durch all die unvorstellbaren und sorgsam vertuschten Plünderungs- und Unterschlagungsaktivitäten völlig zerfressen ist. Verwaltung und Politik haben bislang keinerlei taugliche Instrumente für die Finanz- und Haushaltskontrolle entwickelt.» Und der Oligarch und Banker Alexander Smolenski gestand ohne Umschweife: «Ich habe einen Traum, nämlich den, zum größten russischen Superbankier zu werden, auf der gleichen Stufe mit der Bank of America.»

Anfang 1999 sah der Politologe Sergej Markow das Ende der Oligarchen gekommen: Sie seien «praktisch vernichtet» und hätten «nicht mehr die Kraft, politische Intrigen zu spinnen». Die Zeitung *Komsomolskaja Prawda* prophezeite, dass «die Oligarchen als Art wohl aussterben werden». Im Sommer des Jahres 2000 schien es tatsächlich so weit zu sein.

Ende Juni 2000 überschlugen sich die westlichen und östlichen Medien mit Berichten, denen zufolge Wladimir Putin mit den Oligarchen abrechnen wolle. Geradezu euphorisch attestierte man Putin, dass er endlich den «Kampf gegen die Oligarchen» zu führen bereit sei. Vorausgegangen war eine Einladung an die russischen Oligarchen, einundzwanzig an der Zahl, sich bei Putin zu melden. Der Initiator der Zusammenkunft, der frühere stellvertretende Ministerpräsident Boris Nemzow, verkündete vor dem Treffen: «Die Wirtschaft und die Macht sollten einander nicht erpressen. Sie sollten im Interesse der ökonomischen Gesundung Russlands als Partner zusammenarbeiten.» Boris Beresowskij fehlte übrigens, ebenso Roman Abramovich. Letzterer, so wurde gemunkelt, könne eventuelle Probleme im Vier-Augen-Gespräch mit Putin alleine lösen. Was genau im Kreml besprochen wurde, ist bislang geheim geblieben. Angeblich hätte Putin gedroht: Befolgten die Oligarchen in Zukunft nicht die Gesetze und hielten sie sich nicht aus der Politik heraus, würde er die Überprüfung all der Privatisierungen seit Ende der achtziger Jahre anordnen. Putin wird den milliardenschweren Unternehmern, den Medienmagnaten, Ölbaronen und Gaskönigen, also der Plündererergang, wahrscheinlich aus den Dossiers vom Sicherheitsdienst FSB vorgelesen haben. Und die Oligarchen selbst dürften Wladimir Putin Kontoauszüge gezeigt haben, wer ihn eigentlich zum Präsidenten gemacht hatte und was man über ihn und seine Entourage in St. Petersburg alles herausgefunden habe. 1991 übernahm Putin dort das Komitee für außenwirtschaftliche Beziehungen in einer Zeit, in der die Menschen hungerten. Um die Not zu lindern, wollte die Stadt Buntmetalle gegen ausländische Lebensmittel tauschen. Lizenzen wurden erteilt und Waren exportiert, doch Lebensmittel trafen keine ein. Daraufhin wurde eine Untersuchung eingeleitet, bei der sich herausstellte: Die Exportpreise waren viel zu niedrig, die Importpreise überhöht, die Differenz betrug 11,6 Millionen US-Dollar. Außerdem wurden Zollgesetze umgangen, Dokumente gefälscht und Scheinfirmen gegründet. Und auf allen Verträgen der Stadt, fand das Ratsmitglied Marina Salje heraus, «findet sich Putins Unterschrift». Er habe keine Zeit gehabt, alles nachzuprüfen, wehrte sich Putin damals gegen die Vorwürfe. Aber das ist Vergangenheit. Und die kann ihn schnell wieder einholen.

Der frühere Vizeminister Nemzow trat nach dem Treffen zwischen den Oligarchen und Putin jedenfalls mit folgenden Worten vor die internationale Presse: «Mit der Konferenz wurde ein

Strich unter die Epoche der primären Kapitalakkumulation gezogen. Der Präsident hat sich aber klar gegen eine Revision der Privatisierungsresultate ausgesprochen.»

Ich möchte nicht wissen, wie viele Champagnerflaschen daraufhin in Moskau geköpft worden sind. Jetzt verstehe ich auch, was mir Rabinovich am Anfang unserer Bekanntschaft gesagt hatte: «Der KGB ist die Kryscha, das Dach der Mafiya geworden.»

Entsprechend berichtet der Spiegel-Korrespondent Jörg Mettke aus Moskau: «Der Generalleutnant der Staatssicherheit, Sergej Iwanow, 47, überwacht fortan die Staatsverträglichkeit des Privatkapitals und der nichtstaatlichen Medien. Der Putin-Kumpel aus Leningrader KGB-Zeiten ist seit kurzem oberster Koordinator des russischen Sicherheitsrats. Bei allen Kreml-Plänen ist Iwanow mit von der Partie. Sämtliche Personalentscheidungen im Sicherheitsbereich gehen über seinen Tisch. Mit Iwanow habe er, gestand Putin, ‹das Gefühl, Schulter an Schulter zu kämpfen›.»

Was nach dieser Vereinbarung mit den Oligarchen in Moskau folgte, markiert den Weg, den Russland – im Gegensatz zur Ukraine – wohl gehen wird. Der Staatsanwalt Nikolai Wolkow, der den Fall des Oligarchen Beresowskij zum Abschluss bringen wollte, wird entlassen. Dann stürmen Sondereinheiten der Moskauer Polizei das Büro der Menschenrechtsorganisation Glasnost und nötigen die Mitarbeiter, 40 Minuten mit dem Gesicht nach unten auf dem Boden zu liegen. Sie sollten eingeschüchtert werden. Und auf der anderen Seite: Wenige Tage vor diesem Skandal kommt Anatolij Bykow aus dem Knast im sibirischen Krasnojarsk, 3400 Kilometer östlich von Moskau, frei. Der ehemalige Boxer ist ein junger Unternehmer, er war lange Zeit der Local Hero von Krasnojarsk, eine Art russischer Robin Hood. Die Soziologin Irina Muratowa aus Krasnojarsk erklärte sich die positive Stimmung gegenüber diesem «Antihelden» so: «Einerseits ahnen die Menschen, dass hinter jedem großen Geld

Kriminelle stehen. Andererseits hat Bykow mehr als jeder andere für karitative Zwecke Geld gespendet.»

Krasnojarsk, Sibiriens größte Region und die gleichnamige Stadt, wurde einst errichtet, um die sowjetische Rüstungsindustrie mit Stahl und Aluminium zu versorgen. Heute kämpfen hier russische Mafiyasyndikate um die Oberherrschaft. Die riesigen Produktionsstätten gelten als die größten Umweltverschmutzer, denn die Mafiyabosse haben kein Interesse an neuen Technologien. Sie interessiert einzig und allein, maximalen Profit aus den Fabriken zu schlagen. Die milliardenschweren Besitzer waschen ihr Geld in Liechtenstein, in der Schweiz, in Großbritannien und in Israel. Westliche Abnehmer der Rohstoffe waschen derweil ihre Hände in Unschuld.

Einer dieser Bosse soll Anatolij Bykow sein. Als Chef des zweitgrößten Aluminiumkombinats Russlands kandidierte er 1999 auf der Liste des Rechtsradikalen Wladimir Schirinowski, wurde jedoch von der Wahlkommission nicht zur Wahl zugelassen. Ausschlaggebend waren nicht etwa seine engen Kontakte zur Ismailowskaja-Mafiya, die führend im Aluminiumgeschäft Russlands tätig ist. Vielmehr soll er den russischen Staat um über 50 Millionen Dollar betrogen haben. Hinzu kam die Beichte eines Auftragskillers. Der sagte aus, dass er für Bykow einige «schmutzige» Aufträge erledigt habe. Am 29. Oktober 1999 wurde Bykow in Ungarn verhaftet. Nach seiner Verhaftung erklärte er, er sei vor den «Schakalen des Kreml» geflohen, das Opfer einer «Art Todeskampagne», und bat um politisches Asyl. Dabei lag ein internationaler Haftbefehl wegen Geldwäsche und Auftragsmords gegen ihn vor. Die ungarischen Behörden ließen sich nicht erweichen und lieferten ihn nach Russland aus. Dann, am 25. August 2000, nahm sein Schicksal einen gnädigen Lauf: Er wurde aus der Untersuchungshaft entlassen, weil, so ein Gericht, keine Fluchtgefahr bestünde. Vier prominente Russen hatten für ihn gebürgt, zwei davon waren Dumaabgeordnete der Partei Schirinowskis. Und der Auftragskiller, der Bykow belastet hatte, als er in einem griechischen Gefängnis saß, schrieb, nachdem er nach Moskau ausgeliefert worden war, aus der Zelle einen Brief an das Parlament von Krasnojarsk. Jetzt nannte er Bykow einen «ehrenwerten Mann». Seine einstige belastende Aussage hatte er, kaum war er in Russland, wieder zurückgenommen. Erst auf Intervention der Staatsanwaltschaft wurde Bykow Wochen später wieder eingekerkert. Ob Oligarchen oder kriminelle Autoritäten – sie haben in der Vergangenheit eine zentrale Rolle gespielt und werden sie auch in Zukunft weiterspielen, diesmal in neuen Kleidern unter der totalen Kontrolle des Putin-Geheimdienstclans. Dem widerspricht nicht, dass sowohl Boris Beresowskij wie Wladimir Gussinkij beim russischen Präsidenten Putin in Ungnade gefallen sind und im Herbst 2000 ins westliche Ausland flüchten mussten. Gussinkij ist sogar aufgrund eines internationalen Haftbefehls in Spanien in Auslieferungshaft genommen worden. Ihre Verbannung bot zudem die Möglichkeit, die von ihnen kontrollierten Medien nach altem Sowjetmuster endgültig gleichzuschalten.

Putin wird wie seine Vorgänger trotzdem vom Westen unterstützt, als berechenbarer Machtfaktor angesehen. Eine lange Geschichte wiederholt sich. Es ist noch nicht einmal 20 Jahre her, da beschrieb und beklagte der russische Schriftsteller Arkadi Waksberg die damalige Doppelmoral westlicher Staaten gegenüber dem kommunistischen Regime: «Amerikanische Präsidenten, britische Premierminister, französische Politiker schüttelten den an die Macht gelangten gewöhnlichen Dieben, Schwindlern, korrupten Gaunern und Zuhältern die Hand. Ich betone das Wort ‹gewöhnlich›, denn sie unterschieden sich nicht sehr von anderen Gangstern, was die von ihnen unterschlagenen Summen betraf. Das einzig Ungewöhnliche an ihnen war, dass sie es geschafft hatten, sich Staats- und Parteiämter anzueignen.» Waksberg bezog sich auf die Ära des Generalsekretärs Leonid Breschnew in den siebziger Jahren. Doch was hat sich eigentlich verändert, seit der Westen Moral als Kategorie der Außenpolitik erfunden hat? Skeptiker, zu denen wohl auch Vadim Rabinovich gehört, wenn er nicht gerade taktiert, antworten kategorisch: «Nein, nichts hat sich geändert.»

Rabinovich hat für seine Einschätzung durchaus honorige Mitstreiter. Im Frühjahr 2000 verfasste eine Gruppe Moskauer Intellektueller, unter anderem Elena Bonner, die Witwe des verstorbenen Nobelpreisträgers Andrej Sacharow, einen alarmierenden Appell. Darin heißt es, dass die prinzipienlose Anbiederung der westlichen Regierungen an die Kremlführung zur Schwächung der Widerstandskräfte der demokratischen Öffentlichkeit Russlands beiträgt. Und sie fordern unter anderem:

«Seht nicht weg bei der Demontage der Demokratie, der Unterdrückung der Menschenrechte durch die Kremlführung.» Ein frommer Wunsch, über den die westlichen Realpolitiker, ob in Washington, Berlin oder Paris, nur lachen können.

Wie kommentierte Sonja Margulina in der *Süddeutschen Zeitung* diesen Aufruf:

«Von moralischer Außenpolitik bleibt nicht viel übrig. Selbstverständlich kann die Einsicht, dass der Westen untätig bleibt, die russischen Demokratien über ihre politische Einsamkeit nicht hinwegtrösten: Wie die serbische Opposition fühlen sie sich von Europa verraten und entmutigt. Das Entsetzen derjenigen, die ihr Leben lang für die Demokratisierung Russlands und seine Anbindung an Europa gekämpft haben und sich nun mit dem Aufkommen eines Polizeistaats konfrontiert sehen, ist nachvollziehbar. Doch der Westen war den Forderungen der Minderheiten – ob politischen oder ethnischen – noch nie gewachsen. Das tragische Dilemma Russlands lebt fort: Die Demokratie kann nicht, wie subventionierte Margarine, aus Europa importiert werden, sie ist ein autochthones Produkt – in Russland, in Serbien und überall auf der Welt.»

Rabinovich sieht das ähnlich: «Die Menschen in der ehemaligen UdSSR sind anders, da könnt ihr mit euren Maßstäben überhaupt nichts erreichen. Das ist der große Fehler des Westens. Ihr wisst nicht, woher wir kommen, was uns geprägt hat.»

«Wenn Sie das Wort Oligarch hören», frage ich Rabinovich, «was assoziieren Sie selbst damit?» Seine Antwort ist eine Verharmlosung. Die wahren Raubritter sind seiner Meinung nach der Staat und seine Bediensteten. Womit er nicht einmal Unrecht hat. «Dieser Begriff ist doch nicht mehr als ein Stempel, der benutzt wird, um die Leute zu diskreditieren, die Geld verdient haben. Die meisten glauben, ein Oligarch ist jemand, der mindestens 40 Menschen ermordet hätte. Hier in der Nähe ist die Pawekbank. Ihre Geschäfte leitet Herr Tschernowitzky. Er ist ganz offiziell ein Millionär, trägt die Summe seiner Gewinne ordentlich in die Steuererklärung ein. Seinen Reichtum hat er ausschließlich mit harter Arbeit erworben. Er hat keine finanziellen Pyramiden gebaut, keine Leute bestohlen. Er investiert in soziale Dinge. Tschernowitzky wird als Oligarch bezeichnet. In diesem Fall ist es eine Ehre, Oligarch genannt zu werden.

Der zweite Typ sind die Menschen, die ihr Vermögen durch verschiedene Geschäfte erwirtschaftet haben, die gesetzwidrig waren. Zum Beispiel durch finanzielle Pyramiden, durch die Leute betrogen wurden. Oder Personen, die riesige Kombinate privatisiert haben. Da gab es zum Beispiel ein Stahlkombinat. Nach der korrekten Bewertung war dieses Werk, in dem Tausende Menschen gearbeitet hatten, mindestens eine Milliarde Dollar wert. Aber es wurde für 30 Millionen an einen Privatmann verkauft. Heute erwirtschaftet es nur Verluste. Die neuen Besitzer sind darüber reich geworden. Das sind meines Erachtens Kriminelle. Ihnen gegenüber habe ich eine entsprechend negative Einstellung.

Und zuletzt gibt es die staatlichen Oligarchen. Die sind in meinen Augen noch gefährlicher. Hier handelt es sich unter anderem um Politiker, Staatsbedienstete oder Abgeordnete, die behaupten, dass sie ein monatliches Einkommen von 200 Dollar haben. Gleichzeitig verschwenden sie Millionen Dollar, fahren in die schönsten Kurorte, kaufen Jachten und teure Autos. Während die Vertreter des zweiten Typs die Entstehung ihres Vermögens immerhin noch erklären können, wissen diese staatlichen

Oligarchen überhaupt nicht, wie es zustande kam. Wer gehört nun zum dritten Typ? Das ist eine gute Frage. Ich versuche sie mit einem Beispiel zu beantworten. Ein Geschäftsmann aus Kiew hat ein Computerunternehmen gegründet. Es ist ein unvorstellbar florierendes Unternehmen. Natürlich hinterzieht er Steuern, aber er ist kein Krimineller. Er ist erfolgreich, verkauft die Computer nach Osteuropa. Er gehört zu den Leuten, die normale Geschäfte machen wollen, damit sie in Zukunft ruhig schlafen können. Aber unsere Regierungen kriminalisieren solche Geschäfte gewissermaßen. Entweder man arbeitet über Offshore-Gesellschaften, um Steuern zu sparen, oder man zahlt alle Steuern, und dann ist das Geschäft so gut wie verloren. Oligarchen diesen Typs stehen sozusagen zwischen allen Fronten. Wie viel Prozent des Kapitals, das im Ausland herumgeistert, ist wirklich kriminelles Kapital? Ich schätze, das Geld ukrainischer Unternehmer auf europäischen Banken besteht zu 90 Prozent aus Steuerhinterziehung und nur zu zehn Prozent aus kriminellen Geschäften. Fast alle Geschäftsleute haben Steuern hinterzogen, das sind keine Verbrecher. Russische oder ukrainische Neureiche, mit rasiertem Nacken und Lederjacken, gehören der Vergangenheit an.

Viel wichtiger ist für mich die Frage, wie man das System ändern kann, von dem die Oligarchen am meisten profitieren. Ich denke wie viele andere auch, dass man das ins Ausland abgeflossene Kapital, besser gesagt, die Personen, die daran beteiligt sind, amnestieren sollte. Man muss dabei jedoch eine Grenze ziehen zwischen dem Kapital, das durch Steuerhinterziehung angehäuft wurde, und dem kriminellen Kapital. Das ist zwar sehr schwierig, aber es ist möglich. Ich nehme doch an, dass in der Ukraine die Sicherheitsdienste und Miliz detaillierte Informationen darüber haben, welches Kapital durch Steuerhinterziehung und welches durch Kriminalität entstanden ist. Das weiß ja jeder. Wenn man so etwas durchführt und gleichzeitig ein moderates Steuersystem etabliert, dann ist das eine gute Basis für die Entwicklung einer neuen Gesellschaft. Ich plädiere deshalb dafür, dass die Steuerdienste umorientiert werden: weg von einer Fiskalpolitik, durch die das Geld aus den Firmen hemmungslos herausgenommen wird, hin zu einer Steuerpolitik, wo bei den Unternehmen Ausgaben und Einnahmen bewertet werden und nur deren Reingewinn versteuert wird. Genauso wichtig, nein, noch wichtiger ist es, ein moralisches Klima zu schaffen, sodass die Menschen nicht mehr stolz darauf sind, wenn es ihnen gelingt, in die Steuererklärung 1000 Dollar einzutragen, während sie Millionen ausgeben.

Hierzu müssen auch die Massenmedien beitragen, indem sie aufklären. Alle Massenmedien bei uns arbeiten verlustbringend, weil sie nicht genügend Werbeeinnahmen haben. Unabhängige Journalisten haben kein Geld, um einen Zeitungsverlag zu gründen oder zu übernehmen. Jede Zeitung in der Ukraine und in Russland ist ja in Wirklichkeit nicht frei, sondern von den Oligarchen total abhängig. Das bedeutet, dass die Zeitungen nur die Interessen bestimmter wirtschaftlicher Gruppen widerspiegeln, sei es von Beresowskij, Gussinkij, Surkis oder Rabinovich. Ich werde natürlich immer nur das publizieren, was mir zuträglich ist, und das kritisieren, was meinen Geschäften hinderlich ist. Das heißt gleichzeitig, dass die Medien nicht imstande sind, Kritik an der Regierung und den Wirtschaftsbossen zu üben. Dadurch wird jede Demokratie unmöglich, und Zeitungen und das Fernsehen können keinen Boden für eine gerechtere, eine weniger korrupte Gesellschaft bereiten. Die Massenmedien sind heutzutage die einzigen Institutionen, die eine gesellschaftliche Meinung prägen können. Es ist sicher positiv, wenn in meinen Zeitungen auch Aufklärung betrieben wird. Aber wäre ich ein anderer Mensch, dann würde das alles ganz anders aussehen. Tatsächlich enden die Meinungs- und sonstigen Freiheiten bei den Geldgebern.

Nach meiner festen Überzeugung hat der Westen einen schweren Fehler begangen, als er die Kredite gewährt hat. Er macht diesen Fehler übrigens immer noch. Aber ich sehe noch Möglichkeiten, das zu korrigieren. Und zwar dadurch, dass er

Kredite für die Gründung unabhängiger Massenmedien bereitstellt. Damit könnten endlich einmal Institutionen geschaffen werden, die unabhängige Informationen verbreiten. Das würde sich auch auf das gesellschaftliche Leben bei uns günstig auswirken, auf das moralische Klima und die strategische wirtschaftliche Entwicklung der Ukraine sowie Russlands. Die Deutschen haben hohe Kredite an die Ukraine gegeben. Hätten sie nur zehn Prozent dieses Geldes für die Bildung einer unabhängigen Presse zur Verfügung gestellt, wäre das Ergebnis tausendfach besser. Jetzt kommen die Kredite nicht immer dort an, wo sie eigentlich ankommen sollten. Ich mache einen Vorschlag: Von jedem Kredit, den eine Regierung aus der Ex-UdSSR vom Westen fordert, müssen zehn Prozent der Gesamtsumme an einen Fonds für die Entwicklung einer unabhängigen Presse gegeben werden. Anderenfalls erhält dieser Staat keine Kredite. Wenn man das im Westen politisch umsetzen würde, wäre das der effektivste Beitrag zur Entwicklung der Demokratie bei uns.»

Die Einsichten des Oligarchen Vadim Rabinovich lassen die Hoffnung zu, dass es nicht nur habgierige, mafiose Oligarchen und Politiker in den postkommunistischen Ländern gibt. Das belegt auch eine kritische Rede des jungen Justizministers von Georgien, Michail Saakaschwili, die er am 13. Dezember 2000 auf dem UN-Kongress über bzw. gegen die organisierte Kriminalität in Palermo gehalten hatte. «Die Korruption in den formalen Demokratien bedeutet, dass du in der Zeit zwischen den Wahlen so viel wie möglich stehlen musst, um dann vor den Wahlen dieses Geld zu investieren, um beispielsweise Fernsehstationen zu kaufen, Journalisten zu bestechen und die Opponenten zu diskreditieren. Welche Chance hat eine Gesellschaft, deren Richter 100 Mark im Monat verdienen oder deren Abgeordnete mit ihren normalen Einkommen ihre Familien nicht ernähren können?» Von den westlichen Teilnehmern an der Konferenz wollte das niemand hören.

Epilog

«Vor Gefängnis und Verhängnis ist niemand gefeit.»
Russisches Sprichwort

Anfang Dezember 1996 fand in Moskaus Kunstgalerie Guelman eine ungewöhnliche Ausstellung statt. Künstler hatten mit Hilfe von Projektoren politisch brisante «top secret»-Dokumente, echte und nicht ganz so echte, an die Wand geworfen. Gezeigt wurden außerdem kompromittierende Fotos und Videos russischer Politiker und Wirtschaftsmagnaten. Das meiste davon war Kompromat. Eine gelungene Inszenierung von Lügen, Halbwahrheiten und Wahrheiten. Kompromat ist in allen Ländern der Ex-UdSSR beliebtes politisches Spielmaterial geworden, um den Gegner zu desavouieren. Was ist wahr, was ist gelogen? Diese Frage sollten sich die Besucher stellen. Künstler als Gestalter der politischen Realitäten.

Heute entsteht noch mehr als damals, im Jahr 1996, der Eindruck, als sei die gesamte neuere Geschichte der ehemaligen UdSSR einschließlich der Oligarchen ein einziges Kompromat, bei dem niemand weiß, was echt, was gefälscht ist. Das führt zur Schlussfrage: Wer ist Vadim Rabinovich wirklich?

«Werde ich jemals herausfinden, wer Vadim Rabinovich in Wirklichkeit ist? Ein großzügiger Mäzen für die in der Ukraine lebenden Juden? Ein gnadenloser Abzocker? Ein mächtiger Pate? Ein zutiefst von sich überzeugter und erfolgreicher Kapitalist? Von allem etwas?», fragte ich mich bei unserem ersten Treffen im Genfer Hotel Beau Rivage. Damals hätte ich nicht geglaubt, eine plausible Antwort zu finden. In der Zwischenzeit ist mir allerlei Material zugespielt worden, und trotzdem hoffe ich, am Ende der Geschichte etwas klüger geworden zu sein.

Vadim Rabinovich ist von allem etwas, bis auf das eine: Er ist kein mächtiger Pate, kein ukrainischer Capo di tutti capi. Man hätte es vielleicht so hinbiegen können und dafür nicht einmal die Glaubwürdigkeit geopfert, niemand hätte es wahrscheinlich gemerkt, und seine Gegner hätte es gefreut.

Vadim Rabinovich war für mich zu Beginn der Recherche nicht mehr als ein Name in Dokumenten von Polizeibehörden, höchst verdächtig, ziemlich gefährlich. Als Persönlichkeit hat er, obwohl er mir selbstverständlich nicht alles erzählt hat und zahlreiche Widersprüche bestehen bleiben, einen Sieg über diese schweren Vorwürfe errungen. Keineswegs akzeptiere ich, dass er zu Gestalten wie Sergej Anatolevitsch Michailow oder Semion Mogilevich, andere wären ebenfalls zu nennen, nicht alle Brücken abgebrochen hat. Aber das ist eine eher weltfremde Kategorie, ein moralischer Anspruch, der, das habe ich aus der Geschichte von Vadim Rabinovich unter anderem gelernt, vom sicheren Europa aus leicht erhoben werden kann.

Mir fallen einige seiner Äußerungen ein, die für mich von zentraler Bedeutung sind, um ihn – und nicht nur ihn – zu verstehen. Seine Situation hatte er einmal mit einem russischen Volkslied von Wladimir Wissozky zu umschreiben versucht: «Es leben in mir zwei ‹Ich›. Zwei Pole des Planeten. Zwei verschiedene Menschen. Zwei Feinde. Der eine strebt nach dem Ballett, der zweite möchte wie ein Pferd wegrennen.»

Und er hat klargestellt, dass er ein Teil dieses Systems sei. Er meinte jenes in der Ex-UdSSR real existierende mehr (Russland) oder weniger (Ukraine) korrupt-mafiose System. Dieses System habe ihm vieles ermöglicht, und deshalb sehe er keinen Grund, es nachträglich zu verdammen.

Einen Schlüssel zum Verständnis lieferte seine folgende Aussage: «Schauen Sie bitte, in welcher Situation ich mich befinde. Verstehen Sie doch endlich einmal, um was es wirklich geht. Auf der einen Schulter hocken amerikanische Dienste, der ukrainische Sicherheitsdienst sowie wirtschaftliche Konkurrenten. Auf der anderen Schulter gibt es eine Menge Banditen, Kriminelle. Ich muss versuchen, mich mit beiden Seiten zu arrangieren, um meine Geschäfte machen, letztlich am Leben bleiben zu können. Damit mir das gelingt, muss ich Beziehungen zu all diesen Kräften haben, ob es mir passt oder nicht. Ich helfe den Banditen nicht bei ihren Deals und der Geldwäsche.»

Dieses Eingeständnis ist natürlich eine Kapitulation vor den Verhältnissen, die ich zu begreifen versuche, aber nicht zu akzeptieren bereit bin.

Für mich besteht kein Zweifel daran, dass der Generalverdacht gegen Vadim Rabinovich, er habe etwa mit der Mafiya geschäftlich kooperiert und ihr seinen wirtschaftlichen Aufstieg zu verdanken, ohne weiteres nicht zutrifft.

Andererseits scheint es in der Tat für Unternehmer in den Ländern der ehemaligen UdSSR, gleich welchen Kalibers, unmöglich zu sein, sich den politisch-kriminellen Strukturen zu entziehen, quasi jungfräulich zu bleiben. Zu einfach wäre es, das als subjektive Schuld eines Individuums zu attackieren. Vielmehr ist es Ausdruck einer sozial labilen Gesellschaft, in der der Neoliberalismus demonstriert, wie es ist, wenn keine demokratischen Strukturen und rechtsstaatlichen Sicherungssysteme vorhanden sind. Der Mangel eines funktionsfähigen unabhängigen Rechtssystems führt geradezu zwangsläufig zur hemmungslosen Akkumulation von Kapital einiger Weniger. Der Unterschied zwischen legalen und kriminellen Strukturen ist da schwer auszumachen. Trotzdem oder gerade deshalb gibt es in diesen Ländern Grenzen. Willkürliche. Die Regierungen in den postkommunistischen Ländern bieten dem Volk ein Schauspiel: Sollte es politisch opportun erscheinen, werden bestimmte Persönlichkeiten, ob Politiker, Oligarchen oder Mafiosi, als Übeltäter gebrandmarkt und entsprechend verteufelt. Ein so genannter Skandal ist die perfekte Ablenkung von den politischen und wirtschaftlichen Drahtziehern. Das Beispiel des russischen Medienmagnaten Gussinkij, der sogar für einige Tage inhaftiert wurde, demonstriert die Macht der Willkür.

Derweil zahlen alle ihren Tribut ans jeweilige «Dach» einer Mafiyaorganisation: der Wurstverkäufer, der Händler auf dem Markt, der Taxifahrer, der Zuhälter, der Bettler genau wie der Oligarch aus dem Osten oder Unternehmer aus dem Westen. Die wiederum bestechen Politiker und entsenden ihre Leute in die Verwaltungsräte der Unternehmen. «So schließt sich der Kreis, der mit dem Alltag der kleinen Leute beginnt und bei den Oligarchen endet, dem Dutzend krimineller Wirtschaftsbosse, die das Land in ihrer Hand haben», schreibt der Journalist Dante Andrea Franzetti. «Inhalte und Ziele der Regierungspolitik handeln die Oligarchen unter sich aus. Für Gemeinwesen und Gemeinwohl zeigen sie kein Interesse.»

Wen interessiert, ob Milliarden Dollarkredite in einem schwarzen Loch in der Ex-UdSSR verschwinden? Wen interessiert, ob gemordet und erpresst wird, wenn die Claims für milliardenschwere Geschäftsabschlüsse im Osten abgesteckt werden? Wen interessieren die Hunderte von Milliarden US-Dollar, die aus den postkommunistischen Staaten auf westliche Bankkonten transferiert werden?

«Die neue russische Machtelite ist weder demokratisch noch kommunistisch, weder konservativ noch liberal – sie ist lediglich unersättlich habgierig.» Diese Charakterisierung der politischen Klasse durch den Führer der russischen liberalen Opposition, Grigorij Jawlinskij, trifft auf alle postkommunistischen Staaten, auch auf die Ukraine zu.

Dort die Bösen, hier, im Westen, die Guten?

«Es geht um Geldwäsche, um Bestechung und Bestechlichkeit; nicht um simple Spenden, sondern um anrüchige Gelder in exorbitanter Höhe», schrieb Heribert Prantl in der *Süddeutschen Zeitung*. Er beschäftigte sich nicht mit etwa Machenschaften in Moskau oder in der Ukraine, sondern mit der Affäre um den französischen Ölmulti Elf Aquitaine, der Hunderte von Millionen Mark Schmiergelder zahlte, einige Millionen davon an deutsche Politiker und Staatssekretäre, und wo die deutsche Justiz sich beharrlich weigert, den Vorgang zu ermitteln. Viel anders läuft es im Kreml auch nicht. Wenn die Interessen einflussreicher Politiker tangiert werden, heißt es allerorts: Deckel drauf.

Erhard Sölting, der sich in einem Aufsatz mit «Kompromat und Machtkämpfen» in Russland beschäftigte, kommt in der Zeitschrift *Kommune*, was die Rolle des Westens angeht, zu folgendem Schluss: «Natürlich steht die Gegenseite nicht blütenweiß da. Das wäre sogar unwahrscheinlich. Was sich in Russland an strukturellen Plausibilitäten erschließen lässt, ist Teil einer politischen Kultur, die sich zu globalisieren scheint.» (www.oeko-net.de/kommune) Die Gegenseite, das sind die westlichen Regierungen, die für die Entwicklung in der Ex-UdSSR eine entscheidende Verantwortung tragen. Sie unterstützten in der Vergangenheit politisch und finanziell die Eliten dieses Systems in der Ex-UdSSR, unternehmen bis heute, von Ausnahmen abgesehen, keinerlei Anstrengungen, demokratische Strukturen zu fördern. Nicht-Regierungs-Organisationen, NGOs, fristen ein kümmerliches Dasein, obwohl sie den einzigen Nährboden für eine demokratische Gesellschaft in den Ländern der Ex-UdSSR bieten.

Vadim Rabinovichs Einstellung ist gar nicht so verkehrt, wenn er dafür plädierte, dass bei der Kreditvergabe an die Staaten der Ex-UdSSR ein Teil dieser Kredite für den Aufbau unabhängiger Medien bereitgestellt werden müsse, jenseits der Macht der Oligarchen. Und was passiert? Die Europäische Union bildet in Osteuropa, was ihr hoch anzurechnen ist, Journalisten im «Investigativen Journalismus» aus. Danach werden die hoch motivierten jungen Journalisten allein gelassen. Es existieren kaum Zeitungen oder elektronische Medien, die ihre Arbeiten veröffentlichen, noch verfügen sie über finanzielle Mittel für aufwändige Recherchen.

Vadim Rabinovich ist insofern kein typischer Oligarch. Er hat zumindest ansatzweise den Zwiespalt zwischen Profitstreben und der sozialen Verpflichtung gegenüber den Habenichtsen, also der überwiegenden Mehrheit der Bevölkerung, erkannt. Das kann ihm unter der Elite der Ex-UdSSR keine Freunde machen. Andererseits hat er gelernt, sich durchzusetzen. Ich erinnere nur an seine Überlebensregeln: «Du sollst vor niemanden Angst haben. Du sollst niemanden um etwas bitten. Du sollst niemandem vertrauen.»

Meine Einstellung gegenüber den Oligarchen hat Vadim Rabinovich nicht verändert, vielleicht nur in dem einen Punkt, dass ich nicht mehr genau sagen kann, was der qualitative Unterschied zwischen einem Vadim Rabinovich (Ukraine), einem Boris Beresowskij (Russland) und zum Beispiel einem Silvio Berlusconi (Italien) ist. Und: Wie schwerwiegend ist der Kontakt, wie intensiv auch immer, beispielsweise zwischen Rabinovich und einem Führer des Mafiyasyndikats Solnzevskaja im Vergleich zu dem innigen Verhältnis zwischen den westlichen Regierungen und dem Präsidenten a. D. Boris Jelzin und seinem Nachfolger Wladimir Putin?

Jeder sucht sein Handeln zu legitimieren. Die einen machen persönliche Überlebensinteressen geltend, die anderen geostrategische Interessen. So genannte Sachzwänge sind das. Dazu passt, dass die Europäische Union bereit ist, einen Vertrag mit Russland abzuschließen, wodurch die Versorgung Europas mit Erdgas und Erdöl gesichert werden soll. Profiteure sind Oligarchen respektive jene russischen Unternehmen, die mehr oder weniger fest in den Händen krimineller Syndikate sind. Denn man sollte sich nochmals an die Erkenntnis der italienischen Polizia di Stato erinnern. Die geht davon aus, dass mindestens zwei Drittel aller Ölunternehmen in der Ex-UdSSR heute von kriminellen Syndikaten beherrscht werden. Auch bei der Versorgung mit Erdgas sind Zweifel angebracht, ob das dafür in Betracht kommende russische Monopolunternehmen dem Verhaltenskodex westlicher Unternehmen entspricht.

«Aus der Perspektive des Westens gewinnt die Stabilität in

Russland darum absolute Priorität», schrieb Sonja Margulina in der *Süddeutschen Zeitung* vom 13. März 2000, und sie bezog sich dabei auch auf die Frage der Menschenrechte. «Es bestehen kaum Zweifel, dass die Menschenrechte dieser Priorität zum Opfer fallen ... Die Rhetorik der Menschenrechte ist eine Platzpatrone geworden; selbst ihr Minnesänger Joschka Fischer ist verstummt: Zu weit klaffen Wort und Tat auseinander.»

Who's afraid of democracy, ob im Westen oder Osten? Das ist eine spannende Frage. Vadim Rabinovich und der Autor warten auf Antworten unter merhaba@t-online.de

Nachtrag zur Taschenbuchausgabe

Im Dezember 2001 geriet Vadim Rabinovich erneut in die internationalen Schlagzeilen. In Moskau behauptete der Abgeordnete Viktor Iliukhin, dem enge Verbindungen zum russischen militärischen Nachrichtendienst nachgesagt werden, dass Vadim Rabinovich die Taliban-Regierung in Afghanistan mit Waffen unterstützt habe. Bei abgehörten Telefongesprächen von Mitgliedern der Taliban sei mehrmals im Zusammenhang mit Waffengeschäften der Name Rabinovich gefallen. Demnach habe er im Jahr 1996 insgesamt 200 Panzer und 30 Leichtflugzeuge u. a.über verschiedene Tarnfirmen nach Afghanistan geschleust. Die Meldung wurde in Deutschland u. a. im «Spiegel» verbreitet. Leonid Jefimowitsch Minin, der ukrainische Mafioso, der in Sierra Leone in den Waffenschmuggel und Diamantenhandel verwickelt war und deshalb in Italien verhaftet wurde, fühlte sich gleichzeitig bemüßigt, die schweren Vorwürfe gegen Rabinovich zu bekräftigen. Nicht er sei für die Waffengeschäfte in Sierra Leone verantwortlich, sondern er sei nur ein Strohmann von Rabinovich gewesen. Stimmen diese Vorwürfe? Sowohl der russische Botschafter in der Ukraine, Viktor Tschernomyrdin, wie das Außenministerium und die Generalstaatsanwaltschaft der Ukraine bezeichneten alle Vorwürfe gegen Rabinovich als «haltlos» und «unsinnig». Aber ein Verdacht war wieder einmal in die Welt gesetzt worden als Teil des immer währenden Ränkespiels.

Leonid Jefimowitsch Minin hat übrigens einen neuen Verbündeten gefunden, einen ehemaligen BKA-Beamten, bis 2001 im BKA für die Bekämpfung der osteuropäischen Organisierten Kriminalität (OK) mitverantwortlich. Irgendwann muss er die Seiten gewechselt haben. Denn nun vertritt er die vielfältigen Interessen, zum Beispiel von Leonid Minin, auch in Deutschland. Sicher ist, dass er enge Beziehungen zu einschlägig bekannten russischen Mafiyabossen unterhalten hatte und noch immer unterhält. Das lief, solange er noch im Dienste des BKA war, über das Büro seiner Ehefrau, die in Frankfurt eine Detektei eröffnet hatte. Am 22. Februar 2001 wurde zum Beispiel ein Zeuge aus Brüssel am Frankfurter Flughafen vernommen, der den damals noch aktiven BKA-Beamten massiv belastete. In der Zeugenvernehmung ist nachzulesen: «Zwischen September und Dezember kam der C. häufiger in das Hotel Conrad in Brüssel. Anlässlich eines solchen Treffens, an dem Loutchansky, Pierre D. und C. teilnahmen, fragte mich C. [der BKA-Beamte, d. Autor], ob es in dem Hotel einen Kopierer geben würde. Ich sagt, ja im Business-Center würde einer stehen. Ich bin dann zusammen mit ihm dorthin gegangen. Ich konnte sehen, dass er eine Plastiktüte mitführte. Im Business-Center entnahm er aus dieser Plastiktüte mehrere Seiten eines Berichtes im Format DIN A4 und kopierte sie. Danach legte C. diese wieder in die Tüte und ging zurück zu Loutchansky. Beim Abendessen brachte Loutchansky diese Tüte mit, in die C. die Kopien gesteckt hatte. Während des Essens und auch danach las Loutchansky ständig in dem fotokopierten Bericht. Ich konnte sehen, dass auf der ersten Seite des Berichts im unteren Drittel der Titel ‹The Cherny Brothers› gestanden hat. Außerdem sah ich, dass die Seiten mit der Bezeichnung ‹for official use› gekennzeichnet waren.»

Tatsache ist, dass der Belastungszeuge, ein belgischer Unternehmer, sich seit 1995 auch bei der belgischen Polizei als Informant andiente und wegen seiner Kontakte zu Führungspersonen der russischen Organisierten Kriminalität als wichtiger Zeuge behandelt wurde. Wichtige Informationen über die Gefährdung durch die so genannte Russenmafia gründen auf seinen Hinweisen. Zusammen mit der US-Zollbehörde hatte er zum Beispiel eine Firma aufgebaut, die «Stellar International» in Baltimore, um Kontakte in den Osten anspinnen zu können.

Das ist ihm auch gelungen. Inzwischen stellte sich jedoch heraus, dass er ein begnadeter Manipulator und Agent provocateur ist. Er machte mit russischen Kriminellen blendende Geschäfte, indem er Polizeiinformationen an sie verkaufte. Gleichzeitig lieferte er den Behörden falsche Informationen. Das BKA hatte bereits 1998 mit ihm eine Vereinbarung zur Zusammenarbeit getroffen und dafür als Entlohnung bis zu einer Million US-Dollar angeboten. Erst als klar wurde, dass die von ihm gelieferten Informationen wertlos waren, wurde die Zusammenarbeit abgebrochen. Im Fall des BKA-Beamten C. waren die Informationen jedoch ausnahmsweise richtig. Mir gegenüber erklärte C. bei einem Treffen im Frankfurter Interconti-Hotel, dass er für Leonid Minin arbeiten würde, denn der sei unschuldig. Dass C. gleichzeitig auch undurchsichtige Verbindungen zu dem umstrittenen Grigori Loutchansky unterhielt, verschwieg er jedoch zurückhaltend. Sein österreichischer Kollege von der EDOK übrigens, der mir das verlockende Angebot unterbreitete, dass ich gegen eine hohe Geldsumme das Manuskript über Vadim Rabinovich vernichten soll, ist inzwischen wieder im aktiven Polizeidienst. Bei Interpol in Wien.

Grigori Loutchansky, Chef der Nordex-Gruppe, der mit Vadim Rabinovich einst eng zusammengearbeitet hatte, klagte in der Vergangenheit mit allen Mitteln gegen jeden, der ihn mit kriminellen Strukturen in Verbindung brachte. Journalisten, die jemals in diesem Zusammenhang über ihn berichteten, wurden von ihm auf Unterlassung und Widerruf samt hohem Schadenersatz erfolgreich verklagt. Das könnte in Zukunft anders aussehen.

Ende Juni 2002 meldeten die Nachrichtenagenturen: «50 Russen-Mafiosi bei internationaler Aktion in Italien verhaftet». Und weiter:

«In einer von der römischen Anti-Mafia-Behörde koordinierten Razzia wurden 50 Personen festgenommen. Sie sollen für die russische Mafia Gelder aus dem Waffen-, Drogen- und Menschenschmuggel gewaschen haben. Die Organisation konnte nach ersten Erkenntnissen auch auf die Dienste von tschetschenischen Terroristen zählen. Sie sollen gegen Bezahlung für einen problemlosen Transport der Schmuggelgüter gesorgt haben.»

Die internationalen Ermittlungen wurden von Staatsanwalt Paolo Giovagnoli in Bologna geleitet. In dem Internationalen Rechtshilfeersuchen (Aktenzeichen: 54431/99 R.G.N.R), das auch bei der Staatsanwaltschaft in Frankfurt a. M. einging, ist nicht nur nachzulesen, dass enge Verbindungen der Geldwäscher «zu dem bekannten russischen Mafioso Leonid Minin und zur Savas-Oil in Rom» bestehen, sondern, was weitaus brisanter ist, dass die «Mogilevich-Gruppe, die Solnzeswskaja und die Loutchansky-Gruppe» im Mittelpunkt der italienischen Anti-Mafia-Ermittler stehen: «Die Geldwäschetätigkeit dieser und anderer Gruppen der organisierten Kriminalität hat ihnen ermöglicht, das Geld krimineller Herkunft zu waschen. Im Besonderen handelt es sich um Straftaten wie Betrug, Schmuggel, Drogenhandel, Waffenhandel, Erpressung, Bestechung öffentlicher Beamten, Autoschiebereien, Ausnutzung der Prostitution.» Gegen Loutchansky wurde daher vom Staatsanwalt in Bologna ein Haftbefehl ausgestellt. Loutchansky selbst wehrte sich gegen die Vorwürfe aus Italien. In einer Erklärung seiner Anwälte in London ließ er verbreiten, dass er mit den ihm vorgeworfenen kriminellen Aktivitäten nichts zu tun habe. Inzwischen wurde der Haftbefehl gegen ihn wieder aufgehoben.

Unabhängig davon führten bei den Ermittlungen der italienischen Anti-Mafia-Behörde auffallend viele Spuren nach Deutschland, insbesondere nach Frankfurt a. M. Über eine hier ansässige Bank wurden große Mengen Geld gewaschen. Gleichzeitig sind verschiedene Firmen in Frankfurt im Visier der italienischen Ermittler. Unter anderen die Filiale des Unternehmens «T. Service», das im Waffenhandel aktiv sein soll. Außerdem wird in dem Rechtshilfeersuchen eine «Transrail Holding» als Schlüssel für Geldverschiebungen genannt. Auch sie unterhält eine Filiale in Frankfurt. «Nach dem, was die

Schweizer Behörden im Rechtshilfeverfahren am 7. 6. 2001 mitgeteilt haben, aus nicht vertraulichen Informationsquellen sowie nach der russischen Presse, soll die Transrail Holding AG in dem Einflussbereich des Geschäftsmannes Roman Abramowitsch stehen. Dank der Gehilfentätigkeit des russischen Eisenwarenministers, Nikolai Aksenenko, wird die Struktur der Transrail dazu benutzt, um riesige Kapitalsummen ins Ausland zu verschaffen, zum Nachteil des russischen Eisenbahnministeriums.» (Rechtshilfeersuchen)

Wieder einmal waren es nicht die deutschen Behörden, die die deutschen Verbindungen der Mafiosi verfolgten. Sie mussten von den Italienern dazu gezwungen werden, Ermittlungen zu führen. Dabei hätten sie es wissen müssen. Die Erfahrungen aufmerksamer und couragierter Zollbeamten an der Deutsch-Schweizer Grenze hätten sie schon vor Jahren alarmieren müssen.

Da wird am 9. Mai 2000 Vladimir Evdokichkine aus Moskau, Beruf: Taxifahrer, kontrolliert, als er von Deutschland in die Schweiz einreisen will. Er hatte hohe Geldbeträge bei sich, Dokumente, dass er häufig in Deutschland war, «und am Bauch und am rechten Oberschenkel mehrere Einschusswunden, die ihm Anfang Mai, so die Zöllner, im Hotel ‹Letzi› in Zürich beigebracht wurden» (Erkenntnismitteilung, Zollamt Singen). Oder Vladislaw L., Geschäftsführer einer Schweinfurter Handelsgesellschaft. Er kam aus Zürich. Auf zwei Polaroidfotos, die die Zöllner fanden, ist Vladislaw L. zu erkennen, mit starken Gesichtsverletzungen und ausgeschlagenen Zähnen. Als die Beamten eine Erklärung dazu haben wollten, erwiderte er: «Das geht Sie nichts an, da werde ich Ihnen nichts sagen.» Mit ihm im gepanzerten Mercedes saß Arsen Arslan Abakarov. Er war, nach seinen eigenen Angaben, «der zweite Mann der Firma Gasprom» in Moskau und ist Inhaber einer Firma in Wien, der A+M-Trading Handels GmbH. Und so notieren die Beamten: «Aus dem Schriftverkehr geht hervor, dass Arsan Abakarov bei allen Geschäften, die über Gasprom laufen, 20 Prozent Provision erhält.» (Erkenntnismitteilung, Zollamt Singen)

Am 11. Mai 1998 und 3. Juni 2002 erhielten die Ermittlungsbehörden eine Geldwäscheverdachtsanzeige des Hauptzollamts Singen. Grenzbeamte hatten Nikolay A. kontrolliert. Er lebt in Baden-Württemberg und gab ihnen gegenüber an, Angestellter einer Speditionsfirma zu sein. Sie fanden bei ihm unter anderem heraus, dass er einen PKW der Firma Temirtrans, zugelassen in Paris, fuhr. Vom Schweizer Bundesamt für Polizeiwesen erfuhren die Grenzbeamten, dass das Unternehmen «in den illegalen Waffenhandel verstrickt ist». Das war am 11. Mai 1998.

Bei einer neuen Kontrolle, am 3. Juni 2002, war der einstige «Angestellte» der Speditionsfirma bereits selbständiger Spediteur. «Seine Spedition habe zur Zeit jedoch kaum Aufträge», erklärte er den neugierigen Zöllnern. Diesmal fanden sie bei ihm Belege für verschiedene Konten, u. a. bei der St. Gallener Kantonalbank – in Höhe von über einer Million US-Dollar. Doch nichts geschah. Erst im Zusammenhang mit den italienischen Ermittlungen spielt Nikolay A. nun eine entscheidende Rolle – im Zusammenhang mit Geldwäsche der russischen Mafia.

Wie in diesem Fall stoßen die Ermittler, wenn sie denn tatsächlich einmal ermitteln, auf ein undurchdringliches Gestrüpp von Hunderten von Firmen. Das führt zu einem anderen Mann, zu Lev Chernoy, über den Vadim Rabinovich nichts Gutes gesagt hatte. Er und sein Bruder Michael Chernoy, Besitzer der Trans World Group, sind jene Männer, über die der Ex-BKA-Beamte Polizeiunterlagen an Grigori Loutchansky gegeben haben soll. Der heute in Israel lebende Industriemagnat Lev Chernoy ist seit langem im Fadenkreuz der internationalen Ermittlungsbehörden, genau wie sein Bruder Michael. In den USA, in Frankreich und Großbritannien haben sie inzwischen Einreiseverbot. Ihre Spuren führen nach Düsseldorf. Aufgrund einer Verdachtsanzeige der WestLB sollte von ihnen ein geradezu unglaublicher Geldbetrag gewaschen werden, 12 Milliarden Mark nach Auskunft des Bundesaufsichtsamts für Kreditwesen. Es wäre der bisher größte Fall von Geldwäsche. Das Geld musste schließlich nach Israel weitertransferiert werden, da der kriminelle Ursprung nicht belegt werden konnte. Ein Grund für das Misstrauen der deutschen Banker, die bei derart strategischen Summen nicht immer die Staatsanwaltschaft einschalten, dürfte ein britischer Polizeibericht sein. Dort wird behauptet: «Die Chernoys kontrollieren verschiedene Firmen. Informationen weisen darauf hin, dass diese Firmen vom Organisierten Verbrechen für Geldwäsche benutzt werden.» Und in einem Bericht von Europol («Russian Organised Crime») heißt es: «Die Chernoy-Brüder spielen eine bedeutende Rolle in der Ismailowskaja-Mafia als Geldwäscher und benutzen ihren Einfluss auf Politiker in Russland.»

Tatsache ist, dass die Chernoy-Brüder Mitte der neunziger Jahre die gesamte russische Aluminiumindustrie kontrollierten und damit zehn Prozent des Aluminiumweltmarktes. Milliarden Mark wurden von den beiden Brüdern nach der Privatisierung abkassiert und über Strohfirmen nach Europa transferiert, mit tatkräftiger Hilfe der Mafiya. Der Geschäftsmann Taiwanchek (S. 228–231) hatte inzwischen seinen Wohnsitz von Paris nach Forte dei Marmi in der Toskana verlagert. Für ihn sicher völlig überraschend wurde er in seiner Prachtvilla Ende Juli 2002 von der italienischen Polizei verhaftet. Die italienischen Behörden reagierten damit auf den Haftbefehl eines US-Bundesgerichts. Das beschuldigt Taiwanchek – mit vollem Namen heißt er übrigens Alimzan Tochtachunow –, bei den olympischen Winterspielen 2002 in Salt Lake City Ergebnisse manipuliert zu haben. Der Vorwurf: Er habe durch Bestechung von Schiedsrichtern dafür gesorgt, dass das russische Eislaufpaar Jelena Beresnaja und Anton Sikharklidze eine Goldmedaille erhielt. «Der lange Arm der russischen Organisierten Kriminalität», erklärte ein Sprecher des Bundesgerichts aus Manhattan, «reichte über den Globus bis nach Salt Lake City.» Und das Bundesgericht weiter: «Taiwanchek ist eine der wichtigsten Figuren in der internationalen eurasischen Organisierten Kriminalität.» (www.Courttv.com/people/2002/0731/skating_ap.html) Immerhin konnte er über zehn Jahre lang in seinem kriminellen Geschäft, das er in Köln begonnen hatte und zu dem auch der Waffen- und Drogenhandel gehören soll, ziemlich unbehelligt agieren.

In der Ukraine selbst hat sich hingegen wenig verändert. Alexander Wolkow, einer der mächtigsten Oligarchen der Ukraine, erhielt am 19. Februar 2001 in der Schewschenko-Universität in Kiew von Leonid Kutschma persönlich einen goldenen Orden überreicht. Und zwar für seine «selbstlose Arbeit und persönlichen Erfolge bei der Entwicklung der ukrainischen Wirtschaft». Kein Rede mehr davon, dass die belgischen Justizbehörden seine Konten beschlagnahmt haben und ihn der Geldwäsche in Millionenhöhe verdächtigen. Und das Gerücht wollte nicht verstummen, er habe enge Beziehungen zu kriminellen Autoritäten in Kiew gepflegt. All das störte die festliche Stimmung während der Ordensübergabe nicht. Wolkows Vorteil im ukrainischen Intrigenspiel: Er ist immer noch ein enger Berater des ukrainischen Präsidenten, hatte dessen Wahlkampf in der Vergangenheit kräftig unterstützt. Derweil ist eine ebenfalls langjährige Wegbegleiterin des Präsidenten, die schöne Julia Timoschenko, weniger gut auf Kutschma zu sprechen. Die ehemalige Energieministerin hat es sich mit dem Präsidenten und seinem Clan verscherzt, sie gilt daher als Symbol des Widerstands gegen ihn.

Generalstaatsanwalt Michail Potebenko, der kläffende Hund an der Kette des Präsidenten, ließ sie am 13. Februar 2001 verhaften und steckte sie ins Lukjanowska-Gefängnis. Sein Vorwurf: Sie habe Millionen Dollar nicht versteuert und dem früheren Premierminister Pawel Lasarenko 79 Millionen Dollar zugeschanzt. Das war aber seit langem bekannt, insbesondere durch Ermittlungen des Genfer Staatsanwalts Laurent Kaspert-Ansermet. Der hatte herausgefunden, dass der ehemalige Premierminister Lasarenko über Dutzende von Tarnfirmen knapp eine Milliarde Dollar während seiner zweijährigen Amtszeit auf westliche Konten transferiert hatte. Doch solange sich

Julia Timoschenko gegenüber dem Präsidenten loyal verhielt, musste sie nichts befürchten. Das änderte sich erst, als sie sich auf die Seite derjenigen Politiker stellte, die den Mord an dem 31-jährigen Journalisten Georgij Gongadze zum Anlass nahmen, Leonid Kutschma aus seinem Amt zu jagen. Und das genau in einer Phase, als es erstmals seit der Unabhängigkeit 1991 einen moderaten wirtschaftlichen Aufschwung gab.

Gongadze verschwand bekanntlich am 16. September 2000 in Kiew. Er schrieb zuvor, wenig beachtet, in einer Internetzeitung über Korruption, über Geldwäsche beim populären Fußballklub Dynamo Kiew, dessen Präsident ein einflussreicher Oligarch ist. Sechs Wochen nach seinem unerklärbaren Verschwinden wurde seine Leiche in dem kleinen Dorf Taraschtscha, 150 Kilometer südlich von Kiew, gefunden. Kopflos und mit verätzten Fingerkuppen. Als erste Gerüchte laut wurden, der Präsident Leonid Kutschma selbst habe mit der Ermordung des jungen Journalisten zu tun, erklärte er: «Ich bin bereit, auf die Bibel oder die Ukrainische Verfassung zu schwören, dass ich nichts mit dem Mord an dem Journalisten zu tun habe.» Der schwere Verdacht gegen ihn hatte sich verdichtet, als am 28. November 2000 der sozialistische Oppositionsführer Alexander Moros seinen Erzfeind Kutschma öffentlich im Parlament anklagte, den Mord an dem Journalisten in Auftrag gegeben zu haben. Auf einer Pressekonferenz spielte er Journalisten eine Tonbandkassette vor. Ein Offizier der Präsidentengarde, Major Mikola Melnitschenko, hatte ein Tonbandgerät unter einem Sofa im Zimmer des Präsidenten versteckt und zahlreiche Gespräche, die der Präsident mit seinen engsten Mitarbeitern führte, mitgeschnitten. In einem wurde auch über den Journalisten gesprochen. Als das bekannt wurde, musste der Major ins Ausland flüchten, gejagt vom ukrainischen Geheimdienst. Nach diesen Enthüllungen herrschte in der Ukraine das politische Chaos. Erstmals wurde öffentlich über Korruption, die Kontrolle staatlicher Strukturen durch die organisierte Kriminalität und die mangelnde Entwicklung der Demokratie diskutiert. Wurde der Mord an dem Journalisten im undurchschaubaren politischen Machtkampf der Ukraine von bestimmten Kräften instrumentalisiert? Einige Beobachter spekulierten gar, dass die Veröffentlichung der belastenden Tonbänder Teil einer großen Aktion sei, die vom FSB und dem russischen Präsidenten Putin gesteuert würde, um die ehemals wichtigste sowjetische Republik zu destabilisieren.

Doch das kurze Aufbäumen der Bevölkerung hat an den Strukturen nichts geändert. Der Mord an dem Journalisten ist bis zum heutigen Tag nicht aufgeklärt. Bei den letzten Parlamentswahlen wurden die Anhänger von Kutschma wiedergewählt. Dessen Macht und Einfluss ist ungebrochen. Der Einzige, der als Konsequenz der Affäre gehen musste, war der Chef des Geheimdienstes, Leonid Derkatsch.

Fazit: Noch immer, ob in der Ukraine oder in Russland, beziehen die kriminellen Syndikate Macht und politischen Einfluss aus dem weder demokratisch noch rechtlich kontrollierten Privatisierungsprozess Anfang der 1990er Jahre. Gesteuert wurde er mit Gewaltanwendung (u. a. Erpressung), der Korrumpierung sowohl wirtschaftlicher Entscheidungsträger wie der Justiz und Polizei sowie durch Steuerhinterziehung, Betrug, Mord, Aktenfälschung, Veruntreuung. Die dadurch entstandene Symbiose der kriminellen Syndikate mit gewissenlosen Unternehmern und korrupten Politikern auf allen staatlichen Ebenen hat sich auch unter dem neuen russischen Präsidenten Wladimir Putin nicht geändert. Vielmehr ist derzeit ein Prozess der Legalisierung der kriminellen Aktivitäten in der Ex-UdSSR zu beobachten.

In einem Bericht des FBI, mit dem Titel «Eurasische Organisierte Kriminalität», der noch US-Präsidenten Bill Clinton übergeben wurde, wird behauptet, dass das FBI 317 Treffen auf dem Territorium der USA registrierte «zwischen Repräsentanten der russischen Mafia und höchsten Beamten aus dem inneren Kreis von Boris Jelzin». Insgesamt 76 Treffen dieser Art habe es auch mit dem engsten Umkreis von Präsident Wladimir Putin gegeben.

Vor allzu heftiger Kritik aus dem demokratischen Westen müssen sich die politischen Eliten in den Nachfolgestaaten der UdSSR und insbesondere Wladimir Putin nicht fürchten. Die Regierungen in Europa, auch die Bundesregierung, haben sich mit dem Gangsterkapitalismus arrangiert, wohl deshalb, weil es keine Alternativen gibt. Dass sie im Bereich der Energieversorgung unter Umständen erpressbar werden, und zwar durch kriminelle Strukturen, das interessiert sie (noch) nicht.

Der in Russland wie in der Ukraine zu beobachtende Transformationsprozess ist die Veränderung von, bildlich gesprochen, primitiven Schlägerbanden hin zu einflussreichen Wirtschaftsmagnaten, die das politische Geschehen nicht nur in den postkommunistischen Staaten dirigieren. Wichtige Industriezweige, wie die Aluminium- und Rüstungsindustrie und Rohstofflieferanten für Öl, Glas und Edelmetalle werden bereits mehr oder weniger von diesen Strukturen beherrscht – mit fatalen Auswirkungen, so steht es in einer internen Abhandlung des BKA. «Der Zugriff auf Rohstoffe aller Art ist durch die personelle Verflechtung mit Strukturen in Russland auch für kriminelle Gruppierungen in Deutschland möglich, da diese durch die Umgehung der festgesetzten Margen ein Großteil der Rohstoffe ‹schwarz› nach Deutschland bringen können. Der russische Rohstoffmarkt stellt somit einen besonders lukrativen und einfach zugänglichen Markt für kriminelle Gruppierungen dar.»

Gleichzeitig verkümmern die wenigen demokratischen Ansätze in den Ländern der Ex-UdSSR, was wiederum eine Zementierung der kriminellen Strukturen zur Folge hat. Dabei ist es eine Binsenweisheit: je weniger Demokratie, umso mehr Korruption und Organisierte Kriminalität und umgekehrt. Tatsache ist auch, dass die Bundesregierung, vielmehr der deutsche Steuerzahler, den erhofften Reformkurs zur Demokratie in Russland oder der Ukraine bislang mit Milliarden von Mark unterstützt hat. «Zu einem geringen Teil profitierte davon die normale Bevölkerung, zum überwiegenden Anteil Oligarchen und ganz direkt auch kriminelle russische Syndikate», ist in einer bemerkenswerten Studie des Berliner Landeskriminalamtes (LKA) nachzulesen. Und weiter: «Somit fördern vermutlich die westlichen Staaten die hoch-technische Aufrüstung der Organisierten Kriminalität (OK). Demgegenüber fehlen der Polizei hier dringend benötigte Mittel zur Bekämpfung der OK, sodass zum Beispiel in Berlin die Beamten der OK-Dienststellen ihre privaten Computer und Handys auf ihrer Dienststelle verwenden müssen.» Ist das ein Horrorszenario einzelner frustrierter Beamter? Ganz sicher nicht. Diese Kritik wird sowohl von der Gewerkschaft der Polizei (GdP) wie dem Bund Deutscher Kriminalbeamter (BDK) geteilt.

Dazu passt, dass sich in Deutschland die Klagen der Polizeibeamten häufen, mangels finanzieller Mittel könnten langfristige Ermittlungen gegen kriminelle Hintermänner der Topebene in den Konzernen nicht geführt werden, also gegen jene, die Profiteure dieses Prozesses sind. An die ganz Großen, ob im Kreml oder in den Industriekonzernen, in den Banken, Versicherungen oder Medien, wagt sich niemand heran – diese Erkenntnis wird derzeit fast jeder mit Organisierter Kriminalität beschäftigte Beamte ohne Bedenken unterschreiben. Erschwerend kommt in Deutschland hinzu, dass es keinen einzigen Bundespolitiker gibt, der sich kompetent und nachhaltig mit diesem Bedrohungsszenarium beschäftigt. Für die Volksvertreter scheinen die Themen Organisierte Kriminalität, Wirtschaftskriminalität und Korruption etwas Garstiges, Undefinierbares zu sein, an dem man sich nur die Finger verbrennen kann.

Dabei hat das BKA in einer geheim gehaltenen Studie aus dem Jahr 2000 das künftige Szenario beschrieben. Da in Russland resp. der Ukraine der politisch-wirtschaftliche Transformationsprozess nicht schnell genug vorankommt, verlieren die politischen Institutionen an Akzeptanz und Autorität. Das entstehende Vakuum wird von den Akteuren der OK genutzt. «Durch wechselnde Abhängigkeitsverhältnisse erhält die OK immer größere Einflussbereiche auf die politischen Entscheidungsträger auf allen Ebenen des Staates. Gesetze dienen lediglich dem Machterhalt einer Elite und der Durchsetzung individueller Bereicherungsabsichten. Das Land gerät unter den Einfluss der Militärs und der Nachrichtendienste.» Die Analysten im BKA gehen davon aus, dass die Stimmung im Land die Rücknahme bestimmter demokratischer Errungenschaften zugunsten einer starken Führung begünstigt, die Ruhe und Sicherheit suggeriert. Vor dem Hintergrund der Unumkehrbarkeit bestimmter gesellschaftlicher Reformen, wie Privateigentum und legale Wirtschaftstätigkeit, schließen sich Militär und Oligarchen zu einer Zweckgemeinschaft zusammen. Bestimmte kriminelle Verhaltensweisen werden «wegdefiniert», weil sie den neuen Machthabern nicht genehm sind. «Macht und Geld sind die einzigen Regulative, ihr Missbrauch wird von der Mehrheit geduldet. Damit ist eine gesellschaftliche Entwicklung zu einer funktionierenden Demokratie mit ausreichenden sozialen Aspekten ausgeschlossen. Formal existierende verfassungsrechtliche oder gesetzliche Normen werden ignoriert.»

Daraus folgt, dass eine zunehmende Kriminalisierung der russischen Gesellschaft auf allen Ebenen zu registrieren sein wird. Die Konsequenz, so das BKA: «Ausländische Strafverfolgungsbehörden werden vor große Probleme gestellt, da ein Teil der in Russland vorhandenen Kriminalität von offizieller Regierungsseite nicht als solche angegeben wird. Gleichzeitig werden durch die soziale und wirtschaftliche Ausbeutung des Landes Bedingungen für ein Ansteigen vieler Kriminalitätsformen (Gewaltkriminalität, Eigentumskriminalität, Menschenhandel, Schleusungen) geschaffen, die auch Auswirkungen auf die Kriminalitätslage in Deutschland haben.»

Das sind schöne Aussichten.

Frankfurt a. M., Juli 2002